多视角的
赵文化研究

杨金廷　康香阁　主编

人民出版社

序

清华大学教授　李学勤

2009 年,邯郸学院杨金廷院长和《邯郸学院学报》康香阁先生主编的《赵文化与华夏文明》一书由人民出版社印行。这部论文集汇辑了《邯郸学院学报》2005 年以来有关赵文化的论作,丰富多彩,甚受读者欢迎。我于反复阅读之下,也很感获益。现在杨、康两先生再接再厉,在不到四年之后,又编成这部《多视角的赵文化研究》,我有幸得见书稿,对邯郸学院推进赵文化研究的不遗余力,更是深觉钦敬。

以前在"全国第二届赵文化研讨会"上,我曾说赵文化研究是近年在"中国自古就是一个多民族、多地区的国家"这一思想指引下开展的区域文化研究的一个重要方面。如今我们还可以说,是区域文化研究中非常成功的一个方面。通过《多视角的赵文化研究》,大家不难看到,赵文化研究这几年又有不小进展,取得了若干新的成果,接触了一些新的问题。相对于《赵文化与华夏文明》,这部书所收各篇主题更加集中,论析更加深入,涉及的学科范围也更加广泛,这是赵文化研究进一步发展的明显体现。

赵文化本来是华夏文化与戎狄文化的结合,已成为多数学者的共识。其实周王朝自身的兴起,何尝不与西北戎狄部族有其密切关系?我以前谈到过,纵观西周一代历史,似若其推进扩张的大方向全在南方和东南。仔细想来,这种现象的原因，正在于周王朝在西北有比较稳固的后方。新整理发表的清华简《系年》告诉人们，直到西周末年幽王之后乃是西申之女，而西申同戎有着难于分割的联系。由此可见，周王朝长期背靠西北，及至西戎入侵，平王东迁，王朝的根本动摇，统治的力量也即大部丧失了。

在西周，与戎狄关系最密切的诸侯，首推晋国。唐叔的封国，境内除虞夏遗民外，就是一些戎狄部族，所谓"启以夏政，疆以戎索"。到了三家分晋，接续这样传统的便是赵国。一直到赵国的中心移至邯郸，情况依然如此。

读《史记》本纪、世家，都知道秦、赵同祖。这讲的是秦、赵两诸侯国君主世系本出一源，最古可上溯到颛顼。到伯翳佐舜，与禹同平水土，受赐姓嬴。后来分立的嬴姓族民，大部居于东方。只有商代晚期的戎胥轩，娶骊山之女，和戎人发生联系，他的儿子中潏更是"在西戎，保西土"，在血缘和地缘上都同戎相关。不过，中潏之子飞廉和飞廉之子恶来，都执事于商王朝，助纣为虐。清华简《系年》说明，周武王伐纣以后，飞廉逃归东方，鼓动同姓大国商奄反周，结果失败，周公把反周的"商奄之民"西迁到朱圉（今甘肃甘谷），命他们防御戎人，这就是秦的先人。这段前所未知的史事，指示我们后来雄霸西戎的秦国的文化，原来应含有东方的因素。至于飞廉的另一子季胜，则居留于山西一带，到周穆王时造父封赵，为赵国先人，则与"商奄之民"无关。这样看来，秦、赵固然同祖，但其文化可能有同有不同，于历史上的影响也不一样。这个问题，希望今后能有更多的研究。

相信《多视角的赵文化研究》这部书的出版，会将赵文化研究推向一个新的高度和广度。

2013 年 5 月 19 日

目 录

荀子研究

赵国军事研究

赵国经济研究

赵女研究

综述书评

关于赵王城在中国古代宫城发展史上的地位

刘庆柱[*]

古都邯郸以其作为战国时代赵国首都而闻名于世,但是赵国都城——邯郸城在中国古代都城发展史上的重要作用,过去为学术界较少关注。就战国时代的列国都城而言,邯郸城对于中国古代都城发展的影响,应给予足够重视。

赵原都晋阳,公元前425年迁都中牟(鹤壁),赵敬侯元年(公元前386年)始定都邯郸,直至公元前228年秦破邯郸灭赵。[①]

学术界一般认为赵国都城邯郸城由郭城"大北城"和宫城群"赵王城"组成。[1][2]

考古发现证实,赵王城即都城邯郸城的"宫城,",建于战国时代迁都邯郸之时,赵都邯郸的郭城修建时代略早。

"大北城"即邯郸城的郭城,位于赵王城东北部,二者间距60米。郭城南北4880米、东西3240米,城墙周长15314米。郭城西北部有战国时代和汉代的"铸箭炉"、"皇姑庙"、"梳妆楼"、"插箭岭"等遗址,"丛台"在郭城东北部,为战国时代建筑。

赵王陵陵区分布在邯郸故城西北15千米,现存15座陵墓,封土高6～15米。

古代都城是一个国家的政治统治中心、经济管理中心、军事指挥中心、文化礼仪活动中心,古代都城是古代国家历史的缩影。古代宫城是古代都城的政治中枢,宫城之中的大朝正殿是宫城的基点与主要政治活动平台。赵都邯郸城在中国古代都城的重要性,可以从赵王城(作为赵都邯郸城的宫城)对中国古代都城发展史上的重要影响体现出来。下面就赵王城性质与布局、赵王城西城布局、西城龙台三个问题作一探讨:

---

* 刘庆柱(1943—),男,天津人,现任全国政协委员,中国社会科学院学部委员、考古研究所学术委员会主任、研究生院考古系学位委员会主任,博士生导师、研究员。

① 《史记·赵世家》卷四十三。

一、赵王城的性质与布局

赵王城由东城、西城和北城组成,它们应属于统一规划、基本同一时期施工修建的工程。赵王城由彼此相互连接的三座城组成,平面呈"品"字形,其南部东西并列着东城与西城,北城在东城和西城北部。赵王城总面积505万平方米,城址地势西南部高、东北部低,二者高差约34米。

西城:平面近方形,南北长1422~1426米、东西长约1372~1394米,周长5680米;东城平面长方形,东西834~950米,南北1470~1574米。西城四面各置二宫门,其中的两座西门基本辟于西宫墙的三分等同位置之上;南宫墙的中部辟两座东西并列宫门,北与西城主体建筑基址"龙台"的东西两侧南北相对。西城之内南北向排列的三座大型夯台,是其主要建筑。

东城:南北长1470米、东西长834(东墙)~950米(北墙),面积129.9万平方米。东城有南北排列的二夯台,北夯台(6号)平面方形,边长120米,高9.1米;南夯台距北夯台500米,平面方形,边长104~113米。

北城:东西长1272~1440米、南北长1544~1592米,面积186.5万平方米。城内西南部有一大型夯台基址,东西长111米、南北长135米,现存高4.5~6米,其南对西城、东城连接处。

赵王城的西城、东城和北城之内均有大型夯台基址,这些建筑基址应该属于战国时代流行的高台建筑基址,它们一般属于宫室一类建筑,如已经考古发掘的秦咸阳宫第一号宫殿建筑[3]、楚国行宫章华台遗址的放鹰台一号宫殿遗址等。[4]在西城的南北排列3座夯台基址、东城南北排列的2座夯台基址、北城西南部的夯台基址,均应属于高台宫室建筑基址。由此推断,赵王城(包括西城、东城和北城)应为赵国都城的宫城。

关于赵王城的性质,目前学术界还有不同看法,有的学者认为赵王城应为用于军事活动的城堡,城内夯台为"阅兵"或"居治"之所,赵王城其他部分为"士兵驻守及操练等,略如燕下都武阳城。"进而提出赵王城作为宫城应在"大北城"中央的说法,并推断其宫城南北长1000米,东西长略短于南北长。[5]364~371但是我认为上述论断,与赵都邯郸城遗址(包括赵王城遗址)的考古发现资料相抵牾,也没有相应历史文献资料的支持。就目前考古发现来看,赵王城还应该是传统所说的"大北城"西南部"品"字形城组成的宫城。

赵王城由西城、东城和北城三座城组成,其中西城平面近方形,西城之中高台建筑基址数量最多、规模最大,其南北排列的布局形制最为规整。东城在西城东侧,二城东西相连,但是东城规模小于西城,东城之内的高台建筑基址规模、数量也都较西城逊色。北城位于西城和东城北部,城内高台建筑基址最少。作为"品"字形的赵王城,西城应为主要建筑,或可称之"宫城",东城和北城的重要性不如西城,但是它们是赵王城的有机组成部分,可称之为"亚宫城"。赵王城的这种"宫城"与"亚宫城"组成的布局,上溯可至河南偃师商城、郑州商城,战国时代以后又为西汉都城——长安城中所沿袭。汉长安城之中,作为宫城的皇宫是未央宫,此外还有属于"亚宫城"的太后之宫——长乐宫、后妃宫室的北宫、桂宫、明光宫。[6]

二、赵王城的西城布局问题

赵王城是赵国都城邯郸城中地势最高的地方,西城又是赵王城及赵都邯郸城之中地势最高的地方,西城也是赵王城的三座城中形制布局最为规范的。西城平面近方形,它体现了夏商周以来流行的"崇方"特点,如河南偃师二里头遗址的宫城遗址平面近方形,复原长度东西约 359 ～ 378 米、南北约 292 ～ 295 米,[7] 河南偃师商城宫城平面方形,边长约 200 米,[8] 魏安邑城宫城东西约 990 米、南北约 930 米;[9][10] 同时,赵王城西城的方形平面形制,也对其后的许多重要都城的宫城形制产生深远影响,如汉长安城未央宫,宫城平面方形,边长 2150～2250 米[11];唐长安城的宫城与皇城南北相连,其整体平面近方形,东西长 2820 米、南北长 2335 米;[12][13] 辽中京的宫城,平面为正方形,边长 1000 米。[14]

在西城近中部,南北排列 3 座夯台,南夯台(即"龙台")东西 264 米、南北 296 米、高 16.3 米;南夯台北 215 米为中夯台,平面方形,东西 58 米、南北 55 米;中夯台北 228 米为北夯台,平面方形,边长 60 米。三座夯台的间距基本相近。南夯台与西城南城墙之间,为空旷的广场。南夯台是三座夯台中规模最大的。

西城的南北排列三座大型夯台,应为三座大型高台建筑宫殿建筑基址。这是目前所知中国古代都城之中、宫城之内南北排列最早的"三大殿",其对后代都城之宫城之大朝正殿建设影响深远。汉长安城未央宫前殿的"三大殿",[15] 唐长安城宫城中的太极殿、两仪殿、甘露殿,[16] 唐长安城大明宫的含元殿、宣政殿、紫宸殿,[17] 明北京城宫城的奉天殿、华盖殿、谨身殿与清故宫的太和殿、中和殿、保和殿等布局，[18] 可能受到赵王城西城"三大殿"的影响。

根据目前考古发现的资料，西城四面均辟宫门，秦汉至明清时代都城的宫城四面置宫门成为定制，赵王城应该是开启这一宫城城门配置制度的先河。

三、西城"龙台"问题

西城的"龙台"是宫城之中规模最大、等级最高的宫殿建筑，它应该是宫城中的"大朝正殿"。从西城东西居中的南北三座大型夯土基址可以看出，西城的中轴线是南北向的，而三座大型夯土基址均在这条中轴线上，这体现出"龙台"的"居中"特点；"龙台"在西城中轴线的主要建筑的南端，它反映出"龙台"的"居前"特色；如前所述，赵王城是赵国都城邯郸城中地势最高的地方，西城又是赵王城中地势最高的地方，"龙台"则是西城之中地势最高的地方，因此说"龙台"是西城——宫城、赵王城、都城——邯郸城地势最高、建筑物最高的，作为"大朝正殿"的"龙台"之"居高"特殊现象是一目了然的。赵王城西城中"龙台"的"居中"、"居前"、"居高"，突出反映了王权至高无上的思想，它对以后历代"大朝正殿"布局形制设计，影响深远，如汉长安城未央宫的前殿、北魏洛阳城宫城的太极殿、唐长安城宫城的太极殿和大明宫的含元殿、隋唐洛阳城宫城的乾元殿、北宋东京城大内的大庆殿、元大都宫城的大明殿、明清北京城故宫的奉天殿和太和殿等，在其各自都城之宫城中均处于"居中"、"居前"、"居高"位置。

鉴于以上所述，我认为赵王城在中国古代都城发展史上的重要作用，我们有必要给以充分的重视，使我们更好地保护好这样一座有着重大历史意义、承载着重要文化遗产信息的古代都城。

参考文献：

[1] 河北省文物管理处、邯郸市文物保管所：《赵都邯郸故城调查报告》，载《考古学集刊》第4集，中国社会科学出版社1984年版。

[2] 邯郸市文物保管所：《河北邯郸市区古遗址调查简报》，载《考古》1980年第2期。

[3] 秦都咸阳考古工作站：《秦都咸阳第一号宫殿建筑遗址简报》，载《文物》1976年第11期。

[4] 湖北省潜江博物馆、湖北省荆州博物馆：《潜江龙湾——1987～2001年龙湾遗址发掘报告》，文物出版社2005年版。

[5] 曲英杰：《〈史记〉都城考》，商务印书馆2007年版。

[6] 刘庆柱:《中国古代宫城考古学研究的几个问题》,载《文物》1998 年第 3 期。

[7] 中国社会科学院考古研究所二里头工作队:《河南偃师市二里头遗址宫城及宫殿区外围道路的勘察和发掘》,载《考古》2004 年第 11 期。

[8] 中国社会科学院考古研究所洛阳汉魏故城工作队:《偃师商城的初步勘探和发掘》,载《考古》1984 年第 6 期。

[9] 陶正刚、叶学明:《古魏城与禹王城调查简报》,载《文物》1962 年第 4、5 期。

[10] 中国科学院考古研究所山西工作队:《山西夏县禹王城调查》,载《考古》1963 年第 9 期。

[11] 中国社会科学院考古研究所:《汉长安城未央宫——1980～1989 年考古发掘报告》,中国大百科全书出版社 1996 年版。

[12] 陕西省文物管理委员会:《唐长安地基初步探测》,载《考古学报》1958 年第 3 期。

[13] 中国科学院考古研究所西安唐城队:《唐长安城考古纪略》,载《考古》1963 年第 11 期。

[14] 辽中京发掘委员会:《辽中京城址发掘的重要收获》,载《文物》1961 年第 9 期。

[15] 中国社会科学院考古研究所:《汉长安城未央宫——1980～1989 年考古发掘报告》,中国大百科全书出版社 1996 年版。

[16] 中国科学院考古研究所西安唐城队:《唐长安城考古纪略》,载《考古》1963 年第 11 期。

[17] 中国科学院考古研究所:《唐长安大明宫》,科学出版社 1959 年版。

[18] 故宫:《中国大百科全书·文物博物馆》,中国大百科全书出版社 1993 年版。

(原载《邯郸学院学报》2009 年第 1 期)

试论邯郸古城的历史变迁

乔登云*

邯郸,位于太行山东麓与华北平原接壤的河北省南端,也即滏阳河支流沁河与渚河的冲击扇上,是一座具有悠久历史的文化古城。邯郸地名始于何时及其建城年代,迄无定论,但最晚不迟于春秋后期并延用至今却毫无疑义;历代城址位置及规模虽有变化,但基本未突破今邯郸市主城区范围也是学界大多数人的共识。对于邯郸古城的文献记载及相关史料,孙继民、郝良真等先生在《邯郸简史》[1]中曾作过较为详尽的搜集和梳理,本文拟以此为基础,并采取考古资料①与文献记载相结合的方法,对邯郸古城的历史变迁谈下自己的认识,以期抛砖引玉,促进邯郸古城研究的开展。由于史料及考古资料所限,其中有些认识只是初步的,难免有判断失误或推测失实之嫌,敬请识者谅解并斧正。

一、早期邯郸历史及遗存

所谓早期邯郸,这里是指邯郸城兴起之前的时间阶段,空间范围则以今邯郸城区及邯郸县境内为限。关于邯郸历史始于何时或何时开始出现人类,自然不会有文献记载,也无相关史料或传说可考,因此,只有依据考古资料来确定。至于邯郸地名的最早出现时间,仅唐张守节《史记正义》在《史记·殷本纪》帝纣"益广沙丘苑台"时注称:"《括地志》云:'沙丘台在邢州平乡县东北二十里'。《竹书纪年》'自盘庚徙殷至纣之灭二百五十三年,更不徙都。纣时稍大其邑,南距朝歌,北据邯郸及沙丘,皆为离宫别馆'。"再就是殷墟卜辞中有"甘"地,部分考古学家或史学家认为即战国时期的邯郸。据此,邯郸市有关学者认为早在商代晚期"邯郸"之名及城邑即已出现,并由此判断邯郸至少已有了三千多年的建

---

* 乔登云(1956—),男,河北武安人,邯郸市文物保护研究所所长、研究员,邯郸学院兼职教授。

① 本文所据考古资料,凡未注明出处者,均为邯郸市文物保护研究所内部资料。

城历史。[2]4由于本问题较复杂,且考古资料中尚未发现明确证据,所以,本文将不予讨论,而是仍采用邯郸及其城邑最晚出现于春秋时期的观点,将邯郸早期历史的下限暂确定在西周时期。

从现有考古资料来看,邯郸城区周围早期文化遗存可分为史前时期和夏商周时期两个大的阶段,也就是说在邯郸城兴起之前,邯郸城周围很早即开始有人类活动,并经历了一个漫长的孕育、发展和演变过程。

所谓史前时期,一般是指具有正式历史记载之前的人类历史发展阶段,作为我国华夏民族,多指夏代建立国家之前的原始社会时期,绝对年代约在距今4100年之前。就整个邯郸地区而言,早在数十万年的旧石器时代即开始有人类活动,其中邯郸西部的涉县、武安、峰峰、磁县、永年等县区已发现有10多处距今数万年至数十万年的旧石器时代文化遗存点。而且,武安洺河流域还发现磁山、牛洼堡、西万年、北安乐等多处距今8000年左右的新石器时代磁山文化遗址,并发现了人工培育的"粟"、野生胡桃和家鸡等遗存;京广线以西各县区也发现有上百处新石器时代仰韶至龙山时期的文化遗存。邯郸城区周围及邯郸县境内,由于河流泛滥、淤积较深,虽未发现早达八千多年前的文化遗迹,但城区附近西部地势较高的沁河、渚河两岸,史前时期的文化遗存亦屡见不鲜,主要包括仰韶和龙山两个阶段三种文化类型。

仰韶时代,考古学上是指与仰韶文化年代相当、文化遗存互有影响或联系的历史阶段,距今约5000~7000年,属新石器时代晚期前段,社会形态属原始社会。邯郸境内所属遗存包括后冈一期、庙底沟和大司空村等三种文化类型,不过,目前邯郸城区附近仅发现后冈一期文化和大司空村类型文化两种。其中后冈一期文化约当仰韶时代早期,距今约6000~7000年左右,发现遗址有邯郸县西店子、牛叫河、齐村等3处。西店子和牛叫河遗址均位于沁河上游康庄乡境内,前者曾清理残灰坑1座,出土遗物有石斧(或铲)、石磨盘和陶器残片等。其最大的特点是,陶器以泥质红陶为主,其次为夹砂红陶;器表装饰以上红下灰的"红顶"陶最常见,纹饰仅见少量弦纹、划纹和附加堆纹;器类包括釜、钵、碗、盆、罐、小口瓶等;距今年代约在6500年以前,是邯郸县境内发现最早的遗存[3]。齐村遗址位于市区西环路北段、沁河东岸台地上,曾作过局部发掘清理。遗址面积较大,文化层较厚,发现有灰坑、灰沟等遗迹和墓葬等;出土遗物除斧、铲等石器外,陶器仍以"红顶"陶为特点,并出现了彩陶,分红彩和黑彩两种,器类中"釜"逐渐消失,而代之以"鼎";距今年代约6000~6500年左右,是已知距邯郸城区最近、年代最早的遗址。大司空村类型文化约当仰韶时代晚期,距今约5000~5600年左右。目前,发现的遗址主要有康河、百家村、北李庄3处。康河遗址位于距市不远的户村乡境内,也在沁河岸边,陶器以夹砂褐陶为主,泥质红陶次之,灰陶较少;器表装饰有划纹、附加堆纹和彩陶等,不见篮纹和绳纹;器类有罐、盆、钵、瓶和环等,年代明显偏早,当属大司空村类型文化的前段,绝对年代可能在5500年前后。[3]百家村遗址位于市区人民路西端、沁河自北向东转角处东北侧台地上,北与齐村遗址相邻。遗址东西长约300米,南北宽约100米,文化层厚约2米。从出土遗物来看,石器主要为生产工具,并有大量用以佩戴的石环,这说明当时人们已非常注重自身装饰,也说明当时石器钻孔技术已比较成熟,石器制作已有很大进步。陶器以泥质和夹砂灰陶为主,红陶较少;器表装饰以篮纹、绳纹、弦纹、划纹、附加堆纹和彩陶较常见,彩陶以红彩和紫红彩为主,黑彩较少;器类主要有钵、碗、盆、豆、罐、鼎、斝等,另有较多陶环。百家村文化遗存是河北境内较著名的古文化遗存之一,过去曾有人将其称之为仰韶文化"百家村类型",但未能得到考古界的公认。从该遗存的整体面貌来看,不仅明显晚于康河遗址,而且,具有仰韶时期和龙山时期双重文化特点。[4]这说明该遗存应处于仰韶时代后期,或向龙山时代过渡时期,最晚年代应接近大司空村类型文化的下限,即距今5000年前后。此外,值得注意的是2006年在市区陵西南大街西侧市贸广场工地发掘时,在距现地表9米深的淤积层中,曾发现少量敛口钵、泥质红陶片等大司空村类型文化遗物,由于发掘面积较小,所以,尚未发现当时的文化层和遗迹,但这足以说明当时现邯郸城区范围内已开始有人类活动或居住。

龙山时代,考古学上是指与龙山文化年代相当、文化遗存互有影响或联系的历史阶段,距今约4100~5000年左右,属新石器时代晚期后段,有的已进入铜石并用时代,社会形态属原始社会末期军事民主制时代。邯郸境内所属遗存考古学上称之为后冈二期文化。其中邯郸城区附近及外围主要有彭家寨、涧沟、龟台、牛叫河、薛庄、高峒、北高峒西南、姜窑、姜窑西南、曹庄遗址等,其中经过发掘且面积最大、遗存最丰富的是著名的涧沟遗址。该遗址位于邯郸城西涧沟村北、沁河西南岸台地上,东与齐村、百家村遗址隔河相望,遗址面积原达600万平方米。文化遗存包括后冈二期、先商和商、东周及汉代等不同时期,并以后冈二期文化遗存最丰富。遗物中陶、石、骨、蚌、角、牙器均有大量发现,生产工具中较重要的是发现有较多蚌刀和蚌镰,这显然与农业收获量有关;陶器以灰陶为主,并有较多磨光黑陶,器表以篮纹、绳纹、弦纹、方格纹、附加堆纹较常见,彩陶已绝迹,新出现了涂朱或绘有朱、黑、黄、白色的彩绘陶,器类包括鬲、甗、鼎、鬲、斝、甑、瓮、罐、尊、盆、碗、盘、豆、杯等20余种,有的为盛酒器或酒器;并出现了卜骨等。遗迹包括房基、灰坑、陶窑、水井、沟渠及丛葬坑等,其中打井技术是当时最伟大的发明之一,在人类发展史上具有十分重要的意义。此外,值得注意的是有的房基内发现有被砍死后又经剥皮的头骨,有的专家认为死者应是部落战争的俘虏,剥头皮则是史前民族的一种风俗;而且,一座丛葬坑内"有大小男女人骨架10付,有相互枕压的,但头均靠近坑壁",另一座"为水井被废弃后而埋有五层人骨架,其中也有男有女,有老有少,或者身首分离,或作挣扎状",发掘者推测"死者可能有被杀死,或被活埋的".[5][6]

夏、商、周三代是我国早期文明时代,社会形态属奴隶社会。夏,约创建于公元前21世纪上半叶,是我国历史上出现的第一个奴隶制国家,其统治中心主要集中在豫西晋南及其邻近地区。夏代是一个部族纷繁、邦国林立的时代,商与周就是与夏部族大体同时并存的两个大的部族。其中商部族即起源于邯郸所处冀南豫北地区的漳河流域,并以此为中心逐渐向外扩张,至公元前16世纪初叶,汤灭夏政,建立了商王朝,其后,还先后以距邯郸不远的邢(今邢台)和殷(今安阳)为都。约至公元前11世纪中叶,武王克商并建立了周王朝,直至公元前771年平王东迁,史称西周。邯郸早期历史所说的夏商周三代,就是指夏至西周时期的历史。

从考古资料来看,邯郸境内夏商周时期的文化遗存有着广泛的分布,其中仅与夏年代相当的先商时期文化遗址即达上百处,商代遗址更达数百处,西周时期的遗址也有较多发现。邯郸城区范围内虽因淤积较深、发现较少,但地势较高的城区西部附近及外围的邯郸县境内却有着广泛的分布。其中,除20世纪50年代发现的著名的涧沟、龟台遗址外,仅1985年春文物普查即于邯郸县西部发现东陶庄、葛岩嵛、宿庄、户村、大河坡、蔺家河、牛叫河、大隐豹、北羊井、薛庄等商周遗址16处,遗址中包含3处商代,5处由商延续到周代,其余8处个别始于商代晚期,并包含了西周和春秋战国时期,说明遗址的延用时间是比较长的[7];2007年冬第三次全国文物普查,又于邯郸市区及邯郸县发现先商及商周遗址33处。① 此外,近年来在配合南水北调、青兰高速公路等建设工程中还陆续发现或发掘有中三陵、高峒、陈岩嵛、薛庄、霍北先商及商代遗址5处。截至目前,邯郸城区及邯郸县境内夏商西周遗址总数已达56处,使我们对当时居民的分布状况及特点有了较为全面的了解。

---

① 据河北省文物普查资料。

从文化面貌来看,可根据经过发掘的涧沟、龟台遗址加以说明。如前所述,涧沟遗址位于邯郸城西涧沟村北、沁河西南岸,除史前龙山时代遗存有着广泛的分布外,还发现有较多先商、早商、东周及两汉时期的文化遗存。先商和早商时期,遗迹有灰坑、陶窑等,石器有铲、斧、镰、刀、凿、箭头、矛头、弹丸、纺轮及绿松石饰品,陶器有鬲、甗、甑、鼎、爵、细柄豆、假腹豆、大口尊、敛口瓮、平口瓮、罐、盆等,骨蚌器有镰、刀、箭头、矛头、锥、针、匕、簪及贝、卜骨、卜甲等,反映了当时的社会经济、物质文化、精神生活等各个方面,其中考古界公认的先商文化就是以本遗址为典型代表而命名的。龟台遗址位于涧沟村西北、沁河南岸,面积仅存 3000 平方米,所属遗存包括龙山、早商、西周等不同时期。其中商代遗迹以灰坑为主,除窖穴外,有的灰坑内还发现有“壁灶”、烧土及木炭、灰烬等,显然属于当时的房址,另有墓葬和牛葬等。遗物中“石器非常丰富,仅灰坑 66、67、81 就出 115 件,其中铲和镰占 65% 以上,是当时的主要生产工具”。日用陶器的质料主要为夹砂灰陶和泥质灰陶,夹砂红陶和泥质黑陶甚少,尚有少量釉陶片。器形与涧沟遗址相似,“以平底器居多,三足器次之,圈足器绝少”,并可明显的分为早晚两期,年代约相当于商代早期。西周时期的文化遗迹也以灰坑为主,“有的坑中有用石头或红烧土做成的灶”,显然也是废弃的房基。生产工具中最具特色的是数十件蚌镰,可装柄使用,刃部刻有整齐的锯齿。日用陶器有鬲、豆、盆、甑、瓮、罍、瓿、盂等,并可分作两期,说明遗址延续时期较长,文化面貌既“具有显著的殷文化性质”,“同时又带着鲜明的西周时代的色彩”,这与当时邯郸居民脱胎于商民族进而沦为周民族属民的历史是一致的。[5] 此外,值得注意的是 2006 年在市区陵西南大街西侧世贸广场发掘时,于现地表 9 米以下底部淤积层中,发现有夹砂细绳纹鬲及泥质磨光黑陶、磨光灰陶或素面灰陶罐、盆等陶器,以及磨制精细、制作规整的石铲、石凿、石镰等石器,均为商代乃至更早阶段的遗物,怀疑附近不远可能存在商代居住遗址。[8]

综上所述可以看出,邯郸城区附近最晚在距今 6500 年前的仰韶时期后冈一期文化阶段即已有人类活动和定居,并经过距今 5500 年前后的大司空村类型文化阶段,逐渐过渡到距今 4100 多年前的后冈二期文化阶段;当时,人类活动特别是赖于定居的范围,主要集中在春秋战国以来邯郸城区西部不远地势较高、土质较肥沃的沁河两岸台地上,而城区范围内可能因地势较低,不适宜早期人类居住或已被淤埋于地表之下,现仅知距今 5000 多年前才开始有人类活动或定居;从齐村后冈一期文化、百家村大司空村类型文化和涧沟后冈二期文化遗址呈三角状分布,相距不足 3 公里,且遗址面积较大等因素分析,该区域应是史前邯郸居民的分布和活动中心,特别是涧沟遗址应是当时规模较大的中心居落。此外,涧沟遗址有关材料还说明,在4100多年前的后冈二期文化阶段,因某种利益关系或矛盾,已出现了部落间的军事对抗、掠夺和仇杀等现象,社会已处于军事民主制阶段。进入夏商西周时期,邯郸的人口数量已显著增多,居民点也已非常稠密。当时人们的居住区域也同史前时期一样,主要集中在邯郸城区西部地势较高的河流两岸及丘陵地带,所不同的是村落遗址分布范围更广、数量更多,由原来土地较肥沃的沁河两岸,扩展到土地相对瘠薄的渚河流域,以及距河较远的丘陵地带,这显然与当时人口数量的急剧增加及社会生产力的提高是分不开的。至于邯郸之名的出现时间,目前尚未发现确切的实物证据,按照有关文献及甲骨文资料分析,商代后期出现的"甘"地,很可能就是"邯郸"的前身,但是否当时即已出现"甘丹"或"邯郸"之名,仅凭《竹书纪年》中一条有争议的记载,似觉证据还不够充足。至于"甘"或"邯郸"城邑的出现,目前也未发现相关实物证据,不过,即使商代确已出现"甘"邑,纣时并建有"离宫别馆",恐怕也仅仅属于纯防御性的城堡,与真正意义上的城邑还存在一定的区别。至于城堡的位置,就邯郸所处地理环境及所见遗址分析,现城区下虽有商代遗存发现,但并不排除属河流搬运所形成的可能,也就是说将城堡修建在地势较低的现城区下的可能性是很小的。由于目前城区外围尚未发现较大型的商代遗址,也未发现较大型的贵族墓葬,因此,当时是否有城堡及其所在位置,还是一个不解之谜。

二、邯郸城的兴起与繁荣

春秋战国及两汉,是邯郸历史上最辉煌的时期。据文献记载,春秋时期,邯郸先属卫,后属晋,期间短时属狄;战国属赵,秦汉时期属中央集权下的辖郡或郡国。从邯郸城邑来看,自春秋后期开始迅速崛起,战国时期发展成为"七雄"之一赵国的国都,两汉时期仍为赵郡国的国都所在地,邯郸城邑规模及城市经济达到了古代历史上最鼎盛的时期。

"邯郸"一名及城邑,最晚出现于春秋后期,已是史学界不争的事实。其中,《国语·鲁语下》"与邯郸胜击齐之左",《春秋谷梁传》卫公子鱄"织绚邯郸,终身不言卫",是两条较早的记载。前者记述的是鲁定公二十三年的栾氏之乱,时间为公元前551年,说明当时邯郸已属于晋国赵氏支族赵胜的封地,并因以为氏;后者是说鲁定公二十七年,也即公元前546年,卫献公杀大夫宁喜,同伙公子鲋逃往邯郸以"织绚"(一说为制鞋业)为业,终生不再过问卫国之事,这说明邯郸之名及其城邑出现的时间应远在两者之前。此后,邯郸又经过了赵氏内部的争夺战,于公元前492年末成为赵氏宗族赵简子的领地,并长期作为赵氏的战略重地。直到公元前386年赵敬侯迁都邯郸,乃至公元前228年为秦所灭,邯郸作为赵国的国都历经八代王侯,延续时间达158年,战国后期并发展成为黄河以北人口众多、商业繁荣的最著名的大都会之一。秦代,邯郸设为邯郸郡,政治经济地位急剧下降。西汉时期,自公元前203年至公元9年,邯郸先为张氏赵国,继为刘氏间吕氏赵国的国都,不计除国及绝封时间,凡十三王209年;东汉时期,自公元29年至213年,刘氏赵国仍以邯郸为都,不计削王为公时间,凡八王178年。邯郸城作为两汉时期赵国的国都前后延续近390年,西汉后期并发展成为除都城长安之外,享誉天下的全国"五都"之一。

从考古资料来看,除春秋时期的邯郸城尚无迹可寻外,战国两汉时期邯郸城的资料却比比皆是,这不仅使我们对当时邯郸城的发展与变化情况有了较多的了解,同时,也加深了我们对当时邯郸城市经济发展状况的认识。对此,笔者在《赵都邯郸故城考古发现与研究》一文中,曾作过详细的介绍和讨论[9]26-36[10]195-220。近年来,新的考古发现更加深了我们对本问题的认识。

春秋时期的邯郸城,目前我们还知之甚少。除古城外围包括邯郸县境内,在文物调查中发现部分遗址含有当时的遗存外,经发掘的遗址中,仅赵王城西侧的西小屯遗址发现有少量春秋晚期至战国早期的灰坑、水井、墓葬及遗物等①,而邯郸古城范围内却至今尚无发现。这可能与原邯郸城地势较低、淤积较厚,战国以前的文化遗存大部分被淤埋在现地表3~9米之下,而考古发掘清理范围有限、不容易发现有关;当然,也不排除春秋至赵迁都邯郸之前邯郸城的位置也存在位移或变化的可能。

战国时期的邯郸城,即位于今邯郸市主城区范围内,且大部分与现代城区重叠。现已查明,当时的邯郸城至少包括赵王城东、西、北小城和大北城、插箭岭小城等大小不等的五座城址,有的各自独立或相互依存,有的内外套叠,年代及用途也不尽一致[11][12]。

赵王城,位于今邯郸市西南、南环路与西环路交角处内侧,由东、西、北三座相互依从的小城组成,平面略呈"品"字形,占地面积约505万平方米。其中西小城平面近方形,正南北方向,边长约1400米左右,四面城垣尚存,墙基宽20~

---

① 据河北省文物研究所内部发掘资料。

50 米,残高 3～8 米,每面各有城门缺口两座;城内南北中轴线上现存高大夯土建筑台基三座,东西两侧各存小型台基一座;另有部分地下夯土基址。东小城与西小城仅一墙之隔,平面略呈长方形,西垣与西小城东垣为共用墙体,仅南端向南延伸 48 米,南北全长 1442 米,东垣由南垣向北 515 米处东转,东延 100 米又折而向北,东西最宽处 926 米,现墙址除东北角被毁外,其余保存尚好;城内中部并有南北对峙的高大建筑台基两座,西南角存有小型台基一座,另有大面积的地下遗址。北小城位于东小城之北、西小城东北,系 1957～1959 年文物勘探调查时发现,平面呈不规则方形,南垣与东小城北垣及西小城北垣东段为共用墙体,东西长 1440 米,内以三门相通,西垣长 1544 米,北垣长 1272 米,东垣为一条内凹的不规则曲线,全长 1592 米,现墙址除南垣西段和西垣南段尚存外,余全部为地下墙址;城内及城外西侧各存有较大的建筑台基一座。此外,20 世纪 70 年代在赵王城城垣上还发现了"铺瓦"和"排水漕"遗迹;1997 年在西小城西垣北段外侧发现有宽约 7～8 米、深约 5 米左右的护城壕;2001 年对赵王城西小城进行了普探调查,在 1 号夯土基址西侧、1 号建筑基址南、西南、东南侧和 2 号夯土基址西侧、北东门内侧等发现古道路 8 段,在 1 号夯土台基北侧、3 号夯土台基西侧和 5 号地下夯土基址以北等地发现地下夯土基址 4 处,在 6 号地下夯土基址的西侧和南侧发现壕沟 2 条,在南城墙外发现有护城壕,并在城内不同地点发现灰坑、水井和一些性质不明的坑穴 40 处[13];2005 年对西小城南垣("高级渠"西断面)进行解剖,再次发现铺瓦、护城壕,并发现有小型墓葬等①;2007～2008 年间,在赵王城南约 1 公里的郑岗村北"南水北调"工程渠线上,发现数条南北并列、各宽 3～4 米的东西向壕沟,年代分战国和汉初两个时期,属临时性防御设施。② 从上述遗迹可以看出,赵王城有着较为统一的规划布局及完备的排水、防御系统,另据各城的布局结构及十余座状如丘埠耸立的建筑基址分析,该城当是一组既各自独立、又相互依从的宫城建筑,修筑及使用年代既有先后、又相去不远,结合文献记载及出土文物分析,总体年代应属战国时期,最晚可能延用至秦汉之交或西汉初年。

大北城,是 1957～1959 年文物考古工作者调查勘探发现,特别是 1970 年以后在配合人防工程的调查和钻探中进一步确立的,该城位于今邯郸市城区之下,是一座大部分深埋于现地表之下的"地下古城"。现已基本查明,该城西南

---

① 据河北省文物研究所内部发掘资料。
② 同①。

角东距赵王城约60余米,城垣除西垣北段,即今称之为"灵山"、"铸箭炉"、"铸钱炉"(又名皇姑庙、台地等)、"梳妆楼"、"插箭岭"、"王郎城"等建筑基址或城垣残段局部尚存外,其余全部被淤埋在现地表1~10米以下。西垣北端以联纺路与京广铁路立交桥旁的"灵山"为起点,连接插箭岭南伸,继而西转,接王郎城西延至建设大街南转伸入地下,穿过邯钢至庞村;南垣由庞村转角向东,到贺庄村止,[①]除西端局部暴露于地面外,其余均在地下;东垣自贺庄转角北伸,[②]沿光明大街西侧北伸至和平路,并沿曙光街北延至青年路,全部为地下墙址;北垣自"灵山"向东原有长约70米的地面墙址,1958年修建京广铁路时夷平,由此向东及东垣北段尚未探明,可能已遭彻底破坏,按城垣走向,东北角大体在今联纺路与曙光街交叉口附近。由此可知,该城平面呈不规则南北向长方形,南北长约4800多米,东西宽约3100多米,占地面积约1380多万平方米。此外,西垣北段"插箭岭"内侧还发现一座"日"字形小城,大城内各动土点也发现有大量窑炉、铸铜、冶铁、石骨制作等手工业遗址及水井、灰坑等生活遗存。结合文献资料基本上可以判定,赵王城当属赵王室的宫城,大北城则属以居民生活和工商业为主的郭城或外城。

秦统一时期的邯郸城,由于时间很短暂,自秦灭赵时算起也仅二十二年,且天下大乱,战火连绵,所以,当时不仅不会修筑新城,反而只有对旧城的破坏。正如文献所述,始皇帝"主海内之政,坏诸侯之城",赵国是秦国的劲敌,也是关东六国中最先被秦兼并的国家之一,坏其城郭、灭其宗庙,以防死灰复燃、卷土重来当是必然的。而且,秦末农民战争期间,赵地为起义军割据,陈涉部将武臣于邯郸自立为赵王,后为李良所杀,武臣旧部又立战国赵王后裔赵歇称王于信

---

① 补记:因邯郸市区旧城改造,市文物保护研究所于2009年5月至2010年3月间,分阶段对大北城南垣,特别是贺庄村至原市啤酒厂段进行了详细勘探调查,发现"今中华大街向东250米处贺庄村中部确实有一条宽10余米与南垣相接并转向北去的地下城墙,也就是过去所说的东垣及东南城角;但值得注意的是,南垣实际并未在此中断,而是继续向东延伸约400米,于今渚河路中心线南侧120米、光明大街以西75米,原啤酒厂院内北转,过渚河路北去。地下城墙宽约25~30米左右,距现地表深8~9米,残高约1米。墙体为花土,内含陶器碎片、砖块、红烧土粒等,由人工夯筑而成,夯迹明显。从新发现墙体来看,东延部分与南垣连为一体,北转部分恰与今曙光街方向原发现的"大北城"东垣处于南北同一条线上,且墙体规模大体相同,由此可以判定,原啤酒厂院内才是"大北城"真正的东南城角,而南垣的长度也应由原3090米修正为近3500米"(见《邯郸文物简讯》2009年第84期)。

② 同上。

都(今邢台),后为秦军所败,秦将"章邯引兵至邯郸,皆徙其民河内,夷其城郭",邯郸城再次遭到严重破坏。对于邯郸城区内的秦代文化遗存,由于考古资料较少,尚未能明确识别和区分,因此,对其分布范围还难于判定。不过,据上述文献资料可知,秦代邯郸城只可能利用战国时期的旧城。据陈光唐先生研究认为,秦末章邯所谓"夷其城郭",主要是指对赵王城的破坏,当然"大北城"也遭到严重的损毁。[14]这就是说秦代当延用了战国时期赵都邯郸城的全部,既包括当时的郭城"大北城",也包括赵国的宫城"赵王城"。

两汉时期的邯郸城,除应有宫城建筑外,主要可分大、小或旧、新两座城址,东西交错套叠,创建及使用年代也不尽相同。为了叙述方便并与战国时期"大北城"相区别,本文暂称之为"大汉城"和"小汉城"。

所谓"大汉城",是指西汉初期及相当长时间内赵郡国所延用的都城遗址,其主要是利用战国时期的大北城并加维修、加固和改造而成的。如,经解剖的大北城西垣"王郎城"、"插箭岭"段,东垣的丛台路、原邯郸医专综合楼、朝阳路口等段,均发现有补筑现象,而且,朝阳路口东垣上部夯层中还发现有"半两"铜钱,"王郎城"上部夯层中发现有"货泉"钱币等[11][12][15]。城址内普遍发现有汉代文化堆积和遗迹、遗物,说明汉代特别是西汉初期城区范围及城垣与战国时期是完全重合的,而最大的区别或变化是原赵王城已废弃,宫城改建于大北城内北部,也即丛台至梳妆楼一线。其中"丛台"位于今中华北大街西侧,始建于战国时期,现台基犹存并已开辟为公园;著名的"温明殿"遗址即位于丛台西北约0.5公里处的蔚庄村西,20世纪80年代因幸福街建设而被夷平,并于其旁立碑为记;其西约600米处的梳妆楼基址,不仅台基宏伟壮观,而且,台顶还发现有河卵石铺砌的建筑散水、柱础石、砖瓦、"千秋万岁"瓦当及"半两"、"大泉五十"钱币等汉代遗迹和遗物[16];此外,2001年在丛台路南侧春厂农贸市场距现地表6~7米下,还发现长10.5、宽3米的卵石面一处,其上叠压一层石板铺砌的斜坡状路面或踏道遗迹,并发现先后两层陶质排水管道,管道由圆形陶管套接而成,南北向,北端伸入东西向排水沟内,沟沿铺砌卵石护堤等,显非平民住宅区设施,建筑遗迹的年代上限不超出汉代,由此说明两汉时期赵郡国的宫城确在城区的北部无疑。[17]关于"大汉城"的使用年代,笔者仍然认为"可能主要在西汉时期,废弃年代当始于东汉,并有一个较长的逐渐收缩的过程,而彻底或大部废弃当在汉末魏晋之际"[9][10]。

所谓"小汉城",是指汉代因某种原因或用途于"大汉城"东半部修筑的新城址,建成后并成为汉代赵都的城市中心乃至逐步取代"大汉城"。据考古资料可知,"小汉城"建于"大汉城"东半部且延至东垣外,呈南北向长方形。其中西垣位于今浴新大街东侧约100米左右,南起贸易街北侧(市第二运输公司住宅区三号楼基下),中经大时代影院、铁路北货场及温明殿遗址西侧,北至常谢庄村南望岭路(原罐头饮料厂),全长约3350米;南垣西起贸易街西端城角,沿贸易街向东并跨越大北城东垣,东延至原国棉一厂西围墙,全长约1900米;北垣西起望岭路西端城角,弯转向东越过幸福街,其东大部尚未探明,仅知东端于青年路与曙光街丁字口,与"大汉城"东垣相交,并东延至纺织公司医院内约100余米,两端连线长约2100米;东垣虽未探明,但从光明大街以东地下早期遗存较少分析,该垣向东亦不会太远,或许即在光明大街一线,依南、北垣东端连线计算,全长约3060米。据此可以判定,"小汉城"大体上是以贸易街城角为西南角、望岭路城角为西北角、东南角在原国棉一厂附近、东北角在纺织公司医院一带且与大北城交错套叠的新城址,城区总面积约640多万平方米,不足"大汉城"的二分之一。关于"小汉城"的修筑年代及用途,笔者曾推测当建于西汉吴楚七国之乱之后,并认为"最大的可能,应是汉代赵都邯郸旧城内用于对付外敌、特别是洪涝水患的内城或防御设施,并逐渐成为城区收缩、人口聚集的中心;同时,也不排除随着外围旧城逐渐废弃,最终演变为邯郸城全部。"[9][10]这除了根据考古资料分析外,还基于当时修建新城的必要性和可能性。据文献记载,公元前154年赵王刘遂曾参与吴楚"七国之乱",与郦寄等平叛汉军对峙邯郸达七月之久,后遭到汉军引水灌城攻击,以至城破而自杀。鉴于现"大汉城"东北角也即北垣东段、东垣北端至今未能探明,以及纺织公司医院以北现地表6.5米下仍为淤积而成的黄沙土分析,缺失部分很可能已被大水冲毁,其间存在某种联系是完全可能的。如果推断不误的话,为了防水、御敌和治安等种种需要,修复被毁的城池自然是非常必要的,"小汉城"北垣恰与"大汉城"缺失部分相对应也证明了这一点。至于为什么不是修补大城而是另筑小城,可能有两种原因,一是大城缺失部分破坏严重,难于修复或已无恢复原状之必要;二是构筑新城可形成双层防护,更有利于城市安全。关于"小汉城"的修筑年代,很可能是在公元前152年之后赵敬肃王刘彭祖时期,这是因为刘彭祖是城毁后继任的首位赵王,修复被毁城池是其直接面临的任务和职责所在,而且,其在位时间长达63年,超过其后任何一位赵王,具有修筑新城的条件和基础。至于"小汉城"的年代下限,起码可延至汉魏以后,下文我们还将专门讨论,此不赘述。

综上所述可以看出,邯郸城的兴起与发展与邯郸政治、经济地位的变化是相联系的,经济的发展促进了政治地位的提高,而政治地位的提升又促进了经济更快更好的发展。目前,我们虽然尚未找到春秋时期邯郸城的踪迹,但当时邯郸城已具有一定规模当毫无疑问,且最初邯郸城的兴起当源于经济的发展,而后才成为政治、军事领域角逐的对象;战国时期邯郸城的发展显然与其政治、军事地位的提升有关,城市规模也最大,不过由于连年战争,城市经济并未达到应有的发展高度;西汉时期邯郸的政治地位较战国有所下降,城市规模也相应缩小,但相对稳定的社会环境又促进了城市经济的高速发展,特别是西汉后期至新莽时期达到了最繁荣阶段;东汉时期,虽与西汉不可同日而语,但较魏晋以后仍享有国都地位,所以,城市经济仍处于缓慢发展阶段。

三、邯郸城的萎缩与衰落

自魏晋开始,邯郸的地位急剧下降,由汉代以前的都市名邑落魄为普通县城,历北朝、隋唐、宋金元各代,直至明清,虽隶属关系时有变化,但其普通县城地位终无改变。尽管曹魏时期曾一度设立邯郸王,北齐武平年间曾营建过"邯郸宫",但前者仅仅属于县级王国,后者莫过一处行宫,且时间都很短暂,所以,邯郸的城市地位并未发生大的变化,城市建设及城市经济也无突破性进展。

关于魏晋以来的邯郸城,除明清时期地方志中有明确记载外,其余各代只是偶尔在有关笔记或文学作品中有所提及,且语焉不详;现代考古资料方面,也缺少各时期邯郸城址的直接证据,因此,我们只能根据各时期文化遗存的分布状况及某些间接的资料,对邯郸城的萎缩变化与衰落过程作些大致的推测。

魏晋时期的邯郸城,古代文献中尚未发现有关记载。不过就当时的历史背景来说,东汉末年虽出现过军阀混战,曹魏集团将当时的政治中心由邯郸转移至邺城,但邯郸城并未遭到较大破坏,而且,魏和西晋的建立都是以和平演变方式完成的,并未发生大的政治动荡,邯郸城自然也不会有太大的改变。从考古资料来看,由于过去多将其与东汉遗存相混淆,未能作明确的区分,近年来也仅2005年发掘的丛台路与曙光街交叉口西南角第十一中学综合楼工地,现地表6米以下编号为第④层的文化层推测为汉魏时期,第⑤、⑥层为汉代,所以,我们还很难对当时文化遗存的分布状况作出更加全面的说明。不过,总体来说汉魏时期的文化遗存主要分布于"小汉城"内,而城外特别是"大汉城"城区西部则明显较少。相反,从魏晋时期的墓葬来看,除今邯郸城西王郎村、百家村、西小屯及赵王城南、张庄桥等远郊曾发现多处曹魏时期带封土大墓外,原"大汉城"范围内也时有发现,而"小汉城"内却几乎不见。如,1999年于复兴路北侧市水利工程处院内,曾发现有曹魏时期的大型多室砖墓;2000 年 7 月于铁西大街西侧四季青住宅小区也发现有汉魏时期的墓葬;2006 年 9 月,在今丛台路铁路立交桥西侧,还发现有西晋时期的砖室墓,出土文物 60 余件。[18] 由此说明,魏晋时期的邯郸城应当主要沿袭了两汉时期的"小汉城",或者说当时的邯郸城应主要局限在"小汉城"之内,估计城垣也只是修补利用而无大的变化;"大汉城"虽不能说已无人居住,但人口数量应较少,显然已失去原城市功能,有的地方甚至已成为葬埋死者的荒郊墓地。此外,曹魏时期多有大型墓葬发现说明,当时邯郸城内还居住有较多达官显贵,城市经济也是逐步衰落的。

北朝及隋代的邯郸城,除前述北齐后主高纬武平七年(576 年)"诏营邯郸宫",历史地理学家侯仁之先生推测是在汉代赵王宫殿基址上营建的以外,别无其他史料记载。但就当时的历史状况来说,自 316 年西晋灭亡后的十六国时期,邯郸曾先后处在前赵、后赵、冉魏、前燕、前秦、后燕等政权统治之下,直到 397 年归入北魏才趋于稳定。其间,除后赵延续时间达 31 年外,其余多则十余年,少则数年,邯郸长期处于动荡不定的战乱和兵火之中,邯郸城遭受战争严重破坏也是必然的,且很可能自北魏统一北方后才得到逐步恢复,估计城市规模较魏晋时期也应有所缩小。从考古资料来看,当时的城区中心也处在"小汉城"范围内,并逐步向西北部收缩,除西、北利用原有城垣外,东、南是否仍利用原城垣或另筑有新城垣,尚无直接证据,但城区内存有大量当时的文化遗迹则是无可否认的。如,1991 年 4 月,在今陵西大街西侧日月城商场基建工地 5 米多以下,除发现有战汉时期遗存外,还发现有大面积较厚的北朝时期的文化堆积,并清理出灰坑 4 座,出土有大量磨光黑陶筒板瓦、莲纹瓦当及红陶碗、红陶盆、高领罐、青瓷碗、青瓷盘和"常平五铢"等遗物。1992 年于明清旧城内东门里发掘的唐代文化层及灰坑中,也混入有不少北朝至隋代的青瓷碗、红陶碗、磨光黑陶瓦件等,说明周围应有当时的生活遗迹。[19] 2000 年 12 月,在市博物馆地下库房深 6.3 米的基槽内,发现并清理北朝至隋代灰坑两座,也出土有较多青瓷器及陶器残片。2002 年元月,在和平路与陵西大街交叉口东南角金正城市广场深 6 米的地槽内,表层发现有大面积北朝至隋代文化层和灰坑等。2004 年 4 月,在人民路北新世纪商场东侧的金世纪商贸中心工地,于现地表 7.5 米深以下发现有厚 0.25 米的隋或隋唐时期文化堆积层,7.75 米以下发现有厚 0.5~1 米的北朝时期文化层,而其东侧相邻的人民路变电站却不见此类堆积,或许已至边缘地带。此外,在今浴新大街也即"小汉城"西垣以西及南垣内还常有隋代以前墓葬发现。如,20 世纪 70 年代开挖防空洞时,于今陵园路南侧体育场下,发现有十六国时期墓砖刻有"魏郡邯郸李进玄孙"字样的砖室墓和瓮棺葬,贸易街以北市第二医院以东还发现成片同时期的平民墓地[11][12];2006 年 5 月在赵苑梳妆楼南侧发现 5 座隋唐时期的砖墓,其中一座为隋仁寿元年(601 年)[20];2007 年 8 月,于赵苑观邸建设工地又清理发现 30 余座隋唐时期的墓葬,出有陶瓷器等随葬品。[21]由此可以说明,北朝至隋代邯郸城基本与魏晋时期相同,仍在今浴新大街以东、望岭路以南"小汉城"内,东界与南界应在今中华大街与陵园路附近,城区范围已有所缩小,甚至有并未完全有效利用的可能。

唐至五代时期的邯郸城,较隋代以前又有所缩小,这是因为隋末至唐初包括邯郸在内的洺州曾是农民起义军窦建德的领地,并建有大夏政权,曾与唐王朝有过较长时间的战争冲突,邯郸城遭到严重破坏并适时予以重建或改造维修,也是势所必然、合乎情理的。关于唐代邯郸城的情况,文献中虽无专门记载,但在部分文学作品中却时有提及。如,唐代诗人高适在《邯郸少年行》中写道:"邯郸城南游侠子,自矜生长邯郸里";大诗人李白在《自广平乘醉走马六十里至邯郸登城楼览古书怀》中也写道:"醉骑白花骆,西走邯郸城","入郭登高楼,山川与云平",说明当时邯郸不仅有城,而且有城楼。此外,"丛台"作为邯郸的标志性建筑,诗文中也多有涉及。如岑参有"客从长安来,驰马邯郸道,伤心丛台下,一旦生蔓草";刘言史有"旧业丛台废苑东,几年为梗复为蓬";李远《听语丛台》有"弦管变成山鸟弄,绮罗留作野花开,金舆玉辇无行迹,风雨唯知长碧苔";李白有"回首丛台尽荆棘",王建有"双塔丛台野菊花",马戴有"芜没丛台久,清漳废御沟"等,这不仅说明过去曾盛极一时的"丛台",在唐代已是杂草丛生、一片荒芜,而且,还说明当时的城区范围较小,"丛台"周围很可能已成荒郊,未在城中繁华闹市区内。从考古资料来看,由于受发掘区域或面积的限制,当时的生活遗迹发现较少,而墓葬遗迹却有较多发现,有的并有墓志等文字资料,为我们判断城区的位置及范围提供了可靠的依据。如生活遗迹方面,仅在今日月城商场、东门里、新世纪商场、招贤大厦及邯郸大剧院南侧有零星发现。其中,1991 年于陵西大街西侧日月城商场基建工地发掘 50 平方米,在现地表 6 米下发现有隋唐时期的堆积层,文化遗存贫乏,仅见部分瓦件和少量陶瓷片,陶片较碎,器形难辨;而在其南约 50 米处即发现唐代墓葬数座,说明该地已处于当时生活区的边缘。1992 年发掘的东门里遗址遗存较丰富,在 36 平方米范围内发现唐代灰坑 6 座、水井 1 眼,其上并有最厚约 0.8 米的文化层堆积,有的地方还发现有路土,出土遗物有青瓷碗、白瓷碗、青瓷盂、三彩盘、三彩炉及双耳罐、盆、瓮等陶器。[19]1997 年于中华大街与人民路交叉口东北角新世纪商场地表

6.3 米之下,发现一条宽 5 米、厚 0.3 米左右的路面,内含大量战汉时期陶片及少量青瓷碎片,推测为唐代道路。[22]2004 年于邯郸大剧院文化广场南侧商务中心工地清理发现隋唐时期灰坑 6 座,出土部分莲花纹瓦当、红陶双耳罐、小口瓮、敞口盆及青瓷碗、大平底盘、敛口盂等器物。2006 年于人民路与城中街交叉口西南侧的招贤大厦工地,也发现少量唐代遗物。而墓葬遗迹方面,除前述赵苑梳妆楼南侧、赵苑官邸及日月城商场有所发现外,在丛台路铁路立交桥西侧、中华大街东侧的市电业局北院和南院、中心医院及日月城商场南侧的康德超市等地也均有较多发现。尤其 1999 年于中华大街以东、朝阳路以南市电业局南院综合办公楼基槽内发现的 8 座唐墓内,其中一座出有石刻墓志和墨书砖墓志各 1 盒,石志置于墓室内,砖志置于墓门外封门砖上,均载明墓主焦阿毛,字客朗,石志称以开元廿六年二月廿□日与妻合“葬在邯郸县城东南三里平原之野”,“廿日”两字之间空一字,砖志题称以开元廿六年二月廿二日并妻“葬在邯郸县东南二里半平原之野”,显然刻石志时准确下葬时间尚未确定而漏刻,砖志所题为准确时间并置于下葬封门后,两志均称其墓位于县城东南,一说“三里”,一说“二里半”,看来均为约数。[23]此外,2006 年于赵苑梳妆楼南侧发现的 5 座隋唐墓中,两座出有墓志,一座唐代墓志称,墓主焦锷,夫人清河张氏,于长庆三年(823 年)三月,合葬于县城西北二里葛据山阳之原,估计所谓“二里”也非确数。[20]不过,其毕竟向我们指明了城址的相对位置及大概距离。根据上述记载及地下文物遗存的分布状况,可以初步判定,唐代邯郸城应位于“小汉城”西北部,且很可能依“小汉城”西北角而建,西垣仍延用了浴新大街东侧“小汉城”旧垣,北垣可能在今丛台路东西一线,或仍延用望岭路“小汉城”北垣,东垣应在今陵西大街东侧,明清邯郸城西城墙很可能与之相重合,南垣约在今日月城商场北侧明清城南城墙(即城南街)以西一线,城区南北长约 1500～2000 米,东西宽约 600 多米,总面积仅 1 平方公里左右。当然,城区外围也应散布有众多大小不一的村落和密集的交通网络,今东门里、新世纪商场、邯郸大剧院广场南侧商务中心地下遗存的发现就是最好的说明。至于五代时期的邯郸城,目前尚无直接证据,不过考虑到其时间比较短暂,仅 50 余年,且战火连绵,兵燹不断,主要是造成城池的破坏,而重新筑城的可能性不大,故推测当时的邯郸城可能仍然延用了唐代的旧城。

宋金元时期的邯郸城,较唐代发生了较大变化,这可能与五代时期邯郸城的破坏及宋初的移民有关。据《邯郸简史》称,[1]后晋末契丹军屡屡南侵中原,曾于 945 年占据邯郸,在邺县(今临漳县)榆林店与后晋军队遭遇,并对峙于安阳河,"千里之内,焚剿殆尽","邯郸遭到契丹严重破坏"。北宋初年,宋王朝还曾将大批"战争难民"、"北汉降民"安置于"邢、洺、磁州一带",重新修筑被毁的城池,对当地百姓及移民实施有效管理、巩固自己的政权自然是非常必要的。有关宋金时期邯郸城的史料,也主要保留在当时一些文人和官员的文学作品和笔记中。如,北宋诗人贺铸在任监磁州都作院之职时,曾数次游历邯郸,写下许多歌咏邯郸的诗作,宋神宗元丰四年(1081年)其在《丛台歌》诗序中即提到,丛台在"县中东北隅","故址犹十仞"。金初,南宋曹勋出使金国时,在《过邯郸》诗中写道:"恭持天子节,再经邯郸城;断垣四颓缺,草树皆欹倾"。金大定九年(1169年),南宋楼钥在出使金国的《北行日录》中记道:"车行七十里,邯郸县早倾,有城楼甚壮,皆旧物也";"赵王丛台在县之北,上有亭榭"。次年,著名诗人范成大在宋孝宗乾道六年(1170年)作为"奉使大金国信使"过邯郸,以及金大定十七年(1177年)周辉出使金国过邯郸,也都留下了行程日志、见闻笔记及歌赋等。对于"丛台"故址,周辉记曰:"赵王丛台,在县之北";范在《丛台》诗序中更明确地说:"丛台,在邯郸北门外"。据此可知,宋金时期邯郸确有城池建筑,城址位置不仅与唐代不同,而且宋金两朝也曾有过小的变化。以邯郸的标志性建筑"丛台"为例,唐代远在东部城外,北宋神宗时则在城内东北隅,而金代却在县城北门外,说明城址位置经历了一个向东向南推移的演变过程,但大体范围还是在"丛台"附近或其西南一带。元代虽未见相关史料,估计与金代不会有太大的变化。就考古资料来看,由于工作开展较少并受发掘位置、条件等限制,所以当时的生活遗迹发现并不太多,除个别地点遗存较丰富外,多为零星发现。如,2006年于人民路与城中街交叉口西南侧发掘的招贤大厦工地,仅地表向下至6.8米内就可分大小14个文化堆积层,包括宋、金、元、明、清、近代、现代等各个时期,几乎从未间断;而且,文化遗存尤为丰富,在200平方米的范围内即发现房址3处、沟3条、水井5眼、灰坑30余座,出土文物标本1300余件,各类瓷片5万多片。文物标本中除铜顶针、骨簪子、梳子、棋子、骰子和钱币等生活用品外,数量最多的是居民生活用瓷,有盘、碗、杯、碟、灯、盆、罐、壶、瓶和瓷枕、小瓷人等,时代集中在宋、金、元、明时期,堪称当时邯郸城民居生活用瓷大全。[24]1992年发掘的东门里遗址,因上部系机械施工清理,文物标本为采集所得,故宋代以来的文化堆积及遗存状况不明确,但第二、四层仍发现少量遗物,其中黑、白釉瓷碗等残片所具有的宋、金时代的特点还是非常明显的。[19]而陵西大街以西、中华大街以东、丛台路以北所发掘或勘探的几处地点,尚未发现当时的生活居住遗址,而且,1983年经对"丛台"南侧偏东的邯郸宾馆地下餐厅建筑基槽断面实地调查,发现地表以下 1.8～5.2 米全部为淤积而成,仅个别层次含有少量碎小的白瓷片和陶片,直接叠压于战汉时期文化层之上。[25] 相反,上述部分区域宋金以来的墓葬却多有发现。如,1992 年底于丛台路北市第一医院发现北宋中晚期墓葬两座,出有小口瓶、碗、碟及钱币等。[26] 1981 年于陵西大街西侧市农林局、2001 年于人民路与陵西大街交叉口西南角亚太写字楼工地分别发现有宋墓,前者还出土有白釉剔花盘口瓶、绿釉划花元宝枕等瓷器。[27] 2007 年于陵西大街日月城商场西侧的稽山新天地工地发现宋金时期大面积的家族墓地,共清理古墓 100 座,出土瓷器等随葬品百余件。此外,陵西大街西侧东风路腾达小区、稍远的市第三医院南侧世贸广场、偏北的市建筑安装公司等地,也有宋金元时期的墓葬发现。根据上述发现可以初步判定,宋金元时期的邯郸城大体上位于唐代城以东,西垣应在陵西大街东侧,很可能是依托唐城东垣而修筑的;东垣应在今中华大街以西、"丛台"东侧附近;南垣或在今城南街一线,当为唐城东南角的向东延伸;北垣略有变化,北宋中前期应在"丛台"北侧今丛台路附近,如唐城北垣推测不误的话,也与南垣一样当属唐城东北角的东延,北宋后期及金元时期内缩至"丛台"南侧;城区最大范围南北长约 1500 米,东西宽约 500 多米,总面积较唐城略小,不足 1 平方公里。

　　明清时期的邯郸城,地方志中有较为明确的记载并有示意图和碑记等,而且,清代城池夷平时间尚短,现城区内还有迹可寻,故城区考古中涉及较少,不过其大体沿革及演变轨迹还是相对比较明确的。简言之,明代城始建于洪武年间,规制南不过斜街口,北不过观音阁,远不及二里,东西不及半里;成化间拓城,一说南北各拓约半里,一说移拓三里许,周围五里四十六步;正德年间,再加修葺,设六门;嘉靖年间扩城至周围广八里,改六门为四门,并于"丛台"周围设甬道与东城墙相连,将之纳入城内;隆庆年间对城墙及城门再作修缮。清代于康熙、乾隆、道光、同治、光绪年间分别对城址进行过维修,规制较明代城变化不大。需要说明的是,笔者认为明清城的修建与扩建很可能也是以宋金元时期的县城为基础的。换言之,明代初期的邯郸城很可能是依托北宋后期至金元时期的城址修筑的,西垣及北垣仍袭旧垣,西不过今陵西大街,北不过"丛台",所谓"观音阁"或许即在"丛台"附近不远;唯南垣内缩至"斜街口",也许即今北斜街附近,东垣内缩至"丛台"西侧,城区范围愈加狭小。明成化及嘉靖时拓城可能主要是向南北延伸,北垣扩至今丛台路一线,南垣扩至今城南街一线,基本恢复至北宋中前期城垣位置,东北角将"丛台"圈入城内,但城区面积仍未达到北宋前期水平,并延至清末而未作大的改变。

综上所述可以看出，自魏晋时期开始，随着邯郸政治、经济地位的急剧下降，以及历代战争的破坏和人口数量的锐减，邯郸城也日渐萎缩和衰落，其大致变迁轨迹或衰变过程也是有迹可寻的。总的来说，当时的邯郸城均处于汉代"小汉城"范围内，可能由于人口及地势原因，并逐步向西北部收拢和缩小，且有小幅度的游移和摆动。其中魏晋时期去汉代不远，当利用了"小汉城"的全部或大部，城区范围较大；十六国或北朝至隋代，城区向西北部收缩，城区范围开始缩小；唐至五代时期，仅局促于"小汉城"西北角一隅，城区范围开始进入低谷；宋金元时期，城址东移至唐城东侧，城区范围又有所缩小；明清时期，城址基本依宋金旧城而筑，唯东垣西缩，城区范围更加狭小。

参考文献：

[1] 孙继民：《邯郸简史》，中国城市经济出版社 1990 年版。

[2] 郝良真、孙继民：《论早期邯郸城的兴起》，《邯郸师专学报》2000 年第 2 期。

[3] 邯郸市文物管理处：《邯郸县两处新石器时代遗址的调查和试掘》，《文物春秋》1990
年第 2 期。

[4] 罗平：《河北邯郸百家村新石器时代遗址》，《考古》1965 年第 42 期。

[5] 北京大学：《1957 年邯郸发掘简报》，《考古》1959 年第 10 期。

[6] 河北省文化局文物工作队：《河北邯郸涧沟村古遗址发掘简报》，《考古》1961 年第
4 期。

[7] 邯郸市文物管理处：《邯郸县商周遗址的调查》，《文物春秋》1992 年第 2 期。

[8] 李永山：《邯郸城区考古又获重要发现》，《邯郸文物简讯（内部资料）》2006 年第
47 期。

[9] 乔登云、乐庆森：《赵都邯郸故城考古发现与研究》，《邯郸学院学报》2005 年第 1 期。

[10] 孙继民：《先秦两汉赵文化研究》，方志出版社 2003 年版。

[11] 邯郸市文物保管所：《河北邯郸市区古遗址调查简报》，《考古》1980 年第 2 期。

[12] 河北省文物管理处：《赵都邯郸故城调查报告》，《考古学集刊》1984 年第 4 期。

[13] 乐庆森：《赵王城调查又有新收获》，《邯郸文物简讯（内部资料）》2001 年第 2 期。

[14] 陈光唐、王昌兰：《邯郸历史与考古》，文津出版社 1991 年版。

[15] 乔文昌：《我市又发现一处赵邯郸古城墙垣遗迹》，《邯郸文物简讯（内部资料）》2003
年第 13 期。

[16] 驹井和爱：《邯郸——战国时代赵都城址的发掘》，《东方考古学丛刊》乙种第七册，东
亚考古学会 1954 年版。

[17] 乔登云：《邯郸城区内发现汉代重要遗迹》，《邯郸文物简讯（内部资料）》2001 年第
1 期。

［18］ 尹建兵:《丛台路西延工程发现西晋墓葬》,《邯郸文物简讯(内部资料)》2006 年第 48 期。

［19］ 邯郸市文物管理处:《邯郸市东门里遗址试掘简报》,《文物春秋》1996 年第 10 期。

［20］ 尹建兵:《邯郸城区隋唐考古获重要发现》,《邯郸文物简讯(内部资料)》2006 年第 45 期。

［21］ 乐庆森:《赵苑观邸工地发掘短讯》,《邯郸文物简讯(内部资料)》2007 年第 58 期。

［22］ 邯郸市文物保护研究所:《邯郸市东庄遗址试掘简报》,《文物春秋》2006 年第 6 期。

［23］ 邯郸市文物保护研究所:《邯郸城区唐代墓葬发掘简报》,《文物春秋》2004 年第 6 期。

［24］ 乐庆森:《人民路中段招贤大厦工地考古新发现》,《邯郸文物简讯(内部资料)》2006 年第 43 期。

［25］ 邯郸市文物管理处:《邯郸市宾馆地下古遗址的调查》,《文物春秋》1990 年第 4 期。

［26］ 李忠义:《邯郸市区发现宋代墓葬》,《文物春秋》1994 年第 3 期。

［27］ 邯郸市文物保护研究所:《邯郸文物精华》,文物出版社 2005 年版。

(原载《邯郸学院学报》2010 年第 2 期)

中山国灵寿城与赵都邯郸城比较研究

武 庄[*]

中山国灵寿城始建于公元前 380 年左右"桓公徙灵寿"[1]1797时,至公元前 296 年赵灭中山,中山国都于灵寿约 80 余年。而邯郸城自赵国于公元前 386 年迁都于此,至公元前 228 年秦破邯郸,赵都于邯郸城 158 年。可见,两城均为战国中后期的都城,是战国时期列国都城的代表。本文试从地理位置、布局形制和防御体系三个方面对以上两城进行比较,以期对战国时期列国都城的特点有更深的认识。此外,"都城是国家的政治统治中心、文化礼仪活动中心、经济管理中心、军事指挥中心。"[2]33-63因此,对以上两城进行比较,还有助于我们从一个侧面认识中山国和赵国当时的社会状况。

一、地理位置的比较

灵寿城位于今河北省平山县三汲乡境内,地处太行山东麓、滹沱河北岸的丘陵台地上。城垣依自然地形构筑,北倚东灵山,南临滹沱河,东、西城垣均按河沟走势筑于沟岸内侧高地上,因此平面形状呈不规则形。

灵寿城交通便利,东有南北大道,向南经过东垣、石邑、封龙、房子、鄗等邑直达赵都邯郸;向北经鲜虞、中人、曲逆等邑可至燕国的涿、蓟等邑。南有与南北大道相交于东垣的东西大道,由东垣向东经过肥累、昔阳、扶柳等邑再折向东南可至齐国;由东垣向西过石邑、井陉等邑可通赵、秦。西北部有通代之路,从灵寿向北经曲阳、丹邱、华阳、鸱之塞等邑可至赵之代地;向南经过宁葭可能在石邑与南北大道相接。此外,自灵寿城顺滹沱河而下可达东垣、肥累、昔阳等邑。

邯郸城位于今河北省邯郸市区及西南郊,渚河与沁河的冲积扇上。并且渚河、沁河分别从赵王城的北城和大北城穿过。其中赵王城居西南,由东、西、北三座小城组成,平面略呈"品"字形。西城平面基本上呈正方形,东城和北城的

---

[*] 武庄(1983—),男,河北石家庄人,郑州大学历史学院在读硕士研究生。

平面均呈不规则长方形。而大北城位于赵王城东北约 60 余米处,平面呈不规则的南北向长方形。需指出的是,"北城的北城墙、东城墙和东城的东城墙的不规则形状,当是渚河在春秋战国时的弯曲流向。在北城东城墙东侧 80 多米处,就是大北城西南城墙的拐角处,大北城的西城墙也有一定的弯曲度。如果不用河流弯曲走向来解释北城和东城的城墙弯曲原因,其他解释难以说通。"[3]1-4 邯郸城位于中原地区交通大动脉上,向北可至中山国房子、石邑、东垣、鲜虞、中人等邑;向南可达中原的经济城市温、轵;向西经过壶口,"再经过位于现在山西沁县东南的断道就可以到达晋都新田"[4]251;向东经过冠氏、东阿、平阴,可至齐都临淄。

综上可见,中山国灵寿城和赵都邯郸城不仅都建于沿河的高地上,并且都充分利用了自然地势,沿自然河流的流向来构筑城垣。这充分体现了《管子·乘马篇》所记载的:"凡立国都,非于大山之下,必于广川之上。高勿近旱而水用足,下勿近水而沟防省。因天材,就地利,故城郭不必中规矩,道路不必中准绳。"[5]83 的建都原则。在这一点上灵寿城体现得更为充分,因位于滹沱河北岸的台地上,所以受到地形的限制,但又充分利用了复杂的地形,依地形和河流走向建城并将河沟纳入防御体系的一部分,因此其平面形状呈不规则形。而邯郸城所受地形限制较少,仅赵王城的北城的北城墙、东城墙和东城的东城墙受到了渚河的影响,所以两小城又呈不规则的长方形,但从总体上看邯郸城还是较为规整的。此外,两城都建于交通便利之处,不仅有利于与邻国进行政治、经济和文化的交流,而且也有利于其军事行动。如灵寿城便利的陆路和水路交通,使其不仅可控滹沱河,还可扼守鸮之塞、井陉险关,进可直下大平原,退可入太行山。而有"四轮之国"之称的赵国,"东可以进入齐鲁,南可以挺进河洛,西可以控制上党,北可以奔向燕蓟。"[6]90-94

二、布局形制的比较

灵寿城由东城和西城两部分组成,其中东城为宫城,西城为郭城,一道南北向隔墙将东、西两城隔开。在东城的东北部是以 3 号夯土建筑遗址为主体的宫殿区,它位于全城的最高处,北靠北城垣,西邻黄山,并利用其西南部的自然河沟与西部中区的官手工业作坊区隔开。此外,它还与其正南的以 7 号和 8 号夯土建筑遗址为主体的官署区构成一条南北向的中轴线,在这条轴线的西侧是以 4 号烧陶器遗址和 5 号铸铜铁器遗址为主体的官手工业作坊区和以 6 号居住遗址为主体的居住区。西城的北部为王陵区，南有东西向陵墙一道，使王陵区与其南部的以2号居住遗址为主体的居住区和以9号、10号夯土建筑遗址为主体的经济活动区隔开。此外，西城内还有一条东西向道路，东穿9号和10号建筑遗址，西过门阙直至城外。

邯郸城包括各自独立的赵王城和大北城两部分。赵王城为宫城，居西南，由东、西、北三座小城组成，平面略呈"品"字形。西城中部偏南有俗称"龙台"的1号夯土台，在其以北215米处有俗称"茶棚"的2号夯土台，在2号夯土台以北228米处有3号夯土台，其中"龙台所处位置属于城区中部制高点，南部略平，东、西、北三面逐级下降，台基周围还有经整修的更大范围的平台，充分显示了其至高无上的突出地位；台基本身东、西、南三面坡度相对较陡，唯北坡稍缓且根部正中有一条突起的土垅向北随地势下延，中轴线北端的三号台基也有同样的迹象，由此说明以龙台为中心的中轴布局还是非常清楚的。"[7]26-36而"在这条中轴线的西侧有地夯1号、6号。这两处地夯紧靠主体建筑'龙台'，形成大面积的建筑基址，这应是规模宏大的王宫的主要殿宇建筑群。在这条中轴线的东侧以夯土台5号为中心，北有地夯4号，南有地夯3号。这又构成了西城东部的南北一条中轴线。在这条中轴线的西侧有地夯2号、5号，形成了西城东部的一组建筑群。"[8]162-195东城西北部有俗称"北将台"的6号夯土台，在其南约500米处有俗称"南将台"的7号夯土台，以这两台为主体，"'北将台'以北有1号遗迹，'南将台'的南北两面分别有地夯7号、8号。两土台之间有遗迹2号，形成了东城内南北一条中轴线的大型建筑群。"[8]162-195而北城内遗址较少，仅有10号夯土台与西墙外的9号夯土台形成东西对峙。大北城为郭城，位于赵王城东北约60余米处，平面呈不规则的南北向长方形，从考古发现情况来看它是赵都的商业区、手工业区和居民区。

综上可见，灵寿城和邯郸城都属于双城制。两者的宫城置于郭城一侧和一隅，并位于全城的制高点上，而且宫城中以夯土台基为中心的宫殿建筑遗存主要分布于中轴线上，宫城显示出了中轴线的布局。在这一点上，邯郸城体现得更为充分，其"西南至东北在17公里的范围内，西南标高为96米左右，东北标高为52～60米。"[8]162-195可见宫城要高出郭城许多；并且赵王城的西城和东城中的中轴线布局十分清晰。

以上所述均是两城布局形制的相似之处，而相异之处则有以下两个方面。

一方面，灵寿城是单一宫城，而邯郸城是宫城与亚宫城并存，"其中西边的小城应为宫城，东、北二小城似为亚宫城。"[9]36-47另一方面，灵寿城的西郭城中还包括王陵区，而赵国的王陵区则在城西北15~20公里处的今邯郸市与永年县交界处的紫山东麓丘陵地带。这一点可能与中山国的国情有关，"千乘之国"的中山国处于"万乘之国"的赵国的"腹心"，使其不得不具备防御思想，从而将王陵区建于城内。除此之外，或许还是中山国"休则掘冢"[10]3263的盗墓之风使然。而赵国王陵区建于城外，一则可能与郭城地势较低并处于沁河下游有关，若建于郭城内，易被冲毁。二则可能是因为"大北城是邯郸古城，最晚在春秋时期已具规模……赵在迁都前后，对邯郸城（大北城）进行扩充建设……可知大北城遗址现存的规模是经过大兴土木扩充的，即东西3200余米，南北4800米的赵都大北城，是赵都迁入邯郸前后形成。"[11]6-10可见到战国时期，大北城已基本成形，已没有修筑王陵区的空间。而灵寿城西1500米处城外王陵区的修筑与赵国王陵区建于城外的第二点原因相同，即可能是由于到中山国后期，灵寿城内建筑空间不足所致。

三、防御体系的比较

灵寿城的防御体系是多方位的，体现在以下几个方面。

一是其东西城垣及北城垣的东、西两端均沿河沟构筑，将自然河沟纳入防御体系，从而形成了由城垣、河沟和滹沱河构筑的双重防线。二是城垣上有四处"城垛"式附属建筑。第一处位于"东城北垣西端，其附属建筑似'城垛'样的向外凸出约150、宽70米的夯土建筑高台。……'城垛'西侧为东城北门阙，而且还是全城唯一的陆地通道，因此这座'城垛'建筑主要是用于保护此处门阙，驻兵防卫。"[12]12第二处位于"王陵区内的西城垣的中部，在城垣上向外凸出约40、宽50米。……此'城垛'北侧为王陵区的西门阙，因此这座建筑与护卫门阙有关。"[12]12第三处位于"西城西城垣的南部，接近于城垣的西南角……似为军队的驻地。"[12]12-15不仅可以"守卫西护城河的河口，起着护卫西门阙的作用……很可能还担负护卫中山王陵的任务。"[12]15第四处位于"西城最南段的城垣上……可能主要用于河防。"[12]15三是防御性门阙的修筑。为了便于防守，东城西北角处的门阙，"在修筑时将隔墙筑成一个拐角，东城垣西端也筑成一个拐角，二拐角相交形成一个小斗城。门阙通路由斗城中出入。"[12]15四是卫城的修筑。中山国还在灵寿城东约1.5公里处修筑了一座东西长约1400、南北宽约1050米的小城，并在其西部中央建有俗称"召王台"的夯土台，"此城为灵寿城的外围城堡，可能当时主要用于军事设防。小城堡的城外东部远处筑有夯筑土台,可能属烽火台形制的建筑。从小城堡的周围地形分析,此城堡筑于高坡之上,往东观察可极目平原,是灵寿城观察和屯兵的东防要地。小城堡内的'召王台'与灵寿城内的黄山遥遥相望,遇有军情便于联络。"[12]20

邯郸城的防御体系较为单一,仅赵王城外围有护城壕。"在西小城西城垣中心线以西24米处发现南北向壕沟一条,壕沟宽约7~8米、深约5米左右,并继续向南北方向延伸,显然属于护城壕遗址。……西垣及南垣外侧护城壕的发现,使我们有理由确信赵王城外围当普遍有护城壕存在。"[7]26-36

综上可见,灵寿城的防御体系是多方位的,可能与中山国地处赵国"腹心"有关,所以防御意识、战备意识较强。相对而言,邯郸城的防御体系比较单一,公元前353年魏军攻克邯郸就从一个侧面说明了此问题。

四、结语

通过以上对灵寿城和邯郸城的比较,我们可看出:

第一,都城是国家的政治中心,而到战国时期,攻城略地又成为战争的首要目标,所以都城的选址就十分重要。灵寿城和邯郸城的选址不仅考虑到了自然地理因素而且还要考虑到了交通地理因素。第一,两城都建于临河之处,不仅满足了人们生活用水的需要,而且也为城垣提供了一道防御屏障,如灵寿城就将河沟纳入了防御体系。第二,两城都建于交通便利之处,不仅有利于与邻国进行政治、经济和文化的交流,而且也有利于其军事行动。总之,在这一方面,邯郸城体现的更为充分,优越的地理位置使"邯郸包络漳、滏,倚阻太行,赵人都此。秦、魏战其西南,燕、齐战其东北。而赵之力,常足以却秦胜魏,胁齐弱燕。苏秦谓,山东之国莫强于赵者,岂非拥据河山,控带雄胜?邯郸之地,实为河北之心膂,而河南之肩脊哉。"[13]

第二,"都城中的宫城、宫殿则是国家最高统治者的政治活动中枢、经济管理中枢、军事指挥中枢。"[2]33-63因此,宫城更能反映国家的政治态势。其一,灵寿城和邯郸城不同于"春秋时期宫城多位于郭城中,形成内城与外城不套的格式",[14]177而是将宫城置于郭城一侧和一隅,显然是出于加强王室安全的需要,反映了战国时期随着各国间兼并战争的加剧,国内的社会矛盾也在加剧。其二,两城的宫城还处于全城的制高点,不仅体现了宫城建筑的政治等级和"居高"的设计思想,而且"是'君临天下'的表现,是统治者'高高在上'的反映……还有着现实的安全意义。"[2]33-63其三,两城的主要宫殿建筑都位于宫城中轴线上,并且"宫城轴线由其大朝正殿(或主体宫庙建筑)所决定,并与正殿(或主体宫庙建筑)轴线基本重合。"[9]36-47体现了宫城建筑的"居中"的设计思想,在这一点上邯郸城体现得更为充分。

第三,都城是国家政权的所在地,是社会政治发展的产物,是政治形态在都城上的反映。两城的不同之处当有着特别的原因,从一个侧面反映了两国政治态势的不同。邯郸城宫城与亚宫城并存,"可能反映了当时国家统治集团政治势力组合的变化。"[15]281-311而灵寿城城内建王陵区以及多方位的防御体系,可能反映了处于赵国"腹心"的中山国的高度战备思想和政治危机感。

参考文献:

[1] 司马迁:《史记》,中华书局1997年版。

[2] 刘庆柱、李毓芳:《中国古代都城建筑的思想理念探索》,西安市文物保护考古所:《西安文物考古研究——西安市文物保护考古所成立十周年纪念》,陕西人民出版社2004年版。

[3] 刘心长:《论邯郸故城发展演变及四处遗址间的关系》,《邯郸职业技术学院学报》2003年第3期。

[4] 沈长云:《赵国史稿》,中华书局2000年版。

[5] 黎翔凤:《管子校注(上)》,中华书局2004年版。

[6] 史延廷、徐勇:《试论战国时期邯郸城的战略地位》,《河北学刊》1990年第3期。

[7] 乔登云、乐庆森:《赵都邯郸故城考古发现与研究》,《邯郸学院学报》2005年第1期。

[8] 河北省文物管理处、邯郸市文物保管所:《赵都邯郸故城调查报告》,《考古学集刊》第4期,中国社会科学出版社1984年版。

[9] 刘庆柱:《中国古代宫城考古学研究的几个问题》,刘庆柱:《古代都城与帝陵考古学研究》,科学出版社2000年版。

[10] 司马迁:《史记》,中华书局1997年版。

[11] 陈光唐:《赵都邯郸故城的布局和兴衰变化(下)》,《邯郸师专学报》1996年第2期。

[12] 河北省文物研究所:《战国中山国灵寿城——1975~1993年考古发掘报告》,文物出版社2005年版。

[13] 顾祖禹:《读史方舆纪要》,中华书局2005年版。

[14] 赵丛苍、郭妍利:《两周考古》,文物出版社2004年版。

[15] 刘庆柱:《中国古代都城遗址布局形制的考古发现所反映的社会形态变化研究》,《考古学报》2006年第3期。

(原载《邯郸学院学报》2009年第2期)

山西境内赵文化遗迹考察报告

孙继民[*]　张润泽　董寅生

山西境内有着丰富的赵文化遗存。2008 年 8 月 25 日到 8 月 27 日,邯郸学院赵文化研究中心一行三人孙继民、张润泽、董寅生前往山西晋中及晋东南地区,对先秦时期的赵氏、赵国的部分遗址进行了一番实地考察。孙继民研究员在考察前就进行了相关的准备工作,如了解相关背景资料、与当地文物旅游部门和老乡进行联系。在三天时间内,我们驱车二千余里,经行六七个县,考察了八九处遗址,特别是参观了与先秦赵氏、赵国有关的和顺县仪城赵简子平都城遗址、和顺赵奢垒遗址和沁县乌苏阏与古城等,并顺便考察了襄垣县邯郸村。在考察时,我们访问了二十几位村民,与各地相关文物旅游主管部门的领导进行座谈,了解相关信息,取得了非常重要的调查、研究收获。下面就赵文化遗迹山西考察的结果汇报如下。

一

2008 年 8 月 25 日上午,我们一行考察的第一站是和顺东部五十余里石家庄村的赵奢垒。民国三年版《和顺县志》有关于和顺县赵奢垒的记载,"赵奢垒,在县东石家庄,即赵奢救韩去阏与五十而军处,今庙犹存"。关于赵奢垒,很早就有文献记载,宋朝乐史的《太平寰宇记》卷 44,河东道五,和顺县:"本汉沾县地。即春秋阏与邑也,一名榆城。《史记》云:'秦伐韩阏与,赵惠文王使赵奢救之,大破秦师'即此地也","故赵奢垒,在县东五十里。清漳水,在县北。"清朝顾祖禹的《读史方舆纪要》卷 43,山西五:"赵奢垒,《志》云:在县东五十里,赵奢所筑也。"还有《史记·廉颇蔺相如列传》:"赵奢既已遣秦间,乃卷甲而趋之,二日一夜至,令善射者去阏与五十里而军。军垒成,秦人闻之,悉甲而至。"赵奢垒

---

* 孙继民(1955—),男,河北邯郸人,邯郸学院赵文化研究中心主任,河北省社会科学院副院长,研究员,历史学博士。

在和顺县东部青城镇的石家庄、纱帽沟附近,纱帽沟村的 50 岁的成拉群和 48 岁的成海群兄弟带我们到一处孤山之下,两兄弟指着一座山的山顶告诉我们说这就是赵奢垒。赵奢垒相对高度 100 多米,与周围的山岭相比稍微低矮些。从山脚下望赵奢垒,只能看到在山顶部有红砖样子的垒石,登上山来,才发现山顶是一片开阔的平地,周围断断续续的环绕着一至两道红黄色石片垒砌的城垣。此山东南缓,西北陡峭,西南部的垒石在 30 年前还有一人高。由于东部山坡平缓,墙垒保留较好。墙垒由红黄色的条形石头砌成,整个垒大体呈不规则的长方形,有些像巨人的脚印。自南至北约 60 米左右,自东至西狭窄处约 7 米左右,最宽处约 13 米。墙垣最高处外侧约 2.6 米至 2.8 米,内侧约 1 米左右,厚度则约为 0.78 米至 1 米上下。西部隔着山谷对望是西山,山顶类轿子顶,故称轿顶山;东部的山较高,像古代官员的乌纱帽,因此叫纱帽山,那么山沟里的几户人家所住的村庄就叫纱帽沟了。与周围的丛山对照,赵奢垒所在的山并不高,其东南是一道 30 多度的缓坡,其他三面却都是接近 50 度左右的陡坡。这般地势对防守一方而言,的确占有相当的地利。就其与周围地形道路的关系,恰好位于东南、西北、西南三方峡谷及来路的交汇点上。所以,赵奢垒,背靠纱帽梁,面向河谷,扼南北、东西两路之咽喉,确是一处形险势冲,能攻易守的古战场。这个位置可以把山下的道路、河流尽收眼底,具有非常重要的战略意义。

在赵奢垒下面的山脚,有个泉眼。泉眼的周围垒砌着一个方形的井圈。下方四米多处,是一汪直径大约五米多的水塘。拨开泉眼周围茂密的野草,有一方平置于地面的石碑,上刻"一九四九年赵奢垒古战场石家庄村"。石碑宽约 0.66 米,长约 1.1 米。这个水源也许当年水量更大,这正是解决军队驻扎的重要条件。离开了赵奢垒,在距离赵奢垒有两里多地的石家庄村村南,还现存一处废弃的古庙——赵王庙。至于这赵王是谁,村民们也搞不清。民国三年的《和顺县志》记载:"赵奢垒在县东石家庄,即赵奢救韩去阏与五十而军处,今庙犹存。"其中的"今庙犹存"当然指的是此庙。可是赵奢是封君,叫马服君。时间久了,民间把赵君庙说成是赵王庙也是可能的。村民说,先前有石碑,上面也有字,后来文革破四旧都给磨了。看了几方石碑,个别有一些模糊不清的笔画痕迹,其他石碑更是无从辨认了。

实地考察赵奢垒,而且有关其记载也比较早,我们认为此处应该与赵奢的军事活动有关。至于此处和阏与之战是不是存在某种联系? 还不好下断言。

二

8月25日下午,我们来到山西和顺县西部横岭镇的仪城村,这里在春秋时期叫平都,为赵简子城。唐李吉甫《元和郡县图志》卷13:"平城县,下。东南至州六十里,开元户九百五十四。乡三。本汉涅氏县也,晋置武乡县,地属焉。隋开皇十六年于赵简子所立平都故城置平城县,属辽州。大业三年改属并州。武德三年改属榆州,六年省榆州,改属辽州,贞观八年改属箕州,先天元年改属仪州。"此条为仪城为平都赵简子城的最早记载。《史记·赵世家》有两条涉及到"平都":"君不如遣春平君而留平都";"王必厚割赵而赎平都"。钱穆先生在《史记地名考》里"〔案〕正义所说,今陕西安定县地,恐非。此平都,东魏武定末,高洋谋受魏禅,自晋阳拥兵东至平都城,今山西和顺县西,或是也。"钱穆先生认为这个平都就是我们考察的仪城平都,他否定这个平都在今天的陕西。这里提到的春平君,生活在赵孝成王到赵悼襄王时期,他不是赵悼襄王的太子,而是一位有名的大臣,李学勤先生在《十七年春平侯铍》里谈到的春平侯其实就是这个春平君,并把《史记》与《战国策》相关资料互相印证,说明到战国末年这里仍然叫平都,而且和赵国兵器制造很有关系。宋代乐史的《太平寰宇记》卷44:"隋开皇十六年,于赵简子所立平都故城置平城县,属辽州。"到清朝《读史方舆纪要》卷43也认为:"平城废县,州西北七十里。志云:即赵平都城也,赵简子所立。东魏武定末高洋谋受魏禅,自晋阳拥兵而东,至平都城,即此。"史书提到这里是东魏高洋联系晋阳到邺城的重要都邑,平都即仪城当时处于邯郸通过滏口陉到晋阳的交通要道上,这个附近也有困囷城等有关赵简子活动于此的传说与记载。现在保留在平都城旧址上后来建的平城县城的西门,在其北部发现了大概是春秋平都城的大型夯土墙。在仪城村的西头有一条贯穿全村的公路,公路上有个对联的牌子,上联是:门辟太行仰步古今胜迹;下联为:云开平都俯临千峰奇观。可见现在当地人还是了解仪城村曾是春秋赵简子平都故城的。通过考察,我们认为这里曾为赵简子平都故城应该可信。

三

据《史记·廉颇蔺相如列传》记载,公元前270年,秦国胡阳围攻阏与,赵王问乐乘、廉颇,都说不可救,而赵奢认为其道远狭,犹如两鼠斗穴,勇者可胜。结果赵奢以少胜多,解阏与之围,因而被封为马服君。关于战争发生的地点阏与究竟是今日何处却是众说不一。综合起来主要有三种说法:河北武安说、山西沁县乌苏说和山西和顺说。"武安说"多被否定,因为距离邯郸太近,不符合"两日一夜"的行军距离,所以,争论的焦点多集中在山西境内的沁县乌苏与和顺了。其中,山西沁县乌苏村和附近的马服村就成为我们此行考察的重点。2008年8月26日早上,我们自和顺经左权、武乡赶往沁县。在当地文物部门杜先生的陪同下,我们赶到沁县册村镇乌苏村,考察了乌苏村古阏与城遗址。阏与,不仅其确切地点仍存争议,就连读音也莫衷一是,和顺县习惯读成"yanyu",而沁县习惯称"e yu"。若照司马光《资治通鉴》的注解,则"阏"字有三个发音,"阿葛翻","于达翻","于连翻"。乌苏村位于县城西南25华里的地方,在九连山南端,圪芦河右岸。目前全村有110余户,400多口人。我们来到村外的古遗址时,遍地生长的大秋作物遮挡了所有的古城轮廓,村民们取土整地、盖房修路,又极大地改变了原来的地形地貌。我们在当地捡了七八片瓦片,瓦片有明显的绳纹。于是我们将这些瓦片装进袋子带回邯郸。后来这些瓦片经过邯郸市文保所所长乔登云先生鉴别,认为这些瓦片当为战国、汉代的实物。可以说乌苏作为战国时期的一个城邑是可能的。山西大学靳生禾先生撰文认为此处是古代阏与的所在,他说,阏与——乌苏,正当邯郸到晋阳间南路的交通孔道与战略要冲,地处太行、太岳两大山脉间浊漳河峡谷地带,秦攻阏与就是为了截断邯郸与晋阳的联系。这样说明了乌苏城在当时具有的战略意义。

乌苏村村东面有南北马服村。南北马服,顾名思义,应该得名于马服君赵奢。这里的两个村,南面的村叫南马服,紧相临的东北方向有个村叫北马服村。可当我们向村民们询问有关情况时,当地人并不知晓马服村的来历。访查也透露了这样的信息,起码这个村名已经有相当长的历史,这村名并非出于好事者刻意的编造。

四

8月27日上午,我们来到山西襄垣县,襄垣得名于赵襄子。我们要探访的是襄垣的一个小村庄,名字叫邯郸村。这里的村庄字面是邯郸,可听说当地人全念成"甘丹"。邯郸,"甘丹"。在侯马盟书里,出现过"甘丹"的合文;《广平府志》说明山也称邯郸山,这山外表呈紫色,而"甘丹"的丹也有类似的含义;赵国的刀币上也有"甘丹"两字。我们来到孙先生事前联系过的赵庆华家。赵家的位置在村东南一处坡上,背靠山岭,独门独院,门前有硕大的槐树。进到院里,赵庆华和孙继民先生谈起我们两地邯郸的渊源。这里姓赵的家谱序言有载:"余族,自邯郸县张策村,徙居山西襄垣县邯郸里","始祖洪源,皇明洪武初年人也,时为军籍逮四世"。原来是因为当兵而落户山西的。

据赵庆华讲,他们一系自迁居山西襄垣至其本人已历经19代。老祖先看这里前有漳河,后靠大山,于是决定在此安家。初来时曾见这里有一块残碑,称×野镇,因嫌名字不雅,于是干脆叫作"邯郸"。赵玉华解释:邯郸这两字周围村子人大多读不对,日久天长,本村也跟着他们一起读成了"甘丹"。现在该村共113户,五百余口人,基本是赵姓,其他姓氏二三十户,有裴、刘、梁、范等姓。这个村叫西邯郸村,该村东边还有个东邯郸村,也多姓赵,据说和今邯郸市涉县偏店的赵姓有渊源关系,家谱最早追溯于明朝洪武年间。

谈到明朝的移民,似乎只会想到山西洪洞只向周围省份的单向迁出,但邯郸村的例子告诉我们,邯郸在明朝初年曾有部分人移民山西,尽管这可能是个案。

五

这次山西境内赵文化遗迹考察收获颇丰,主要体现在以下几个方面:

第一,通过实地考察,我们对有关赵国历史文化遗迹获得了直观的感性认识。本次亲身考察赵文化遗迹的同时,也从文献上找到相应的史料,发现了问题,解决了赵文化某些悬而未决的问题,对某些长期难以澄清的问题也加深了认识与理解,如赵简子平都故城、阏与之战等。赵文化相关考古发掘本来就缺乏,尤显亲身考察的必要。就当前国家的文物普查工作而言,进一步保护赵文化相关遗迹,这样的考察有着更为深远的意义。

第二,拍摄了大量照片,留下了反映有关赵国历史文化遗迹现状的图片资料。这次考察,拍摄照片资料400余张,通过现场考察、记录和测量,取得了相关数字资料,弥补了赵文化文献记载的不足,为赵国历史文化研究提供了直接的第一手资料。这些照片和相关记录为邯郸学院赵文化研究中心提供了重要资料。像对赵奢垒、邯郸村、平都城的研究和考察达到如此详细考察记录都尚属首次。

第三,考察结束后,发表了一组反映考察情况的文章,获得了良好的社会反应。这次考察引起《邯郸日报》"丛台专刊"的责任编辑王继锋记者的极大兴趣,报社一直希望刊出宣传和研究赵文化的文章。这样我们在《邯郸日报》发表了"山西有个邯郸村"、"秦赵阏与之战"、"探访和顺赵奢垒"、"平都赵简子城"等系列考察文章,传播了赵文化。

第四,考察活动对邯郸学院赵文化研究队伍的培养也具有积极的实践意义。在考察中,孙继民研究员把赵文化遗存与历史文献相结合的研究方法对赵文化研究中心成员进行了讲解。此行的历史系张润泽和董寅生老师受益匪浅,尽管已从事了多年的历史教学与研究,但对于与赵文化相关历史遗迹考察尚属首次,学到了许多书本上学不到的东西,对今后的赵文化研究将会有很大的促进作用。考察赵文化遗迹的照片和相关记录放置在赵文化中心资料室作为档案资料,对赵文化研究中心的课题研究也提供了佐证实物材料。

(原载《邯郸学院学报》2009 年第 1 期)

赵国置县考

——以赵国兵器铭文和玺印考古资料为主

后晓荣　胡　淼*

战国时期,赵国是七国中经济和文化较为发达的国家。一方面是经济类型的多样化,另一方面是人口的繁盛,这两方面必然促进城市和村镇的发展与繁荣。文献记载,赵国城市不仅数量较多,而且规模宏大。正如《战国策·赵策三》赵之名将赵奢言:"今千丈之城,万家之邑相望也。"著名的城市有邯郸、中牟、晋阳、武安、河间、西安阳等。众多的城邑分布,并形成了以一个或两三个大的城市为中心,在其周围广泛分布着大大小小的邑镇,邑镇也有城池的"城市之邑"的布局。其中最典型赵都邯郸及周围地区的城邑形成密集城市丛,大大小小二十多座[1]402。

从文献记载分析,赵国在地方行政设置上实行郡县制,其中所设置县的规模大小不等,有"万家之邑",也有"千户封县",如平原君赵胜则奉赵王之命以"千户封县令"[2]357。可知赵国置县有大小之分,地位也有轻重之别。文献可证赵置县者寥寥数县,如《韩非子·外储说左》:"中牟无令,晋平公问赵武曰:'中牟,晋国之股肱,邯郸之肩髀,寡人欲得其良令也,谁使而可?'武曰:'邢伯子可。'"其他地方所设置的县名因文献缺载无考。但是近几十年考古发掘所获赵国的兵器和赵国官印等文物中的铭文涉及较多赵国地名,且均非一般的城邑,而是在政治、经济、商业和文化上相当繁荣的要邑和重镇。事实上也证明,凡是铸造货币的赵国城邑,一般也是冶铸兵器的城邑,[3]18-28其地位之重要由此可见。特别是大量赵国兵器铭文中"××令",表明这些城邑都为赵国所置县。本文以赵国兵器铭文和印章考古资料为主,并结合战国城市遗址考古,考证战国时期赵国所设置县有:

邢县:河北临城县东柏畅村柏畅城遗址的战国兵器窖藏出土"二年邢令"

---

* 后晓荣(1973—),男,江西南昌人,首都师范大学历史学院副教授,历史学博士;胡淼(1988—),女,北京人,首都师范大学历史学院硕士研究生。

戈，铭文：二年型（邢）命（令）孟東庆，□库工币（师）乐参，治明执齐（剂）。又北京市也曾分拣出战国"十七年邢令戈"[4]294，其铭文格式与前者一样。学术研究判断战国兵器国别时，认为"铭未有执齐者，绝大部分都是赵器"[3]18-28。可知此器为赵兵器。戈中"邢"为地名，西周至春秋前期为邢侯国，春秋后期属晋国，后三家分晋，属赵国。西汉时为赵国属县襄国。从此兵器铭文可知，赵国设置邢县，今河北邢台市。

埒县：传世战国赵兵器有元年埒令戈，铭文："元年埒命（令）夜会，上库工币（师）□，冶淤。"[5]111"埒"，地名，又见于战国赵国尖足布币有"埒"布。黄盛璋考之《汉书·地理志》："雁门郡下有埒县，此戈中'埒'自是雁门郡的埒县。"又"汉雁门郡来自秦，而秦雁门郡又来自赵，《史记·匈奴列传》说赵武灵王'北破林胡、楼烦，筑长城，自代并阴山，下至高阙为塞，置云中、雁门、代郡'。赵置此三边郡，为加强防御，设官置县，铸造兵器，也铸货币。从兵器铭文和布币可证，赵国设置埒县，其地大概在山西神池县东北。"[6]17-18

南行唐：传世战国赵兵器有南行阳令剑，铭文："王立吏（事），南行阳命（令）翟卯左库工（师）司马合，治导执齐。"[5]116南行阳也见于战国时三晋的园足布币，有大小两种。裘锡圭释币文为南行阳，并考证"南行阳"即"南行唐"[7]，甚确。《史记·赵世家》："惠文王八年，城南行唐。"黄盛璋也认为，其地原属中山，属赵时在赵惠文王三年灭中山之后，故八年城新城[3]18-28。南行唐，《汉书·地理志》为常山郡属县。《清一统志》引《旧志》："今（行唐）县北三十里有行唐故城，俗谓之故郡城。"从此兵器铭文和币文可知，赵置南行唐县，其地在今河北行唐县东北。

武平：传世战国赵兵器有3年武平令剑[8]10卷103图，铭文："三年武平命（令）马=（司马）元，右军（库）攻（工师）复（吏）秦，治疾报（执）剂"。又贵州省博物馆藏三年武平令剑，铭文："三年武平命（令）司马袁，厩伊左库庆，工师史移，治□（执）剂。"[9]93-96《史记·赵世家》："惠文王二十一年，徙漳水武平西"；又"二十七年徙漳水武平南"。《正义》引《括地志》："武平亭今名渭城，在瀛州文安县北二十七里。"武平县属赵地，战国三晋的尖足布币铭文中也有"武平"布。从此兵器铭文和币文看，赵置武平县，其地在今河北文安县东北。按此地在《汉书·地理志》属涿郡，涿郡属县无武平，估计西汉时已废置此县。

井陉：中国历史博物馆藏传世战国赵兵器有两件七年井陉令剑[3]36，铭文："七年井径命（令）邦乙，下库工师孙□，□□冶齐"；"七年井□下库工币（师）孙□，冶之□执齐。""井径"一词，黄盛璋释为"井陉"，甚是。《史记·秦始皇本记》:"十八年大兴兵攻赵,王翦将上地,下井陉。"井陉系赵地,正与此赵井陉剑铭文相符。井陉又名土门关。《吕氏春秋·有始览》列井陉为天下九塞之一,是太行山区进入华北平原的要隘。西汉时常山郡有属县井陉,当属因赵国井陉县而置。从兵器铭文可知,赵置井陉县。

宁寿:山西高平县出土"宁寿令"戈[10]。"宁寿"即"灵寿",原为中山地,后为赵地。《史记·赵世家》:"三年,灭中山,迁其王于肤施。起灵寿,北地方从,代道大通。"《世本》云:"中山武公居顾,桓公徙灵寿,为赵武灵王所灭,不言谁之子孙。"《史记·乐毅列传》:"魏文侯封乐羊以灵寿";又"乐羊死,葬于灵寿,其后子孙因家焉。"《汉书·地理志》常山郡有灵寿县,中山桓公所都也。从宁寿令戈的铭文看,赵置宁寿县,其故址地望在今河北灵寿县西北。

兹氏:传世战国赵兵器有8年兹氏令戈[11]17卷419图,铭文:"八年兹氏命(令)吴庶,下库工帀(师)长武。"此器为内蒙古境内出土。又战国的赵国布币中"兹氏"布数量较多。又《云梦秦简》中《编年记》有"二十五年攻兹氏"与《史记》中记载相合[12]213,1820,741。黄盛璋根据新郑出土战国兵器刻铭和云梦简文,考定此兹氏戈为赵戈,可从[3]18-28。兹氏县西汉时太原郡属县。《史记·夏侯婴列传》:"益食兹氏",即表明汉初已有兹氏城。今从此兵器铭文可知,赵置兹氏县,赵兹氏故城在今山西汾阳县。

栾县:传世战国赵兵器剑有3年栾令铍[11]18卷141图,铭文:"三年栾命(令)桧唐,下库工帀(师)孙□,冶泊执齐";又有件"栾左库"戈[11]17卷170图。"栾"即为春秋晋卿栾书之栾地。《左传》哀公四年:"齐国兵伐晋,取栾。"战国时,其地属赵。《后汉书·郡国志》刘昭注:"栾城在平棘县西北四十里。"从兵器铭文可知,赵置栾县,故城在今河北栾城县东北。

武城:传世战国赵兵器有14年武城令戈[11]17卷453图,铭文:"十四年武城命(令)□□首□,蓄□□□,治章执齐。"该戈为易县燕下都出土,铭文"执齐",为赵兵器之特征。武城为赵地,一度为孟尝君之封地。《战国策·赵策一》:"赵王封孟尝君以武城,孟尝君择舍人以为武城吏。"《史记·赵世家》:"幽缪二年,秦攻武城。"其事又见《史记·秦始皇本纪》云:"十四年,攻赵,定平阳、武城。"《正义》云:"即贝州武城县外城也,七国时赵邑。"钱穆考之:"平阳近邺,今河北临漳县西。"[13]356又《中国历史地图集》第一册的"战国赵图"中,平阳西有城邑"武城"[14]37-38。今从该戈铭文可推之赵设置武城县,其地在今河南安阳北、与河北交界之地。

房子:河北省秦皇岛市出土战国赵兵器"十一年房子令"戈[15]899,铭文"十一年方子令赵结下库工师□梁治","方子"即"房子"。房子,战国时本中山国地,赵武灵王时属赵国。从兵器铭文看,战国赵已经设置房子县。《史记·赵世家》:"(敬侯)十年,与中山战于房子";"十九年春正月,(赵武灵)王北略中山之地,至于房子"。赵兵器铭文表明赵国设置房子县,故址地望在今河北省高邑县西南。

邯郸:传世战国赵兵器有"甘丹(邯郸)上"戈和"甘丹(邯郸)上库"戈。前者出土于河北邯郸白家村3号战国中期墓,后者"发现于绥远",今藏故宫[3]25。战国赵刀币有"甘丹","甘丹"就是"邯郸"。邯郸为赵国都城,《史记·赵世家》:"敬侯元年,赵始都邯郸。"《汉书·地理志》邯郸属赵国,谓"赵敬侯自中牟徙此"。云梦睡虎地秦简有(秦昭襄王)"五十年攻邯郸"。按赵敬侯徙都邯郸,至赵王迁时秦灭赵为止,赵在邯郸建都凡历八世167年。据现在考古调查,赵邯郸城遗址在今河北邯郸市区及其外围,全城分宫城和郭城两大部分。宫城当地又称"赵王城",是赵都的宫殿区[16]。依三晋之韩国都城郑置县之例,推之赵都邯郸也置县。

铜鞮:传世战国赵兵器有"铜鞮右库"戈[17],铭文:"同是右库";战国赵方足布有"同是"布,"同是"通释"铜鞮"。《史记·仲尼弟子传》:"铜鞮伯华"。《集解》引晋《太康地纪》云:"铜鞮,晋大夫羊舌赤之邑"。《正义》引《括地志》云:"铜鞮故城在潞州铜提县东十五里,州西六十里,在并州东南也。"铜鞮置县较早,《左传》昭公二十八年,"乐霄为铜鞮大夫",可知公元前514年已设县。从赵兵器和钱币铭文可知,战国时铜鞮为赵县,其地在今山西沁县南。

柏人:1984年河北临城县东柏畅村的柏畅城遗址中一战国兵器窖藏出土一件赵"柏人戈",内刻"柏人"二字[18]。又战国赵刀币有"白人","白人"即"柏人"。柏人,春秋时晋邑,战国时属赵。《史记·赵世家》:"幽缪王元年,城柏人"。又《史记·十二诸侯年表》:"晋定公二十一年,(赵)简子拔邯郸,中行文奔柏人。简子又围柏人,……赵竟有邯郸、柏人。"胡三省云:"班《志》,柏人县属赵国。"《正义》引《括地志》:"柏人故城在邢州柏人县西北十二里"。从此兵器铭文和文献可知,赵置柏人县,赵柏人故城即今河北隆尧县西。

石城:传世战国三晋玺印有"石城疆司寇"印[19]13,为三晋县一级官印。石城,战国属赵地。《史记·赵世家》:"惠文王十八年,秦拔我石城。"此事也见《史记·六国年表》、《史记·廉颇蔺相如列传》。《括地志》云:"石城在相州林虑县西南九十里,疑相州石城矣。"此说甚是。相州石城,今河南林县西南,其地在赵旧都城中牟之北,故古相州石城在战国时应为赵境,西汉为河内郡属县隆虑,即赵之石城当在今河南林县西南。另一说认为石城即石邑。《史记·赵世家》:"赵攻中山取鄗、石邑、封龙、东桓。"《括地志》:"石邑故城在恒州鹿泉县南三十五里,六国时旧邑。"故缪文远认为"赵之石城当在今河北获鹿县东南"[20]164。西汉时为常山郡属县石邑。其可备一说。从战国赵古玺看,赵置石城县。

汪陶:传世战国的三晋古玺中赵玺印有"汪陶右司工"[19]16。《汉书·地理志》雁门郡属县有汪陶。秦汉雁门郡是因战国赵之雁门郡,即汪陶在战国时属赵地。则此"汪陶右司工"应为战国赵之汪陶县属司徒或司马之官印。从此印可证之,秦汉汪陶县实因赵县,古汪陶在今山西应县西。

平陶:陕西延安市出土"二年平陶令"戈[21]。传世战国赵官印有"平陶宗正"印[22]246,为平陶县属官宗正印。此外新郑出土铜兵器有"十一年平陶"戈[23]84-87。战国赵平首尖足布有"平陶"布。《汉书·地理志》太原郡有平陶县。战国时太原一带属赵地,此印证战国赵置平陶县。又"宗正",官名。《汉书·百官公卿表》谓:"宗正,秦官,掌亲属,有丞,平帝元始四年更名宗伯。"从此印看,足证"宗正"官名早在先秦时代即已存在,非秦时所置。赵平陶故城在山西文水县西南。

富昌:传世战国三晋古玺中有"富昌韩君"印。《汉书·地理志》西河郡有富昌属县,"有盐官"。战国时为赵之林胡地,其地在今内蒙古准格尔旗西南。汉西河郡为武帝元朔四年分秦上郡和太原郡置。秦上郡包括战国时赵之林胡地。故此三晋古玺"富昌韩君"应为赵国(官)私印,从而此印推知赵置富昌县。

当城:传世战国玺印中,属于三晋古玺有"当城府"印[19]321。三晋文字中"府"字大致有两种写法:从土,从付,从员,从广。从员者为主官财务之"府"之专用字,从土者为行政之"府"的专用字。这些三晋"府"名玺印可能都是县府用印[24]。《汉书·地理志》代郡属县有当城。战国时,此地属赵国,"当城府"印即为赵国当城县府用印,属代郡。又西安相家巷出土秦封泥有"当城丞印"[25]311。可证汉当城沿袭秦当城,秦当城又因战国赵当城之旧,故址在今河北蔚县东北。

卤城:传世战国三晋古玺有"卤城发弩"印[19]20,为县属发弩官的印信。又战国赵小型刀币有"卤"布,[24]二者应为一地。《汉书·地理志》代郡属县有卤城,此地在战国时属赵地。今古玺和刀币文物证知,西汉卤城实因战国赵之卤城,即赵置卤城县,其地在今山西省繁峙县东。

乐城:传世战国三晋古玺有"乐城府"[19]149,其性质同"当城府"印,为战国时三晋的县府用印。《汉书·地理志》有乐成二:"一河间国王都乐成,今河北献县东南;二南阳郡属县乐成,侯国,故城今河南邓县西南三十里。"[13]1108战国时,河南邓县一带为楚国属地,非三晋所属,故南阳郡属县乐成应不在其中。故此"乐城府"应指《汉书·地理志》河间国王都乐城地,应是赵乐城县府之印信。战国时,此地为赵国属地,故址今河北献县东南。

南宫:传世三晋古玺有"南宫将行"印[22]254,为县邑之将官印。《汉书·地理志》信都国属县南宫,"莽曰序下",战国时此地属赵地。文献所见最早"南宫"记载为《史记·惠景间侯者表》载南宫侯张买,吕后封。《索引》:"县名,属信都。"此亦见于《水经·浊漳水注》。今从文物看,南宫置县甚早,可追溯到战国赵国,其地在今河北南宫县西北。

皋狼:传世战国的三晋古玺有"咎郎左司马"[22]251。"咎郎"即"皋郎"。《史记·赵世家》:"孟增幸于周王城,是为宅皋狼。"《正义》曰:"孟增居皋狼而生衡父。"又《战国策·赵策一》:"知伯说,又使人之赵请蔡、皋狼之地。"可见皋狼是赵国旧地。从印文可知,战国赵置皋狼县。《汉书·地理志》西河郡属县皋狼,实因战国赵之皋狼县,今在山西省离石县东北。考古表明,山西离石南村古城为不规则形,周长4315米,有内外城之分,内城东200米,西127米,南526米,北约300米;外城东400米,西206米,南770米,北594米。内城为春秋、战国皋狼邑,外城为西汉皋狼县治,南单于庭,汉左都国城[26]。

武阳:传世战国的三晋古玺有"武阳司寇"印[27]208-209[28]。又战国赵国三孔布币有"武阳"布[29]189[30]。武阳,战国时先属燕,后属赵地。《史记·赵世家》:"孝成王十一年,武阳君郑安平死,收其地。"又"孝成十九年,赵与燕易土,以龙兑、汾门、临乐与燕,燕以葛、武阳、平舒与赵"。据此,公元前247年以后武阳属赵。从古玺和布币铭文可知,赵置武阳县。钱穆考证故址在今河北易县东南[13]802,可从。

上艾:传世战国的三晋古玺有"上艾府"印[31];又战国晚期赵国铸币的三孔布币中有"上艾"布。《汉书·地理志》太原郡属县有上艾,太原郡在战国时为赵之属地,正与之合。从以上文物看,赵置上艾县,汉之上艾实因战国之赵国上艾,其地在今山西省阳泉市东(平定县东南)。

阳原:传世三晋古玺有两枚"阳漅府"和"阳源府"印[19]227。又战国赵三孔布币有"阳原"布[32]583。《汉书·地理志》代郡属县有阳原,战国时此地属赵地。从以上古玺和三孔布币看,赵置阳原县。秦汉代郡实因战国赵代郡,故其地望与上述文物地望相符,其地在今河北省阳原县南。

安国：1971年山西榆次王湖岭四号墓出土一方三晋古玺"安国君"印[33]。榆次在战国时属赵地，故此印可断为战国赵封君印。战国赵封君较多，不完全统计有二十五位[34]544-547，多以封地称。又《汉书·地理志》中山国属县有安国，今河北安国县，战国时属赵地。《史记·樊郦滕灌列传》："（灌婴）从击陈豨，降曲逆、卢奴、上曲阳、安国、安平"中"安国"即为此地。赵国的安国县故址在河北安国县境内。

元氏：上海博物馆藏战国赵铜器原氏扁壶，铭文有"元氏重十六斤"[1]244。原氏，地名，即《史记·赵世家》考成王"十一年城元氏"之"元氏"。胡三省云："阚骃曰：赵公子元之封邑，故曰元氏。唐元氏县属赵州。"[35]3091从赵铜器铭文和文献可知，赵置元氏县，元氏故城遗址在今河北元氏西北故城村。

从前面考古、文物材料考证赵置县看，目前可确知者战国赵置县者有27县，具体可考置县如下：富昌、武城、平陶、汪陶、石城、井陉、栾县、兹氏、埒县、武平、南行唐、邯郸、邢县、柏人、宁寿、房子、铜鞮、上艾、阳原、南宫、当城、卤城、乐城、皋狼、武阳、元氏、安国。除此之外，见于文献记载的赵国县令尚有：曾向赵襄子举荐贤才的中牟令王登；在赵孝成王七年叛归燕国的武垣令傅豹，《韩非子·难二》记载不顾本县资源贫乏取悦上司李兑而受责的苦陉令，以及平原令[2]294。以上四地也可确知赵国曾经置县。二者可知，战国赵置县可确知者有31县，可补文献之缺。

参考文献：

[1]　沈长云：《赵国史稿》，中华书局2003年版。

[2]　刘向：《战国策》，上海古籍出版社1987年版。

[3]　黄盛璋：《试论三晋兵器的国别和年代及其相关问题》，《考古学报》1974年第1期。

[4]　程长新、程瑞秀：《古铜器鉴定》，北京工艺美术出版社1996年版。

[5]　于省吾：《商周金文录遗》，科学出版社1957年版。

[6]　谭其骧：《中国历史地图集》第2册，地图出版社1982年版。

[7]　裘锡圭：《战国货币考》，《北京大学学报》1978年第2期。

[8]　刘体智：《小校经阁金文拓本》，1935年石印本。

[9]　程学忠：《贵州省博物馆收藏的先秦至汉晋时期青铜器》，《考古》2005年第2期。

[10]　郭一峰、张广善：《高平县出土宁寿令戟考》，《文物季刊》1992年第4期。

[11]　中国科学院考古研究所：《殷周金文集成》，中华书局1987年版。

[12]　司马迁：《史记》，中华书局1959年版。

[13]　钱穆：《史记地名考》，商务印书馆2001年版。

［14］　谭其骧：《中国历史地图集》第1册，地图出版社1982年版。

［15］　钟柏生：《新收殷周青铜器铭文暨器影汇编》，艺文印书馆2006年版。

［16］　陈光唐：《赵邯郸故城》，《文物》1981年第12期。

［17］　张光裕、吴振武：《武陵新见古兵三十六器集录》，《香港中文大学中国文化研究所学报》1997年第6期。

［18］　刘龙启、李振奇：《河北临城柏畅城发现战国兵器》，《文物》1988年第3期。

［19］　罗福颐：《古玺汇编》，文物出版社1981年版。

［20］　缪文远：《战国制度通考》，巴蜀书社1998年版。

［21］　王辉、王沛：《二年平陶令跋》，《考古与文物》2007年第6期。

［22］　庄新兴：《战国玺印分域编》，上海书店出版社2001年版。

［23］　曾庸：《若干战国布钱地名之辨释》，《考古》1980年第1期。

［24］　吴良宝：《战国文字所见三晋置县稽考》，《中国史研究》2002年第4期。

［25］　周晓陆、路东之：《秦封泥集》，三秦出版社2001年版。

［26］　傅淑敏：《南单于庭、汉左国都城发现记》，《中国文物报》1993年5月9日。

［27］　萧春源（藏印）、裘锡圭（释文）：《珍秦斋古印展》第9号，澳门市政厅画廊1993年版。

［28］　李学勤：《武阳布与武阳玺》，《中国古代文明研究》，华东师范大学出版社2005年版。

［29］　黄锡全：《先秦货币研究》，中华书局2001年版。

［30］　李学勤：《谈武阳三孔布》，《中国古代文明研究》，华东师范大学出版社2005年版。

［31］　萧春源（藏印）、裘锡圭（释文）：《珍秦斋古印展》第10号，澳门市政厅画廊1993年版。

［32］　汪庆正：《中国历代货币大系·先秦货币》，上海人民出版社1984年版。

［33］　王克林：《山西榆次古墓发掘记》，《文物》1974年第12期。

［34］　杨宽：《战国史》，上海人民出版社1980年版。

［35］　司马光：《资治通鉴》，中华书局1956年版。

（原载《邯郸学院学报》2012年第2期）

赵简子与孔子史迹述略

杨金廷[*]　　张润泽　　范文华

　　从春秋末年起,连同整个战国时代,是中国历史上影响重大、意义深远的变革时期。王夫之在其名著《读通鉴论》中,称为"古今一大变革之会"。春秋时代出现了"礼崩乐坏"的社会大动荡,原本天子、诸侯、大夫、士的等级被僭越颠倒,国家之间和国家内部更是"捐礼让而贵战争,弃仁义而用诈谲"。以何种目光审视这一动荡的时代,以何种作为开拓历史的未来,就成为当时的有识之士首先要面对的重大问题。作为晋国政治家的赵简子与作为鲁国思想家的孔子无疑是当时世人瞩目的风云人物。而就是在这种历史大背景下,二位巨子开始了思想与政治上饶有趣味、耐人思索的往来交锋。

　　首先,分别来看赵简子和孔子的所处诸侯国的历史背景。《史记》卷43《赵世家》记载:

　　　　赵武续赵宗二十七年,晋平公立。平公十二年,而赵武为正卿。十三年,吴延陵季子使於晋,曰:"晋国之政卒归於赵武子、韩宣子、魏献子之後矣。"赵武死,谥为文子。文子生景叔。景叔之时,齐景公使晏婴於晋,晏婴与晋叔向语。婴曰:"齐之政後卒归田氏。"叔向亦曰:"晋国之政将归六卿。六卿侈矣,而吾君不能恤也。"赵景叔卒,生赵鞅,是为简子。[1]1786

　　赵简子所处的晋国正值韩、赵、魏、范、知、中行"六卿"当政之时。时代潮流的发展已经进入了"政出家门,瓜分公室"的新格局。晋自献公"尽杀诸公子"以来,几代晋君一直推行遏制公族的策略。晋君此举本是为了防止诸亲贵篡夺国家政权,但却为异性卿族在晋国的发展提供了契机。赵氏这支异性卿族曾有赵衰、赵盾时期的辉煌,也经历了"下宫之难"低潮。赵氏孤儿赵武去世,谥号为"文子"。赵文子生了儿子景叔。赵景叔去世,就把赵氏兴盛的大业托付给了儿子赵鞅。这位赵鞅就是历史上赫赫有名的赵简子。赵鞅,字志父,简子则是他

---

　　* 杨金廷(1958—),男,河北临漳人,邯郸学院院长(现为党委书记),教授,博士,"赵文化与区域经济"河北省哲学社会科学研究基地研究人员。

身后的谥号。仅从赵鞅的字来看,我们就可以大略推想得出这位赵鞅作为"赵氏孤儿"的嫡孙所承载的家族使命。"志父",顾名思义,孔子说:"父在,观其志;父没,观其行;三年无改于父之道,可谓孝矣。"[2]51 这也正如《中庸》所说:"夫孝者:善继人之志,善述人之事者也。"[2]27 赵鞅从小就有着奉先思孝的道德品质,而这其中孕育的深切含义又时时刻刻激励着他不忘历史使命而振兴赵氏。是时,"晋益弱,六卿皆大"。赵氏宗主赵鞅也正是按照"志父"的追求继往开来,奠定了赵氏腾飞的坚实基础。

再看孔子所处时代背景,《史记》卷47《孔子世家》记载:

> 孔子贫且贱。及长,尝为季氏史,料量平;尝为司职吏而畜蕃息。由是为司空。已而去鲁,斥乎齐,逐乎宋、卫,困於陈蔡之间,於是反鲁。……鲁复善待,由是反鲁。
>
> 是时也,晋平公淫,六卿擅权,东伐诸侯;楚灵王兵强,陵轹中国;齐大而近於鲁。鲁小弱,附於楚则晋怒;附於晋则楚来伐;不备於齐,齐师侵鲁。[1]1909-1910

《论语·子罕》也记载:"吾少也贱,故多能鄙事。"[2]110 说明孔子少年时代曾从事过各种劳动并掌握多种谋生技能,但他的仕途并不因为他的才能而一帆风顺。相对于异性卿族把持的晋国而言,孔子所处的鲁国却由同姓公族"三桓"把持。其中,季孙氏势力最大。《史记》卷33《鲁周公世家》记载:"鲁由此公室卑,三桓强。"总之,晋鲁两国同样面临"政权下移"的情形,正如《盐铁论·禁耕》中所说:"三桓专鲁,六卿分晋。"可见,赵简子和孔子所处的国家都是具有内忧外患的,他们二人的忧患意识都十分强烈。然而,孔子选择了固守尊卑,维护周礼;赵简子则选择了顺应时代,改革进取。

一、赵简子与孔子同子太叔的交游

早在赵简子和孔子相识之前,郑国的子太叔是他们共同尊敬的贤者。在战乱动荡的时代,郑国的相对稳定,吸引了赵简子和孔子的目光。而赵简子和孔子早期的思想能够通过他们与郑国子太叔的交游而推想得出。

子太叔,姓游名吉,年少有仪度,支持子产改革,受到重视,为春秋时郑国正卿。郑定公八年,继子产执政,世人尊称其子大叔。《左传》昭公二十年记载:

> 郑子产有疾,谓子大叔曰:"我死,子必为政。唯有德者能以宽服民,其次莫如猛。夫火烈,民望而畏之,故鲜死焉;水懦弱,民狎而玩之,则多死

焉,故宽难。"疾数月而卒。

　　大叔为政,不忍猛而宽。郑国多盗,取人于萑苻之泽。大叔悔之,曰:"吾早从夫子,不及此。"兴徒兵以攻萑苻之盗,尽杀之,盗少止。

　　仲尼曰:"善哉,政宽则民慢,慢则纠之以猛,猛则民残,残则施之以宽,宽以济猛,猛以济宽,政是以和。……"

　　及子产卒,仲尼闻之,出涕曰:"古之遗爱也。"[3]1421－1422

子太叔的治国思想,秉承子产的遗风。对于为政之时的宽猛之道,子太叔与孔子是有着许多共同的精辟见地。孔子对于子产的尊敬,来源于对于郑国安定的由衷佩服。《左传》襄公三十年记载郑国子产执政,"使都鄙有章,上下有服,田有封洫,庐井有伍。"[3]1181从而郑国大治。孔子指出:"以是观之,人谓子产不仁,吾不信也。"[3]1192这也表现出了孔子对于郑国子产和子太叔为政思想的赞同。

这时的赵简子正代表晋国高举"尊周室,平叛乱"的大旗,命令各国为周天子运送粮食,并组织军队勤王,直至周敬王光复国都。他这个时候向子太叔请教周礼是有着深刻的含义的。《左传》昭公二十五年记载:

　　夏,会于黄父,谋王室也。赵简子令诸侯之大夫输王粟,具戍人,曰:"明年将纳王。"

　　子大叔见赵简子,简子问揖让、周旋之礼焉。对曰:"是仪也,非礼也。"简子曰:"敢问何谓礼?"对曰:"吉也闻诸先大夫子产曰:'夫礼,天之经也。地之义也,民之行也。'天地之经,而民实则之。……民有好恶、喜怒、哀乐,生于六气。是故审则宜类,以制六志。哀有哭泣,乐有歌舞,喜有施舍,怒有战斗;喜生于好,怒生于恶。是故审行信令,祸福赏罚,以制死生。生,好物也;死,恶物也;好物,乐也;恶物,哀也。哀乐不失,乃能协于天地之性,是以长久。"简子曰:"甚哉,礼之大也!"对曰:"礼,上下之纪,天地之经纬也,民之所以生也,是以先王尚之。故人之能自曲直以赴礼者,谓之成人。大,不亦宜乎?"简子曰:"鞅也,请终身守此言也。"[3]1457－1459

赵简子是春秋末期胸怀鸿志、继往开来的大人物。赵简子身为晋卿,心怀复兴赵氏的政治理想。他认识到,礼制是治国安邦的根本。此时向子太叔问礼,只是想积蓄力量,但仍需要打着维护晋公室的旗号,才能取得各方面的支持。作为政治家,认识到践行孔子"为政以德"必要性,所以他说"甚哉,礼之大也",并表示有"终身守此言"的尊礼决心。这与孔子维护周礼有某些共同性。

总而言之,这次对于周礼的请教为赵简子的勤王壮举做足了舆论铺垫,而且子太叔对于赵简子的私下教诲,更是让赵简子茅塞顿开,受益良多。《左传》定公四年记载,郑国子太叔去世,赵简子十分悲伤,为他吊丧哭泣,不忘他"无始乱,无怙富,无恃宠,无违同,无敖礼,无骄能,无复怒,无谋非德,无犯非义"的谆谆教诲。[3]1542 这与孔子闻子产卒"为之出涕"有异曲同工之妙,赵简子对于子太叔教诲的感激之情溢于言表。值得注意的是,赵简子把维护礼制作为赵氏实现"化家为国"的第一要务,此与鲁国季氏僭越行为有着表面的不同。但于孔子而言,赵简子应该是一个守礼的形象。

二、赵简子与孔子有关铸刑鼎的争论

作为赵氏宗主的赵简子身负赵氏兴盛的重大使命,在晋国众卿中有着重要的地位,为晋国做出了重大贡献。晋顷公十三年,赵简子做出了一件轰动天下的大事——铸刑鼎。《左传》昭公二十九年记载:

> 冬,晋赵鞅、荀寅帅师城汝滨,遂赋晋国一鼓铁,以铸刑鼎,著范宣子所为刑书焉。

> 仲尼曰:"晋其亡乎! 失其度矣。夫晋国将守唐叔之所受法度,以经纬其民,卿大夫以序守之。民是以能尊其贵,贵是以能守其业。贵贱不愆,所谓度也。文公是以作执秩之官,为被庐之法,以为盟主。今弃是度也,而为刑鼎,民在鼎矣,何以尊贵? 贵何业之守? 贵贱无序,何以为国? 且夫宣子之刑,夷之蒐也,晋国之乱制也,若之何以为法?"[3]1504

赵氏从先祖皋陶以来就有着法治的思想,赵盾在晋国颁布的"夷蒐之法"就是如此。范宣子所定的刑书正是当年赵盾在晋国颁布的"夷蒐之法"。赵盾的"夷蒐之法"重刑轻礼,选贤任能,摒弃宗法传统,重在发展卿权,正代表了时代发展的潮流。此时,赵简子再次重申晋国的"国法",杜绝了私法的随意性,安定了晋国国内的时局。

公元前513年,晋铸刑鼎,即赵鞅、荀寅把范宣子制定的刑书铸在铁鼎上,这是我国第二次颁布成文法,遭到远在鲁国的孔子的反对。孔子直言评论说:"晋其亡乎! 失其度矣。"孔子认为这样做,就会造成贵贱无序的状态;民众之所以尊重贵族,是因为有礼的规定。孔子言必称"周公",他崇尚"刑不可知,则威不可测"的旧贵族统治,故此,才对晋国铸刑鼎大加指责。孔子说"民在鼎矣"就是担心一旦百姓知道了法令条文,就更加难以约束了,贵族的神秘感和权威性就荡然无存。而赵简子所做的,正是打破旧礼法,开辟新天地的宏图伟业。

其实,此时孔子批评铸刑鼎是有着历史背景的。《史记》卷33《鲁周公世家》记载:当时的鲁国已经被卿族季氏掌控,甚至连国君鲁昭公都被驱逐到了国外。"二十八年,昭公如晋,求入。季平子私於晋六卿,六卿受季氏赂,谏晋君,晋君乃止。"[1]1515鲁昭公到晋国,要求支持他回国为君。结果晋国六卿接受了季平子的贿赂,谏止晋君,晋君就不再坚持。不久,鲁昭公竟然客死他乡。这其中与晋国六卿有着莫大的关系。因此,孔子只得借赵简子铸刑鼎一事来抒发自己对季氏的极大愤慨。

同样是面对鲁昭公的惨死,孔子表现出了对于维护尊卑礼法的强烈呼声。而赵简子则从此洞悉了时代发展的历史潮流。《左传》昭公三十二年记载:"赵简子问于史墨曰:'季氏出其君,而民服焉,诸侯与之;君死于外而莫之或罪,何也?'"史墨回答:"鲁君世从其失,季氏世修其勤,民忘君矣。虽死于外,其谁矜之? 社稷无常奉,君臣无常位,自古以然。"[3]1519-1520其实,赵简子哪里是在关心鲁昭公和季氏,分明是在关心晋君和自己。当时的政治格局正如史墨所说"社稷无常奉,君臣无常位"。孔子以晋国铸刑鼎之事,暗喻了鲁国的政治格局;赵简子也拿鲁国季氏专权的事情,探析了自己作为晋卿向新的君权转化的潮流。

应该指出的是,孔子对晋国铸刑鼎事件,除了感叹"晋其亡乎"和"民在鼎矣"之外,还借史墨之口对范氏、中行氏进行指责,说"范氏、中行氏其亡乎",却对主持铸刑鼎的赵简子极力袒护,"其及赵氏,赵孟与焉,然不得已,若德,可以免"。孔子认为这次铸刑鼎赵简子出于不得已才参加的。从此推知,在孔子心中赵简子应该是维护周代礼制传统的晋国卿族。殊不知赵简子乃这次铸刑鼎的主要推动者。

这也算是赵简子和孔子第一轮的往来交锋。从此,同时代的赵简子就与孔子结下了不解之缘。仅春秋末期的史籍所见,两人会面和交谈的文字难以寻觅。这两位一生未曾谋面共事的历史人物应属神交。

三、赵简子、孔子对于阳虎的历史评价

阳虎是鲁国权臣季平子的宠臣,鲁定公五年六月,季平子到鲁国东部视察,在归途死在了房地。季桓子继承了卿位。阳虎利用这个时机,软禁了季桓子,从而驱逐了自己的政敌仲梁怀,一并杀掉了他的许多同党。目的达到以后,阳虎同季桓子在稷门起誓,对于软禁的事情互不报复,然后才把季桓子放回。当时的鲁定公受制于权臣,而权臣中季氏又最强,阳虎通过牵制季氏掌控了国家

的权力。阳虎和孔子的恩恩怨怨也就从此结下。

《史记》卷47《孔子世家》记载："将适陈,过匡,颜刻为仆,以其策指之曰:'昔吾入此,由彼缺也。'匡人闻之,以为鲁之阳虎。阳虎尝暴匡人,匡人於是遂止孔子。孔子状类阳虎,拘焉五日。"[1]1919孔子打算到陈国,经过匡地,因为孔子与阳虎长得十分相像,险些将孔子围困致死,后来,匡人知道认错了人,这才放了孔子师徒。仅从此事来看,孔子对阳虎的态度可想而知。

《左传》定公六年记载:

> 夏,季桓子如晋,献郑俘也。阳虎强使孟懿子往报夫人之币。晋人兼享之。孟孙立于房外,谓范献子曰:"阳虎若不能居鲁,而息肩于晋,所不以为中军司马者,有如先君!"献子曰:"寡君有官,将使其人。鞅何知焉?"献子谓简子曰:"鲁人患阳虎矣,孟孙知其衅,以为必适晋,故强为之请,以取入焉。"[3]1557

赵简子听闻阳虎想要投奔晋国,认为鲁人已经开始讨厌阳虎了。但赵简子并未表态,而是冷静地观察时局。阳虎仿佛也预感到了自己的境遇不妙。故此,他一面拉着鲁定公和季氏家族在周族的祖庙结盟,诅咒:"谁有二心,天诛地灭。"一面打起了孔子的主意。孔子在鲁国具有举足轻重的地位。阳虎就准备拉拢孔子,借以提高自己的威望、巩固自己的地位。孔子对阳虎的态度仅从闭门不出这一点就可以略知一二。

《论语·阳货》记载:

> 阳货欲见孔子,孔子不见,馈孔子豚。孔子时其亡也,而往拜之。遇诸途,谓孔子曰:"来,予与尔言"曰:"怀其宝而迷其邦,可谓仁乎?"曰:"不可。""好从事而亟失时,可谓智乎?"曰:"不可。""日月逝矣,岁不我与。"孔子曰:"诺,吾将仕矣。"[2]175

阳虎这时"馈豚"是有深意的。《史记》卷47《孔子世家》记载:

> 孔子要经,季氏飨士,孔子与往。阳虎绌曰:"季氏飨士,非敢飨子也。"孔子由是退。[1]1907

孔子少年时"贫且贱",阳虎对他十分轻视。而阳虎当权,又要邀请孔子,阳虎这种前倨后恭的态度对孔子来说,可谓"道不同不相为谋"。祖庙的盟誓只不过是空泛的形式,孔子的对答也只不过是委婉的回避。阳虎见形势不妙,就抢先发动叛乱,并劫持了鲁定公。对此,孔子大骂阳虎乃是"陪臣执国命"的"乱臣贼子"。直到孔子晚年作《春秋》之时还耿耿于怀,大骂阳虎为"盗"。阳虎叛乱,在鲁国不得人心,最后以失败流亡告终。

《淮南子·人閒训》记载：

> 阳虎为乱于鲁，鲁君令人闭城门而捕之，得者有重赏，失者有重罪。围三匝，而阳虎将举剑而伯颐，门者止之曰："天下探之不穷，我将出子。"阳虎因赴围而逐，扬剑提戈而走。门者出之，顾反取其出之者，以戈推之，攘袪薄腋。出之者怨之曰："我非故与子反也，为之蒙死被罪，而乃反伤我，宜矣其有此难也。"鲁君闻阳虎失，大怒，问所出之门，使有司拘之，以为伤者受大赏，而不伤者被重罪。[4]592

由此可见，阳虎在出逃之时所表现出来的权谋之术和凶狠手段令人惊叹，而这却与孔子所提倡的"己所不欲，勿施于人"格格不入。

阳虎投奔赵简子一事，史籍多有记载。《左传》定公九年："齐侯执阳虎，将东之。阳虎愿东，乃囚诸西鄙。尽借邑人之车，锲其轴，麻约而归之，载葱灵，寝于其中而逃。追而得之，囚于齐。又以葱灵逃，奔宋，遂奔晋，适赵氏。仲尼曰：'赵氏其世有乱乎'。"[3]1573《史记》卷33《鲁周公世家》记载："九年，鲁伐阳虎，阳虎奔齐，已而奔晋赵氏"。[1]1544《史记》卷43《赵世家》记载："后十三年，鲁贼臣阳虎来奔，赵简子受赂，厚遇之"。[1]1786《史记》卷32《齐太公世家》记载："四十七年，鲁阳虎攻其君，不胜，奔齐，请齐伐鲁。鲍子谏景公，乃囚阳虎。阳虎得亡，奔晋。"[1]1477

仅从史料对阳虎流亡的关注程度可以推想，阳虎的归宿已经成为世人瞩目的大事件。堪称一代枭雄的阳虎最终选择了晋国的赵简子。孔子则在此时大声疾呼："赵氏其世有乱乎。"赵简子竟然冒天下之大不韪，毅然收留阳虎。

《孔子家语·辩物》对其似有记录：

> 阳虎既奔齐，自齐奔晋，适赵氏。孔子闻之，谓子路曰："赵氏其世有乱乎！"子路曰："权不在焉，岂能为乱？"孔子曰："非汝所知。夫阳虎亲富而不亲仁，有宠于季孙，又将杀之，不克而奔，求容于齐；齐人囚之，乃亡归晋。是齐、鲁二国已去其疾。赵简子好利而多信，必溺其说而从其谋，祸败所终，非一世可知也。"[5]143

《韩非子》中则记录了阳虎"主贤明则悉心以事之；不肖则饰奸而试之"[6]297的人生信条。在阳虎心中，赵简子也许是乱世之中所谓的"贤明之主"。而赵简子正是琢磨透了阳虎的这个人生信条，这才敢敞开海纳百川的胸怀容纳这个颇有争议的人物。由此可见，赵简子自认为与"不肖"的季氏有所区别，而且还以贤明之主自居而收留阳虎。《韩非子·外储说左下》对于赵简子收服阳虎记载比较集中，赵简子左右谋臣对收留阳虎提出异议："虎善窃人国政，何故相也？"[6]297 而赵简子认为"阳虎务取之，我务守之"。只要善于驾驭阳虎，使他不敢为非，才尽我用。最终，阳虎确实为赵氏的兴盛做出了贡献。韩非子评价道："故有术之主，信赏以尽能，必罚以禁邪，虽有驳行，必得所利，简主之相阳虎。"[6]290 阳虎在赵简子身边屡立奇功，实现了"悉心以事之"的人生诺言。

《史记》卷37《卫康叔世家》记载阳虎已经成为赵简子的得力之臣。"六月乙酉，赵简子欲入蒯聩，乃令阳虎诈命卫十馀人衰绖归。"[1]1599

《史记》卷43《赵世家》亦记载：

> 晋定公十八年，赵简子围范、中行于朝歌，中行文子奔邯郸。明年，卫灵公卒。简子与阳虎送卫太子蒯聩于卫，卫不内，居戚。[1]1792

《左传》哀公二年记载了著名的铁之战中，阳虎为赵简子进献制胜之策：

> 赵鞅御之，遇于戚。阳虎曰："吾车少，以兵车之旆与罕、驷兵车先陈，罕驷自后随而从之，彼见吾貌，必有惧心，于是乎会之，必大败之。"从之。[3]1613

赵简子收服阳虎的成功范例，无形中给予孔子一个漂亮的回应。而且，阳虎还在赵简子东进战略的实施中立下了汗马功劳，看来赵简子就是阳虎所说的"贤明之主"。此谓赵简子与孔子的第二次交锋。应该指出，孔子知道"善窃人国政"的阳虎被赵简子收留，感叹"赵氏其世有乱乎"。看来孔子对赵简子收留阳虎充满担心，而不是作壁上观。

四、孔子对赵简子"以晋阳畔"的批评

《史记》卷43《赵世家》记载：

> 后二年，晋定公之十四年，范、中行作乱。明年春，简子谓邯郸大夫午曰："归我卫士五百家，吾将置之晋阳。"午许诺，归而其父兄不听，倍言。赵鞅捕午，囚之晋阳。乃告邯郸人曰："我私有诛午也，诸君欲谁立？"遂杀午。赵稷、涉宾以邯郸反。晋君使籍秦围邯郸。荀寅、范吉射与午善，不肯助秦而谋作乱，董安于知之。十月，范、中行氏伐赵鞅，鞅奔晋阳，晋人围之。范吉射、荀寅仇人魏襄等谋逐荀寅，以梁婴父代之；逐吉射，以范皋绎代之。荀栎言于晋侯曰："君命大臣，始乱者死。今三臣始乱而独逐鞅，用刑不均，请皆逐之。"十一月，荀栎、韩不佞、魏哆奉公命以伐范、中行氏，不克。范、中行氏反伐公，公击之，范、中行败走。丁未，二子奔朝歌。韩、魏以赵氏为请。十二月辛未，赵鞅入绛，盟于公宫。其明年，知伯文子谓赵鞅曰："范、

中行虽信为乱,安于发之,是安于与谋也。晋国有法,始乱者死。夫二子已伏罪而安于独在。"赵鞅患之。安于曰:"臣死,赵氏定,晋国宁,吾死晚矣。"遂自杀。赵氏以告知伯,然后赵氏宁。

孔子闻赵简子不请晋君而执邯郸午,保晋阳,故书《春秋》曰:"赵鞅以晋阳畔。"[1]1789 – 1791

赵氏与范氏、中行氏都属于晋国六卿。晋国六卿之间相互倾轧,晋国内部的兼并战争已然不可避免。公元前497年,由赵氏发动并联合知氏、魏氏开展的对范氏、中行氏的斗争,就是晋国内部六卿矛盾的总爆发。

晋国有法,始乱者死。孔子在此时指责赵简子"以晋阳畔",就要考察赵简子是否"始乱"。而这个问题可以从董安于之死来推知。

《左传》定公十三年记载:

故不与围邯郸,将作乱,董安于闻之,告赵孟,曰:"先备诸?"赵孟曰:"晋国有命,始祸者死。为后可也。"安于曰:"与其害于民,宁我独死。请以我说。"赵孟不可。[3]1590

《左传》定公十四年记载:

梁婴父恶董安于,谓知文子曰:"不杀安于,使终为政于赵氏,赵氏必得晋国,盍以其先发难也讨于赵氏?"文子使告于赵孟曰:"范、中行氏虽信为乱,安于则发之,是安于与谋乱也。晋国有命,始祸者死。二子既伏其罪矣,敢以告。"赵孟患之。安于曰:"我死而晋国宁,赵氏定,将焉用生?人谁不死?吾死莫矣。"乃缢而死。赵孟尸诸市,而告于知氏曰:"主命戮罪人安于,既伏其罪矣,敢以告。"知伯从赵孟盟,而后赵氏定,祀安于于庙。[3]1594 – 1595

面对晋国"始乱者死"的法制,赵简子并不同意董安于先发制人从而使得百姓免遭祸患的建议,仍等待范氏、中行氏首先叛乱。这年七月,范氏、中行氏果然联合邯郸赵氏进攻赵简子。赵简子也果真处于一步被动、处处挨打的境地,不得不逃往晋阳防守。仅从叛乱的时间上看,赵简子并没有首先发动战争。

《左传》定公十三年记载了范氏、中行氏叛乱的实质:

冬,十一月,荀跞、韩不信、魏曼多奉公以伐范氏,中行氏,弗克。

二子将伐公。齐高强曰:"三折肱知为良医。唯伐君为不可,民弗与也。我以伐君在此矣。三家未睦,可尽克也。克之,君将谁与。若先伐君,是使睦也。"弗听,遂伐公,国人助公,二子败。[3]1591

此时范氏、中行氏发动军队攻击国君。这一举动,果然激起了整个晋国的愤慨。范氏、中行氏也越来越孤立。他们很快被赵简子的盟军击败,只得向朝歌落荒而逃。仅就范氏、中行氏攻击晋国国君一点来看,实有叛乱之举。

孔子指责赵简子"以晋阳畔",仍是出于对于周礼的维护。而处在春秋末年的晋国,六卿各自为政、相互倾轧,身为赵氏宗主的赵简子自然要以巩固赵氏基业和拓展赵氏实力为务。此时的晋国国君已然被六卿架空,而这场晋国内战实质上就是晋国卿族对于权益的再分配。就其卿族利益而言,六卿之中谁先反叛晋国国君仿佛已经显得不那么重要了。这也许就是"社稷无常奉,君臣无常位"的真实写照。

此时,孔子不仅视阳虎为"盗",而且还视收留阳虎的赵简子为叛乱之罪人。但是,必须提及的是,从此战后,范氏、中行氏被赵氏灭亡,晋国也结束了"六卿执政"的时代,而形成了知氏、赵氏、韩氏、魏氏"四卿执政"的新格局。赵简子在这场长达八年的内战中具有明确的战略方针,又具有积极的联盟意识,更具有坚韧的斗争精神。经过这场斗争,"赵名为晋卿,实专晋权,奉邑侔于诸侯"。毋庸置疑,赵简子不愧为一位才能卓越的战略家。

五、赵简子与孔子对中牟归属的政治态度

赵简子开疆扩土的步伐可不会因为孔子的批评而停滞,他决心扫除范氏、中行氏的残余,推行东进战略,这就是占领重地中牟。关于中牟,《管子·小匡》记载:"筑五鹿、中牟、邺、盖、与牡丘,以卫诸夏之地。所以示劝于中国也"。[7]126《韩非子·外储说左下》记载:"中牟无令,晋平公问赵武曰:'中牟,三国之股肱,邯郸之肩髀'。"[6]306由史籍记载可见,中牟地域之关键。中牟备受晋国统治者的重视,其政治意义和军事作用都非同一般。在此后的十年,中牟又沦入卫国之手。范氏、中行氏就依仗着卫国的中牟来和赵简子负隅顽抗。赵简子相继攻克了朝歌、邯郸、柏人,而收复中牟则在东进战略的计划之中。

《左传》哀公五年记载:"夏,赵鞅伐卫,范氏之故也,遂围中牟。"[3]1630赵简子对于中牟的包围,立即引起了卫国的震动。而赵简子对于曾经支持范氏、中行氏的卫国的态度是强硬的。孔子却在此时进入了卫国。《吕氏春秋·召类》记载:

> 赵简子将袭卫,使史默往睹之,期以一月,六月而后反。赵简子曰:"何其久也?"史默曰:"谋利而得害,犹弗察也?今蘧伯玉为相,史鰌佐焉,孔子为客,子贡使令于君前,甚听。《易》曰:'涣其群,元吉。'涣者,贤也;群者,

众也;元者,吉之始也;涣其群元吉者,其佐多贤也。"赵简子按兵而不动。[8]1370

孔子在卫国做客,使得赵简子深为顾忌,两人的关系显得更加复杂微妙。赵简子虽然对卫国按兵不动,但对中牟的攻伐从未停止。《史记》卷47《孔子世家》记载:

> 佛肸为中牟宰。赵简子攻范、中行,伐中牟。佛肸畔,使人召孔子。孔子欲往。子路曰:"由闻诸夫子,'其身亲为不善者,君子不入也'。今佛肸亲以中牟畔,子欲往,如之何?"孔子曰:"有是言也。不曰坚乎,磨而不磷;不曰白乎,涅而不淄。我岂匏瓜也哉,焉能系而不食?"[1]1924

对此,《论语·阳货》有着类似的记载:

> 佛肸召,子欲往。子路曰:"昔者由也闻诸夫子曰:'亲于其身为不善者,君子不入也。'佛肸以中牟畔,子之往也,如之何!"子曰:"然。有是言也。不曰坚乎,磨而不磷;不曰白乎,涅而不缁。吾岂匏瓜也哉?焉能系而不食?"[2]177

从这里可以看出,此时的孔子是迫不及待地想要入仕。从《史记》来看,晋定公十一年,阳虎离开鲁国投奔了赵简子。第二年,孔子春风得意,任鲁国大司寇,卓有成绩。到了晋定公二十二年,赵简子击败范氏、中行氏之时,孔子已经开始了流亡诸侯的生活。孔子此时积极入仕的愿望是可想而知,甚至有些急不择主。然而,赵简子攻占中牟的步伐却十分的坚定。佛肸求助于孔子的行动并没有挽回中牟的危局。赵简子把中牟收入囊中,孔子也开始了新的流亡生涯。孔子所支持的范氏、中行氏最终失败,而赵简子却积极地吸纳范氏、中行氏集团的人才了。《国语·晋语九》记载:"赵简子曰:'吾愿得范、中行之良臣。'"[9]488

仅据此推想,赵简子对于政敌的政治策略是谋深计远的。而同样身为政治家的孔子却表现出了对于当时政局的犹豫态度。晋卿范氏家臣佛肸以中牟叛,召孔子参加,孔子打算去。曾有学者提出异议,佛肸是家臣,而孔子为鲁大夫,孔子往,将臣之乎?所以,连孔子的弟子子路都用孔子曾经所说的话来反诘孔子。这时的孔子也确实处于理想与现实的极大矛盾之中。孔子最终放弃了,说明他仍是旧有等级关系的维护者。

六、赵简子与孔子的相互试探

长久以来,赵简子一直在关注着孔子的一举一动。与此呼应,孔子也始终在关注着赵简子的一言一行。然而，一贯以"礼贤下士，知人善任"闻名的赵简子和一向以"周游列国，寻觅明主"的孔子应当说是时有交锋、神往已久。

《说苑·善说》记载：

> 赵简子问子贡曰："孔子为人何如？"子贡对曰："赐不能识也。"简子不悦曰："夫子事孔子数十年，终业而去之，寡人问子，子曰不能识，何也？"子贡曰："赐譬渴者之饮江海，知足而已，孔子犹江海也，赐则奚足以识之。"简子曰："善哉，子贡之言也！"[10]278-279

赵简子一向以纳贤闻名，此番询问孔子的学生子贡，其意仍然是对孔子进行试探。值得注意的是，孔子的得意弟子子夏也曾拜访过赵简子。《韩诗外传》卷6记载：

> 子夏曰："来！吾尝与子从君而西见赵简子，简子披发杖矛而见我君，我从十三行之后，趋而进曰：'诸侯相见，不宜不朝服。君不朝服，行人卜商将以颈血溅君之服矣。'使反朝服而见吾君者，子耶我耶？"[11]224-225

赵简子频繁地接触孔子的学生，这同时也正是孔子试探赵简子的举动。《说苑·臣术》记载：

> 简子有臣尹绰、赦厥。简子曰："厥爱我，谏我必不于众人中；绰也不爱我，谏我必于众人中。"尹绰曰："厥也爱君之丑，而不爱君之过也；臣爱君之过，而不爱君之丑。"孔子曰："君子哉尹绰，面訾不面誉也。"[10]52

孔子的这句话值得注意，这是孔子对于赵简子及其谋臣少有的积极评价。这也许能够代表孔子对于赵简子的复杂情感的一个侧面，至少，孔子是时时刻刻关注赵简子的一言一行的。

宋代类书《太平御览》卷469引《王孙子》曰：

> 赵简子猎于晋阳，抚辔而叹。董安于曰："今游猎，乐也。而主君叹，敢问何也？"简子曰："汝不知也。吾效厩养食谷之马以千数，令官奉多力之士数百，欲以猎战也。忧邻国养贤以猎吾也。"孔子闻之曰："简子知所叹矣。"[12]880

由此推想，赵简子和孔子在忧患意识上颇有同感，孔子的评论也和赵简子十分有默契。

《说苑·善说》记载：

> 赵襄子谓仲尼曰："先生委质以见人主，七十君矣，而无所不通识，世无明君乎？意先生之道固不通乎？"仲尼不对。异日，襄子见子路，曰："尝问先生以道，先生不对，知而不对则隐也。隐则安得为仁？若信不知，安得为

圣?"子路曰:"建天下之鸣钟而撞之以梃,岂能发其声乎哉?君问先生,无乃犹以梃撞乎?"[10]288-289

赵襄子拜访孔子,其实反映了赵简子对于孔子的态度。既包含了对于孔子流亡的讽谏,又暗含了招纳孔子的寓意。而子路将赵襄子比作草,将孔子比作钟,暗含着轻视赵氏的意思,也为孔子无言答对找到了一个绝佳的理由。

《说苑》、《韩诗外传》的价值虽然不及《史记》等可靠,但关于孔子的资料多与先秦其他典籍相互证。这些史料在当时应必有所本,并非臆造,有其合理性。赵襄子是否见过孔子,不得而知。以上文献关于赵简子、赵襄子与孔子及其学生关系如此多的记载,说明赵简子与孔子之间确实有着重要关联。

七、赵简子与孔子的擦肩而过

命运好像又在这一刻安排了赵简子与孔子的历史性会面。春秋末年最优秀的政治家和最杰出的思想家将在这时相见。

《史记》卷47《孔子世家》记载:

孔子既不得用于卫,将西见赵简子。至于河而闻窦鸣犊、舜华之死也,临河而叹曰:"美哉水,洋洋乎!丘之不济此,命也夫!"子贡趋而进曰:"敢问何谓也?"孔子曰:"窦鸣犊,舜华,晋国之贤大夫也。赵简子未得志之时,须此两人而后从政;及其已得志,杀之乃从政。丘闻之也:刳胎杀夭则麒麟不至郊;竭泽涸渔则蛟龙不合阴阳;覆巢毁卵则凤皇不翔。何则?君子讳伤其类也。夫鸟兽之于不义也尚知辟之,而况乎丘哉!"乃还息乎陬乡,作为陬操以哀之。而反乎卫,入主蘧伯玉家。[1]1926

《孔子家语·困誓》[5]、《说苑·权谋》[10]对此也有类似记载。但从以上史料来看,赵简子邀请孔子,孔子也准备投奔赵简子之事可以确认。孔子在《论语·阳货》中曾说:"亲于其身为不善者,君子不入也。"这也许才是孔子在半路改变了投奔赵简子的真正原因。

"孔子回车之辙"碑仍存于今山西省泽州县晋庙铺镇天井关村。据明文学家王世贞《适晋纪行》见刻石崖表曰"孔子回车处",与现存之碑显然不同。明代王心一《上太行》一诗中有"山家爱尺土,纵横界如画。上有千年碑,孔父留辙迹。"今日学者多否定天井关为"孔子回车"实地,但事实是,孔子曾想西见赵简子,中途闻窦鸣犊、舜华之死,从而改变主意。从孔子自此回乡归家、闭门从教这一点看,此次未能通过赵简子而实现政治理想的孔子真可谓备感遗憾、深受挫伤。赵简子与孔子的这次历史性的会面也就成为千古憾事。

八、余论

孔子与赵简子同处于春秋末年"鲁国三桓"与"晋国六卿"时期,孔子是周礼的维护者,反对鲁"三桓"架空公室的行为,而赵简子是晋国"六卿"之一的赵氏宗主。两者应该是对立的关系,但是,孔子对赵简子没有像对鲁国"三桓"那样,原因是赵简子作为晋卿有着"尊礼"、"守礼"的一面。从赵简子向子太叔问礼,说明赵简子在政治上保持着"守礼"的姿态。[13]323孔子对赵简子主持铸刑鼎极力回护,对于赵氏收留阳虎的担心,对于赵简子及其谋臣的积极评价,都表现了他对赵简子作为优秀政治家的激赏态度。赵简子政治作为多是打着晋君旗号,如铸刑鼎、与范氏、中行氏的斗争、攻打中牟等。赵简子尽管以发展赵氏基业为第一要务,但仍表面上恪守卿的本分。正如白国红指出的,赵简子时期赵氏势力虽然蒸蒸日上,但仍处于蓄势时期,遵守礼制是赵氏在残酷的政治氛围中必须做出的一种姿态。从太原金胜村赵简子墓的随葬器物来看,赵简子墓葬之规格符合其卿"身份"。[14]45因此,同样是新兴势力,他有着与鲁国"三桓"的不同之处,这也是孔子所心仪之处,是孔子希望投奔赵简子的出发点。当孔子西行中途闻简子杀窦鸣犊、舜华两贤人,从而改变主意。

实质上赵简子仍是专权晋国的正卿,与鲁国"三桓"没什么根本区别,与孔子的冲突是不可避免的。一面是改革进取,顺应时代潮流而开天辟地的新兴封建卿族的代表赵简子;一面是固守旧制,维护周礼而克己复礼的旧贵族的代表孔子。孔子所要维系的,正是赵简子所要打破的;而赵简子所要开创的,却是孔子所畏惧的。即使孔子跨过了黄河,他也不会跨过这条思想的鸿沟。于是,孔子抚琴吟唱,隐居著书;赵简子则慷慨高歌,继续开创赵氏发展的新境界。

赵简子失去了圣人,却拥有着广大的贤人。在所有关于赵简子的记载中,"爱贤"的记载真可谓蔚为大观,不可胜计。有些是史籍的真实记载,有些则是诸子百家的假借或推演,更有那些文人墨客对赵简子赋予了生动的形象和传奇的演绎,使得赵简子以"爱贤"之美名传扬千古,流芳百世。值得注意的是,在赵简子与众多贤士之间,事实上已然形成了一种新的君臣关系。这种君臣关系有别于孔子所维护周朝宗法制度下的天子、诸侯、卿、士的等级秩序。赵简子果然按照铸刑鼎时所倡导的那样,贤则举之,禄之,赏之;不肖则去之,刑之,杀之。这是具有着新兴封建阶层特点的君主专制的官僚制度。赵简子"尚贤爱贤"的风气,既是顺应时代潮流发展的新气象,同时也是建立新兴国家君臣格局的奠基之举。赵简子与孔子的关系从一定层面反映了春秋晚期政治思想的变化和冲突。两人的冲突是政治家与理论家之间的冲突,是执政者与在野者之间的冲突

相比之下,孔子有弟子三千,贤人七十二。他的思想行动不全是保守的,他作为我国第一批私人办学者的杰出代表,是新兴知识者阶层的培育者和先知,开启了战国的士人时代。赵简子也有浩大人才储备并付诸政治实践,诸如董安于、尹铎、王良、周舍、阳城胥渠、史墨、少室周、烛之过、古乘、杨因、公卢、虎会、郑龙等贤能之士,真可借用《战国策》所说:"奋其六翮而凌清风,飘摇乎高翔。"[15]176如此一论,则赵简子之贤亦不逊色于孔子也。

参考文献:

[1] 司马迁:《史记》,中华书局 1959 年版。
[2] 朱熹:《四书章句集注》,中华书局 1983 年版。
[3] 杨伯峻:《春秋左传注》,中华书局 1990 年版。
[4] 刘文典:《淮南鸿烈集解》,中华书局 1989 年版。
[5] 王肃:《孔子家语》,《四部丛刊》,商务印书馆 1979 年版。
[6] 王先慎:《韩非子集解》,中华书局 1998 年版。
[7] 戴望:《管子校正》,中华书局 1986 年版。
[8] 陈奇猷:《吕氏春秋新校释》,上海古籍出版社 2002 年版。
[9] 左丘明:《国语》,上海古籍出版社 1998 年版。
[10] 向宗鲁:《说苑校正》,中华书局 1987 年版。
[11] 许维遹:《韩诗外传集释》,中华书局 1980 年版。
[12] 《太平御览》,河北教育出版社 1994 年版。
[13] 靳婷婷:《赵简子"守礼"形象探析》,《内蒙古农业大学学报》2009 年第 5 期。
[14] 白国红:《太原金胜村赵简子墓所见春秋晚期礼制变革》,《中国历史文物》2006 年第 3 期。
[15] 刘向:《战国策》,齐鲁书社 2005 年版。

(原载《邯郸学院学报》2011 年第 1 期)

论赵简子之谶

赵国华　刘新然*

　　赵简子是春秋时期的一位雄才大略的人物,他一方面积极推动晋国社会的变革,瓦解了旧的、腐朽的统治体制,另一方面为赵氏家族的发展奠定了基础。其中晋定公十一年,赵简子病寤所讲的谶语是其根据当时晋国的政局为赵氏家族的发展而作出的总体规划,指明了赵氏由家入国的路径,本文拟对此问题作全面探讨。

一、问题的提出

　　《史记·赵世家》记载晋定公十一年,赵简子患病七日,醒来后对大夫讲“我之帝所甚乐”云云,接着记载了“当道者”的解释。笔者将赵简子带有预言性质的话语以及当道者的注解统称为“赵谶”。后世学者对此有一个从信到疑、再到客观分析的过程,根据具体的需要进行了不同的释读。

　　东汉王充之前,人们对“赵谶”并无异议,当时谶纬之说盛行,为了批判谶纬的荒谬,王充著《论衡》一书,对赵简子至帝所一事多次提出质疑。《奇怪篇》讲赵简子射熊罴事称:“夫简子所射熊罴,二卿祖当亡,简子当昌之袄也。简子见之,若寝梦矣。空虚之象,不必有实。假令有之,或时熊罴先化为人。乃生二卿。……天地之间,异类之物,相与交接,未之有也。”[1]162《自然篇》论及帝侧之人时称:“论之以为赵国且昌之状也。黄石授书,亦汉且兴之象也。妖气为鬼,鬼象人形,自然之道,非或为之也。”[1]779 最后《记妖篇》对此事作出整体判断:“盖妖祥见於兆,审矣,皆非实事”,赵简子至帝所事实为“卧梦为阴候,觉为阳占”。[1]961-919 此后这种“卧梦”论为多数学者接受。但不可否认的是,将赵简子至帝所事视为真实事件的还是主流认识。

---

　　* 赵国华(1963—),男,河南镇平人,华中师范大学历史系教授;刘新然(1986—),男,河北衡水人,华中师范大学历史系硕士研究生。

　　魏晋南北朝时期,不论是唯物论者还是唯心论者都将赵简子至帝所事作为史实,甚至作为论述历史的根据。曹思文在《难范中书神灭论》中将秦穆公、赵简子神游帝所之事作为论据来反对范缜的神灭论,而范缜在《答曹录事难神灭论》中借秦穆公、赵简子口耳目鼻、四肢七窍之事来证实"形神同体论"。这一时期的道教人物更是将此事视为真实情况来记载。葛洪的《抱朴子》明确承认其事为真,称"天道邈远,鬼神难明。赵简子、秦穆公皆亲受金策于上帝,有土地之明徵。"[2]125更有甚者,在《真诰》中人们竟考察出赵简子所见帝为北帝,称"简子虽非霸限,亦擅命专制,所梦天帝使射熊之事,必是北帝之府矣"。[3]512

　　唐宋时期,在社会理性比较发达的条件下,许多学者仍将"赵谶"作为史实而编入书籍,则有些令人费解。李善注《文选》引赵简子事注解"大帝"、"钧天"、"广乐九奏";欧阳询《艺文类聚》把它编入方术部、乐部、兽部;徐坚《初学记》把它编入乐部;李昉等《太平御览》把它编入人事部、乐部、方术部、兽部;郭茂倩《乐府诗集》把它编入钧天曲等。总体上说,宋以前人们对"赵谶"的看法,分为史实与"卧梦"两类。但是我们经过分析发现,这一时期人们总是根据自己的需要进行取舍,从未真正对"赵谶"作学术探讨。这种情况到清朝时有了转机,人们在研究《史记》时对此有所涉猎。

　　清代梁玉绳著《史记志疑》,认为"赵谶"不可信,是"子长钓奇以成其虚诞飘忽之文,而非实录",甚至认为其"非纬侯之先驱不可矣"。[4]1051-1052全祖望认为:六国世家记事莫如赵之荒谬,其所记占梦之类"尽当芟除者也"。[5]1061梁氏、全氏从司马迁爱奇的角度认为此事虚诞、不可信,并未从事件本身进行考虑,似乎不能对"赵谶"做个了结。李景星从司马迁的写作技巧来论述此事,称"尤其妙者,在以四梦为点缀,使前后骨节通也……以天造地设之事,为埋针伏线之笔,而演成神出鬼没之文,那不令人拍案叫绝。"[6]46另外,徐与乔也从司马迁主观情感的抒发论述了此事。这些学者基于司马迁的"爱奇"、《史记》浓厚的文学色彩等原因,怀疑司马迁著史的可信性,并以此为依据作出论断,但其不从事件本身考察似乎有些武断。

　　新中国成立后,随着人们对扁鹊、晋国赵氏家族的关注,学术界对定公十一年赵简子患病有了新的研究。首先医界学者从研究扁鹊的角度对此进行了深入分析。孔建民认为此事是赵国统治者的后人的故意造谣,借以说明赵氏代晋为"天命",是用来欺骗人民的。[7]3郎需才认为此事是赵武灵王及其史官为了实现胡服骑射的改革、废立太子等政治目的而编造的。[8]67-68李伯聪通过考证指出,扁鹊为赵简子治病为真实事件,赵武灵王及其史官在扁鹊治病的原始记录中附加上帝召见赵简子的神话故事,以有利于他推行的胡服骑射的改革和废妻立妾的做法[9]39。曹东义认为此事是董安于在范氏、中行氏进攻赵简子、赵氏社稷存亡的紧要关头,为了唤起民众、鼓舞士气而宣扬的政治谣言。[10]25-28上述研究成果,以对扁鹊的研究为中心而兼及赵简子事,故对"赵谶"的研究缺乏时代背景的分析,而显得不够深入、全面。近几年史学界关注此事的有杨范中、沈长云、白国红三人,他们的看法基本上一致。杨范中指出《史记·赵世家》所载赵简子之疾"实际上就是赵氏图谋攻灭范氏、中行氏和灭代、灭知氏的战略规划,只不过在古代,当时唯心主义神学思想成为统治者愚弄人民的工具时,乃采取这种扑朔迷离的神话寓言、托天命来表达罢了"。[11]98沈长云的看法是"简子通过梦帝所且告知众大夫梦的方式,展示了简子发展壮大赵氏势力的雄心抱负,包括要在诸卿竞强的斗争中占取上风及兼并北方代国的意图"。[12]89白国红对此表示认同,只是将赵简子出谶的目的缩小到"北进战略",把此事作为赵氏推出北进战略的一部分,即"由赵简子仿效秦穆公出秦谶的方式,托病来为此方案涂抹上一层神秘色彩",并指出"赵简子通过这一策略不仅明白无误地向臣下传达了自己的战略意图,而且将其神圣化、合法化,从而坚定了赵氏之众北进的信心"。[13]133-134可以说他们的结论深化了人们对"赵谶"的认识。

综上所述,历代学者对赵简子至帝所一事,有以下几种不同的看法,一是盲目相信其为事实,二是王充的"卧梦觉占"论,三是认为此事为司马迁出于主观"爱奇"或者写作技巧的需要而作,并不存在这一事实,四是此事是赵武灵王为推行胡服骑射的改革和废妻立妾而做的障眼法,五是赵简子为实现某种目的而采用的策略。相比较而言,我们倾向于第五种看法,但持这种看法的杨范中、沈长云、白国红并未做全面的考察,仅是在行文中稍微提到而已。因此,我们认为应该回归《史记》,从其字里行间来探究"赵谶"的来龙去脉,这样才能得出较深入的认识。

二、怎样认识赵简子之病

春秋时期是贵族社会"礼崩乐坏"时期,也是新秩序的酝酿和萌芽时期,从政治体制、经济制度、思想文化到社会风气,整个社会呈现出立体、全面转型的趋势。晋国统治者进行了某种变革,以这种变革的成果为基础,各种势力展开激烈的斗争,包括新旧势力、新新势力之间的斗争。到了春秋后期,晋国政坛出现了韩赵魏集团、范中行集团、晋公室—知氏联盟三股势力,这进一步导致斗争的复杂性，尤其是公元前514年祁氏、羊舌氏被灭族后，六卿之间的矛盾成为晋国社会的主要矛盾，晋国政局变得极不稳定。公元前501年范献子死后，赵简子执政，六卿之间的平衡被打破，这标志着新一轮的斗争即将开始。正是在这一关键时刻，赵简子"病"倒并说出一段谶语。

司马迁著《史记·赵世家》，使用779字的篇幅来叙述赵简子病之事，而此事在《左传》、《国语》、《世本》等先秦典籍中并无记载。那么，司马迁是如何得知此事呢？我们先来看一下《赵世家》的取材之处。《史记会注考证》云："此篇《左传》、《国语》所不载甚多，史公别有所据。论赞云'吾闻冯王孙曰……'，岂他事亦有得之于冯者乎。"[5]1061顾颉刚《司马谈作史考》推测，《赵世家》是司马谈"得于冯氏者也"。[14]228藤田胜久认为其来源更广，可能得之于传说。[15]275这样一来，赵简子至帝所事的真相变得扑朔迷离，但是如果我们抛开此事的来源，分析司马迁的行文逻辑，会发现有四条线索可以说明此事的来龙去脉。

第一条线索是司马迁两次讲到此事是"书藏之"，一次是董安于在赵简子寤后"受言而书藏之"，一次是"赵简子（将当道者所言）书藏之府"。这说明赵简子"病"之事是存在的，是有记录的，并且是赵简子、董安于就已经记录在册。因此，我们不能简单的仅凭其"迷信"或者未见到这类资料而任意加以否定。

第二条线索是司马迁通过扁鹊把它与秦穆公之谶联系起来。这一联系意味深长，一是秦穆公之谶广为流传，并且为人们所深信，把它将之与赵简子患病事联系起来更有公信力；二是从内容上，上帝命秦穆公平晋乱与赵简子灭范氏、中行氏等具有异曲同工之妙。这里扁鹊的作用很大，一是安抚了诸大夫使赵氏内部不至于发生动乱，二是通过医生之口将"赵谶"与秦穆公之谶联系起来更有说服力，至于扁鹊所言秦穆公上天之事则无关紧要。

第三条线索是此事中主要参与者的行动十分神秘，并有不可理解者。首先是扁鹊一人入内为赵简子诊治，赵简子是否真病，扁鹊是否诊治，他们之间有没有特殊的关系，外界并不知晓，只能根据扁鹊的思路把赵简子病与秦穆公上天两件事联系起来。另外，扁鹊对董安于等讲的话也比较奇怪，即他讲完秦穆公之谶后，还特别强调该预言的成功，按当时秦穆公之谶为人所共知，扁鹊特别强调谶语的应验，这除了为赵简子醒后所言铺陈，增加所言的神秘感、严肃性之外，似乎没有其他合理解释。扁鹊为何要这样呢？这颇耐人寻味。其次是关于当道者，赵简子除提及"儿在帝侧"之外，并未提及帝侧还有他人，当道者竟冒称为"帝侧之人"；解读帝命之时又要求赵简子屏退左右，完毕后又不见。这样对帝命解读的宣传又落在赵简子一人身上，人们只能根据赵简子的思路来理解帝命，甚至当道者不见也由赵简子说出。那当道者是怎么回事呢？最合理的解释就是赵简子把他隐藏起来，对外讲不见以增加其神秘性，换句话说当道者事就是赵简子自编自导的一出戏。再次是赵简子的行动较奇怪，一是当董安于以扁鹊所言相告时，赵简子赐扁鹊田四万亩，按道理说应该以扁鹊治病而赐田，却以扁鹊之言而赐田，于理不通；二是赵简子见当道者时，竟发出惊呼声"嘻，吾有所见子晰也"，而在其前述谶语中未见当道者的踪影。再者，当道者要求赵简子屏退左右时，赵简子也同意了，须知当时刺客横行，加上晋国六家竞争激烈，赵简子独自见一陌生人不是很奇怪吗？

第四条线索是司马迁在《赵世家》中多次写到占梦卜卦之事，但相比较可以看出，一方面对赵简子之梦着墨甚多，也较为详细，另一方面在其他梦中均由他人解梦，如赵盾之梦由史援占之，赵孝成王之梦由史敢占之等，唯有赵简子之梦为其自解，这说明赵简子为了某种目的而垄断了对梦的解释权。

以上是司马迁留下的四条线索，这些线索相互交织昭示出在迷信的表象背后还有某种隐情，而这隐情就是事情的真相。我们推测事情的真相是赵简子、董安于等人在晋定公十一年借用迷信的方式来推行某种战略，而这种战略关乎赵氏家族的生死存亡，所以赵简子慎之又慎，以至于此事主要人物的活动都十分神秘。赵简子、董安于为主要谋划者，当道者为赵简子寻找的一名可靠的陌生人，在其与赵简子对完话后隐藏起来，而扁鹊参与到此事中，至于在事前还是在事中参与则均有可能。之所以选用迷信的方式，是因为当时社会对上帝鬼神的崇拜并未随着社会的转型而消失，反而有愈演愈烈之势，如《左传》记载了29次梦占之事。利用这种方式一方面在舆论上占据有利位置，另一方面又掩盖了赵简子制造混乱的事实。如此，赵简子患病是否属实呢？我们既未在医学上见过这种病例，又从赵简子以扁鹊之言而不是治病而赏田四万亩，可以推断赵简子并非真病而是装病；赵简子装病七天，一方面对应了秦穆公之谶的七天，一方面为"赵谶"的成文和出台提供了时间。

另外，《史记》所载诸事都有一定的来源，如孙武吴宫教战之事。《史记》在选材上强调典型性，《赵世家》与其他篇不同，司马迁于此强调权谋与实力在政治斗争的重要性，而我们对赵谶的分析恰恰反映出这一点：一方面赵简子在礼乐崩坏的社会中利用人们对上帝的崇拜而造成其所行事为天命的印象，使其行事有合法性；另一方面赵简子充分发挥各个人物的作用，避免过早泄露而导致主动权的丧失。那么到底是什么战略？要让赵简子费尽周折而十分谨慎地提出呢？我们通过分析赵简子的谶语及当道者的解读便可知晓。

三、赵谶的内容和性质

制定和宣传某种战略，通常有两种形式：一是通过隐蔽的方式间接提出，一是直接阐明。前者如秦穆公之谶，司马迁在《封禅书》中讲到："秦缪公立，病卧五日不寤；寤，乃言梦见上帝，上帝命缪公平晋乱。史书而记藏之府。而后世皆曰秦缪公上天。"[16]1360司马迁暗示这可能是秦穆公为使其东进战略合法化而作出的对策。后者如鲁肃的《吴门对》，鲁肃对孙权提出"鼎足江东，以观天下之衅……剿除黄祖，进伐刘表，竟长江所极，据而有之，然后建号帝王，以图天下。"[17]1268令人不解的是人们对前一种方式不作分析而弃之。赵谶历来受到人们的质疑，根源就在于此。那么赵简子提出的是什么战略，为什么不能直接提出呢？《史记·赵世家》记载：

> 居二日半，简子寤。语大夫曰："我之帝所甚乐，与百神游於钧天，广乐九奏万舞，不类三代之乐，其声动人心。有一熊欲来援我，帝命我射之，中熊，熊死。又有一罴来，我又射之，中罴，罴死。帝甚喜，赐我二笥，皆有副。吾见儿在帝侧，帝属我一翟犬，曰：'及而子之壮也，以赐之。'帝告我：'晋国且世衰，七世而亡，嬴姓将大败周人於范魁之西，而亦不能有也。今余思虞舜之勋，适余将以其胄女孟姚配而七世之孙。'"董安于受言而书藏之。以扁鹊言告简子，简子赐扁鹊田四万亩。[16]1787

这便是"赵谶"的全部内容，①因为其中有相当多的隐喻不易为人理解，所以赵简子又导演出当道者解读谶语的把戏。当道者的解读主要有三点：一是"晋国且有大难，主君首之。帝令主君灭二卿，夫熊与罴皆其祖也。"《正义》讲熊与罴"范氏、中行氏之祖也"。歧义处是"主君首之"一语，有两种解释即晋国之难先会发生在主君头上或者是晋国之难由主君引起，后人根据赵简子"走保晋阳"一事认可前一种解释。但联系到当时"六卿强、公室弱"的背景、赵简子的

---

① 与《扁鹊仓公列传》所不同的是，《赵世家》多了"今余思虞舜之勋，适余将以其胄女孟姚配而七世之孙"一句，从下文当道者的解读以及其和简子谶中其他内容层次相较，这句话可能为后世赵武灵王等人所加，这一点也为李伯聪等学者认同，故在此予不讨论。另外，冯立鳌称："天帝最后提及的虞舜，即是上古时代接受帝尧禅让、被后世称为帝王的大舜，古人认为建有殊勋的圣贤，其后代总会兴盛。赵鞅在梦中借天帝之口，让虞舜的后代之女嫁配自己的后世之孙，表达了他想让赵氏长盛不衰、能与圣人后裔相匹配的深层心理。"亦聊备一说。

强势地位、谶语中晋室的灭亡及策略上的需要等,我们认为后一种解释似乎较为合理,即强调赵简子要把握时机,在适当时候主动出击,解决范氏、中行氏问题。二是"主君之子将克二国于翟,皆子姓也",《正义》解释"二国"为代和知氏也,不过灭代似乎更重要,因为下文当道者仍解释翟犬为代。三是"及主君之后嗣,且有革政而胡服,并二国于翟"。对于"赵谶"的内容,后人不加分析而是简单地把它比附于后世的史实,如赵简子灭范、中行氏,赵襄子灭知氏和代等。不过令人啼笑皆非的是,人们是在标榜"赵谶"荒诞、虚妄的情况下做出上述比附的,甚至根据这种没有理由的比附而推断出"赵谶"是赵氏家族后人为实现其目的而编造的。如果我们分析谶语的内容,会发现这实际上是赵简子为实现赵氏由家入国而制定的战略。

赵简子为了逐步实现赵氏由家入国的目的,根据自身实力从时间和空间两个方面制定战略。从时间上讲,赵简子制定三步走的战略,第一步是消灭范氏、中行氏二卿,这时赵简子欲采取稳妥的方法,逐次消灭二卿,因此在梦中熊与罴是先后被射杀的;第二步是消灭代国和知氏,实际上建立赵氏之国;第三步是在晋国衰败到一定程度时由赵氏取而代之,完成名义上的建国。这样通过层层递进的三个步骤,彻底完成赵氏立国的目的。

为了配合赵氏由家入国战略的成功,赵简子制定了扩地战略和"计胡翟之利"的战略。首先是"北进战略"。赵简子在谶语及当道者的解读中先后两次提到北上掠地的战略,即"主君之子将克二国於翟,皆子姓也","儿,主君之子也。翟犬者,代之先也。主君之子且必有代。"[16]1788 这一方面表现了赵简子对北进战略的重视,另一方面交代了北上的直接目的即"歼灭代戎建立的代国"。[13]134 其次,这里面隐藏着赵简子的另一个扩地战略,即"东进战略",掌握邯郸及其腹地的控制权。这一点附着在赵简子灭范氏、中行氏的谶语中,因为范氏、中行氏的领地多在晋国东部和南部,而赵氏小宗也在晋国东部,这样赵简子消灭范氏、中行氏之后,其领地就会向东扩展,而邯郸赵氏失去了范氏、中行氏的后台,会更进一步的向大宗靠拢,既团结了家族内部,又达到扩地目的,实为一举两得。再次是"计胡翟之利"的战略,一方面是立国范围在晋国北部与夷狄相交之处,以便于扩地如攻取代地;另一方面是"革制而胡服",即适时、适度的运用胡翟之法。历来学者对此持怀疑态度,认为这是赵武灵王等人为了推行改制而编造的骗局。但从赵简子为了赵氏家族的发展而不择手段来看,这种战略的制定也是有可能的,如废伯鲁而立无恤,舍弃董安于,与戎狄通婚等。因为赵简子对其后世是有担忧的,如姑布子卿相诸子时发出"赵氏其灭乎"的感叹,即使有无恤之贤,赵简子仍是担忧,临终叮嘱无恤北上灭代即为明证。同时,夷夏相变的事件已经出现,如孔子讲宣子之刑即"夷之蒐也",[18]1504加上晋与夷狄有通婚的传统,所以,赵简子有可能提出革制胡服之法,以备不时之需。

综上可知,赵谶的核心内容是赵氏通过三个步骤,由晋卿过渡到国主。为了配合这一战略,赵简子制定了扩地和"计胡翟之利"的战略,其中夺取代地是关键。所以说,赵谶不但设定了赵氏立国的步骤,还规划了赵氏的立国范围。从"赵谶"中可以发现,赵简子缺乏作为晋卿而做的关于晋国的执政方略,而完全是赵氏宗主在谋划家族如何篡夺国政,也就是说赵简子的执政思路发生一个大的转折,即由维持六卿平衡到积极扩大赵氏势力的转变。在扩大势力的过程中,赵氏夺取对邯郸、代地的掌控权至关重要。

四、赵氏发展战略中的邯郸和代地

公元前550年晋灭栾氏家族,标志着诸卿族从争夺卿位、权势转向争夺土地、财富为中心的斗争。不过,这时诸卿族的注意力集中于晋公室和夷狄之地,因而保持了近五十年的稳定局面。在魏舒、范献子执政时期尤其是祁氏、羊舌氏被诛灭后,晋公室土地被瓜分殆尽,而要获得夷狄土地,必须付出较大的代价。这样一来,赵氏只能实行蚕食其他卿族土地的策略,同时继承晋国"故法",积极向夷狄之地扩张,这分别表现为对邯郸、代地的掌控。

邯郸在不同的战略重心下的意义是不同的,兹从赵氏宗邑、晋国行政区域、诸侯争霸三个方面来分析邯郸的重要性。

春秋中后期,赵氏宗邑多在太行山以西地区如绛、晋阳、平阳等,而邯郸、寒氏分布在太行山东麓,形成被隔离的两部分,更为不利的是邯郸、寒氏为赵氏支族所据,而这时支族与正宗已超出五服,按当时礼仪可视为非族人,这使赵氏正宗存在隐患,甚至有被灭族的危险。其中的原因:一是邯郸背靠太行山,仅以釜口陉与晋国腹地连接,距离赵氏正宗所在地晋阳较远,正宗势力难以渗透其间,邯郸赵氏实际上成为一股割据势力,它与宗室的矛盾反映了统一与分裂、采邑制与郡县制的斗争;二是邯郸赵氏与中行氏结为姻亲,这既为邯郸赵氏割据提供了强大的后盾,又成为范、中行氏牵制赵氏发展的重要力量,这是赵简子不得不重视的;三是晋国大族被诛灭多数起因于家族内部矛盾,如赵氏家族的下宫之难、栾氏和祁氏灭族等,尤其是下宫之难更是赵氏家族史上的阴影。这表明邯郸作为潜在的分裂因素,存在于赵氏家族之中,因此,赵简子要想大展宏图,就必先解决家族问题。

作为一座重要的城邑,邯郸位于晋国东南部、太行山东麓南北大道上,是连接晋国东部南北交通的一个枢纽,地理位置十分重要。春秋中后期在晋国东部、东南部存在三股势力,即范氏、中行氏、邯郸赵氏。范氏、中行氏主要盘踞在陆浑戎地、范地、朝歌、柏人、鼓等地,即今河南巩义、蒙阳、淇县和河北隆尧、藁城一线,[19]188-211而邯郸处于隆尧与淇县之间,掐断了范氏与中行氏的南北联系。邯郸赵氏由于与中行氏的姻亲关系,范氏、中行氏又连为一体,可以说晋国东南半壁完全落入范、中行集团手中。按羊舌氏、祁氏被诛灭后,晋公室的土地已不能满足六卿的需求,而扩地于夷狄又必须付出较大的代价,还需要有天才的军事家,加上六卿各自为政并受他族掣肘,其实力不足以长期与夷狄抗衡,因而诸卿将扩地的目标瞄准其他卿族的采邑。根据上述敌我关系,赵氏自然先将目标锁定于范、中行氏,而范、中行氏掌控晋国东南半壁,赵简子若能顺利解决邯郸问题,就等于在范、中行氏中间插入一个楔子,切断了两者的联系,加上赵氏温县宗邑的势力,赵氏可对范、中行氏构成半包围状态,这便于逐个解决范、中行氏问题。这一点不仅赵简子看得清楚,范氏、中行氏也很明白,所以,当赵简子杀赵午以整肃家族秩序时,范氏、中行氏的反应相当激烈,甚至直接出兵进攻赵简子。学者们多以中行氏与邯郸赵氏的姻亲关系而攻击赵简子,并没有意识到赵简子掌控邯郸对范氏、中行氏潜藏的巨大危机,这是应当重视的。

从诸侯争霸活动来看,邯郸的地位也至关重要。当时诸侯争霸先后形成了四大战区,即"以齐为中心的中原(东方)战区,以楚为中心的南方战区,以曲沃晋为中心的北方战区和以秦为中心的西方战区",[20]132这四大战区最终所指是周王室所在地洛阳,但慑于传统、道义的力量及策略的需要,各国诸侯只能把兵锋指向郑国,尤其在晋楚争霸时期,郑国的向背成为霸主实力消长的标杆,因而郑国的地位十分重要,是争霸实际的最终底线。邯郸"北通燕涿,南有郑卫",[16]3264正是晋国中北部地区的赵氏正宗南下之路的据点,按韩氏、魏氏占据晋国南部大部分地区,赵氏正宗南下会受到两家的掣肘,而占据邯郸从太行山东麓南下则较为顺畅。另外,这时晋国还受到齐国的威胁,邯郸正是晋国东进的核心据点,所以邯郸南可达郑、卫,东可攻齐、鲁,战略地位十分重要。

关于代地,明代尹耕考证:"考之代自入汉以来,其国数易,大抵有三:曰山北代也;山南代也;山东代也。山北之代,旧国也,始于商汤,历代因之,是故齐桓之所服,赵襄之所并,代成、安阳之所封,公子嘉之所奔,赵歇、陈余之所王,夏说之所守,刘喜所弃,陈豨之所监,皆是也,所谓蔚之废城也。"[21]31山北之代大约在今山西代县、繁峙及河北的蔚县、宣化一带。赵氏北进战略所选之地就在于此,那么代地对赵氏发展有什么意义呢?

首先是解决晋阳的威胁。晋阳位于晋国的北部,三面都是少数民族地区,北有代戎,西有楼烦,东有鲜虞中山。其中楼烦与晋阳之间隔有难以逾越的地理障碍,后人记述赵武灵王破楼烦时说:"赵武灵王逾句注,过代谷,略灭林胡、楼烦",[22]494可见楼烦对晋阳的威胁并不大;鲜虞中山与晋阳隔有太行山,通往晋国腹地的道路艰险且多被晋国掌控,加上彼此实力的差距,所以鲜虞对晋阳也构不成威胁;代地位于今山西北部一线,往南是太原盆地,顺势而下则无险可恃,而晋阳位于太原盆地的中北部,正处于代戎南下要冲。历史上,代是北戎建立的国家,北戎是中原各国的威胁,如鲁隐公九年"北戎伐郑"、桓公六年"北戎伐齐"。这样综合来看,代国对晋阳威胁最大,是赵氏发展的巨大隐患,赵简子曾将其女嫁给代王,当属于防范威胁的一种措施。从赵简子一直要求灭代国、赵襄子在简子尸骨未寒之际就施展阴谋灭代来看,代地对赵氏发展的潜在威胁极大,是亟须解决的重要问题。

其次是便于赵氏"计夷狄之利"。代地北、西两面连接林胡、楼烦等少数民族地区,可以说是中原诸国防范、进攻少数民族的前哨阵地。代地南邻鲜虞,鲜虞是晋国东部的心腹大患,地处俯冲之势,并有飞狐关与河北平原相连,而飞狐关一线多为崇山峻岭,绵延数百里,易守难攻。所以,在晋对鲜虞作战中,占据代地就等于握有主动权,对鲜虞构成威慑。从另一方面看,代地民风彪悍,据《史记》记载,"种、代,石北也,地边胡,数被寇。人民矜懻忮,好气,任侠为奸,不事农商。"[16]3263这样获取代地极有助于扩充赵氏的兵源。再者,代地盛产骏马,据《吕氏春秋》记载:"马郡宜马,代君以善马奉襄子。"[23]150这一方面把代地称为马郡,说明代地产马数量不再少数;另一方面讲"奉襄子",说明代地产马时间在襄子之前。这样占据代地既能对周边国家形成一定的地缘优势,又能提高赵氏的军事力量,可谓获益颇多。

再次,占据代地可以扩大赵氏的战略空间。从晋国内部来看,诸卿族争斗一旦攻破晋阳,则赵氏可以向北撤入代地,尚有扭转局势的余地;就诸侯争霸而言,晋国在晋楚争霸中长期处于劣势,这时又有齐国复霸活动,倘若楚国北上或者齐国西进侵入晋国腹地,赵氏同样可以进入代地,尔后伺机南下。换句话说,这时的代地是赵氏的大后方,为赵氏提供了回旋空间。赵氏之所以向北发展,还因为在"人口密集的晋国统治中心的河汾地区及'南阳'地区开拓领地容易引起同诸卿的矛盾"[13]133;赵氏向代地发展可以避免过早地与诸卿发生冲突,使其在政治上有了缓冲区。

以上是邯郸、代地对赵氏家族发展的重要性，实际上是赵简子制定战略背景的外延。从整个赵邑来看，晋阳、代地、邯郸形成一个巨大的三角格局，它们的两两连线构成赵简子战略的主体：晋阳——邯郸一线为赵氏处理家族内部矛盾、消灭范氏和中行氏，进而夺取晋国政权奠定基础；晋阳——代地为赵氏向北扩张、建立战略空间，为赵氏发展造就"三窟"；邯郸——代地互为战略保障，为北攻夷狄、南下争霸消除后顾之忧。晋阳、邯郸、代地三者相互辅助，给赵氏构成进可攻、退可守的战略态势，这完全符合赵氏立国的地理需求，因此，以这三地相连构成的三角格局成为赵氏立国的基本区域。

五、余论

春秋后期晋国栾氏被灭族标志着晋公室同卿族间的矛盾发展到顶峰，诸卿族的矛盾开始成为晋国社会的主要矛盾。基于对这种形势的认识，一些政治人物纷纷作出预言，并在六卿中作出选择，而六卿对此也都作出相应改革，并与其他卿族结盟，为诸卿族最后的决战做准备。赵氏由家入国的战略就是在这种形势下制定的，其中赵简子的个人因素起到了重要的作用。

赵简子是一位雄才大略的人物，能顺应时代的要求做出适当的改革，为赵氏家族的发展制定相应的战略。但是，赵简子作为晋卿未尽到应有的责任，相反利用晋卿的职位为赵氏谋求利益，以至于班固把他置于九等人中之第七等。[24]932赵简子怀有代晋的欲望，从一些言论、事实中可以窥知。如赵简子曾问史墨说："季氏出其君，而民服焉，诸侯与之，君死于外，而莫之或罪也。何也？"史墨回答："民不知君，何以得国？是以为君，慎器与名，不可以假人。"[18]1520从这段对话可以看出赵简子对季氏的羡慕，赵简子制定由家入国的战略有其主观动机，这是他遭受上述诟病的原因之一。

那么，为什么赵简子没有立即执行这一战略呢？大概有以下几个原因：一是齐国趁范献子去世之际出兵进攻晋国，促使晋国诸卿一致对外，赵简子刚登上执政之位，必须通过某种行动巩固自己的执政地位，同时要向各国诸侯立威，因此打败齐国成为赵简子的当务之急。二是赵简子尚未做好充分准备，一方面太子伯鲁的才能不足以在诸卿争斗中占据优势，必须重新确立太子；另一方面，晋阳作为赵氏家族的大本营，还需要进一步的修缮。晋定公十五年，赵简子对邯郸午说："归我卫贡五百家，吾舍诸晋阳。"[18]1589这句话一方面说明赵简子把邯郸赵氏排斥于赵氏家族之外，否则不会用"归我"字眼；另一方面说明晋阳已经修缮完毕，只要充实人口即可。于是，整饬家族秩序、掌握邯郸权力被赵简子提上议事日程。所以说，这时赵简子执行其战略是比较适当的，卫贡事件恰好提供了这样一个时机。

当然，赵简子制定的战略也存在一些漏洞，因为这是一种单线、纵向发展战略，其缺陷主要是对来自横向势力的干预缺乏应有的警惕。其一，赵简子处理邯郸、范氏、中行氏问题，没有意识到晋公室、知氏会起重要作用，这使赵氏一度陷入危机。如赵氏单独面对范氏、中行氏的攻击，就出自晋公室、知氏联合起来对赵氏的限制；知氏逼杀赵氏谋臣董安于，赵氏谋臣傅傻提醒简子"虽克郑，犹有知在，忧未艾也"，[18]1617也显示晋公室、知氏对赵氏的威胁，这是赵简子所未料到的。其二，赵简子没有意识到外国的干预，正是齐、卫、郑、鲜虞等国的干预，导致晋国长期内乱，知氏变得强大起来，这对赵氏家族来说是较大的损失。其三，赵简子过高地估计了与韩、魏的同盟关系，虽然在战争开始时韩、魏二氏确为赵氏同盟，但在其后的战争中韩魏似乎并未与赵氏同进退，如在著名的铁之战中我们看不到韩魏军队的影子，只是赵氏军队单独面对诸国联军的攻击，甚至赵简子也在战争中负伤，这也可能是赵简子未料到的。其四，赵简子制定的战略缺乏具体的措施，在战略实施过程中出现混乱，甚至造成不必要的损失。如在处理邯郸问题上，没有采取果断措施，导致赵氏在初期的败逃，甚至被知氏抓住把柄，迫使董安于自杀。这些漏洞是单线、纵向发展战略的通病，也是赵简子难以克服的。不过，赵简子的战略适应晋国的发展趋势，加上赵简子尚贤礼士、赏罚严明、实行各种利民改革，这些漏洞只是增加了赵氏由家入国的难度罢了。

综上所述，赵简子制定的战略有着一定的社会基础，符合晋国的发展趋势：他制定的赵氏家族扩大势力的顺序，保证了赵氏逐步稳定和扩大势力最终夺取晋国权力；他设定的晋阳——邯郸——代地三角格局规划了赵国的基本蓝图，促进了赵国二元文化的形成。这一战略通过"赵谶"确立之后，为赵氏开启了由家入国的政治路线。

参考文献：
[1] 黄晖：《论衡集释》，中华书局1990年版。
[2] 王明：《抱朴子内篇集释》，中华书局1985年版。
[3] 吉川中夫：《真诰校注》，朱越利译，中国社会科学出版社2006年版。

[4]　梁玉绳:《史记志疑》,中华书局 1981 年版。

[5]　泷川资言、水泽利忠:《史记会注考证校补》,上海古籍出版社 1986 年版。

[6]　李景星:《四史评议》,岳麓书社 1986 年版。

[7]　孔建民:《扁鹊年代考证》,《成都中医学院学报》1959 年第 9 期。

[8]　郎需才:《扁鹊活动年代及事迹考》,《中医杂志》1980 年第 4 期。

[9]　李伯聪:《扁鹊及扁鹊学派的研究》,陕西科学技术出版社 1990 年版。

[10]　曹东义:《神医扁鹊之谜》,中国中医药出版社 1996 年版。

[11]　杨范中:《略论赵国兴起与强盛的军事原因》,邯郸市历史协会、河北省历史协会:《赵国历史文化论丛》,河北人民出版社 1989 年版。

[12]　沈长云:《赵国史稿》,中华书局 2000 年版。

[13]　白国红:《春秋晋国赵氏研究》,中华书局 2007 年版。

[14]　顾颉刚:《司马谈作史考》,《史林杂识初编》,中华书局 1963 年版。

[15]　藤田胜久:《〈史记〉战国史料研究》,上海古籍出版社 2008 年版。

[16]　司马迁:《史记》,中华书局 1959 年版。

[17]　陈寿:《三国志》,裴松之注,中华书局 1959 年版。

[18]　杨伯峻:《春秋左传注》,中华书局 1990 年版。

[19]　马保春:《晋国历史地理研究》,文物出版社 2007 年版。

[20]　赵鼎新:《霸权迭兴的神话——东周时期战争和政治发展》,《学术月刊》2006 年第 2 期。

[21]　尹耕:《代国考》,王者辅:《宣化府志》,成文出版社 1968 年版。

[22]　王利器:《盐铁论校注》,中华书局 1992 年版。

[23]　吕不韦:《吕氏春秋》,高诱注,上海书店出版社 1992 年版。

[24]　班固:《汉书》,中华书局 1962 年版。

(原载《邯郸学院学报》2011 年第 2 期)

"赵盾弑君"发微

吕庙军*

在春秋史研究当中,有这样一位政治历史人物:他的政绩似乎不是很突出,但是由于晋太史董狐的一笔"赵盾弑其君夷皋"的定论而名见诸于经传。这个历史人物就是春秋晋国赵氏集团的首脑人物赵盾。赵盾是赵国史研究中重要历史人物之一,又是春秋时期颇受争议的历史人物。然而以今日眼光看来,重新对赵盾这一历史人物的是与非的解读,不难发现有许多新的问题和看法,很需要我们今人去作进一步的思考和研究。

一、赵盾弑君"同谋"说辨

在研究赵盾这个历史人物时,一个首要的绕不过去的问题就是,赵盾究竟是否是杀害晋灵公的真正凶手? 或者说晋太史董狐记载的"赵盾弑其君"是否属实? 这个问题,我们在本文中必须作出明确的回答。下面先将主张或倾向认为赵盾就是弑君元凶的观点及各种原因略微归纳如下:

首先认定赵盾就是弑君元凶的首推太史董狐。他的理由在文献上记载的很明白:"子为正卿,亡不越竟,反不讨贼,非子而谁?"[1]663 在董狐看来,赵盾身为正卿(军队的最高统帅)的身份,逃跑未出国境,返回后又不讨伐、惩处杀害灵公的凶手赵穿。"非子而谁"一言认定弑君的元凶就是赵盾。

其次,生活于董狐稍后的孔子在编修《春秋》时,也沿用了"赵盾弑其君"的看法。这表明孔子对这个问题的看法与太史董狐的看法基本一致。但是,令人扑朔迷离的是,在《左传》的记载中孔子说过这样的一段话:

"董狐,古之良史也,书法不隐。赵宣子,古之良大夫也,为法受恶。惜也,越竟乃免。"[1]663

---

* 吕庙军(1970—),男,河北永年人,邯郸学院历史系讲师暨赵文化研究中心研究人员,历史学博士。

孔子此言既出,使对赵盾弑君的看法平添了几分同情。从而也使后人对该问题的看法更生疑窦。因此也有学者怀疑《左传》记载的上述孔子的评论是否可靠。① 上述的赵宣子即是赵盾,孔夫子既承认董狐是良史,又承认赵盾是良大夫。并且文意中透露出为赵盾承受弑君恶名深感惋惜之情,说他本可以逃出国境而避免弑君罪名。②

再者,与上述观点接近的还有《穀梁传》如此记载曰:

> 秋,九月乙丑,晋赵盾弑其君夷皋。穿弑也,盾不弑,而曰盾弑,何也?以罪盾也。其以罪盾何也?曰灵公朝诸大夫而暴弹之,观其辟丸也。赵盾入谏,不听,出亡,至于郊。赵穿弑公而后反赵盾,史狐书贼曰:"赵盾弑公。"盾曰:"天乎!天乎!予无罪。孰为盾,而忍弑其君者乎?"史狐曰:"子为正卿,入谏不听,出亡不远,君弑,反不讨贼,则志同,志同则书重,非子而谁?"故书之曰"晋赵盾弑其君夷皋"者,过在下也。曰于盾也,见忠臣之至;于许世子止,见孝子之至。[2]189-190

《穀梁传》作者也认为晋灵公夷皋被弑实为赵穿,之所以说是赵盾弑君,是因为赵盾与灵公被弑有直接大的关系。赵盾应该首先承担弑君的责任和罪名。如此看来,太史董狐、孔子、《穀梁传》作者都很明白赵穿才是弑灵公的真凶。然而,对董狐来说,他要维护所谓的君臣大义;对孔子来说,他也要维护所谓的君臣之礼,践行春秋书法,发挥其中的微言大义。《穀梁传》中所述董狐的言论基本与《左传》旨意相同,都指出赵盾逃跑未出国境,回来不讨伐叛贼赵穿,推测两人实是"志同",因此董狐和孔子都说"赵盾弑其君"。正如之后亚圣孟子对该时期的评论说:"世衰道微,邪说暴行有作,臣弑其君者有之,子弑其父者有之。孔子惧,作《春秋》。"[3]155孟夫子之言正揭示出了当时君臣关系的恶化。为了维持一个良好的统治秩序,除了从正面的大力提倡君臣之礼外,还从反面的君臣交恶事件中大书一笔,以惊惧一些为臣的卿大夫们的僭越非礼行为。在这里,孔子等人对赵盾弑君的看法政治惩戒的意义超越于历史事实的判定。

下面再看《公羊传》对赵盾弑君的看法,《春秋》宣公二年记载:"秋九月乙丑,晋赵盾弑其君夷獋。"六年记载:"春,晋赵盾、卫孙免侵陈。"《公羊传》说:

---

① 唐人赵匡即认为孔子仅对董狐发过良史的评论而后半句对赵宣子的评论则是《左传》作者所讹托而成(陆淳《春秋集传纂例》引)。还有论者如傅隶朴认为孔子对赵宣子的评论根本不存在(见《春秋三传比义·宣公二年》,中国友谊出版公司1994年版)。

② 此处"越境乃免"学者多解释为越境不归乃可免除罪责,可从。

"赵盾弑君,此其复见何?杀弑君者,赵穿也。亲弑君者赵穿,则曷为加之赵盾?不讨贼也。"[4]329是公羊家认为赵盾本无弑君之志。公羊派大师董仲舒论赵盾亦云:"是故训其终始,无弑之志。挂恶谋者,过在不遂去,罪在不讨贼而已。臣之宜为君讨贼也,犹子之宜为父尝药也。子不尝药,故加之弑父;臣不讨贼,故加之弑君,其义一也。所以示天下废臣子之节,其恶之大若此也。故盾之不讨贼为弑君也,与止之不尝药为弑父,无以异。盾不宜诛,以此参之。"[5]41-42在董仲舒看来,《春秋》"贵志",即在判断一个人行为是善是恶时,看重的是行为者的思想动机,而不是其行为的结果。"赵盾弑君"这个判断虽与事实不符,但却是合理的,因为掌国大臣不讨贼,与弑君无异。赵盾虽有弑君之罪,并无弑君之心,董仲舒从《公羊传》载录赵盾呼天诉屈中,看出他的诚心,并以此来解释《春秋》"罪而不诛"。

由此可见,赵盾弑君与赵穿弑君表面上看来,是历史事实认定的问题,实质上政治功用上的意义远大于事实的确定。所以,诸家都未否定赵穿是弑君之贼,问题的关键在于赵盾作为赵氏集团的首脑对其族弟赵穿的行为故意放纵,这就使董狐在内的一些维护君臣大义的人更难以容忍了。

明确指出赵盾是弑君的同谋的唐人赵匡,他如此说道:董狐云:"亡不越境。"言行未远君被杀,反又不讨贼,状涉同谋尔,非谓越境即无罪也。

更有甚者,宋人吕祖谦直接指出灵公被弑一案的主谋就是赵盾。吕氏云:

"盾之弑君,本无可疑,灵公之殒,虽假手于赵穿,然桃园之变,不作于盾未出奔之前,而作于盾方出奔之后,盾身朝出,穿变夕兴,盾若不奔,穿亦不弑,是弑君之由,实起于盾,穿特为盾役耳。使穿专弑君之谋,则事捷之后,当席其威而窃国,灵何有一亡大夫,复推之秉大柄乎?则穿之弑为盾,而不为己明矣!盾闻君弑而急反,不惟不能讨穿,又遣应新君以固其宠,是德其为己用,而隐报之也!穿既为盾弑君,盾虽欲辞弑君之名得乎?既不可辞,何名为受?董狐书之,仲尼因之,皆以正法为治盾之实恶,不闻有所谓为法受恶者也!"[6]586

朱子也认为赵盾弑君一事甚为分明,其谓:

"只《左传》是有多难信处。如赵盾一事,后人费万千说话与出脱,其实此事甚分明。如司马昭杀高贵乡公,他终不成亲自下手!必有抽戈用命,如贾充成济之徒。如曰'司马公蓄养汝等,正为今日。今日之事,无所问也。'看《左传》载灵公欲杀赵盾,今日要杀,杀不得;明日要杀,杀不得。只是一个人君要杀一臣,最易为力。怎地杀不得,也是他大段强了。今来许多说话,自是后来三晋既得政,撰造掩履,反有不可得而掩者矣。"[7]2150-2151

朱子又云左氏见识甚卑,言赵盾弑君之事,不当有孔子"惜哉!越境乃免"为赵盾开脱罪责的言论。[7]2151

按以上众人云云,均以为赵盾应对灵公被弑负主要责任。赵盾与赵穿因"志同而书重",到赵盾"反不讨贼,状涉同谋",再到"盾之弑君,本无可疑",最终使赵盾在该事件中成为弑君的主谋以致元凶。因此,众人对《左传》之记载孔子对赵宣子良大夫及"越境乃免"等议论产生怀疑,认为"圣人作《春秋》而乱臣贼子惧,岂反为之解免耶!"[7]2151

迄有清一代,享有"马三代"之誉的经史学家马骕亦有此论云:"弑君之贼,明书于经,而传谓赵穿何,居无已,则穿之弑而盾之谋乎?"[8]145是马氏认为赵穿弑君,赵盾作为主谋仅属推测之辞。明清之际大学问家顾炎武对赵盾弑君一案明确评论道:

"太史书曰,赵盾弑其君,此董狐之直笔也。子为正卿,亡不越境,反不讨贼,此董狐之狱辞也。传者不察其指,而妄述孔子之言,以为越境乃免,谬矣。穿之弑盾主之也,讨穿犹不得免也。君臣之义无逃于天地之间,而可逃之境外乎?"[9]94

可见,在顾氏看来,赵盾弑君铁板钉钉,明白肯定赵穿弑君赵盾主谋的观点。顾氏认为,越境乃免是妄述孔子之言,是错误的说法。即令赵盾逃出国境,也不能改变天地之间的君臣大义;即使赵盾返回讨伐赵穿,也不能改变他弑君主谋的身份。

按,顾炎武氏等久浸染于封建专制社会君臣伦理纲常之中以及处于明清兴替之际,其忠君之观念思想一时不易挥去,故有此论。

童书业在《春秋左传研究》中曾对赵盾弑其君有过这样的看法:及赵穿杀灵公,赵盾未出山而复,"反不讨贼",明是预定阴谋,不得谓赵盾不与弑君。[10]61按,"反不讨贼"是董狐等后来许多人指控赵盾弑君的原因。但不能仅据此就认为是赵盾和赵穿的预定阴谋。因为赵盾确实是纵容和庇护族人赵穿的。关于这一点,童书业先生在《晋赵盾专政》中也有提及,即云"赵穿违军律而弗罪,赵氏亦专横哉"。对于赵氏的专政以及专横,我们同意童先生的说法。也可能因为赵氏的专横,赵穿弑灵公之后,赵盾并没有治罪于赵穿等人。更重要的是晋灵公暴虐无道,赵盾屡次进谏而不听,反而千方百计欲杀赵盾,赵盾两次遇险而未死,直到赵穿杀灵公,而国人无为灵公复仇讨贼者,这只能说明灵公早已失去了民心,所以灵公被弑,死当厥辜。故这些方是赵盾"反不讨贼"的主要原因。此外,童书业先生指出左氏谓"晋灵公不君"等等恶德,皆有可疑("从台上弹人而观其辟丸也"等不甚尽情理)等观点,可能疑古过甚了。晋灵公是昏君、暴君,于史可征。童先生不当如此怀疑。

综合以上主张赵盾弑其君的说法,基本上未超出晋太史董狐指责赵盾弑君的三点理由即"子为正卿"(赵盾作为军队的最高统帅的身份)、"亡不越境"(逃跑未出国境)、"反不讨贼"(返回朝中不讨伐赵穿)。可以说,董狐的这三点理由都是明摆着的事实。所以赵盾在回应董狐的指控时并无辩解,只好慨叹道"乌呼,'我之怀矣,自诒伊戚',其我之谓矣!"[1]663似乎赵盾默认了董狐的说法。然而,后来的儒家学者在董狐的基础上,进一步指出赵盾就是赵穿弑灵公的主谋,这当然多是臆测之辞,并无文献记载上的确证。这就使人想到顾颉刚先生早年提出的"古史层累地造成说"。赵盾弑君果真是历史的事实吗?其实,从之上的叙述来看,都明白是赵穿亲手杀死灵公的。可是出于当时维护社会统治秩序和弘扬君臣大义的时代需要,一定要把弑君之名归罪于当时实际执政者的赵盾("罪盾"),因为这样才能使"乱臣贼子惧",这也是孔子修订《春秋》旨意所在。问题是董狐为什么要这样记载呢?作为太史的董狐是有他的一番理由的。春秋时期史官的一项重要职责就是秉笔直书,这是董狐等史官的共同操守。在他们看来,他们就是要为尊者讳,为贤者讳,维护君臣之间的大义和君臣之礼。春秋时期礼崩乐坏,君权式微,日见端倪。正如诸史籍记载,"弑君三十六,亡国五十二",可见君臣之间权势和矛盾的消长,终于导致君臣之礼的直接被践踏。对于这种情势,孔子曾经痛心指出"君不君,父不父",这无疑是春秋时期君臣之间势力消长的无情揭露。在这种历史政治背景下,难怪作为太史的董狐会大大地写出一笔"赵盾弑其君"的定论,这既是对乱臣贼子毫不客气的批评,也是对赵氏宗族势力集团透露的深刻不满,更是对今人及后人的警醒。一句"非子而谁"的回答似乎使赵盾杀君难辞其咎。

睽诸文献记载,向无赵盾主谋弑君信息。然而,却发现赵穿弑君,赵盾并不知情的信息。司马迁在《史记·赵世家》中叙述赵盾卒后,灵公宠臣屠岸贾成为晋景公的司寇,图谋作难诛灭赵氏集团势力,借以惩治灵公时的叛乱分子以致赵盾,向朝中众人宣布说:"盾虽不知,犹为贼首。以臣弑君,子孙在朝,何以惩辠(罪)?请诛之。"[11]1783

屠岸贾作为景公的司寇,欲诛赵氏,他认为赵穿弑君,赵盾并不知道这件事,也就是说赵盾并不是赵穿的同谋更不是主谋。这点儿证据出自赵盾的政敌屠岸贾之口,具有较高的可信性。可见,虽然屠岸贾欲一网打尽赵氏,他也没有歪曲赵盾对赵穿袭杀灵公事件不知情的历史事实。其实,在这场诛杀赵氏的下宫之难中,屠岸贾完全可以直接依据太史董狐载入史册的"赵盾弑其君"的罪名来惩治赵氏。可是,屠岸贾并没有这样做,而是给我们无意留下了赵盾在赵穿弑君事件中并非主谋的重要口头证据。

对屠岸贾发布的对赵盾"犹为贼首"的看法,另一位大臣韩厥指出灵公遇害时,赵盾并不在场,先君成公认为他是无罪的事实。即韩厥曰:

"灵公遇贼,赵盾在外,吾先君以为无罪,故不诛。今诸君将诛其后,是非先君之意而今妄诛。妄诛之为乱。臣有大事而君不闻,是无君也。"[11]1783

韩厥的言语中"赵盾在外"是赵盾在灵公被弑事件中不在现场的重要口供。想赵盾屡次遭到灵公暗算,势单力孤,要不是有几位义士舍身相救,几乎殒命,何谈逃出灵公之手。逃跑犹恐不及,哪有时间与赵穿一起预谋弑杀灵公!当然,韩厥表述的先君以为赵盾无罪的看法这点儿证据并不过硬,因为成公黑臀是由赵盾指使赵穿从周朝迎接过来的。另外,在韩厥的这段话中,还指出了屠岸贾发动的诛灭赵氏的下宫之难是瞒着晋景公而实行的私自军事行动,属于"无君妄诛",这种指责是很有道理的。当然,这场事变不排除赵氏集团在赵盾死后之际,贾氏势力欲取而代之的图谋,实际上也属于晋国内部卿族势力间的一次激烈的内讧。

二、赵盾"良大夫"说集证

赵盾不是赵穿弑君的主谋在号称"春秋外传"之誉的《国语》中也有很好的反映。该部文献与《左传》均是研究春秋史主要的史料,其真实性亦向来为研究者所公认。在《晋语》中有三处关于赵盾的重要记载即《赵宣子言韩献子于灵公以司马》、《宋人弑昭公》、《灵公虐赵宣子骤谏》。其中,第一篇主要内容是赵宣子向灵公举荐人才(韩厥)。韩厥依军法办事,不徇私情,杀了赵宣子的车夫。赵宣子不但没有怪罪他,而且还认为他很胜任司马的职位。该文主旨突出了赵盾不徇私情、不结党营私向君主荐才的美好政行。第二篇讲的是宋国发生了弑君事件后,赵宣子对这一事件的看法和行动。因这项史料对我们探讨的问题甚为相关,不妨摘录如下:

> 宋人弑昭公,赵宣子请师于灵公以伐宋,公曰:"非晋国之急也。对曰:"大者天地,其次君臣,所以为明训也。今宋人弑其君,是反天地而逆民则也,天必诛焉。晋为盟主,而不修天罚,将惧及焉。"公许之。乃发令于太庙,召军吏而戒乐正,令三军之钟鼓必备。赵同曰:"国有大役,不镇抚民而

备钟鼓,何也?"宣子曰:"大罪伐之,小罪惮之。袭侵之事,陵也。是故伐备钟鼓,声其罪也;战以锌于、丁宁,儆其民也。袭侵密声,为蹔事也。今宋人弑其君,罪莫大焉!明声之,犹恐其不闻也。吾备钟鼓,为君故也。"乃使旁告于诸侯,治兵振旅,鸣钟鼓,以至于宋。[12]379-380

按,宋国发生弑君事件,晋灵公认为不是晋国的当务之急。赵盾认为,最大的是天地之间的关系,其次就是君臣之间的关系,这是明确的规定。当前宋国人发生的弑君事件是违反天地人伦的事情,一定要遭到天的处罚。晋国作为宋的盟主,不执行天的惩罚,恐怕祸患将至。听了这番话,灵公最终同意赵盾请师伐宋。赵盾对宋人弑其君的看法是"罪莫大焉!"大张旗鼓的声讨它,是为了尊君道的缘故。

既然文献记载赵盾如此看重君臣关系并且极力维护君道,他怎么可能成为以后赵穿弑君的主谋? 退一步说,即令赵盾弑君,也不至于糊涂到指使一个本族兄弟去干这种事情! 从而使自己成为弑君的替罪羊。这与赵盾作为晋国正卿的地位和智商是不相吻合的。由此可见,《晋语》中记载的赵盾的这些言行对我们认识和理解之后晋国发生的弑君事件极具参考价值。

第三篇内容是晋灵公暴虐无道,赵盾多次进谏,灵公不但不听而且还很嫉恨他,从而派大力士鉏麑去刺杀赵盾。刺客被赵盾忠诚、勤勉恭敬之状感动,最后"触庭之槐而死"。不仅如此,灵公几次想杀赵盾都未得手。结果灵公反而为赵穿所弑。

按,《晋语》这段记载与《左传》宣公二年、《史记·赵世家》等文献的记载基本雷同。唯《公羊传》记载与此稍异,其文载曰:

"灵公心怍焉,欲杀之,于是使勇士某者往杀之。勇士入其大门,则无人门焉者,入其闺,则无人闺焉者;上其堂,则无人焉,俯而窥其户,方食鱼飧。勇士曰:'嘻! 子诚仁人也。吾入子之大门,则无人焉;入子之闺,则无人焉;上子之堂,则无人焉;是子之易也。子为晋国重卿,而食鱼飧,是子之俭也。君将使我杀子,吾不忍杀子也。虽然,吾亦不可复见吾君矣。'遂刎颈而死。"[4]332

对此,唐人刘知几解释云:"盖公羊生自齐邦,不详晋物,以东土所贱,谓西州亦然。遂目彼嘉馔,呼为菲食,著之实录,以为格言非惟与左氏有乖,亦于物理全爽者矣。"[13]425按,刘说非是,即令公羊为齐人,断不至于对鱼飧在齐晋之贵贱不知。此处《公羊传》所云勇士当面夸耀赵盾并刎颈而死,明显不与《晋语》同。但两者都是表彰赵氏之美德,其意旨相同。《史记》亦云:"赵盾素贵,得民和;灵公少,侈,民不附,故为弑易。"据此,可以说赵盾是受民心拥戴的"良大夫",而并非有些论者所非议的这是赵盾的政治阴谋。① 在我们看来,孔子所议论的赵盾是"良大夫"的说法不仅于史可证,而且也甚是公允之见解。正如孔子曰:"知我者其惟《春秋》乎! 罪我者其惟《春秋》乎!"[3]155孔子之言往往多两难、对称之语。孔子曾对鲁定公关于君臣的关系究竟如何相处回答道:"君使臣以礼,臣事君以忠。"[14]30固然,从正面的理解孔子是说君主应该依照礼来使用臣子,臣子应该忠心地服事君主。但亦可理解为如果君主不按照礼的要求使用臣子,那么臣子也可以不以忠诚来事君。程树德《论语集释》引《皇疏》即云"君若无礼,则臣亦不忠也"可谓卓识。因此,孔子对君臣双方的行为都有对称的要求即朱熹所言的"两尽其道"。可见,孔子并不主张臣子对君主绝对地无条件效忠。孔子虽没有如此明言,但从他的话语中是可以理会的。如果对孔子于君臣关系的看法有如此全面深刻的认识,我们亦不难理解孔子为什么要给赵盾冠之"良大夫"的美名。其中,"为法受恶"既是孔子对赵盾历史的同情,又是对自己贯彻"春秋书法"原则的无可奈何。更为重要的是,"为法受恶"体现出赵盾在这场弑君纠纷事件上的一种态度和姿态。至此,孔子对赵盾的历史评价终于陷入了两难之境。但这些都未改变孔子对赵盾是良大夫的看法。有些封建史家否认《左传》中记载的孔子对董狐和赵宣子良史、良大夫的评论。或认为对赵盾的良大夫的称赞同情不当有,甚或认为这段评论非孔子所云。这种大胆否定文献明载史实的做法是没有根据的,也是不足取的。

赵盾称得上是良大夫还可以和以后的齐国崔杼弑其君来对比分析。晋国的赵盾本来没有亲手杀晋灵公,可太史董狐偏偏在史册上记载"赵盾弑其君"。赵盾辩说不是他杀的灵公,等董狐列举出所以说他杀君的三条理由,赵盾只好呼天叫冤而慨叹云:"乌呼,'我之怀矣,自诒伊戚',其我之谓矣!"[1]663更多的是表现的是无可奈何,没有给董狐较真儿,更没有像后来的崔杼为了不在史册上留下恶名而连杀史官。由是观之,赵盾也并非如此专横霸道之人。不可否认赵盾在晋国担任执政的事实,但就此认为他是比晋灵公还要坏的国贼,则难与历史事实相符。赵盾甘受弑君恶名而没有陷害太史董狐,这一点是非常了不起的事情。赵盾的为政宽容的雅量不仅可敬而且也有几分可爱之处。所以,司马迁

---

① 明人张燧在《赵盾弑君报》云:"故我以为桃园之逆,穿之手,盾之心也。三传述其事,《春秋》诛其心也。盾之保首领已殁,已是天幸,而后之论者,犹或疑其事而重惜之。甚矣,其谋之狡也!"(《千百年眼》,河北人民出版社1987年版,第25页)张氏之论,多为偏执之辞,且有宿命论之色彩,不足为据。

在《史记》中也说赵盾"素仁爱人"。[11]1782可见,《左传》中记载的赵盾是"良大夫"的说法并非子虚。这无论从诸多文献中记载的有关赵盾的个人品行还是政行来看,赵盾都无愧于孔子称赞的良大夫之说。

最后,我们有必要探讨一下关于赵穿弑灵公的原因。关于赵穿亲杀灵公的历史事实,三传记载的都非常清楚,此点无须多论。其中,《公羊传》在叙述赵穿杀灵公时如此曰:"赵穿缘民众不说,起弑灵公,然后迎赵盾而入,与之立于朝,而立成公黑臀。"[2]334这就说明赵穿杀灵公的主要原因是晋灵公不君即无道的残暴统治使其失去了民心,从而遭到了杀身之祸。因此,并没有充足的理由说明这是赵盾和赵穿导演的一场政治阴谋,也没有文献足以证明赵穿杀灵公是为赵盾复仇。历史总是必然性和偶然性的统一。在我们看来,灵公被弑是必然的,赵穿担任弑君的历史角色是偶然的。即令不是赵穿去杀灵公,还会有别的人去杀灵公。赵穿袭杀灵公,赵盾承受恶名,这既是历史的悲剧,又属历史的无奈。"赵盾良大夫"说不仅符合历史事实,也是大思想家孔子的一种卓识。

不过,历史总是不以人的意志为转移的。由于赵穿充当了弑君的历史角色,加上他和赵盾的关系,以往的经史学家寄予了他们两位过多的"合理推测",致使赵盾成为赵穿弑君的同谋甚至主谋。何况古人儒家君臣观念根深蒂固,他们逃不脱以封建正统的礼法观念来看问题。正因如此,罪盾、反不讨贼等成为赵盾弑君的主要理由。这使本为良大夫的赵盾承受"弑君"的恶名达两千年之久。时至今日,随着思想观念的变迁,确实值得我们来重新客观公允地来看待这一历史问题了。

参考文献:

[1] 杨伯峻:《春秋左传注》,中华书局1981年版。
[2] 李学勤:《十三经注疏·春秋谷梁传注疏》,北京大学出版社1999年版。
[3] 杨伯峻:《孟子译注》,中华书局1960年版。
[4] 李学勤:《十三经注疏·春秋公羊传注疏》,北京大学出版社1999年版。
[5] 苏舆:《春秋繁露义证》,中华书局1992年版。
[6] 吕祖谦:《东莱博议》,陕西出版社1991年版。
[7] 黎靖德:《朱子语类》,中华书局1986年版。
[8] 马骕:《左传事纬》,齐鲁书社1992年版。
[9] 黄汝成:《日知录集释》,上海古籍出版社1985年版。
[10] 童书业:《春秋左传研究》,上海人民出版社1980年版。
[11] 司马迁:《史记》,中华书局1982年版。

［12］ 徐元诰:《国语集解》,中华书局 2002 年版。

［13］ 刘知几:《史通》,上海古籍出版社 2009 年版。

［14］ 杨伯峻:《论语译注》,中华书局 1980 年版。

（原载《邯郸学院学报》2011 年第 2 期）

赵衰述论

董林亭*

赵衰,字子余,谥曰"成"。亦称赵成子,成子,原季。其事迹主要载于《左传》、《国语》、《史记》等典籍。赵衰是造父的后代,是叔带"去周如晋"后赵氏在晋国的第五代。①

《史记·晋世家》记载:晋公子重耳"自少好士,年十七,有贤士五人"[1]1656,即赵衰、狐偃、贾佗、先轸和魏犨。"五贤士"究竟为谁?《左传》语焉不详,而杜注则称追随晋国公子重耳流亡的五人是狐偃、赵衰、颠颉、魏犨和胥臣。据白国红先生考订,"五贤士"当为赵衰、狐偃、贾佗、魏犨、胥臣。[2]83但无论依那种说法,赵衰都名居"五贤士"之列。由此看来,赵衰是晋文公年轻时的门客,是不容置疑的。

对赵衰为什么选择重耳,《史记·赵世家》有如下的记载:"赵衰卜事晋献公及诸公子,莫吉;卜事公子重耳,吉。即事重耳。"[1]1781这条记载,带有明显的迷信色彩。虽说春秋时期的大趋势是人本理性的萌发和神本思想的衰微,但遇有大事求神问卜,仍是那个时代的人们的习惯做法,故我们不能以其荒诞不经而漠然视之。当然,将关乎赵氏家族在晋国未来政治命运的抉择,托之于占卜,未必全是事实。这里显然忽略了赵衰此番抉择的艰难,以及选择公子重耳所独具的政治智慧和勇气。作为异姓贵族的赵氏,要在晋献公及诸公子中,选择一位未来有望得国之人,且在晋国已立有太子的情势下,选择过程之艰难是可想而知的。这也就决定了赵衰的选择,不仅要充分考虑到晋献公对诸公子的态度,

---

* 董林亭(1956—),男,河北涉县人,邯郸学院历史系教授。

① 关于赵氏在晋国的谱系,先秦典籍记载,说法不一。即如赵衰与赵夙的辈分问题,《史记·赵世家》称:"夙生共孟,当鲁闵公之年也。共孟生赵衰。"即"祖孙说";《世本》云:"公明生共孟及赵夙,夙生成季衰。"即"父子说";《国语·晋语四》则说:"赵衰其先君之戎御,赵夙之弟也,而文以忠贞。"此为"兄弟说"。白国红先生考证认为:"赵夙与赵衰应为兄弟。"(详见《春秋晋国赵氏研究》中华书局 2007 年版)

以及后宫可能对晋献公产生的影响;而且对诸公子的为人和德行,以及政治潜质,甚至其母邦对晋国有无影响或影响大小等等,都要作出清晰的判断。事实上赵衰与公子重耳在年轻时代就是十分要好的朋友,自然对重耳的为人和德行,有较为深入的了解。因此,可以说赵衰在占卜之前,就已选定了公子重耳,再行占卜,仅仅只是赵衰借以增强自信心的一种手段而已。赵衰活动的年代,大约在公元前 656 年—前 622 年。其大致可分为:追随晋国公子重耳出亡;辅佐晋文公成就霸业;襄助晋襄公时期三个阶段。下面分别略述:

第一阶段:追随晋国公子重耳出亡(公元前 656 年—前 636 年)。

公元前 656 年冬,晋献公派兵攻打蒲(今山西省隰县西北),重耳被迫出亡其母邦狄国。赵衰与狐偃、贾佗、魏犨、胥臣等追随者,一起踏上流亡之途。此次去国,前后凡 19 年。

《左传》僖公二十三年记载:在重耳一行居狄期间,"狄人伐廧咎如。获其二女,叔隗,季隗,纳诸公子。公子取季隗,生伯鯈、叔刘,以叔隗妻赵衰,生盾。"[3]405 由此,赵衰与公子重耳又成了连襟。在追随者当中,除了狐偃与公子重耳是甥舅关系外,依私人情感论,赵衰与重耳的关系,可以说非同一般。

居狄十二年后,晋惠公七年(公元前 644 年),由于惧怕流亡在狄国的重耳返国,晋惠公"乃使宦者履鞮与壮士欲杀重耳。重耳闻之,乃谋赵衰等曰:'始吾奔狄,非以为可用欤? 以近易通,故且休足。休足久矣,固愿徙之大国。夫齐桓公好善,志在霸王,收恤诸侯,今闻管仲、隰朋死,此亦欲得贤佐,盍往乎?'"[1]1657 于是,重耳及其追随者又一次踏上了周游列国的艰难历程。他们的足迹遍及齐、卫、楚、曹、宋、郑、秦等国。

其中,在齐、楚、秦等大国都得到了优厚的礼遇。如史籍记载,在齐国"重耳爱齐女,毋去心。赵衰咎犯乃于桑下谋行……醉重耳,载以行。"[1]1658 在楚国,楚成王看到重耳的追随者"肃而宽,忠而能力。"[3]409 尤其是重耳有赵衰、咎犯和贾佗"三才侍奉",故厚遇重耳。至秦,由于秦穆公有意支持重耳复国,故以国君之礼招待重耳,并借宴请的机会对重耳作进一步的试探和考察。重耳请子犯作为傧相,子犯却以"吾不如衰之文"为由,推荐了赵衰,赵衰遂以重耳傧相的身份,出席宴会。在秦穆公的宴席上,赵衰渊博的学识,熟谙《诗》礼、极富文采的才情,智能达变、娴于辞令的外交才能,可以说展现得淋漓尽致。

《国语·晋语四》载曰:

> 明日宴,秦伯赋《采菽》,子余使公子降拜。秦伯降辞。子余曰:"君以
> 天子之命服命重耳,重耳敢有安志,敢不降拜?"成拜卒登,子余使公子赋

《黍苗》。子余曰:"重耳之仰君也,若黍苗之仰阴雨也。若君实庇荫膏泽之,使能成嘉谷,荐在宗庙,君之力也。君若昭先君荣,东行济河,整师以复强周室,重耳之望也。重耳若获集德而归载,使主晋民,成封国,其何实不从。君若恣志以用重耳,四方诸侯,其谁不惕惕以从命!"秦伯叹曰:"是子将有焉,岂专在寡人乎!"秦伯赋《鸠飞》,公子赋《河水》。秦伯赋《六月》,子余使公子降拜。秦伯降辞。子余曰:"君称所以佐天子匡王国者以命重耳,重耳敢有惰心,敢不从德"。[4]360

流亡公子重耳与秦国的这笔政治交易,就在这样雍容典雅的礼仪上,宾主皆以赋诗为工具而达成了。这一切固然与重耳个人的政治潜质及"文而有礼"有关,但也与赵衰"文以忠贞"的个人素质密不可分。在追随重耳的"五贤士"中,赵衰素以"文以忠贞"而闻名。所谓"文",一般指人物善于文辞或富于"文采",而赵衰之"文",则指"文才"。如《国语·晋语六》载赵文子拜见智武子时,武子曰:"吾子勉之,成、宣之后而老为大夫,非耻乎!成子之文,宣子之忠,其可忘乎!夫成子导前志以佐先君,导法而卒以政,可不谓文乎!夫宣子尽谏于襄、灵,以谏取恶,不惮死进,可不谓忠乎!吾子勉之,有宣子之忠,而纳之以成子之文,事君必济。"[4]411此处的"成子之文",是说成子通晓前代的典章,用来辅佐文公,精通法令而终于执政。其意并不完全等同于韩献子所称的"成季之勋"。可见,子犯"吾不如衰之文"的话,并非自谦之词。

当然,重耳一行周游列国的途程并非一帆风顺,也曾历经坎坷,饱受嘲笑讥讽,然而,这些不快都被赵衰等追随者独具匠心的巧妙解读,而一一化解。如《史记·晋世家》载:"过卫,卫文公不礼。去,过五鹿,饥而从野人乞食,野人盛土器中进之。重耳怒,赵衰曰:'土者,有土也,君其拜受之。'"[1]1657-1658赵衰的这番话,不仅消解了公子重耳满腹的怨恨与愤懑,而且把"盛土器中进之"这种迹近侮辱的恶行,巧妙地视作"献土称臣"的善举。这也是对未来的春秋霸主——重耳宠辱不惊的性格以及德量气度的砥砺与磨练。正如宋国大司马公孙固对宋襄公所言:"晋公子亡,长幼矣,而好善不厌,父事狐偃,师事赵衰,而长事贾佗。"[4]348重耳也正因为有赵衰、狐偃和贾佗"三材"不辞艰难,侍奉左右,谋划之,砥砺之,鞭策之,才使其能够赢得春秋国际社会中齐、秦、楚等诸侯大国的支持,最终得以入嗣晋国。司马迁在《史记·赵世家》中说:"文公所以反国及霸,多赵衰计策。"[1]1781此话可谓切中肯綮。

第二阶段:辅佐晋文公成就霸业(公元前635年—前628年)

公元前636年,重耳一行结束了长达十九年的流亡生涯,返国就任晋国君主,是为晋文公。晋文公在即位之初,即致力于晋国的振兴事业,选贤与能,励精图治。《国语·晋语四》记载:"(文公)元年春,……公属百官,赋职任功,弃责薄敛,施舍分寡。救乏振滞,匡困资无。轻关易道,通商宽农。懋穑劝分,省用足财、利器明德,以厚民性。举善援能,官方定物,正名育类。昭旧族,爱亲戚,明贤良,尊贵宠,赏功劳,事耇老,礼宾旅,友故旧。胥、籍、狐、箕、栾、郤、柏、先、羊舌、董、韩,实掌近官。诸姬之良,掌其中官。异姓之能,掌其远官。公食贡,大夫食邑,士食田,庶人食力,工商食官,皂隶食职,官宰食加。政平民阜,财用不匮。"[4]371在他执政的八年间,不仅晋国国力大增,而且在春秋国际政治舞台上,形成了"天下翕然宗晋"的局面。晋文公也由此成为继齐桓公之后的真正意义上的中原霸主。

从晋文公取威定霸的过程分析,"勤王行动"和"城濮之战",堪称两个标志性的事件。而赵衰在其中扮演的"角色"及其发挥的作用,却是至关重要的。

其一,"勤王行动"。

诸侯国争霸是春秋交响乐的主旋律。晋文公当国之时的周王室,偏处成周一隅,在中原各诸侯国中,周王室的政治威望一落千丈,昔日的"礼乐征伐自天子出"正渐趋转变为"礼乐征伐自诸侯出"。尽管如此,但欲取中原霸主之位,仍要借助周天子的势力。当年齐桓公"九合诸侯,一匡天下",就是打着"尊王攘夷"的旗号,成就其霸主功业的。就在晋文公归国的第二年(公元前635年),周王室发生内乱。周襄王被其弟王子带驱逐出境,而流亡到郑国避难,并派人赴各诸侯国告难求援。秦穆公率先响应,当即陈兵黄河畔,准备武力"勤王"。在此紧急关头,赵衰就向晋文公建议:"求霸莫如入王尊周。周晋同姓。晋不先入王,后秦入之,毋以令于天下。方今尊王,晋之资也。"[1]1663(注:《春秋左传》和《国语·晋语四》均称勤王是狐偃的建议。)晋文公采纳了赵衰的建议,抢在秦穆公之前举兵勤王,杀死了叛乱的王子带,将周襄王从郑国护送至成周,恢复了周襄王的正统地位。晋文公也因此受到周王室的嘉奖,周襄王以异常隆重的礼仪款待他,还将周王室的"南阳"地区——阳樊(今河南济源东南)、温(今河南温县西南)、原(今河南济源西北)、攒茅(今河南修武)之田,赏赐给晋国。"晋于是始启南阳",晋国的版图也因此扩展到太行山以南地区。

晋文公的"勤王行动"真可谓名利双收,不仅捞取到"尊王攘夷"的政治资本,奠定了晋国称雄中原、独步天下的霸主基业,而且战略要地"南阳"地区的获得,为日后晋国挥师中原开辟了通道。为表彰赵衰在此次"勤王行动"中的贡献,晋文公在接管周王室的"南阳"地区之后,即将"原"赏赐于赵衰。这是继赵夙获得"耿"采邑之后,赵氏在晋国得到的又一封邑。赵衰由此做了原大夫,这成为赵氏在晋国政坛崛起的标志。另据《左传》文公十二年记载:"赵有侧室曰穿……有宠而弱。"[3]590赵穿为赵夙之孙,此时已为侧室,这似乎表明,赵衰已经取得了赵氏的宗主地位。

其二,"城濮之战"。

正当晋文公雄心勃勃图霸中原之时,雄踞江汉流域的楚国也不甘寂寞,它们乘齐桓公死后,齐国霸业衰微,中原诸国群龙无首之机,迅速北上"问鼎"。一时间,中原诸侯小国,纷纷附楚。晋、楚两大国间的争霸之战势将不可避免。文公四年(公元前633年),楚成王率诸侯军围宋国,宋公孙固如晋告急。晋国于是"作三军",开始踏上了"取威定霸"的征战之路。

公元前632年春,晋文公以解宋国之围的名义,出兵中原。一路上侵曹伐卫,并联合秦、齐联军,与楚国在城濮(今山东鄄城临濮集)展开大战。这场关系中原全局的战略决战,最后以楚国的惨败而告终。战后,晋文公在践土(今河南原阳西南)为周襄王修筑王宫,向周王室献楚俘告捷。周襄王为之举行了隆重的典礼,并正式策命晋文公为"侯伯",赋予他华夏诸侯联盟之长的合法性。晋文公即成为真正意义上的中原霸主。是年冬,晋文公以霸主的身份会列国诸侯于温(今河南温县西南),盟于翟泉。周襄王也应召赴会,晋国的霸业因此达到顶峰。

城濮之战的胜利不仅挫败了楚国"问鼎中原"的企图,将楚之势力压缩到江淮流域一带。据史籍记载:此战使"楚威稍挫,中国得以安枕者十五年"。[5]2023随着中原各诸侯小国的纷纷离楚附晋,以晋文公为霸主的中原联盟日趋得到巩固。

赵衰没有直接参加城濮之战,但他却是这场战争的主要谋划者之一。他的建树与贡献,不是表现在战场上具体的诸如指挥若定、冲锋陷阵之类的东西,而是见诸用人方面的推能让贤。众所周知,军队是进行战争的主要组织形式,而统帅自身素质的优劣与否,则是决定战争胜负的关键所在。为了应付楚国北上问鼎中原、宋国告急的危难局面,晋文公"蒐于被庐,作三军,谋元帅。"即将晋献公时的上、下两军,扩充为上、中、下三军。晋文公在征询赵衰三军将佐的人选,且意欲让其出任元帅(中军将)之职时,赵衰却推荐了他人。

《国语·晋语四》载曰:

> 文公问元帅于赵衰,对曰:"郤縠可,行年五十矣,守学弥惇。夫先王之法志,德义之府也。夫德义,生民之本也。能惇笃者,不忘百姓也。请使郤

穀"。公从之。公使赵衰为卿,辞曰:"栾枝贞慎,先轸有谋,胥臣多闻,皆可以为辅佐,臣弗若也。"乃使栾枝将下军,先轸佐之。取五鹿,先轸之谋也。郤穀卒,使先轸代之。胥臣佐下军。公使原季为卿,辞曰:"夫三德者,偃之出也。以德纪民,其章大矣,不可废也。"[4]382-383

《左传》僖公二十七年亦有记载,大同小异,不具录。

由此可见,在城濮大战之前,赵衰曾先后向晋文公举荐了郤穀、栾枝、先轸和胥臣四人,尤其是在郤穀死后,先轸接任元帅一职,在城濮大战中立下了赫赫战功。从而为赢得城濮大战的最后胜利,提供了人才上的保障。从此战一举奠定晋国霸业的角度说,赵衰所作的贡献,不仅独特,而且具有更深远的意义和影响。

公元前629年,晋国上军将狐毛去世,晋文公派赵衰接任上军将,赵衰再一次推辞,并推荐了先且居。理由是:"城濮之役,先且居之佐军也善,军伐有赏,善君有赏,能其官有赏。且居有三赏,不可废也。"晋文公"三使为卿",赵衰"三让之"的举动,着实让晋文公感动,他说:"赵衰三让,其所让,皆社稷之卫也。废让,是废德也。"为此,晋文公专门组织了"清原阅兵",将晋军由三军扩编为五军,使赵衰"将新上军"[4]383。于是,赵衰始列为卿。公元前628年,时任上军佐的狐偃去世,在上军将先且居向晋文公请示上军佐的人选时,晋文公再一次提及赵衰推贤广德的高风亮节,称:"赵衰三让不失义,让,推贤也,义,广德也。德广贤至,又何患矣。"[4]383并坚决任命赵衰佐上军。

就晋文公和赵衰的个人关系而言,他们是青年时代的朋友,在流亡生涯中,又做了连襟;返晋得国后,晋文公又将女儿嫁于赵衰,于是,他们又成为翁婿。朋友加连襟、君臣兼翁婿,这种多重身份叠合在一起的关系,在晋文公当政时期的异姓诸卿中,堪称绝无仅有。因此,晋文公倚重赵衰,自然是情理中事。而难能可贵的是,在权位、名利面前,赵衰的表现却是让再让三。这一方面反映了赵衰为人低调、谦和正直的仁厚个性;另一方面也凸显出赵衰深谙为臣之道,处处以社稷为重,知人善任,推贤广德的坦荡襟怀。

其实,在昔日追随晋公子重耳出亡的这班人中,具有后利先义、推贤让能美德者不乏其人。清人顾栋高在《春秋大事表》卷49《晋狐偃赵衰胥臣论》就曾指出:"余观晋狐偃、赵衰、胥臣三人,出万死不顾一生,从公子于外十九年,幸得返国,即使其才庸下,亦当居首功,况三人皆天下才。而当作中军谋元帅之时,赵衰荐郤穀,又让栾枝、先轸。狐偃让于狐毛而己佐之。犹曰此其同列兄弟也,逮狐毛死,先轸子且居为上军将,而狐偃佐之,先轸死,子且居嗣为中军将,而赵衰佐之，胥臣亦举郤缺。而终三人之世，未尝将中军。夫狐、赵于先且居为丈人行，而先轸未尝有从亡之功，乃父子并将中军、上军两世，而狐、赵为之佐，先氏俨然列其上而不疑，狐、赵泰然处其下而不忌，相与出奇效策，戮力同心。此其文公之德有以致之，殆亦气运使然，天生此三人以昌晋之伯也。"[5]2621-2622 诚哉斯言！这正是晋文公"取威"、"定霸"的奥秘所在。

总之，在晋文公执政的八年间，赵衰可以说恪尽职守，忠贞不贰，全身心地辅佐晋文公，终于成就了其中原霸主的勋业。赵衰不仅深得晋文公的赏识和信任，而且也赢得了晋国其他异姓诸卿的尊重。狐偃之子狐射姑（贾季）将赵衰喻为"冬日之日"，就是说他时时处处都能给人以温暖。这既是下一代人对赵衰的精当评价，也是赵衰个性与德行的真实写照。

第三阶段：襄助晋襄公扼秦东进（公元前 627 年—前 622 年）

公元前 628 年冬，晋文公去世。公子骧即位，是为晋襄公。赵衰一如既往，继续尽心竭力地辅佐晋襄公。晋文公在世时，秦就处心积虑地谋求向东发展。但碍于"秦晋之好"的面子和晋国的中原霸主地位，秦穆公也只能委曲求全。前 627 年，秦趁文公新丧无暇顾及其邻郑国之机，派遣大军潜越晋桃林、崤函，远程奔袭郑都。秦军因途遇郑商人弦高诈以十二牛犒师，以为郑已有防备，遂灭晋边邑小国滑（今河南偃师南）撤军。晋在文公的国丧之中，得到秦国偷袭郑国的情报，中军帅先轸认为，这是上天赐给晋国挫败了秦东进中原战略企图的绝佳机会，力主截击秦军。晋襄公采纳了先轸建议，并联合姜戎一道行动。以先轸为帅，墨绖出师。晋与姜戎联军在崤山（今河南陕县东）设下埋伏。四月，满载着滑国辎重一路欢歌的秦军进入伏击圈。在晋与姜戎夹击下，秦军全军覆没，孟明视、西乞术、白乙丙等三帅被俘（后文嬴请襄公放"三帅"归秦）。崤之战宣告了"秦晋之好"的终结。崤之战后秦晋反目为仇，秦立即将其在攻郜之战中所俘楚将斗克释放，与楚结好，共同抗晋。两国开始了长达半个世纪的军事攻伐时期。

公元前 625 年春，雪耻心切的秦穆公又命孟明视为将，领兵犯晋以报崤函之仇。晋襄公命先且居任中军主将，赵衰任中军佐，自己亲率三军迎击秦军。这是史载赵衰将兵参加的唯一战役。两军对阵于秦西部的彭衙（陕西省澄城县西北），双方列阵后，晋将狼曋率部下首先冲入敌阵，晋军主力随之发起总攻，结果秦军大败。同年冬，为进一步遏制秦国势力东进，以巩固晋之霸主地位，晋襄公命大夫先且居率军联合宋、陈、郑军再度攻秦，相继攻克秦邑汪（今陕西澄城西）及彭衙后撤兵。

连遭三次惨败,秦国内舆论大哗,许多文武大臣纷纷要求朝廷从速将孟明视撤换。但秦穆公力排众议,依然对孟明视予以信任和重用。孟明视增修国政,重施于民。消息传到晋国,"赵成子言于诸大夫曰:'秦师又至,将必辟之。惧而增德,不可当也。……'"[3]521赵衰料定秦国绝不会就此善罢甘休,孟明视为雪耻亦将会寻机与晋军主力进行一场决战,故建议对之采取避而不战的方针。果然,公元前624年夏天,秦穆公亲率三军,以孟明视为将,再次举兵伐晋。秦军渡过黄河后,孟明视为激发将士斗志,下令焚烧战船,以示与晋军决一死战。斗志旺盛的秦军攻占晋邑王官,继而挥师北上,兵锋直达晋都之郊。晋襄公遂严令晋军坚守城池,拒不出战。秦军求战不成,遂转而南下自茅津渡黄河,进抵崤山,为三年前战死的秦军将士致哀发丧。全军上下痛哭哀祭三天三夜,掩埋了秦军遗骨,并树立标志后,撤军回国。直到330年后的秦惠王时期,秦国才夺占了崤函之地。

总之,从秦晋间的四次军事较量来看,晋襄公可谓是最后的胜利者。晋文公开创的中原霸主基业能够传承并得以巩固,赵衰、先轸等一班老臣自然是功不可没。而秦穆公东进中原之美梦的破灭,使之不得不调整战略进攻方向,转而向西用兵,全力攻伐西戎,灭掉十二个西戎小国。史称穆公"益国十二,开地千里,遂霸西戎"。[1]194

公元前622年,赵衰去世,得谥号曰"成"。按照中国古代谥法释义:安民立政、礼乐明具、持盈守满、遂物之美、通达强立、德备礼乐、德见于行、内德纯备等皆曰"成"。这是晋公室对赵衰个人道德与功绩的充分肯定和最高表彰。数十年后,晋国世卿韩厥以"成季之勋"一语来概括赵衰的功业。所谓"成季之勋",主要由"从亡之功"和辅佐文、襄二公两部分组成;其内涵概言之:即忠贞、信义、推贤、让能。这既是赵衰留给其后世家人的精神遗产,也是赵氏崛起于晋国政坛的重要法宝之一。

综观赵衰的一生,虽算不上轰轰烈烈,却也可圈可点。论文韬武略,赵衰并无特别过人之处,然而,凭借着他韬光养晦的政治谋略和为人谦恭的处世风格,其地位却在不断地升迁。

公元前629年将新上军,始列为卿,其在晋国诸卿中仅名列第七;公元前628年赵衰出任上军佐,地位升至诸卿第四;公元前625出任中军佐,位列诸卿第二,距秉晋国国政的中军帅之位仅一步之遥。五年间三次跳跃式的擢升,表明以赵衰为宗主的赵氏,已跻身于晋国政治权力的中心。这一切可以说都为赵氏在晋国的"立家"事业,奠定了浑厚而坚实的政治基础。

参考文献：

[1]　司马迁:《史记》,中华书局 1959 年版。

[2]　白国红:《春秋晋国赵氏研究》,中华书局 2007 年版。

[3]　杨伯峻:《春秋左传注》,中华书局 1981 年版。

[4]　《国语》(下),上海古籍出版社 1978 年版。

[5]　顾栋高:《春秋大事表》,中华书局 1993 年版。

(原载《邯郸学院学报》2010 年第 1 期)

儒家哲学的重建

——当代新荀学的进路

刘又铭

刘又铭 *

一、前言

儒家哲学的重建,是每一个时代儒学发展的基本课题。当代儒者遭逢西方现代文化(尤其在科学、民主、经济方面)的强力冲击,已经就这个课题努力了许久。其中,由熊十力、马一浮、梁漱溟、张君劢等人所开辟,①再由唐君毅、牟宗三、徐复观等人予以转化、升进,先在港台地区流布开展,然后逐渐受到全球汉语学圈和西方学界的注意,向来被称作"当代新儒家"的一派,可说是一个特别集中而凸显的例子。

"当代新儒家",这称号随顺"(宋明)新儒家"一词而来。当代新儒家以先秦孔孟思想为第一期儒学,以宋明理学为真正继承先秦孔孟思想而来的第二期儒学,然后又以它自身为真正继承孔孟思想、宋明理学而来的第三期儒学。它对荀子思想的看法,借用牟宗三[1]204,215的话来说便是"荀子之学不可不予以疏导而贯之于孔孟","荀子之广度必转而系属于孔孟之深度,斯可矣"。也就是说,荀子思想在本原上有所不足,因此不具有独立的价值,必须安置在孔孟思想的框架里才有价值可言。总之,向来所谓的"当代新儒家"学派走的是孟学——宋明理学的一路,可以看作一个旗帜鲜明的"当代新孟学";从熊、马、梁等人开始至今,它师生相传,逐渐开展;除了出版论著,还创办刊物、举办学术会议;是当代儒学圈最活跃最有创造力的一个学术社群。虽然它对社会的实质影响有限,但它向来是外界对当代儒学所认知的一个标杆与代表。

相较之下,当代儒学圈里荀学一路的发展就显得低迷、沉寂了。多年来,在

---

* 刘又铭(1955—),男,台湾嘉义人,台湾政治大学中国文学系教授。

* 刘又铭(1955—),男,台湾嘉义人,台湾政治大学中国文学系教授。
① 还可以加上冯友兰、贺麟、钱穆、方东美等人。

港台地区,表面上关于荀子思想的研究论著不少,但它们多半是基于孟学立场所作的诠释与批评,只能看作广义的孟学研究的一环。此外,虽然也有许多学者从现代学术与科技的眼光来推崇荀子《正名》《天论》中的思想,但这种推崇跟儒学核心价值关系不大,对荀子思想地位的提升没有根本的作用。前辈学者中,陈大齐[2-3]似乎是比较肯定、看重荀学的人。但他在《荀子学说》中也只是平实地从正面诠论荀子思想,远不如他在《孔子学说》中对孔子思想的赞叹有加和推崇备至。

不过,或许因为当代新儒家的发展逐渐出现困境与瓶颈,也或许因为现实人生、现实社会无形的召唤,晚近台湾地区一个跳出当代新儒家理路、重新诠释荀学传统的新动向已经悄悄开始了。2003 年 12 月,《国立政治大学哲学学报》推出一期"国际荀子研究专号"。2006 年 2 月,云林科技大学汉学资料整理研究所举办一个"荀子研究的回顾与开创"国际学术会议。① 以上两件事可说是这个新动向稍稍明显的代表。除此之外,有关荀学的论著、课程、学位论文、学术活动也都有逐渐增加的迹象。② 从我的感受来说,一个"当代新荀学"的运动似乎正在试探、发展中。③

大陆的儒学发展在 1949 年以后中断了三十多年。不过等 20 世纪 80 年代政治束缚放宽后,港台当代新儒家的思想便陆续传入。1986 年起,由方克立所主持的"现代新儒学思潮研究"大型计划集合了数十位中青年学者,大规模编印了《现代新儒家学案》、《现代新儒学辑要》、《现代新儒学研究丛书》等书。逐渐地,当代新儒家思想也在大陆流传开来;一些学者甚至欣赏、认同、归宗港台新儒家,自称"大陆新儒家"了。[4]148-149,245

① 这次会议的部分论文收入该所的《汉学研究集刊》3(荀子研究专号,2006)。

② 学位论文多少是个趋势指标。就我所知,近几年来在台湾从荀学立场诠释荀学的博士论文有:(1)伍振勋,《语言、社会与历史意识——荀子思想探义》,清华大学中文系,2005初稿,2006 修订稿。(2)田富美,《清代荀子学研究》,政治大学中文系,2006。(3)王灵康,《荀子哲学的反思:以人观为核心的探讨》,政治大学哲学系,2008。(4)陈礼彰,《荀子人性论及其实践研究》,台湾师范大学国文系,2009。

③ 我在 2006、2007 年左右开始提出"当代新荀学"的概念。参见:刘又铭:《荀子的哲学典范及其在后代的变迁转移》,载《汉学研究集刊》2006 年第 3 期第 52—53 页。刘又铭:《合中有分:荀子、董仲舒天人关系论新诠》,载《台北大学中文学报》,2007 年第 2 期第 48—49 页。又,上文所谓"当代新孟学"以及此处所谓"当代新荀学",只是为了区分当代儒学中两种不同的基本路线,不是具体的、严格意义的"学派"的用法。

　　然而,或许同样因着现实人生、现实社会(包括社会主义思维背景)的召唤,大陆的儒学复兴也逐渐出现了不同的声音。方克立[4]253-255曾撰文论及"有异于港台新儒家的'另一派'大陆新儒家会崛起吗?";宋志明[5]403则说,一个"发端于现代新儒家,但不限于现代新儒家"的"现代新儒学思潮"已经来到;而干春松[6]235更具体指出,"大陆新儒学"关注儒学与制度更甚于道德理想主义,具有明显的实践性倾向。

　　就我接触所及来说,所谓有别于港台新儒家的"大陆新儒家(学)",在几种不同的可能性(马列主义新儒学、社会主义新儒学⋯⋯等)中,便有属于或接近荀学的一路。例如旅居美国的李泽厚[7]131,140,他批评当代新儒家的"儒学三期说"片面地以心性——道德理论来概括儒学,又用偏见抹杀了荀学和汉代儒学;他主张儒学应分四期:孔、孟、荀为第一期,汉儒为第二期,宋明理学为第三期,现在或未来为第四期。他解释道[7]154-155,第四期儒学的主题是"情欲论",它是"人类学历史本体论"的全面展开;以工具本体和心理本体为根本基础,重视个体生存的独特性,阐释自由直观、自由意志和自由享受,重新建构"内圣外王之道";以充满情感的"天地国亲师"的宗教性道德,范导自由主义理性原则的社会性道德,来承续中国"实用理性"、"乐感文化"、"一个世界"、"度的艺术"的悠久传统。显然,这样的四期说远于孟学,而颇接近荀学的路线。① 又如目前担任《中国儒学》主编的王中江[8]72,91,107,他肯定地指出,荀子除了有功于儒家学统外,也是一个理想主义者、醇正的儒家以及儒家道统坚定不二的传承者和复兴者。这样的观点也表现了一定的荀学立场。

　　必须澄清的是,曾在1989年发表《中国大陆复兴儒学的现实意义及其面临的问题》一文的蒋庆,他在晚近也表彰荀学——公羊学,大力提倡"政治儒学"。不过他[9]30-33,550是以孟子一系的心性学作为荀学一系公羊学、政治礼法制度等之根本,因此,严格地说,他的"政治儒学"基本上属于牟宗三"荀子之广度必转而系属于孔孟之深度"的立场,而不是荀学一路。

---

　　① 曾经有人问李泽厚:"如果把您称为新儒家,您愿意吗?"他回答道:"愿意。但不是现在港台那种儒家。"参见李泽厚:《李泽厚答问》,载《原道》,1994年第1期第3页。事实上,陈鹏已经在他的专著中把李泽厚正式看作"现代新儒学"的一员。参见陈鹏:《现代新儒学研究》,福建人民出版社2006年版,第227—272页。此外,2008年2月17日,我也在美国当面请教他:"如果把您归为'当代新荀学'一路,您同意吗?"他回答说:"我的思想不只是荀学。但单就基本路线来说的话,说成荀学一路倒也可以。"据此他大致可以算是"大陆新儒家"中的荀学一路了。

总之,从两岸当代新儒家(学)发展的最新趋势来看,向来低迷、沉寂的荀学一路已经逐渐觉醒,一个属于荀学立场或者说"当代新荀学进路"的"当代新儒家"似乎即将出现了。①

二、本文所谓"当代新荀学进路"

如上所述,一个"当代新荀学"或者说一个"当代新荀学进路的当代新儒家哲学"正在两岸儒学圈里尝试、发展中;本文便是基于这样的背景与契机而作。这一节先说明本文所谓"当代新荀学进路"的具体内涵。

(一)重新诠释荀子哲学,彰明荀子哲学的"普遍形式"与正当性

一般根据荀子的意谓认定荀子哲学无非是"天人相分"、"性恶"、"礼义外于人性",从而论断荀子哲学中"礼义"之价值无有根源,因而所谓"强学礼义"与"化性起伪"都得不到保障。其实上述理解并未触及荀子哲学的全面和整体。今天我们若采取傅伟勋所谓"创造的诠释学"的视野,兼顾荀子的意谓、蕴谓两层,并松解、开放他对某些重要概念(如天、人、心、性等)界定、使用的脉络、范围,便可以重新建构一个具有普遍意义、合乎华人文化心理倾向的荀子哲学。它跟荀子自己表述的理路在理论上等值,但更适合于后代人们的辨识、认取、比较,可以称作"荀子哲学的普遍形式"。简单地说:

1. 荀子说:"阴阳大化……万物各得其和以生"(《天论》),又说:"水火有气而无生,草木有生而无知……人有气,有生,有知,亦且有义。"(《王制》)据此,这世界起源于有阴有阳的自然元气。正是自然元气的化生流行,开展为天地万物,进一步形成了包括道德理性、精神价值在内的人类文明。不妨说,这是个素朴的、未明说的、未正式展开的、隐态的"自然气本论"。

2. 荀子说:"天行有常,不为尧存,不为桀亡。应之以治则吉,应之以乱则凶";又说:"天有其时,地有其财,人有其治,夫是之谓能参。"(《天论》),据此,在这个一气流行的世界里,天行有其常则,人事有其常道,两者间有着内在的连续与贯通。此外,天、人各有其职能,天不会对人事作出另外的、神迹式的赏罚。整体地说,天、人之间既有连续又有差异,彼此是有合有分、合中有分的关系,不

① 这里"当代新儒家"一词采取最广义的用法,统称"当代"所可能出现的各派"新儒家",而不限于一般所谓以熊十力、唐君毅、牟宗三为代表的"当代新儒家"。

是向来所以为的"天人相分"。

3. 依荀子，人性的实质即是人的种种欲望，当不加节制时便造成混乱困穷；而用来节制欲望的礼义出于圣人所制定，不出于圣人之性；因此人性是恶。不过荀子又认为，礼义可以让人"好恶以节，喜怒以当"，可以"养人之欲，给人之求"；可见礼义正是种种欲望的内在节度，并非截然外在于人性。事实上，荀子还认为礼（或礼义）是事物、情感、欲望中"本末相顺，终始相应"的律则；而当扩大地、普遍地说时，它还是"天地以合，日月以明，四时以序"的因素（以上《礼论》）。可见荀子所谓的礼"与天地同理"（《王制》），是天地内在之理的一环，并非没有价值根源。此外，正因为礼义本质上是事物、情感、欲望中"本末相顺，终始相应"的节度，因此它可以随着情境脉络而损益更新，并非绝对不变、一味束缚人性的东西。

4. 既然欲望中潜在着"本末相顺，终始相应"的礼义节度，因此荀子所谓心在虚壹而静中学习礼义和实践礼义而后终于"化性起伪"、"积善成德"的过程，便应是人们对人、己欲望中所潜在着的律则的体认、体知和抉择（其中涵有价值直觉在内，不只是客观认知）以及体现、凝定和凝成。重要的是，在这过程中，从心到身的种种努力和作为（也就是"伪"），它们的方向、内涵、作用以及实现的可能性等等，都一样具有人性论的意义可说。因此，荀子的人性论也是一种性善论。只不过它有别于孟子的性善论，可以说成"人性向善论"或"弱性善论"。

5. 整体来看，荀子哲学应是"藉由一代代圣贤所不断斟酌、更新的礼义节度来导正人心、护持社会"的哲学。它平实地、起码地肯定宇宙有个从自然到社会相连续的秩序律则作为最终的价值根源，并肯定人在具体情境中有一个有限度的道德直觉可以作为认识价值、实现价值的依据，其思想基调仍然符合中国人的一般心理倾向和历代儒学的基本信念。因此，荀学并非像牟宗三所说的，只能借由孟学的提摄才能取得价值的完足；也并非蒋庆所以为的，只是一个从制度层面来补强孟学的"政治儒学"。事实上它是一个同时包含形上学、心性学、修养工夫论、制度建构等层面，兼有内圣与外王的完整而一贯的儒家哲学。它跟孟学一系之间，应该是平等地相互对话论辩、相辅相成的关系；而不应该是一主一从、一正一偏甚至一黑一白的关系。总之，在整个儒学史上，它应该跟孟学一系一样，享有相同的正当性与独立性。①[10-12]

---

① 本小节的观点，笔者在《荀子的哲学典范及其在后代的变迁转移》、《合中有分：荀子、董仲舒天人关系论新诠》和《李泽厚答问》三文中有详细论述。

（二）重新建构荀学哲学史，彰明荀子哲学在历代的发展与开创

由于荀子关于天人关系论、人性论的表层意谓不合乎民族心理倾向，历代荀学的角色认同、学派意识相对地淡薄，整个荀学史的图像也显得模糊与单薄。今天我们必须基于上述"荀子哲学的普遍形式"，以创造诠释学的眼光，重新审视、辨认、发现过去许多在孟学眼光下被误读被质疑被贬抑被遮蔽的荀学论著，给予相应、恰当的诠释和定位，让荀子哲学在历代的开展与创新如实地、充分地呈现出来。

例如汉代董仲舒（公元前179—前104），他的天论、灾异说、天人感应说都让当代一般学者难以认同。事实上他所谓的天基本上仍是"积众精"的"元气"，除了降下灾异外，并不能借着神迹式的作为直接改变人间事物。他更核心更主要的观点是，天、人之间在具体形质、形制方面"副数"，又在抽象事物、精神层面（最重要的是"道"、"理"）"副类"；而"天之所为有所至而止"、"止之外谓之人事"，君王与其回应灾异还不如尽早在事物的开端、细微处用心警醒；这就比荀子更明白地表明了天、人之间彼此连续、统合而又各有其不同的职能与界域的合中有分的关系。此外，他认为天的阴、阳二气落在人性上就是贪、仁两面；而这样的人性只算是具备了"善质"，必须"受成性之教于王"才能真正成为善；这就将荀子所未明说的"弱性善论"部分地表达出来了。[11]46-47[12]40-48

又如晋代的裴頠（267—300），他在哲学史上一向只是作为魏晋玄学的陪衬。然而重要的是，他站在儒家立场上回应了当时本体论建构的召唤，独自以"总混群本（各类事物之本原的总混为一，或总混为一的万物本原，此应即元气）"为"宗极之道"，以事物之间的"化感错综（变化、感通互动的种种脉络、现象）"为"理迹之原"，强调"理之所体，所谓有也"；这就初步地、素朴地表述了"以自然元气为本体、本原"而"理在气中"、"理在事中"的理路。[11]47-48

又如北宋的司马光（1019—1086），一般哲学史论著并不会提到他，但他为《老子》、《古文孝经》以及扬雄的《太玄》、《法言》都作了注解，又撰有《潜虚》（仿《太玄》而作）和《易说》等书。他以"凡物之未分、混而为一者"也就是"阴阳混一"之气为"太极"、"化之本原"，以"中"为阴阳之气运行开展时潜在的规律和价值倾向；主张天、人两端各有其职分，各有其所能与所不能，人不可以"废人事而任天命"。他又以源自"虚"（仍是气）之气为性之体，主张人性必兼善恶、必有等差，从而强调"治性"以及包括圣人在内任何人"学"的必要。[13]22,56,82-85这样的哲学当然是荀学一路，是裴頠之后又一次荀学关于本体论

建构的尝试。

又如明清时期罗钦顺（1465—1547）、王廷相（1472—1544）、吴廷翰（1491—1559）、顾炎武（1613—1682）、戴震（1724—1777）等人。他们大致以蕴涵着特定价值倾向的自然元气为本体、道体，以身心活动的"自然中潜在着必然之则"为人性的内涵，以"在身心活动脉络中斟酌、确认必然之则，然后在身心活动中予以凝定、实现之"为功夫进路。相对于理学主流（理本论、心本论、神圣气本论，皆孟学一路）的"神圣本体观"、"天理人性观"、"复性工夫论"来说，他们这种"有限价值蕴涵"的道体观、人性论和"学以明善、习行成性"的工夫论恰恰是荀学一路。[14]1-36 不妨说，在遭受宋明理学强力的冲击、洗礼之后，明清自然气本论者已经相当地揭示、开展了上文所谓"荀子哲学的普遍形式"了（虽然他们主观上未必这么认为①）。如果比照西方 modern 一词的用法，并且只就哲学的层面来说，那么明清自然气本论已经是一个不自觉的"现代新荀学"了。②

又如当代前辈学者吴稚晖（1865—1953）、胡适（1891—1962）、张岱年（1909—2004）等，他们在当代西方学术思想（科学、实用主义、唯物主义等）的挑战、激发下所形成的思想，基本上也都具有荀学性格，只是在时代思潮的遮蔽下未能直接意识到或表现出这点罢了。

总之，表面上，荀子哲学往往遭到误解、质疑、贬抑，无法明朗地、顺畅地接续、传承；但实质上它还是以间接、朦胧或迂回的方式一路蜕变转化、发展至今，因而整个荀学哲学史的格局、规模比一般所以为的要庞大、壮阔得多；这是"当代新荀学"应有的认识，也是它既有的深厚基础。

---

① 例如戴震就在他的孟学著作《孟子字义疏证》中建构了荀学性格的自然气本论，形成了"孟皮荀骨"的现象。事实上，在"一元正统"的文化格局和心理倾向下，华人很容易在主观意识上认同主流观点，并在主流观点的旗帜下写出实质上相异相反的主张，形成主观意识、实际路线的反差而不自知。

② 西方学界一般认为中世纪大约持续到 1500 年左右，然后就进入"early modern（早期现代）"，所以美国学者 Roland N. Stromberg 的 *An Intellectual History of Modern Europe* 一书就是从 16 世纪末写起的。我曾经指出（[17]233-236），清末民初以来，器物、制度层面的巨大变化混淆了华人对"现代"的感受了。若单就心灵、精神的深层与基底来说，则明代中期（15、16 世纪之交），以自然气本论的出现为标记，华人文化其实也已逐渐进入中国文化脉络下的"早期现代"了。据此明清自然气本论可以称作一个不自觉的"现代新荀学"。

（三）依循荀子路线，接着明清自然气本论讲

所谓"荀学"一词，指的并非只是荀子学说本身，它还可以是（有时候更是）历代对荀子学说的继承、诠释和发展；因此本文所谓"当代新荀学进路"的儒家哲学建构，就不是单单本着原初的、素朴的荀子哲学来进行的意思。

作为儒学的一个基本典范，荀子哲学本身提供了一个基本方向与基本路线。在这之外，它的个别的、具体的观点却有可能受限于荀子当时的时代情势、现实脉络而不见得一一适用于今日。因此，今天，"当代新荀学进路"的儒家哲学建构必须一方面自觉地、明朗地、积极地（而不是间接地、隐讳地、低调地）依循荀子哲学的基本方向基本路线，另一方面又看重后代荀学对荀子哲学的诠释、修订、创造、更新。甚至于，有时候，在具体的、细部的问题上，后代荀学（尤其明清自然气本论）的观点远比荀子哲学本身还要重要；就这部分来说，所谓"当代新荀学进路"恰恰就是"接着明清自然气本论讲"的进路；①不妨说，这个意思其实就是荀子"法后王"精神在哲学层面可以有也应该有的引申。

必须补充的一点是，"儒家哲学"从来就存在着各种不同的进路与典范，这是过去一次次正统与异端之争所改变不了的事实。因此本文并非试图提出一个"作为唯一的代表者"与"唯一正当、正确"的儒家哲学；而只是要以"当代新荀学的进路"来呈现当代儒家哲学所可能有的版本之一而已。应该说，就连荀学学者对"当代新荀学"的理解也是见仁见智、各不相同的；因此本文所谓"当代新荀学进路"也只是笔者个人所理解的一个可能的型态而已。

底下就以笔者先前对荀子哲学、荀学哲学史（尤其明清自然气本论）的研究为基础，直接地、白描地就当代儒家哲学的重建提出我的构想。本文旨在呈现一个可能的方向、面貌或者说一个最基本的轮廓，因此许多地方无法作详细的论证，有兴趣的读者请另外参考我的相关论著。[14-15]

三、宇宙图像：以气为本，理在气中

宇宙是怎么形成的？这世界存在的根据为何？哲学家关于这类问题的种种玄想虽然往往遭到轻忽或怀疑，但是做为一种揭示价值、指引方向的意义建

---

① "接着讲"是冯友兰在《新理学》里的用语，指在继承中有所创新的论述，不是单单"照着讲"而已。

构,它们在今天仍然有其必要。跟孟学一路开展出"神圣本体论"型态的"理本论"、"心本论"、"神圣气本论"等不一样,荀学一路开展出的是"自然本体论"型态的"自然气本论";它以混沌自然元气为天地万物的本原,认为宇宙是由混沌的自然元气开始,逐步生成天地万物、产生人类文明的。

自然元气本身有阴、阳两种状态,或者说它就是这两种状态的交融并存。传统观点认为,阴、阳的互动进一步开展为"五行",然后再进一步形成万物。"阴阳→五行→万物",这个高度简化的宇宙生成图式在今天应该看作一个象征的、开放的以及最基本的图式,而不能看作具体的、实质的发展过程。至于五行相生相克的旧说,则应该理解为宇宙的整体有机相关性,而不能作为公式在现实人生中推演、运算。也就是说,万物万象真正的法则、规律还是应该松开来,交由各个具体的学科去做实质的考察、研究。

只要谨慎运用,不再一味地附会古代的"五行"诸说,那么,跟近世儒家其他进路(如理本论、心本论)比起来,单单从自然元气来解释宇宙的起源和生成,这样的宇宙观跟当代一般知识一般思维之间是可以有更大的交集和呼应的。

当代物理学早已超越了从质子、中子、电子来解释各种不同的原子的阶段,进一步发现了上夸克、下夸克、微中子、电子等四种更基本的基本粒子(它们还依质量的差异进一步呈现为三个家族),以及跟每一种基本粒子相搭配的"反粒子"配偶的存在。当然,如此复杂多样的基本粒子跟彼此同一的元气还是有相当的距离。不过,重要的是,晚近一个颇受注意的假说、设想,叫作"弦论(String theory)"(进一步的发展叫"超弦理论(Superstring theory)"),又向前推进了一步,认为上述各种基本粒子还不是最基本的,它们其实都只是同一种无限细微的、橡皮圈一般的、振荡着的"弦(String)"的不同存在状态。依照这个设想,世界上的一切事物,最终都统一在那振荡着、舞动着的"弦"里。[16]第1章

把无量数无限细微、振荡着、舞动着并且基本上同一的"弦"(而非之前所以为的若干种相对孤立的、彼此差异的基本粒子)的集合想象成"自然元气",把弦的种种振荡中的正、反状态想象成阴与阳,这似乎顺理成章。"元气"本来就可以是个开放的概念。无限多基本上同一的"振荡弦"的集合似乎可以是现代人对"元气"的一个暂时的、具体的、合理的解释。总之,虽然"弦论"目前还在摸索的过程中,但荀学一路"以自然元气为本原"的说法至少暂时有个可以跟当代物理学相呼应的义涵。

上述的比拟当然不能充分说明"气"的内涵。科学一般并不进一步思考价值的问题,然而哲学在这方面却不能逃避。如果说科学上的"振荡弦"比较是个

"物质"的概念的话；那么，哲学上的"元气"就是一个比"物质"更丰富的概念。当代新荀学所谓的"元气"，虽然跟"振荡弦"一样地没有意识、思维、情感，但它却蕴涵着一个基本的价值倾向。正因为这样，它的一步步开展，以及更复杂更细致更高阶的变迁流行，才会都内在地蕴涵着价值倾向，表现为种种相关的、具体的型态和内容。

总之，作为天地万物的本原，"元气／阴阳"的开展、衍化、流行是整个宇宙生生不息最根本、最终极的动力。而当万物生成以后，作为万物的构成基质，"元气／阴阳"所具有的活性和所蕴涵的价值倾向便也会在万物万象的基底继续发挥作用，以隐密、缓慢、曲折的方式根本地、终极地影响着万物万象。也就是说，自然元气不只作为宇宙生成的本原，它同时也是宇宙的本体或终极实体。只不过，跟宋明理学主流观点不同的是，它只是个潜在地、发散地蕴涵着价值成份与价值倾向的"自然本体"，而不是像理本论的"理"、心本论的"心"那样的一个满盈、凝聚、集中的价值根源与价值中心；它不是作为"纯粹价值自身"的一个"神圣本体"。

由于万物之中那基于元气而来的本有的、内在的价值倾向，万物的互动往来就有了一定的秩序、条理、律则。这样的条理、律则，它并不是超越在气和万事万物之上作为一个主宰者的那种本体义的"理"，而只是种种自然活动中的必然之则，只是种种事物里头所蕴涵着的那种条理义的"理"。也就是说，理不在气之上，不在气之先，理只在气之中。因此，这样的"理"不会像理本论的理以及心本论的心那样一开始就无所不包、巨细靡遗地齐全完备，也并非纯粹洁净、亘古不变，它是随着自然元气的流衍开展而逐步出现、逐步丰富以及随时变迁的。

此外，自然元气的运行就是"道"。因此"道"跟"理"一样，都不是在气之外独立存在的东西。不妨说，有怎样的"理"，就意味着有怎样的"道"；"理"指的是气运行的条理，"道"指的是气的合于某个"理"的运行的本身或那运行的轨迹。因此，有了元气才会有"道"与"理"的存在，元气就是那承载、蕴涵或者说展演、呈现着"道"和"理"的终极实体。正是在这个意义上，"元气"取代了"道"、"理"的概念，直接成为"太极"、"道体"、"道之实体"。

总之，从自然元气到天地万物，就只会是一个一贯的发展过程，人类一切物质的与精神的创制、建构也都包括在其中，没有例外。可以说，这世界是一个"仅只一个层次的世界"，从自然混沌元气开始，一路生生不息地兴发、开展，在逐步丰富与逐步提升中自我完足，不需要也不会有更上面一层异质的"纯粹价值世界"的存在。

四、生命图像：禀气、性、心、身一贯，理在欲中

在自然元气的流行下，人禀受了一份自然元气而诞生，也基于这禀气而开展生命的一切。同为人类，每个人的禀气大致上或基本上相似，因而同样是"万物之灵"。可是既然是来自元气的自然流行，每个人的禀气就总会有些差异，而这样的差异就决定了每个人不尽相同的、同中有异的本性。当禀气进一步开展，生成了心、身以后，这份禀气所蕴涵的本性也就跟着决定了心、身在现实活动中的各种内在的、基本的价值倾向的表现。也就是说，就价值蕴涵、价值倾向来说，禀气、性、心、身四者是一贯的。它们之间尽管有发展先后的阶段差异，有表现上隐、显的不同，但是它们在价值蕴涵与价值倾向上却是一贯相承的，没有根本的改变和异质的、异层的跳跃。

因此我们不必越过身、心，不必就着身、心的活动逆溯或跳跃到超越于禀气、身、心之外或之上的另一个渊密、隐微的层次去寻找、体认人的本性。因为事实上并没有那样的层次存在，因为身、心的表现本身直接就等同于人性的表现。

具体地说，身、心的各种现实的、自然的表现，都是本性所决定以及所当有的内涵。因此，道德认知、理性思辨的各种表现固然是性，欲望、情感的各种表现也是性；不仅合宜的、正面的表现是性，就连不当的、负面的表现也是性。应该说，在进入 21 世纪的今天，我们不必再避讳、害怕将生命的负面、阴暗面纳入人性的范围内，也不可能继续片面地凸显道德良知作为人性的全体。事实上，我们应该以及可以用另一个方式重新描述儒家向来对人性的正面肯定。

简单地说，身、心一切自然的欲望与情感的表现，虽然充满着正面与负面的各种可能性，但其中总会有个潜在的、内在的、善的价值倾向，总会有个潜在的、恰到好处的"本末相顺，终始相应"（《荀子·礼论》）的条理；这就是所谓的"理在欲中"、"理在情中"，而这正是基于上一节所谓的"理在气中"而来的。虽然人无法天生地、现成地知道生命中潜在的善的价值倾向和条理，而那善的价值倾向和条理也不会自己主动显现、言说和发动；不过，当情感、欲望处在恰当、合宜的状态或节度、分寸时，身、心就会出现美好的、和谐的效验与效应，而人也能够当下感知到这个美好效验与效应，这就提供了人一步步去认识那善的价值倾向与条理以及一步步去实践它的可能。此外，虽然这个善的价值倾向的强度，在每个人身上不尽相同，甚至有的人极其微弱而障蔽重重，但它总是会存在着，

总是让人有机会松脱、打通障蔽而一步步朝向善。从这几点来看,人性终究是朝向善的。或者更干脆地说,人性就是善的。

不可否认,上述"善的价值倾向"以及"在具体情境中的善的直觉"的作用,似乎远不如孟学一系所强调的作为"道德创造的精神实体"的良知、本性那般的强而有力,它随时会因为现实的困境而一再遭到压抑和遮蔽。所以对比于孟学一系的性善观,这种性善观只能称作"弱性善论"或"人性向善论"。重要的是,在人类社会中,这种有限的、弱性向善的机制始终缓缓地发挥作用。由于它的存在,人类总会一再地从倒退、堕落中醒转,并且会记取既有的失败与教训,设法有所预防和补强。

前面说过,就整个世界来说,从自然元气到天地万物的渐进发展、同层而一贯便是这世界的一个基本图像。同样的,就整个人来说,从"禀气／性"到身、心的渐进发展、同层而一贯也是人的生命基本图像。基于这样的生命图像,一个人自我的范围、内容,可以从生命本原处"禀气／性"的潜在可能性来说,也可以从当下现实而具体的"心／身"活动的一般表现来说。应该说,那"自然中有其必然"的"心／身"活动的本身,就是人的自我的全体。或者说,人的一般的、寻常的欲望、情感、理智,三者就一起构成了人的整全的自我。因此,不必越过它们,往上跳跃(或者说往深处进入)到另一个层次,去逆溯、寻找一个先验的、隐密的"真实自我"。应该说,这样的自我观,比较符合当代社会一般人的感受与认知。

当"禀气／性"开展到了人类心、身活动的阶段,进入错综复杂的现实处境中,"理"、"道"的情况就变得更复杂了。由于人的种种心思意念的自由运用,更由于现实中复杂的生存竞争与利害取舍,是非善恶都具体地、大幅地出现了。在这阶段,我们可以像戴震那样,从中性的"条理"、"运行"二义来界定"理"与"道",然后用进一步的形容、限定来指称那具有价值义的"理"与"道"(如"至理"、"达道"、"仁义之道"等)。在这个用法里,"理"与"道"本身基本上是自然义,而这自然义中又包含了价值义(因为自然中就蕴涵着必然)。不过,我们也可以按照传统的习惯,直接用"理"与"道"来指称那蕴涵在种种自然的"条理"与"运行"当中具有价值义涵的那个部分,也就是所谓的"必然之则"和相关的心思作为。在后面这个用法里,"理"与"道"纯粹是价值义;但要注意的是,这价值义仍然是蕴涵于自然义的"理"与"道"当中的。第一种用法凸显了日常欲望、一般情感等等的被肯定与被重视,第二种用法则比较合乎整个儒家传统的习惯。

如上所述,生命、自我的内涵,就只是寻常的情感、欲望、理智三者的全体,在这之外别无更上面一层或超越一层的存在。因此,生命、自我的圆满,基本上就只在于理智、情感、欲望三者的从自然作用朝向必然之则的协调、统合与提升了。这当中,理智的作用显然是枢纽和核心。虽然理智本身并非一个(孟学一系所谓的)当下现成地圆满自足的"道德创造的精神实体",它只是个寻常的、有限度的、大致能辨识价值的一个理智;但恰恰就是这个寻常的、有限度的理智,它在一再的尝试错误和不断的学习、校正中,仍然可以逐步趋于明敏睿智,仍然可以越来越纯熟地斟酌、辨认真理与价值。此外,情感、欲望也不是负面、一味闯祸、单单等候被处置管控的角色。事实上那"自然中有必然"的情感、欲望的本身就内在地蕴涵着价值与真理,它们等于以另一种无言却真实的方式参与了价值、真理的展现和确认。

还可以补充的一点是,上面的理路,跟西方当代的心理分析学、女性主义都颇有兼容相应的地方,这是未来可以具体去探讨的课题。

五、生活世界:元气、自然、人生、社会、历史一贯,理在事中

以上面两节的讨论为基础,将视野落在整个具体真实的生活世界里,则前面所述"以气为本,理在气中"和"禀气、性、心、身一贯,理在欲中"的两层,就可以统合起来说成"元气、自然、人生、社会、历史一贯,理在事中"了。也就是说,在自然元气开展流变的场域中,大自然、个体人生、群体社会、古今历史都是基于自然元气而连续相贯的;一切的价值都只是内在地蕴涵于其中,并随着这一气流行的逐步开展和人类文明的逐步开拓而逐渐丰富、提升,而没有另外一个层次的某个神圣领域作为价值的赋予者、启动者或中心枢纽。

在这个意义下,我们或许可以如同李泽厚[7]那样,直接将人类历史的整体(包括"人化"了的自然)看作一个本体。或者,也可以大致借用胡赛尔的术语,将那包括自然、人生、社会、历史在内的整个"生活世界"看作一个本体。要再次强调的是,这样子所说的本体只是个蕴涵着价值倾向或潜在着价值内蕴的"自然本体",而不是一个作为凝聚的、满全的价值根源的所谓"纯粹价值自身"的"神圣本体"。

前面所谓的"理在气中"以及"理在欲中"、"理在情中",在整全具体的生活世界里就可以说成"理在一切事物的脉络、情状之中"或者"理在事中"了。同样要再次强调的是,这样的"理",它不是个独立存在的"神圣本体",而只是条

理、律则意义的理;而且,它并非一开始就完备和全尽,也并非亘古不变,它是随着自然元气的流衍以及社会人生的开展才逐步出现、逐步丰富以及随时变迁的。

既然元气、自然、人生、社会、历史一贯,也既然此刻这世界早已经出现了人类并且人类社会也已经积累深厚地表现了完整、丰富、生动的文明内涵,那么这历史积淀下的整全的生活世界就应该是我们思考种种问题时一个最整全最具体真实的视野了。底下,我们就本着"元气、自然、人生、社会、历史一贯,理在事中"的理路,进入"历史积淀下当代华人的生活世界",具体地就当代华人文化处境里几个基本的或迫切的问题做个哲学反思。

(一)合中有分的天人关系

所谓的天、人关系,指的是宇宙跟人之间的存在关系。一般会将儒家的天人关系论分成以孟子为代表的"天人合一"说和以荀子为代表的"天人相分"说两大类。这个分类其实不正确,它比较是以孟学的眼光来看的。在孟学的眼光下,既然在荀子哲学中看不到孟学型态的"天人合一",而荀子又极力强调"天人之分",那么荀子的天、人之间当然就真的是截然"相分"了。

上文已经简略提到,荀子的天人关系论其实是"天、人合中有分"的观点。此处,就"自然本体论"型态的荀学整体地说,既然天与人两端都没有一个"价值满盈的、纯粹精神的形上实体"作为价值根源,我们就不能就着这个欠缺项来论断天人关系,而应该就天、人两端的整全的存在(或存在的整体)来讨论这个问题。

前面提到,从元气、自然、人生、社会到历史是个一贯的发展历程。这样一个"只此一层的世界"的一贯开展,恰恰意味着连续性(同此一气的连续发展)和差异性(流衍、分化后不同阶段的不同样态不同面貌)的同时存在。所以天、人之间,既非"同一/是一"的关系(这比较是孟学一系扣紧形上精神实体来说的天人合一论),也不是截然地"相分/二分"的关系(这是孟学学者误读荀子哲学所建构出来的天人相分论,它是中国哲学传统里实质上不曾存在过的天人关系论),而是"合中有分"的关系。所谓的"合",指的是基于一气的流行衍化而来的存在的连续性、共通性、一贯性、可统合性;而所谓"分",则指的是由于各个阶段各自不同的兴发与开展,彼此之间所形成的具体存在内容的差异。

也就是说,在当代新荀学"合中有分"的天人关系里,所谓的"合",并不是就着天、人两端所各自具有的一个强有力的、可自行发用的、可以被人们体认并呈现的、可以用来安顿现实的形上精神实体来说的"合";而只是基于一个彼此类似、并行而可以相应、共享、相合的存在结构与存在律则来说的"合"。而所谓的"分",则恰恰意味着天、人各有其个别性、特殊性、差异性,因而人在天地当中就有自己的独特定位,有该主动承担、创造的一面。

总之,当代新荀学的天人关系论绝非过去误读、误判荀子哲学时所谓的"天人相分论"。不仅如此,这种"合中有分的天、人关系论"基本上仍是一种"天人合一论",它跟孟学一路的"天人合一论"共同构成了儒家哲学的"(广义的)天人合一论"。重要的是,它能够比孟学一系的"天人合一论"更广泛更贴合地回应今天的时代课题。简单地说,其中"天人有分(不是"相分")"的一面,使我们有个源自传统的立足点,来回应西方现代主体性哲学的强势挑战;其中"天人有合"的一面,又使我们有个同样来自传统的资源,来避免过度的人类中心主义,避免"现代性"的误入歧途。[11]27-50

(二) 生命提升之道

传统儒释道三家往往各自针对所认定的神圣本体来教导那高妙难能的体证与冥契的生命之道。这样的体证、冥契的进路在今天仍然有一定的意义和效能,但终究只有少数人能够由衷地肯认并切实地实践。

当代新荀学所提供的则是一条相对平常、平实而普遍的道路。基本上,每个人一出生就进入家庭、群体、社会的环绕里,就进入历史文化、风俗礼仪、政治教化的熏染与影响当中;每个人都是以这个情境为基础为前提,去求取知识、智能的;详细地说,都是在具体感受到历史、社会对自己的支持、相关性、召唤、期盼之后,才懂得真正地、实质地、积极地就着具体的课题来求取知识、智能的。然而,由于没有一个先天、内在、现成的所谓"道德创造的精神实体"可以体证、认取,由于要求取的是人己物我间情感、欲望的适切分际、恰当条理,又由于意识、理智的局限与可能的扭曲变形,因此人必须依循、藉助于前人的知识、学问,必须在人己、物我的情境脉络中一再思量揣摩,必须经由对话、沟通来积聚、掌握足够的讯息,还必须批判地揭露意识型态的遮蔽、阻扰,才能逐步达成清晰的认知、体会。① 此外,由于所求得的知,也只是对事物脉络中的条理以及生命内在善的倾向的辨知、识知,所以一定要借由意志、决心去遵行、实践,并藉由实践之后身心的具体效应来印证、激励,才能逐步让身心的自然活动归于必然之则,

---

① 这里参酌、借用了哈伯玛斯沟通理性、批判的诠释学的观点。

才能逐渐获得生命的成熟、圆满。

总之，这不是就着先天圆满具足的本性、良知来进行所谓"逆觉体证"然后向外推扩的一路，而是就着人人日常的理性思辨和具体情境中的道德直觉来问学致知、对话批判、知行并进、践履成性的一路。用传统的概念来说，这不是先内圣然后根据内圣推向外王的一路，而是直接就着种种具体的外王课题来内圣、寓内圣于外王的一路。应该说，虽然今天儒学圈相对忽略、贬抑这一路，也虽然今天各级学校的道德教育理论一般偏重孟学一路，但社会上多数人自觉或不自觉地实践着的却比较是这一路。

(三)科学探求与知识建构

五四时期所谓的"赛先生(科学的探求与知识的建构)"，在今天至少已经不是一个令华人觉得挫折、自卑、屈辱的课题了。但是，除了现实上具体地、普遍地吸收、运用西方现代科学、现代知识外，在哲学的层次(就本土哲学的脉络来说)，这个问题似乎还没有得到适当的解决。

就"当代新荀学"来说，人天生拥有的是一个经过锻炼后能在具体情境脉络中恰当辨认价值的寻常理智、理性，当人运用这寻常理智、理性来面对自然、人生、社会、历史等一切对象时，这寻常理智、理性不必进行牟宗三就着良知所提议的"自我坎陷"，就比较会直接地、理所当然地进行一个开放的、朝向各种未知的可能的探求。事实上，由于不认为会有一个先天的、先在的、自足的价值讯息供人直接信靠，人在现实情境的变化、转折中将更具体更迫切地感受到既有知识的不足和探索、开拓的必要，从而一步步地去接触事实、寻找讯息、设想意义、归纳通则、建构知识，并随时作出必要的价值权衡。此外，由于认识到"理"的具体内容是随着一气流行的不同阶段而随时开展、变迁着的，因此自然科学、人文科学、社会科学都将会是持续不断的、开放性的探求，而它们之间也都会有着适当的区隔。这里便初步蕴涵、具备了一个现代的科学探求与知识建构的基本理路。

应该说，荀学一路"天、人合中有分"的思维，本来就比孟学一路"天人同一、是一"的思维更接近西方当代主、客对立的主体性哲学的思维，因而更能跟西方现代科学呼应、对话。也就是说，虽然"天人有合"基底意识的仍然存在，使荀学传统的知识建构毕竟无法直接开展、达到西方主客二分进路下现代科学所达到的程度；但另一面"天人有分"存在意识的自觉，终究会使得荀学进路的认知模式，比孟学进路更能够学习、吸纳西方型态的科学、知识之学。

事实上，清儒已经不自觉地在这种荀学认知模式下建构了丰富的、基于传统价值观的要求的各类知识之学;①[17] 如今,当中西文化的交流、激荡已经积淀许久,当中国人对西方现代科学的意义与价值(当然也包括局限和缺失)已有足够的认识,当传统积习里某些意识型态的阻扰已渐渐淡去,我们就更能站在这种荀学认知模式上来发展现代科学,建构各种知识之学了。

(四)民主政治

五四时期所谓的"德先生(民主政治)",至今仍是华人文化圈里一个有待努力的课题。例如,表面上看,台湾地区已经相当地、具体地实施了民主政治,然而,今天台湾地区的民主政治也还有许多需要完善的地方。一般公私机构里的权力运作仍然有许多不透明的地方,当权者往往不能真正地、根本地接纳、看重基层的反对意见,一般人在权力面前也往往心存顾忌和自我压抑。同样的,就本土哲学的脉络来说,这个问题似乎尚未在哲学的层次上获得有效的解决。

清末谭嗣同曾对荀学大加抨击,认为正是荀学造成了历代的专制政治。但这只是一时的、浮面的论断,从当代新荀学的眼光来看则其实不然。首先,相对于孟学,荀学一路(至少明清以来)比较能正面肯定人们一般情感、欲望的正当性,主张为政者必须让人民在这地方得到合理的满足,反对一味地从高道德标准来要求人民。② 从这点来看,当教育普及,社会、经济重心落在广大的民间,人民的自主意识逐渐升高,某个程度的政治参与成了一般人的基本欲求时,荀学思维将能更直接更内在地承认民主机制、民主政治的必要性,逐步去推行、实现。应该说,这样的承认是最基本的一点。

其次,荀学一路对人性采取"有限价值蕴涵"也就是"弱性善"的观点,所以关于价值的权衡与抉择,就比较不会单单信靠一个人或少数人的意见。从而在群体的、公共的事务的处理上,就比较能实质地吸纳现代民主政治的基本理念。例如正面肯定每个人、每个利益团体、每个族群为了各自利益而奋斗的意义、权利和正当性,又如正面、积极地肯定客观法规、制度的建立和持续修订的意义,又如正面

---

① 晚近张寿安指出,清儒大规模的、多样性的学术活动,"无论在经、史、子、集或其他技艺性知识上,都具有学术意义的'同构型'……可以用一句话表明这种同构型:'知识论述'——'考证学的知识论述'",她并认为,"礼学、考证和知识很可能是今后研究清代学术最具吸引力的议题之一"。参见:张寿安:《打破道统,重建学统——清代学术思想史的一个新观察》,载《中研院近史所集刊》,2006 年第 52 期(近代中国的知识建构专号)第53—111 页。

② 例如顾炎武就强调"合天下之私为公",戴震也主张为政者必须让人民"达情遂欲"。

肯定种种争议、沟通、协调的过程(包括混乱、停滞、妥协在内)的必要与意义等。

　　向来以为儒家主要是孟学中蕴涵着民主思想的资源,而荀学则否;这点其实未必正确。例如孟子强调"说大人则藐之"的气魄,一般就以为孟学凸显了臣民们的自主意识。其实,孟学传统中"天人是一"、"良知即天理"的理路,也很容易让人陷入"我已经当下体认了天理、无所欠缺"、"我的思想言行皆出于天理,放诸四海而皆准,可以为众人之师"的自我封闭的意识型态里,反而无法正面地、积极地肯定或承认沟通、协调、妥协的必要,变成一个个散在各阶层各地方反民主的、心理上的"现代帝王"。反过来看,荀学一路承认人内在的不圆满,因而在心态上就比较愿意进入跟他人对话的脉络中一起寻找那隐藏在事物情状里的恰当条理,这种承认不足、相互容忍、愿意沟通的自主意识与基本心态反而更能适应民主政治的现实生态。

　　其实,荀学"合中有分"的天人关系论,同时就意味着"合中有分"的群己关系论;这点,在今天的时代氛围中,恰恰可以提供一个政治上"合中有分、分而能合"的基本理路。不妨说,基于共同的文化性格,今天华人文化圈中任何地区任何等级的群体和组织,越能找到恰当机制来同时满足群体需要和个体欲求(包括个体自主的需求)的,就越能维持整体的合一与和谐。这个义涵虽然简单,但大致是当代华人民主政治能否成功的一个关键点。

(五)经济发展

　　经济发展,是继五四时期关于"德先生"、"赛先生"的讨论之后,在 20 世纪 70 年代热闹登场的另一个根本议题。在众多论述中,一个似乎颇被接受的观点认为,儒家传统里"重义轻利"、"重本抑末(即重农抑商)"的主张,形成了强固的意识型态,并不利于经济发展;倒是"凡俗儒家思想"或一般个人的"常识理性"对华人文化圈的经济发展发挥了推进的作用。[1][18][19]这个观点基本上解释

---

[1]　美国社会学学者彼得·伯格(Peter Berger)在"Secularity—West and East"一文中针对韦伯的相关观点修正性地指出,传统士大夫和儒吏的儒家思想的确有害于现代化,但事实上东亚现代化另外有其动源,那就是"庸俗化的儒家思想"(vulgar Confucianism)。参见:金耀基:《儒家伦理与经济发展:韦伯学说的重探》,载李亦园主编:《现代化与中国化论集》,台北桂冠图书公司 1985 年版,第 29—55 页。对此金观涛补充说:"那些亲和(促进)资本主义的如……'庸俗人的儒家思想'等正是……基于中国传统中常识理性中的东西。"参见金观涛:《中国近现代经济伦理的变迁——论社会主义经济伦理在中国的历史命运》,载刘小枫,林立伟主编:《中国近现代经济伦理的变迁》,香港中文大学出版社 1998 年版,第 1—44 页。

了 20 世纪 70 年代"亚洲四小龙的经济奇迹"何以可能的问题,不过其中有关儒学分等或分层的部分有些含混,需要厘清一下。

事实上,有别于孟学的"重义轻利"、"何必曰利",儒家荀学一路是重"义"而并不轻"利"的,它只是要以"义"来规正追逐利益的偏失而已,因此至少在今天它不会强固地阻扰经济的发展。此外,清代戴震所提出为政者必须让人民"达情遂欲"的主张更蕴涵着在政策上积极发展经济的现代意义。所以我认为,明清以来,所谓"重义轻利"、"重本抑末(即重农抑商)"的意识型态,其实主要是宋明以来的孟学思维所导致;而所谓"凡俗儒家思想"、"常识理性"则恰恰可以归为荀学一路。一个可能的解释是,宋明以来,尊孟抑荀的风习使得荀学思维被压抑到一般士大夫的私人思维甚至潜意识里,但荀学思维的实质内容仍然继续在广大的凡俗民间悄悄地、不自觉地存在着、活跃着。正是这些不合道统而不自知、无意识的荀学思维继续维持了儒学的现实存在与活动能力,它们在西方经济思想、制度的辅助、配合下实质地推动了现代经济的发展。

总之,肯定一般人民追求利益的正当性,以人民的"达情遂欲"为政治的目标,这样的荀学思维,在当代的政府与民间都将可以产生推动经济发展的积极力量。必须澄清的一点是,在尊孟抑荀的风习下,它没有自己明确的面貌,于是暂时沦为学界眼中"凡俗的儒家",但其实它仍然是个独立完整的儒学,这是有待人们重新去认识的地方。

六、结语

以上的讨论,说明了从"当代新荀学"进路可以建构一个真正具有现代性的儒家哲学。虽然"以气为本"、"弱性善"、"学而知善"、"践履成性"、"寓内圣于外王"都是宋明以来久已被孟学意识型态所贬抑、遮蔽了的思维,但它们的确一起构成了孟学之外另一个完整的、有效的、正当的儒家哲学,并且有潜力继续发展、更新,能积极回应、参与当代现实社会的课题,能跟当代广大的民间社会和广大的人文、社会、自然科学产生实质的、全面的呼应与对话。总之,只要揭开、破除明清以来"尊孟抑荀"意识型态的遮蔽,一个"当代新荀学"进路的儒家哲学就可以明朗地呈现,并且进一步盛大地展开。我相信,当它如此地出现时,它将扎实地为"当代新儒家"一词写下一个全新的脚注。

参考文献:

[1]   牟宗三:《名家与荀子》,台湾学生书局 1979 年版。

［2］ 陈大齐：《孔子学说》，正中书局 1983 年版。

［3］ 陈大齐：《荀子学说》，中国文化大学出版部 1989 年版。

［4］ 方克立：《现代新儒学与中国现代化》，长春出版社 2008 年版。

［5］ 宋志明：《论现代新儒学思潮的起因与前景》，《中国儒学》2008 年第 3 期。

［6］ 干春松：《儒学概论》，中国人民大学出版社 2009 年版。

［7］ 李泽厚：《历史本体论·己卯五说》，三联书店 2006 年版。

［8］ 王中江：《学术知识的统一理想及人格和王道理想——荀子儒学的重新定位》，中州古籍出版社 2005 年版。

［9］ 蒋庆：《政治儒学》，养正堂文化公司 2003 年版。

［10］ 刘又铭：《荀子的哲学典范及其在后代的变迁转移》，《汉学研究集刊》2006 年第 3 期。

［11］ 刘又铭：《合中有分：荀子、董仲舒天人关系论新诠》，《台北大学中文学报》2007 年第 2 期。

［12］ 李泽厚：《李泽厚答问》，《原道》1994 年第 1 期。

［13］ 陈鹏：《现代新儒学研究》，福建人民出版社 2006 年版。

［14］ 刘又铭：《从蕴谓论荀子哲学潜在的性善观》，《孔学与二十一世纪国际学术研讨会论文集》，政治大学文学院 2001 年版。

［15］ 张晶晶：《司马光哲学研究——以荀学与自然气本论为进路》，政治大学中文系硕士论文 2009 年版。

［16］ 刘又铭：《明清儒家自然气本论的哲学典范》，《政治大学哲学学报》2009 年第 22 期。

［17］ 张寿安：《打破道统·重建学统——清代学术思想史的一个新观察》，《中研院近史所集刊》2006 年第 52 期（近代中国的知识建构专号）。

［18］ 金耀基：《儒家伦理与经济发展：韦伯学说的重探》，李亦园：《现代化与中国化论集》，桂冠图书公司 1985 年版。

［19］ 金观涛：《中国近现代经济伦理的变迁——论社会主义经济伦理在中国的历史命运》，刘小枫、林立伟：《中国近现代经济伦理的变迁》，香港中文大学出版社 1998 年版。

（原载《邯郸学院学报》2012 年第 1 期；最初刊载于汪文圣主编《汉语哲学新视域》，台湾学生书局，2011 年版，本刊发表时有修改）

荀子的思想与学说

廖名春[*]

荀子是春秋战国"百家争鸣"的集大成者,也是先秦儒家的最后一位大师。他的思想与学说,不但在战国秦汉时期显赫一时,对后来的中国也影响极大。

一、荀子的生平与著作

人们一般都以为荀子姓荀,这其实是一个错误。除《史记》,先秦两汉的著作都称其为"孙"。特别是《荀子》一书,几乎都称"孙"。韩非为荀子学生,其著作也称"孙子"。所以,称荀是后起之说,荀子当为孙子。

荀子是赵人,为孙氏。因此,他很可能系卫公子惠孙之后,由卫而入赵。

荀子约生于公元前 336 年。他 20 岁时,就已在燕国从事政治。他反对燕王哙把王位禅让给其相子之,但燕王哙没有听他的劝告。在燕国的游说失败后,荀子的行踪共有二十多年不清楚。但至公元前 286 年时,荀子以"秀才"见称于世。此时齐国稷下之学正盛,齐闵王继齐宣王之后,招集天下贤才而"尊宠之"。田骈、慎到、接子这些著名的学者,都齐聚齐国稷下学宫,号为列大夫,享受优渥的政治生活待遇,不治而议论,作书以刺世。荀子年五十才始来稷下游学,但他对诸子之事都有批评,认为皆"非先王之法"。

前 286 至前 285 年,齐闵王灭掉了宋国,夸耀武功,不尚德治,荀子曾进行谏诤,但不获采纳,于是他就离齐赴楚。

前 284 年,燕将乐毅率燕、赵、韩、魏、秦王国之师攻齐,陷齐都临淄。齐闵王逃莒,被淖齿杀死。齐国几至灭亡。前 279 年,齐即墨守田单乘燕惠王用骑劫代乐毅为将之机,向燕军发起反攻,一举收复失地,"迎襄王于莒,入于临淄"。齐襄王复国后,吸取齐闵王的教训,又招集亡散的学士,重整稷下学宫,"修列大夫之缺"。这时,荀子在楚国,正逢秦将白起攻楚,陷郢烧夷陵,举国大乱,楚人

---

[*] 廖名春(1956—),男,湖南武冈人,清华大学历史系教授、博士生导师,历史学博士。

· 112 ·

仓惶迁都于陈。荀子在战乱中离楚来齐,参加稷下学宫的恢复重建工作。由于田骈等老一辈的学者已死,慎到、接子又不在齐国,荀子凭他的学识和才德,在复办的稷下学宫中"最为老师","三为祭酒",成为稷下学宫的领袖。

前264年,齐襄王死,荀子在齐更不得志,秦国于此时聘请他入秦,荀子遂离齐赴秦,对秦国的政治、军事、民情风俗以及自然地形等都进行了考察。他建议秦昭王重用儒士,"力术止、义术行"。秦昭王虽然口头称善,但他事实上正忙于兼并战争。所以荀子之说在秦不可能得到采用,于是荀子又只好离秦而往游他国。

前259至前257年间,荀子曾在赵与临武君在赵孝成王前议兵,提出了"善用兵者""在乎善附民"的主张,以"王兵"折服了临武君的"诈兵",使赵孝成王和临武君都不得不称"善"(《议兵》)。但处于"争于气力"的当时,赵王"卒不能用"。于是他只好离开父母之邦而又回到齐国。

齐国这时齐王建在位,但朝政由"君王后"(襄王后)控制。荀子向齐相进言,论述齐国内外大势,劝他"求仁厚明通之君子而托王焉与之参国政、正是非",并对"女主乱之宫,诈臣乱之朝,贪吏乱之官"的弊政进行了批评。结果,正如《史记·孟荀列传》所载:"齐人或谗荀卿,荀卿乃适楚,而春申君以为兰陵令。"荀子冷言进谏反而受到了谗言的攻击,因此他在齐国再也待不下去了。于是他转而赴楚,正碰上楚灭鲁新得兰陵之地,因而被春申君任命为兰陵令。

荀子在楚为兰陵令也不是一帆风顺的。他任职不久,就有人向春申君进谗,于是他只好离楚而回到赵国。在家邦,荀子这次得到了较高的礼遇。任他为"上卿"或"上客"。楚人听到后,就劝谏春申君,春申君又"使人请孙子于赵"。荀子致信辞谢,对楚政多所批评。春申君深为后悔,又一再坚请。可能是为春申君的诚意所动,荀子又回到楚国,复任兰陵令。

前238年,楚考烈王卒,李园伏死士杀春申君。荀子失去政治上的依靠,废官居家于兰陵。"著数万言而卒,因葬兰陵。"其寿可能高达百岁。

荀子的著作,见于《荀子》一书。《劝学》、《修身》、《不苟》、《非十二子》、《天论》、《正名》、《性恶》等22篇,都为荀子亲著。其他10篇,有的为荀子弟子所论,有的为荀子所纂辑的资料,它们都是我们研究荀子的思想和事迹的主要材料。

二、性伪之分

人性论是荀子社会政治观、伦理观、教育观等的理论前提,是荀子思想体系中最富有性格的重要组成部分。荀子对人性问题进行了深入而系统的阐述,对后人产生了深刻的影响。

人性是什么? 荀子说:

> 凡性者,天之就也,不可学,不可事。(《性恶》)

又说:

> 不可学,不可事而在天者,谓之性。(《性恶》)

认为人性的所有内涵,都是自然生成的,都不是后天的学习、人为所能有的。这种"天就"之性,也就是天然属性。荀子在"性"前加一"凡"字表示统括,也就排除了人性中有非天然属性的存在,肯定一切人性皆属天然。

荀子是一个重视实证分析的思想家,为了准确表达他的人性学说,他提出了一系列有关概念,并对此进行了界定。他说:

> 生之所以然者谓之性。性之和所生,精合感应,不事而自然谓之性。性之好、恶、喜、怒、哀、乐谓之情。情然而心为之择谓之虑。心虑而能为之动谓之伪。虑积焉,能习焉而后成谓之伪。……所以知之在人者谓之知。知有所合谓之智。所以能之在人者谓之能。能有所合谓之能。性伤谓之病,节遇谓之命。(《正名》)

荀子这里对"性"、"伪"、"知"、"能"四个表示概念的语词分别下了两个意义不同,但又互相联系的定义。荀子这里对"性"所下的定义,人们过去都有所误解。"生之所以然者谓之性",人们都解"所以然"为"所已然",以为"以"与"已"同。照此说,则这两个定义中的"性"都是同一概念,都是指的人性。但从下文荀子对"伪"、"知"、"能"所下的定义看,这是错误的。"生之所以然谓之性"在形式上与"所以知之在人者谓之知"、"所以能之在人者谓之能"同,将它换成"所以生之在人者谓之性"意思不变,即人们所据以生存的东西叫作性。这个东西是什么呢? 就是指人的身体器官,即形体。"性之和所生,精合感应,不事而自然谓之性",是说人的身体各部分相互和合所产生的精气的感应,这种不经人为自然就产生的对外物的反映,就叫作性。此性是在"形具"的基础上产生的"神",即人的本能。荀子对"性"的这两个不同定义,一是揭示了人性的生理基础,二是阐明了人性的天然属性。

性恶论是荀子人性论思想中最为突出的部分。荀子性恶论的内容是什么？性恶是不是荀子所谓人性的全部内容？这些问题对于全面了解荀子的人性学说都是至为重要的。

荀子十分强调人性本恶，他说：

> 今人之性，生而有好利焉，顺是，故争夺生而辞让亡焉；生而有疾恶焉，顺是，故残贼生而忠信亡焉；生而有耳目之欲，有好声色焉，顺是，故淫乱生而礼义文理亡焉。然则从人之性，顺人之情，必出于争夺，合于犯分乱理而归于暴……用此观之，然则人之性恶明矣。（《性恶》）

"好利"、"疾恶"、"好声色"是人生而有之的，"从"之、"顺"之就会出现争夺、犯分乱理，这就是荀子论证性恶的逻辑。

荀子也承认人有善的一面，有"辞让"、"忠信"、"礼义文理"，但他认为这些并非人的本性，而是后天的人为。他说：

> 今人饥，见长而不敢先食者，将有所让；劳而不敢求息，将有所代也。夫子之让乎父，弟之让乎兄；子之代乎父，弟之代乎兄：此二行者，皆反于性而悖于情也。然而孝子之道，礼义之文理也。故顺情性则不辞让矣，辞让则悖于情性矣。（《性恶》）

荀子所说的人性，是不是只有性恶的一面呢？还有没有其他的内容呢？我们可从《性恶》篇入手进行分析。

《性恶》篇突出地论述了性恶问题，但它并不止论述了人性恶的一面，它还论述了人性中有可以知善之质、可以能善之具。如果说该篇前一部分的内容主要是论性恶，那么后一部分的内容就是侧重谈如何利用人性中的可以知善之质、可以能善之具去克服人性中恶的一面。所以，《性恶》篇不止是论述人性恶，而是全面论述人性问题。

《性恶》篇提出的第一个问题是"人之性恶"。这一命题在全文中强调了多次。人们一直将这一命题当成全称肯定判断，认为它的主词是周延的，指的是人性的所有内容。这种理解是错误的。其实，这一判断的主词是不周延的，指的是人性的一部分内容。荀子认为，人的天性有恶的一面，但是，他又承认人还具有另外一种天然的本能。他说：

> "涂之人可以为禹。"曷谓也？曰：凡禹之所以为禹者，以其为仁义法正也。然则仁义法正有可知可能之理，然而涂之人也，皆有可以知仁义法正之质，皆有可以能仁义法正之具，然则其可以为禹明矣。今以仁义法正为固无可知可能之理邪？然则唯禹不知仁义法正，不能仁义法正也。将使涂

之人固无可以知仁义法正之质,而固无可以能仁义法正之具邪?然则涂之人也,且内不可以知父子之义,外不可以知君臣之正。不然,今涂之人者,皆内可以知父子之义,外可以知君臣之正,然则其可以知之质,可以能之具,其在涂之人明矣。今使涂之人者,以其可以知之质,可以能之具,本夫仁义法正之可知可能之理,然则其可以为禹明矣。(《性恶》)

荀子这段议论,反复论证了人"皆有可以知仁义法正之质,皆有可以能仁义法正之具";这种"质"和"具",既是"涂之人"都有的,具有普遍性,又是一种天生的本能。因此,无疑应属于所谓人性的内容。《解蔽》篇说:

凡以知,人之性也;可以知,物之理也。

"凡以知"就是"皆有可以知",荀子称之为"人之性也"。因此,将这里的"可以知之质,可以能之具"归入荀子的人性范围之内,是完全应该的。这种"凡以知"的人性,这种"所以知之质,可以能之具"是不是恶的呢?荀子并没有说,而且一再强调这种"可以知"、"可以能"的对象是"仁义法正",可见这种"人之性"绝对不会是恶的。

这种"知"的人性,荀子既然没有肯定其为恶,那么,它是否为善呢?荀子并没有如此说。所谓"可以知"、"可以为禹",是指人有一种向善的可能性,而并非指人性中天然就具有一种现实性的善。它只是"可以知"、"可以能",而不是"必然知"、"必然能"。这种"知之质"、"能之具"既存在着"知仁义法正"、"能仁义法正"的可能性,也存在"知"别的什么、"能"别的什么的可能性。这种"质"、"具"就像一张白纸一样,既可施之于朱,也可加之以墨。所以,视荀子的知性说为性善说,是完全错误的。

由此可见,荀子的人性概念是一个多层次的意义结构,它的最一般的意义是指人生而具有的本能;它的第二层意义是二元的,由恶的情欲之性和无所谓善恶的知能之性组成。

强调人性恶的一面是荀子人性论的特点,但荀子人性学说中最有价值的是他"化性起伪"的人性改造论。荀子认为"性也者,吾所不能为也,然而可化也"(《儒效》),"化"就是改造人性。他说:

凡人之性者,尧、舜之与桀、跖,其性一也;君子之与小人,其性一也。(《性恶》)

具体说,无论尧、舜、桀、跖,还是君子、小人,他们的本性都有"好荣恶辱,好利恶害",即恶的一面。但是,"圣人之所以异过众者,伪也"。这种"伪",就是"化性",即通过后天的努力改变其本性中恶的一面。对性,是顺、是纵,还是化、伪，这是圣人之所以成为圣人，小人之所以成为小人的关键所在。所以，荀子虽然讲性恶，但其目的和重心是在"伪"，是在突出礼义对于人的重要性。

荀子的"化性起伪"说，历来人们都认为存在着悖论："人生来是坏蛋……假使真是那样，那么善或礼义从何而出，那就苦于解答了。"从上可知，此说的大前提是错误的。荀子强调"人之性恶"，是说人生有恶的一面，并非说人性全恶。荀子认为"凡以知，人之性也"，人生而有"可以知之质，可以能之具"，圣人凭着这种知性，可以化掉恶性而选择善。所以，礼义之善并非从恶性中产生，而是产生于知性，是"知有所合"的结果。

三、明分使群

荀子认为，人作为自然界的一部分，而又能支配自然界，使役万物，关键就在于人有着与自然界的其他生物不同的特点，这种"人之所以为人者"、"人之异于禽兽者"就是人"能群"而动物不能"群"。他说：

力不若牛，走不若马，而牛马为用，何也？曰：人能群，彼不能群也。（《王制》）

人类的社会组织是如何构建起来的呢？荀子提出了"明分使群"说。荀子认为，人之所以"能群"，是由于有"分"，"分"是"群"的基础。所以他说："人何以能群？曰：分。"（《王制》）在荀子看来，"分"是人类社会存在和社会组织的根本，他说：

……分则和，和则一，一则多力，多力则强，强则胜物；故宫室可得而居也。故序四时，裁万物，兼利天下，无它故焉，得之分义也。（《王制》）

反之：

群而无分则争，争则乱，乱则离，离则弱，弱则不能胜物。（《王制》）

由此，荀子得出了"明分"才能"使群"的结论。他说：

离居不相待则穷，群而无分则争，穷者患也，争者祸也。救患除祸，则莫若明分使群矣。（《富国》）

"明分"以什么为准则呢？荀子的回答是礼义。他说："分何以能行？曰：义。"（《王制》）认为"义"是"分"能实行的根据。又说："分莫大于礼。"（《非相》）礼是最大的"分"，所以荀子认为"明分使群"，"不可少顷舍礼义"。（《王制》）

作为礼义的具体体现的这种"分"，包括三个方面的内容：第一，它指的是社

会的分工分职，即"农分田而耕，贾分货而贩，百工分事而劝，士大夫分职而听，建国诸侯之君分土而守……"（《王霸》）

为什么要分工分职呢？荀子指出："百技所成，所以养一人也。而能不能兼技，人不能兼官。"（《富国》）"相高下，视墝肥，序五种，君子不如农人。通财货，相美恶，辨贵贱，君子不如贾人。设规矩，陈绳墨，便备具，君子不如工人。"（《儒效》）而君子，虽"非精于物"，却能"精于道"（《解蔽》）。所以，人类社会无论农人、贾人，还是君子、工人，都缺一不可。这种重视社会分工的思想，与孟子是一致的。

第二，"分"又是社会伦理关系。荀子继承孔子的思想，认为君臣、父子、兄弟、夫妇等社会伦理关系是永恒的，是宇宙的"大本"。对于这些伦理关系的每一个社会角色，他都依据礼义，作了规范性的界定。一句话，就是"君君臣臣父父子子兄兄弟弟"，人各有别，这里的伦常关系是不能逾越的。

第三，"分"的核心是等级关系。荀子讲的士农工商的分工分职，君臣父子兄弟夫妇的伦常，都贯穿着等级之分。分等级是荀子"明分"的核心。士农工商虽说是一种社会的分工分职，但荀子认为其中有贵贱之等，士为贵，农、工、商为贱；有君子、小人之等，士为君子，农、工、商为小人。君臣父子兄弟夫妇，荀子之所以视之为伦理关系，也是从贵贱之等、少长之等出发的。荀子认为，对不同等级的人，应该给予不同的政治待遇。"由士以上则必以礼乐节之，众庶百姓则必以法数制之。"（《富国》）而"少事长，贱事贵，不肖事贤，是天下之通义也。"（《仲尼》）

荀子所谓"分"，不但指政治上的等级区分，还包括对分配物质财富的"度量分界"。这种"度量分界"完全是一种适应等级制度的分配原则，这就是荀子所说的"制礼义以分之，以养人之欲，给人之求"（《荀子·富国》）。荀子认为要解决"欲恶同物，欲多而物寡"的矛盾，就必须在"养人之欲，给人之求"方面，"制礼义以分之"，确立按照贵贱等差，进行物质生活资料分配的"度量分界"，按照贵贱之等、长幼之差、智愚能不能之分，分配物质生活资料，有区别地满足人类欲望，"使欲必不穷于物，物必不屈于欲，两者相持而长"（《礼论》）。所以，荀子的所谓"分"，不仅是社会等级的差别，同时也是对于不同等级的财富占有的保障。前者是为建立新兴政治秩序而言的，后者是这种等级制度在生活资料分配上的体现，使生活资料的分配有个界限和标准。

这种贯穿着森严的等级区别的"分"，荀子认为是不齐之齐，不平之平，合乎"人伦"，顺乎"天理"。荀子看到了"明分"对"使群"的必要性，肯定了社会等级

制的存在。但是,他又认为这种等级的"分"并不是不可改变的。他说:

> 贤能不待次而举,罢不能不待颁而废……虽王公士大夫之子孙也,不能属之礼义,则归之庶人。虽庶人之子孙也,积文学,正身行,能属于礼义,则归之卿相士大夫。(《王制》)

可见,在荀子的眼中,"分"固然重要,但职位的高低、贫富贵贱的等级差别却是可以改变的。变与不变,就取决于是否能服从礼义和是否贤良。他说:

> 我欲贱而贵,愚而智,贫而富,可乎?曰:其唯学乎!彼学者:行之,曰士也;敦慕焉,君子也;知之,圣人也。上为圣人,下为士君子,孰禁我哉!(《儒效》)

只要掌握礼义、实践礼义,贱可变贵,贫可变富,上可成为圣人,下可成为士君子。这种"分"的改变,谁也禁止不了。由此可见,荀子的"明分"既具有肯定社会等级制的内容,也含有社会等级制可变的思想。这样,就将"明分使群"说建立在一个较为进步的基础上。讲荀子的"明分使群"说只强调其肯定等级制的一面,忽视其等级制可变的思想,是有片面性的。

四、天人之分

荀子是第一个从理论上较为系统地、明确地对天给予自然的解释的思想家。天是什么?荀子认为,天就是客观现实的自然界,就是唯一实在的物质世界。他说:

> 列星随旋,日月递炤,四时代御,阴阳大化,风雨博施,万物各得其和以生,各得其养以成,不见其事而见其功,夫是之谓神;皆知其所以成,莫知其无形,夫是之谓天。(《天论》)

天就是恒星运转、日月照耀、四时变化、阴阳风雨、万物生成。这种天,也就是运动着的物质自然界,就是自然。

天地万物的本源是什么呢?荀子说:

> 水火有气而无生,草木有生而无知,禽兽有知而无义,人有气有生有知,亦且有义,故最为天下贵也。(《王制》)

荀子这里把自然界分为五个层次:"最为天下贵"的最高层次是有气、有生、有知、有道德观念的人;第二层次是有气、有生、有知而无道德观念的禽兽;第三层次是有气、有生而无知、无道德观念的草木,即植物;第四层次是有气而无生、无知、无道德观念的水火,即无机物;第五层次也即最基本的层次是构成所有这一切的物质元素——无生、无知、无道德观念的气。这样，荀子就把无机界同有机界、人类同自然界的物类在"气"这个基础上统一起来了。

荀子不仅以"气"为万物的本源，而且还对形神关系作了唯物主义的解释。他说：

> 天职既立，天功既成，形具而神生，好恶喜怒哀乐藏焉，夫是之谓天情；耳、目、鼻、口、形，能各有接而不相能也，夫是之谓天官。心居中虚，以治五官，夫是之谓天君。(《天论》)

"天官"、"天君"这些自然形成的形体、器官，是人类精神运动的物质基础。"形具而神生"，先有了这些物质的形体，然后才产生了精神活动。这样，就揭示了精神对形体的依赖关系。这是先秦时代关于形神关系最卓越、最深刻的理论成果，是荀子对古代形神观的重大贡献。

荀子还进一步揭示了宇宙运动变化的原因：

> 天地合而万物生，阴阳接而变化起。(《礼论》)

这是说天气和地气相结合，产生万物；阴阳二气的接合和交互，引起了自然界的运动变化。这是从气本源说出发，从事物自身的矛盾来揭示自然界运动变化的原因，进一步论证了"天"的物质性，排除了主宰之"天"的存在。

天是客观存在的自然界。那么，自然界有没有它固有的必然规律呢？荀子的回答是肯定的。其《天论》第一句就说："天行有常。"又说："天有常道矣，地有常数矣。"这些命题尽管表述有异，但其旨皆同，都是肯定自然界有它本身所固有的规律。这种规律是什么？荀子说：

> 天不为人之恶寒也，辍冬；地不为人之恶辽远也，辍广。(《天论》)

天道"不为尧存，不为桀亡"。规律性的存在是不以人的意愿、好恶为转移的，它具有永恒性、客观必然性。一方面，人们不能把自己任何主观的成分、主观的性质附加给自然界；另一方面，天也没有任何主观的私怨私德，它不能干预人事。因为"道者，非天之道，非地之道，人之所道也，君子之所道也"(《儒效》)。天道并非人道，自然界的规律不能决定社会的变化。这种思想，就是所谓"天人之分"说。

从此出发，荀子明确提出人类社会的治乱兴废，并不取决于自然界。他说：

> 治乱天邪？曰：日月星辰瑞历，是禹桀之所同也；禹以治，桀以乱，治乱非天也。时邪？曰：繁启蕃长于春夏，蓄积收藏于秋冬，是又禹桀之所同也；禹以治，桀以乱，治乱非时也。地邪？曰：得地则生，失地则死，是又禹桀之所同也；禹以治，桀以乱，治乱非地也。(《天论》)

天、时、地等自然条件,在大禹和夏桀的时代是相同的,但社会政治却有一治一乱的不同。这种比较说明社会的治乱主要不取决于自然,实际上已把社会治乱的根源由"天命"转移到人事上来了。

荀子提倡"天人之分",强调天不能干预人事,天道不能决定社会的变化。但他又认为天、人之间也有相互联系、相互影响的一面,只不过这不是天支配人类社会、主宰人类社会,而是人类社会利用和顺应自然界。两者之间,人是主动的,天是被动的;人是治者,天是被治者;人是有意识的主体,天是无意识的客体。

荀子的这种思想,主要内容有二:一是主张顺应自然规律,利用自然界。为此,他提出"天养"、"天政"的概念。他说:"财(裁)非其类,以养其类,夫是之谓天养。"(《天论》)"君子生非异也,善假于物也。"(《劝学》)人与自然界,就是养与被养,假与被假的关系。他还进一步论述:"顺其类者谓之福,逆其类者谓之祸,夫是之谓天政。"(《天论》)"天养"只能"顺"而不能"逆",这个自然原则说明,自然界尽管是消极而无意识的,但它作为人类生存和发展的基础,对人类的生活起着客观的制约作用。因此,人类对自然界,"应之以治则吉,应之以乱则凶"(《天论》),思想和行动只能适应其规律,而绝不能违反它。

二是主张积极地知天命,裁万物,做自然的主人。荀子说:

> 天地生君子,君子理天地。无君子,则天地不理,礼义无统。(《王制》)

君子,就是自觉的人。天地生君子,也产生其他的人和物类。荀子认为,与其他的人和物类相比,君子最大的特点是"理天地"。也就是说,君子和自然界的关系是理和被理的关系,君子不是匍匐在自然界膝下的奴仆,而是自然界的主人。这种"理",荀子也称之为治。《天论》说:"天有其财,人有其治,夫是之谓能参。"天之时、地之财对人类生活有所制约,但这种制约是无意识的,而人类之治,却是主动的。这种"理"、"治"不但有顺应自然之意,也有改造自然之旨。

如果说,荀子以人文世界主宰自然世界的思想在以上表述中还不太明晰的话,那么,在《天论》的这两段话中,就再也不会产生歧义了。

> 如是,则知其所为,知其所不为矣,则天地官而万物役矣。

这是说,只要人们掌握和认识了客观规律,人类就能主宰自然界。"官"和"役"正表达了人类对"天地"、"万物"的主人翁意识。正因为如此,荀子认为"大天"、"颂天"不如"制"天、"用"天。他说:

> 大天而思之,孰与物畜而制之!从天而颂之,孰与制(知)天命而用之!

望时而待之,孰与应时而使之! 因物而多之,孰与骋能而化之! 思物而物之,孰与理物而勿失之也! 愿于物之所以生,孰与有物之所以成! 故错人而思天,则失万物之情。

"物畜而制之"、"制(知)天命而用之"、"应时而使之"、"骋能而化之"、"理物而勿失之",其实质是突出人作为自然界主人的自觉。这种人能胜天思想的提出,在先秦思想史上是划时代的,是中华民族认识发展史上的一大飞跃。荀子的天人关系论,是先秦哲学思想的最高成果之一。

五、虚壹而静

荀子在认识论问题上有许多精到的见解。他提出了"形具而神生"(《天论》)说,"形"指人的形体,即耳、目、鼻、口、形体等感觉器官;"神"指人的精神,认识能力。人的认识是在形体的基础上产生的,自然,认识是从感觉开始的。因此,他将人的认识过程区分为两个阶段:

第一个阶段是"天官意物"或"缘天官"。"天官"即人天然就具有的感觉器官,它们包括人的耳、目、鼻、口(舌)、形(身)。"意"即感觉,"物"指客观世界,"缘"即依靠。荀子认为,要认识事物的同异,首先就必须凭借感觉器官,通过感觉器官来反映客观事物。他肯定人通过不同的感觉器官可以得到关于对象的不同的感觉,感知事物的不同属性。比如,"形体、色、理,以目异",用眼睛(视觉)可以区别出不同的形状、颜色、纹理;"声音清浊、调竽奇声,以耳异",用耳朵(听觉)可以区别出清晰或混杂、巨细不同的声音;"甘、苦、咸、淡、辛、酸、奇味,以口异",用口舌(味觉)可以区别出甜、苦、咸、淡、辣、酸等不同的味道;"香、臭、芬、郁、腥、臊、漏、庮、奇臭,以鼻异",用鼻子(嗅觉)可以区别出香、臭、芬、腐、腥、臊等不同的气味;"疾、养、凔、热、滑、铍、轻、重,以形体异",用形体(触觉)可以区别出痛、痒、冷、热、润滑、枯燥、轻、重等不同的感触。(《正名》)所谓"目辨白黑美恶,耳辨音声清浊,口辨酸咸甘苦,鼻辨芬芳腥臊,骨体肤理辨寒暑疾养"(《荣辱》),这些人"生而有之"的感觉器官对颜色、声音、味道,气味、感触的辨别,就是感觉经验。认识就是从这种感觉经验开始的。

荀子虽然重视"天官意物"得来的感觉经验,但是他认为由于各种天官的职能不同,只能感知它所能感知的属性,所以它们各自所提供的感觉、印象,免不了有其局限性,这种局限性表现为表面性和片面性。如果受其支配,就会产生错觉和误会,陷入各种各样的"蔽"之中。

为了避免"蔽于一曲,而谙于大理"(《解蔽》),荀子又提出了认识的第二阶段,即"心有征知"。他说:

> 心有征知。征知,则缘耳而知声可也,缘目而知形可也;然而征知必将待天官之当薄其类然后可也。(《正名》)

"征知"就是在感官感知的基础上,对感觉印象进行分析、辨别和验证。荀子将思维器官称作"天君",或称作"心"。认为"心"有"征知"即验证认识的作用。但是"征知"必须通过感官接触各种事物才能作出抉择,"是之则受,非之则辞"(《解蔽》),可见"征知"就是在感性认识的基础上进入到理性认识阶段。

在荀子看来,"天官意物"与"心有征知"是人们形成认识不可缺少的两个阶段。"意物"必须"征知",否则得来的认识是不可靠的;"征知"又必须以"意物"为基础,不然"征知"就失去了依据。但是,心和目、耳、口、鼻、形这五官的地位和作用并不是等同的。心是"天君",而目、耳、口、鼻、形五官只是"天官"。在认识中"天君"的地位和作用比"天官"更为重要。两者是君与臣、治与被治的关系。

鉴于人们在认识上容易陷于表面性和片面性之弊,荀子提出了"虚壹而静"的"解蔽"方法。荀子所谓"虚",指不以已有的认识妨碍再去接受新的认识;"壹",指思想专一;"静",指思想宁静。荀子认为"心"要知"道",就必须做到虚心、专心、静心。他说:

> 人生而有知,知而有志,志也者,藏也,然而有所谓虚,不以所已藏害所将受谓之虚。(《解蔽》)

所谓"藏",指已获得的认识。荀子认为,不能因为已有的认识而妨碍接受新的认识,所以"虚"是针对"藏"而言的。他又说:

> 心生而有知,知而有异,异也者,同时兼知之;同时兼知之,两也;然而有所谓一,不以夫一害此一谓之壹。(《解蔽》)

"心"有分辨差异,同时"兼知"多种事物的能力,可以同时得到多种不同的认识,这就是"两"。但另一方面,要深刻认识一种事物、精通一门学问,就必须专心一意、集中思想,不能因对那一种事物的认识而妨碍对这一种事物的认识,这就是"一"。"一"和"两"的这种辩证统一就是"壹"。荀子强调:

> 心枝则无知,侧则不精,贰则疑惑。壹于道以赞稽之,万物可兼知也。身尽其故则美。美不可两也,故知者择一而壹焉。(《解蔽》)

"择一而壹"也就是专一、专心,这是一时的正确的选择。荀子还说:

> 心,卧则梦,偷则自行,使之则谋。故心未尝不动也,然而有所谓静,不

以梦剧乱知谓之静。(《解蔽》)

心是动的,不动就不能思维,但要正常思维就必须排除各种干扰,让思想静下来。所谓"静"就是不让各种胡思乱想和烦恼来扰乱思维,其深层义就是将"择一而壹"的正确选择长时间坚持下去,不让其被"梦剧"所破坏。

荀子认为,正确处理好"藏"与"虚"、"两"与"壹"、"动"与"静"三对矛盾的关系,做到"虚壹而静",将正确的选择进行到底,就能达到"大清明"的境界,做到"坐于室而见四海,处于今而论久远,疏观万物而知其情,参稽治乱而通其度,经纬天地而材官万物,制割大理而宇宙理矣"(《解蔽》)。从认识形式到认识方法,荀子的辩证思维水平,确实是他那个时代无人能及的。

六、兵以仁义为本

荀子的战争观出自孔、孟,其认识的深度则超过了孔、孟。对于战争,孔子、孟子虽然都用"征"、"伐"、"诛"、"讨"、"围"、"入"、"灭"等字眼表达过自己对某一具体战争的褒贬,其中孟子还提出过"春秋无义战"(《孟子·尽心》)的观点。但是,他们从来没有对战争的目的下过一个明确的定义。而荀子则把儒家对战争目的的认识凝聚成"彼兵者,所以禁暴除害也,非争夺也"的命题,并且从逻辑上论证了仁义与战争的必然联系。这一思想,不但是先秦儒家战争观的最高理论表述,而且比起《老子》的"兵者,不祥之器",《孙子》的"兵者,国之大事,死生之地,存亡之道,不可不察也"(《计》篇),《尉缭子》的"兵者,以武为栋,以文为[植];以武为表,以文为里;以武为外,以文为内"(《兵令》篇)来,认识更为正确、深刻。比如《老子》的定义,视"兵者"为"不祥之器",在否定非正义战争的同时,连正义战争存在的必要性也否定了。《孙子》的定义,只强调战争对于国家的极端重要性,并没有提出对战争性质的根本认识,所以,这只是对事实的一种客观陈述而已。《尉缭子》的定义,指出政治因素对于战争的重要性,但其具体主张并不清楚。而荀子的论述,将自己肯定什么样的战争、为什么需要战争都表达得清清楚楚,其理论水平显然高出诸子。当然,在先秦,这一战争观念并非荀子的独创。如《左传》宣公十二年就载有楚庄王论武七德,云:"夫武,禁暴、戢兵、保大、定功、安民、和众、丰财者也。"其看法就与荀子所说相近。但比较起来,荀子后出转精,其论述更为精到,逻辑性更强。

战国是一个"力政争强,胜者为右"的时代,富国强兵是战国政治家、军事家梦寐以求的理想。如何才能强兵?荀子和他的学生李斯以及赵将临武君之间曾发生过激烈的思想交锋。

约公元前259—前257年间,荀子与临武君在赵孝成王前讨论军事问题。临武君认为,"用兵之要术"在于"上得天时,下得地利",在于"观敌之变动,后之发,先之至"。为什么呢?因为"善用兵者,感忽悠暗,莫知其从出"。著名的军事家孙武、吴起他们"无敌于天下",就是这样干的。临武君这是就军事而论军事,以"权谋势利"为用兵的关键。荀子不同意临武君的看法,他认为:

> 凡用兵攻战之本在乎壹民。弓矢不调,则羿不能中微;六马不和,则造父不能以致远;士民不亲附,则汤、武不能以必胜也。故善附民者,是乃善用兵者也。故兵要在乎善附民而已。(《议兵》)

在荀子看来,军事问题实质就是政治问题,要解决军事问题就应从政治问题入手。因此,他提出了"用兵攻战",也就是强兵的本末问题。

荀子从两个方面对强兵的本末问题进行了论述。第一,通过"仁人之兵"与"盗兵"的比较,论证就强兵而言,政治上人心的向背为本,军事上的权谋机变为末。荀子认为:

> 仁人上下,百将一心,三军同力;臣之于君也,下之于上也,若子之事父,弟之事兄,若手臂之扞头目而覆胸腹也。(《议兵》)

国内"壹民"、"附民"影响所及,势必使别国之民也人心所向。所以:

> 仁人之用十里之国,则将有百里之听;用百里之国,则将有千里之听;用千里之国,则将有四海之听;必将聪明警戒,和抟而一。(《议兵》)

政治上的优势化为军事优势,就是:

> 仁人之兵,聚则成卒,散则成列;延则若莫邪之长刃,婴之者断;兑则若莫邪之利锋,当之者溃;圜居而方止,则若盘石然,触之者角摧,案角鹿埵陇种东笼而退耳。(《议兵》)

这么一支军队,"不可诈也",是不能用"权谋势利"打垮的。而崇尚"诈术"的"盗兵",都是"干赏蹈利之兵",实行的是"佣徒鬻卖之道","君臣上下之间涣然有离德",百姓"反顾其上,则若灼黥,若仇雠"。建立在这样的政治基础之上的军队,"胜不胜无常,代歇代张,代存代亡,相为雌雄耳"。也就是说,"是事小敌毳则偷可用也,事大敌坚则涣焉离耳,若飞鸟然,倾侧反覆无日"。荀子将属于"盗兵"行列的"齐之技击"、"魏氏之武卒"、"秦之锐士",属于"和齐之兵"的"桓、文之节制",与汤、武仁义之兵进行了必较,结论是:

> 齐之技击不可以遇魏氏之武卒,魏氏之武卒不可以遇秦之锐士,秦之锐士不可以当桓、文之节制,桓、文之节制不可以敌汤、武之仁义。(《议

兵》)

为什么呢？因为"齐之技击"、"魏氏之武卒"、"秦之锐士"，他们都是崇尚功利、奉行诈术的军队。他们彼此间进行争斗，是"以诈遇诈"，所以有巧拙之分。而以汤、武为代表的仁义之兵，奉行的是礼义教化，是有本统的军队，君臣之间，上下之间，人心齐一，"民之亲我欢若父母，其好我芬若椒兰"。用诈术去对待这样的仁义之兵，其结果只能是"若以焦熬投石"，"犹以锥刀堕太山"，"若以卵投石，以指挠沸；若赴水火，入焉焦没耳"！所以，就强兵而言，政治上的人心向背是本，军事上的权谋势利是末。

第二，通过对"大王"与"将率"在强兵问题上所起作用的比较，突出君主的决策决定"将率"的具体指挥。荀子认为，对于强兵而言，"凡在大王，将率末事也"。为什么呢？因为"君贤者其国治，君不能者其国乱"，"治者强，乱者弱"；"上足仰则下可用也，上不足仰则下不可用也"，"下可用则强，下不可用则弱"。"好士"、"爱民"、"政令信"、"民齐"、"赏重""刑威"、"械用兵革攻完便利"、"重用兵"、"权出一"，这些都是增强兵势的重要因素；而"不好士"、"不爱民"、"政令不信"、"民不齐"、"赏轻"、"刑侮"、"械用兵革窳楛不便利"、"轻用兵"、"权出二"，这些都是削弱兵势的重要因素。荀子认为决定它们取舍的是"大王"而不是"将率"。在《富国》篇中，荀子同样坚持这一观点，他说：

> 观国之强弱贫富有征验：上不隆礼则兵弱，上不爱民则兵弱，已诺不信则兵弱，庆赏不渐则兵弱，将率不能则兵弱。

兵弱还是兵强，由是否"隆礼"、"爱民"决定，由"诺"是否"信"、"庆赏"是否"渐"、"将率"是否"能"决定。"隆礼"、"爱民"取决于上，这是荀子明言的；而"诺信"、"庆赏渐"、"将率能"，实质最后也取决于上，这又是荀子不言而明的。所以，对强兵而言，君主的政治决策是本，而将率的具体指挥只是末。

荀子对强兵本末问题的这一分析，其眼光见识显然超过了临武君，所以，临武君和赵孝成王不得不称善，表示心悦诚服。

荀子和他的学生李斯在强兵以何为本问题上发生了又一场争论。这一争论起端于如何解释"秦四世有胜，兵强海内，威行诸侯"这一事实。李斯对其师强兵以仁义为本的观点不以为然，他实质赞同临武君之说，所以用事实反驳荀子：

> 秦四世有胜，兵强海内，威行诸侯，非以仁义为之也，以便从事而已。（《议兵》）

"非以仁义为之而"，就是临武君所谓"岂必待附民哉"；"以便从事而已"，也就是临武君所谓"兵之所贵者势利也,所行者变诈也"。这就是说,秦人不施仁义,不善附民,怎么有利就怎么做,也能四世称雄。

对这一严峻的现实的挑战,荀子并没有从理论上后退,他解释说:

> 女所谓便者,不便之便也。吾所谓仁义者,大便之便也。(《议兵》)

为什么如此说呢? 荀子从两个方面对"秦四世有胜"这一现实进行了剖析。

从兼并战争的角度而言,荀子认为秦国的形势不容乐观。尽管"秦四世有胜",但他们仍"偒偒然常恐天下之一合而轧己也"。尽管他们有"坚甲利兵"、"高城深池"、"严令繁刑",但由于不得人心,皆"不足以为胜","不足以为固","不足以为威"。例如楚国,尽管有"坚甲利兵","犀兕以为甲,坚如金石;宛钜铁釶也,惨如蜂虿;轻利僄遬,卒如飘风",但垂沙一战,免不了兵败国破。尽管他们有"高城深池","汝、颍以为险,江、汉以为池,限之以邓林,缘之以方城",但"秦师至而鄢、郢举,若振槁然"。商纣王虽然"严令繁刑","刳比干,囚箕子,为炮烙刑,杀戮无时,臣下懔然莫必其命",但周武王大军一至,免不了兵叛身死。从历史事实来看"秦四世有胜",荀子认为秦军从本质上看也是一种"末世之兵",不能据此来否定仁义为强兵之本。从现实来看,荀子认为秦国内外都潜伏着不可克服的危机。一是对内:

> 秦人其生民也狭陋,其使民也酷烈,劫之以势,隐之以阨,忸之以庆赏,鳛之以刑罚。(《议兵》)

所以,国内民心并不是真正一致。二是对外,被征服的他国人民:

> 非贵我名声也,非美我德行也,彼畏我威,劫我势,故民虽有离心,不敢有畔虑,若是则戎甲俞众,奉养俞费;是故得地而权弥轻,兼人而兵俞弱。(《议兵》)

要镇压被征服国人民的反抗,必然要耗费大量的兵力和财力,所以,征服战争的胜利并不能促使秦军更加强盛,而只能促使其走向反面。

从"坚凝"即保持和巩固胜利的角度而言,荀子认为秦国也存在着困难。这是用发展、变化观来看待"秦四世有胜"的形势。

> 齐能并宋,而不能凝也,故魏夺之。燕能并齐,而不能凝也,故田单夺之。韩之上地,方数百里,完全富足而趋赵,赵不能凝也,故秦夺之。(《议兵》)

从这些历史事实中,荀子得出了这么一个结论:

> 能并之而不能凝,则必夺;不能并之又不能凝其有,则必亡。(《议兵》)

所以,他发出了"兼并易能也,唯坚凝之难焉"的感慨。这就是说,尽管"秦四世有胜,兵强海内;威行诸侯",但是,由于他不施仁义,不以德凝之,其结果也免不了败亡。所以,在这场关于秦国形势的争论中,荀子还是坚持了儒家以壹民、附民为本的强兵思想。

总之,荀子的军事思想是异常丰富、深刻的。他以禁暴除恶为目的的战争观、以壹民附民为本的强兵论,虽然不无创造发展,但从总体看,是对孔子、孟子儒家传统军事思想的继承;他以为将之道、王者之军制为内容的治军术则主要是他在战国末期这一新的历史条件下对儒家传统军事思想的创新和补充,其中许多见解往往发人之所未发,弥足珍贵。可以说,直到荀子《议兵》,儒家才形成系统的、较为完备的军事思想。谈中国军事思想史,我们不能低估荀子的贡献。

荀子的性伪之分、明分使群、天人之分、虚壹而静、兵以壹民附民为本、名以指实等思想是荀子对于中国哲学的创造性贡献,他的理论和学说不但影响了我们的先辈,而且还在影响着我们,并将继续影响我们的后辈。

荀子故里考辨

沈长云*

荀子故里亦即荀子出生地在文献中本是一个比较清楚的问题。《史记·孟子荀卿列传》对之有明确的记载:"荀卿,赵人也。"是荀子为战国时期的赵人。稍后的班固在其《汉书·艺文志》"儒家"类所列"《孙卿子》三十三篇"下的自注中亦称:"名况,赵人,为齐稷下祭酒,有《列传》。""有《列传》"即指司马迁《史记》中有孙卿(即荀子)的列传,是班固亦认同司马迁的说法。以后历朝有关荀子生平的介绍对荀子为赵人这一点未尝有任何异议。

《史记》所载荀卿的籍贯为"赵人",既可理解为荀卿是赵国之人,亦可理解为荀卿是赵国都之人。查《史记》对于先秦历史人物出生地的记载,大致有两种记法:一是笼统地记其为某国之人,如"豫让者,晋人也"、"慎到,赵人"、"颜回者,鲁人也"、"蔡泽,燕人也"、"张仪者,魏人也"、"孙子武者,齐人也"、"伍子胥者,楚人也"、"春申君者,楚人也"、"吴起者,卫人也";另一种是具体地记其为某国某地之人,甚至某地下属的某乡某里之人,如"犀首者,魏之阴晋人也"、"李斯,楚上蔡人也"、"晏平仲者,莱之夷维人也"、"白起者,郿人也"、"王翦者,莱阳东乡人也"、"老子者,楚苦县厉乡曲仁里人也"、"苏秦者,东周雒阳人也"、"专诸者,吴堂邑人"。这后一种记法,当是司马迁《史记》更具体地了解其所记之人的籍贯,但前一种记法,也不得简单地理解为是司马迁于其所记之人的籍贯只有一个大概的印象,因为所谓"某国之人",在很多场合下实际就是某国都邑之人的简称。如上举"颜回者,鲁人也",众所周知,回乃居住在鲁都曲阜陋巷中的寒士,因而《史记》称他为"鲁人",便应是指他为鲁国都之人。又如张仪,文献称他为"魏氏余子"[1],则张仪当为魏公族之人,如此他也应当生长在魏国

---

* 沈长云(1944—),男,重庆人,河北师范大学历史文化学院教授、博士生导师。中国先秦史学会副会长、中国史学会史学理论分会常务理事、中国社会科学院古代文明研究中心客座研究员、著名先秦史专家。

① 《史记集解》引《吕氏春秋》。

都里面,他的所谓"魏人"的籍贯,亦应理解为魏国都之人。又伍子胥,《史记》记其父奢为楚平王太子建之太傅,是其本居住在楚郢都之内;春申君,《史记·游侠列传》称其与齐孟尝、赵平原、魏信陵皆为"王者亲属",钱穆更直指其为楚顷襄王弟,[1]470-472 是其更当为生活在楚国都内之贵族,这两位被司马迁称作"楚人"的人,实际都应是楚郢都之人。

其实,像这样将某国之国都与某国国名混为一谈的例子在先秦两汉的文献中所在多有,不独用作对某个人物籍贯故里的称述。如《春秋》昭公二十一年夏:"宋华亥、向宁、华定自陈入于宋南里以叛",杜注:"南里,宋城内里名",是《春秋》经称宋国都城为"宋"。又《左传》哀公二十七年:"悼之四年,晋荀瑶帅师围郑。未至,郑驷弘……乃先保南里以待之",杜注:"南里在城外",是所谓"郑"亦指郑国都城。又《左传》定公四年记"吴入郢",而《春秋公羊传》及《春秋谷梁传》均作"吴入楚",是二《传》均以"楚"当作楚郢都之称。《史记》中这样的例子更多,如《伍子胥列传》记楚平王用费无忌之计,召子胥兄弟至京师就缚,子胥不肯而选择了逃亡,其兄伍尚则自"至楚",其时子胥兄弟本仍在楚国,则此所谓"楚"当是指楚京师。又《刺客列传》记荆轲"至燕……日与狗屠及高渐离饮于燕市",并因"燕之处士田光先生"得见燕太子丹,是其所至之"燕"亦非燕下都莫属。又《史记·孙子吴起列传》记起为卫人,少时尝"杀其谤己者三十余人,而东出卫郭门",此所谓"卫"不仅有城,而且有郭,其为卫之都城亦不成问题。

由此看来,《史记》、《汉书》所记载的"荀卿,赵人",很大程度上亦应理解为"荀卿是赵都邯郸之人"。

当然,我们也不排斥《史记》称"荀卿,赵人"也包含有荀卿是赵国其他某地出身之人的意思。说荀卿是赵都邯郸之人是一种可能,说他是邯郸以外其他赵地之人,也是一种可能,限于资料,我们目前还不能肯定地说出荀子到底是战国时期赵国领土上哪个地方的人氏。我们盼望今后能有更加新鲜的资料为我们提供荀子故里或其出生地的确切地点。

但是我们遗憾地看到,现在却有一些地方的学者因为《史记》这个可以导致人们对于荀子生地做不同理解的记载,有意无意地将事情弄混淆,甚至将荀子说成是赵地以外其他地方的人氏,这就使得我们不得不对一些有关说法进行一番清理了。作为故赵土地上的学者,我们觉得有责任作出这样的清理。

一种这样的说法最早出自清人胡元仪,称荀子出生在今山西的临猗,乃西周所封的郇伯之后。其在所作《郇卿别传考异二十二事》中引林宝《元和姓纂》

说:"郇,周文王十七子郇侯之后,以国为氏,后去邑为荀。晋有荀林父,生庚,裔孙况",复引《水经·涑水注》,认郇伯所封在"今山西蒲州猗氏县境内",即今山西临猗县。他最后作出归纳说:"古郇国在今山西猗氏县境,其地于战国正属赵,故(称荀子)为赵人。"[2]31

按胡氏说古郇国在山西临猗县(清猗氏县)似无大问题,指荀卿为周郇伯之后则有所不妥。因为西周郇伯之国至春秋初即为晋所灭,晋武公以其地赐予大夫原氏黯,原氏遂改称为荀氏①。荀卿即使可以说是荀氏之后,亦不得说是西周郇伯之后。但胡氏说更大的问题并不在此,乃是称郇伯所在的今山西临猗县一带"于战国属赵",他以为正是因为这个缘故,《史记》才称荀卿为"赵人"。然而胡氏说临猗"于战国属赵"是完全错误的,只要将《汉书·地理志》所述赵、魏二国的分地拿来一对照,就立即可以判定临猗及所在晋南河曲地区属魏而不属赵。连今山西地方学者也对临猗属赵的说法多不之信。胡氏之说不可取,已渐成为学者的共识。

对胡氏说作出某些"修正"的是今天仍在做大力宣传的"山西新绛说"。这个说法不再称荀子是西周郇伯之后,而只承认荀子为春秋晋国所封的荀氏之后;这个为晋所封的荀氏的封邑也不在原来蒲州的猗氏县,而在今山西故临汾县城附近的新绛县,其引《水经·汾水注》"汾水又西与古水合,水出临汾县故城西黄阜下……又西南过魏正平郡(县)北,又西迳荀城东,古荀国也。汲郡古文'晋武公灭荀,以赐大夫原氏也'",以证明所谓荀城在故临汾县城及今新绛(魏正平)附近。为了进一步坐实这个地方就是荀子生地,说者更称这里的新绛县三泉镇席村近年曾发现过一通清乾隆年间的"重修荀城石碑",并且早些时候还在此地的龙兴寺的地下发现过一块刻有"荀子故里"的石匾额云云[3]。

不难看出,这个稍作补苴的"新绛说"仍旧是错误的,错就错在新绛于战国时期仍然不是赵国的领土。荀城(荀邑)及所临近的晋国绛都一带夹在战国韩都平阳(今临汾西)及魏都安邑(今夏县西)之间,战国前期,这里大约属于尚在苟延残喘的晋公室的地盘,"三家分晋"后,这里便成了韩国管辖的范围。《史记·韩世家》记:"(韩)桓惠王九年,秦拔我陉,城汾旁",韩桓惠王九年当公元前264年,其时陉尚为韩国的领土。陉的所在,《正义》称"在绛洲曲沃县西北二

---

① 《汉书·地理志》注引《汲郡古文》。

十里汾水旁",正当故临汾县城附近①,是旧时所谓"荀城"、"临汾县故城"及今新绛附近地区直到长平战前(长平之战发生在公元前 261 年)皆应属于韩国的领土。既然如此,作为"赵人"的荀子的出生地与这里没什么关系,也是可以下断语的。至于当地出土的所谓"荀子故里"石匾额,我们未能目验原物,仅从山西运城出版的《黄河晨报》上发布的这通匾额的照片来看,实在看不出它对于说明荀子出生地具有什么价值,因为这块断成几截的残匾上分明只有"子故里"三字[4],说它原本是"荀子故里",恐怕还要费一些工夫。即令这四字是真,也不见得对所谓"新绛说"起到多大的帮助作用。

最后一种说法是近来颇为流行的"山西安泽说"。提出此说的作者看出前面两种说法的问题主要在于其所指荀子故里于战国时期根本不是赵地,此未免与《史记》称荀子为"赵人"相矛盾,但碍于荀子生地必定与活动在今山西南部的晋卿荀氏有关的认识,遂想方设法要在晋南找出一个于战国末期曾为赵国所管辖,又与晋卿荀氏有关的地方来,以便将荀子生地安放进去。最终他找到了安泽,说安泽这个地方曾是晋国荀林父将兵往来的场所,于战国原属韩国上党郡管辖,但是由于秦攻上党,韩不能救,其守冯亭遂以上党降赵,因此"山西南部荀子故里,非弃韩归赵的安泽莫属"[5]。还有一些次要的理由,如说荀子于上党长平之战前曾回到赵国,与临武君议兵于赵孝成王前,此表现了荀子对家乡的系念,因而亦可作为荀子是安泽人的证据,如此之类。

其实,稍加推敲,即可看出此"荀子故里安泽说"比前更加明显的弊病。首先,即令承认安泽属韩上党郡管辖,所谓安泽"弃韩归赵"的时间亦莫过一两年。因为上党刚一降赵,即陷入秦赵长平大战的漩涡,战争仅一年多,便以秦胜赵败而告结束,上党随即落入秦国之手。对此,《史记·秦本纪》有十分明晰的记载,称秦昭襄王四十七年,秦攻韩上党,上党降赵,秦因攻赵,大破赵于长平,四十余万尽杀之;四十八年十月,秦将投入长平之战的军队分为三军,其一由司马梗率领,"北定太原,尽有韩上党"。仅仅根据这一两年上党的"弃韩归赵",便说上党包括今安泽战国属赵所领有,显然没有什么道理。何况荀子生在长平之战前四五十年,他的出生更难与上党的"弃韩归赵"有何瓜葛。再则,说安泽一带曾是春秋时期荀林父将兵往来的场所,此与荀子生地并没有直接关系,甚至也不能说明安泽是荀氏的聚居地,因为某个氏族的聚居地与该氏族的某位人物曾经

---

① 《史记·秦本纪》记秦昭襄王五十年(前 257 年)十二月,秦"益发卒君汾城旁",《正义》引《括地志》云"临汾故城在绛州正平县东北二十五里,即古临汾县城也",可为之证。

带兵打仗的场所毕竟是两回事。其三，说荀子于长平战前曾回到赵国于赵王面前议兵，此更不符合史实。就《荀子·议兵》本身所记而言，这次荀子在赵孝成王面前的议兵明显是在长平战后。《议兵》篇记荀子之语"韩之上地方数百里，完全富足而趋赵，赵不能凝，故秦夺之"，杨注"上地"即"上党之地"，"趋"训为"归"，"凝"乃"定也"，谓韩之上党地方数百里归降于赵，而赵不能定，故为秦夺去。是荀子此话一定在长平之战后，所谓荀子议兵为赵长平之战着想这样的说辞只能视作奇谈怪论。

综上所述，荀子故里亦即荀子的出生地应是战国时期的赵国，并很可能就是赵国的都城邯郸。荀子祖上有可能是春秋时期晋国的卿族荀氏，但荀氏封地在战国时期已不属赵，因而指今山西南部的临猗、新绛或安泽等地为荀子故里都是站不住脚的，我们不能因为《史记》仅仅记载荀子为"赵人"而未记其生地在某个具体的县邑，便对荀子故里作出一些无端的猜测。

参考文献：
[1] 钱穆：《先秦诸子系年》（卷4），商务印书馆2001年版。
[2] 胡元仪：《郇卿别传考异二十二事》，《诸子集成》第3册，河北人民出版社1986年版。
[3] 刘保民、任喜山、周琳：《荀子故里"新绛说"》，《山西日报》2008年10月21日。
[4] 刘保民、毛上虎：《新绛席村就是"荀子故里"》，《黄河晨报》2009年6月17日，第3期。
[5] 孙延林：《石破天惊话荀子》，《山西日报》2004年6月22日。

（原载《邯郸学院学报》2012年第3期）

荀子的"等分说"、"群分说"与政治、经济"一体化"构想

郑杰文*

诸子之学,以社会治理为务。荀子承孔子之说,强调以礼治国。他说:"礼者,治辨之极也,强国之本也,威行之道也,功名之总也。"[1]492 "国无礼则不正,礼之所以正国也。"[1]369但荀子礼论并非孔子礼论的简单重复,而是根据当时的社会现实改造了的新礼说。

荀子礼论的出发点是"恶性"论。这是针对当时的社会现实立论的。春秋战国时期,民神易位,人的社会作用日益受到重视,从而激发了人类自我意识的觉醒。人不再将自己视为神祇或者君主的附庸,在对社会付出的同时要求社会承认自己独立的人格和社会给予本人物质利益,进而出现了"拔一毛利天下而不为"的"杨朱派"和为个人荣华显达而不惜出卖祖国利益、为敌国所用的纵横策士及数易其说的邹衍派。在这种社会现实背景上,荀子提出了"人性恶论"。他说:"孟子曰:人之学者,其性善。曰:是不然。""人之性恶。"为什么呢?是因为"今人之性,生而有好利焉"[1]795,"饥而欲食,寒而欲暖,劳而欲息,好利而恶害,是人之所生而有也,是无待而然者也"[1]156。若听任恶性自然发展,便会"争夺生而辞让亡焉","残贼生而忠信亡焉","淫乱生而礼义文理亡焉"[1]795,社会结构的有序化便会受到破坏,必然"犯分乱理而归于暴"[1]795。应如何防止这种情况?如何节制战国时期日益膨胀的个人私欲呢?荀子提出了"化性起伪"说[1]801。为化人之恶性,故要"起伪"。何谓"伪"?"可学而能,可事而成之在人者,谓之伪。"[1]795-796"伪"即"为也,矫也,矫其本性也"[1]796。化性起伪,就是要通过后天的学习、修养,使人的恶的本性得到改造而归复礼义。故荀子说:"性也者。吾所不能为也,然而可化也。"[1]260 "能化性,能起伪,伪起而生礼

---

* 郑杰文(1951—),男,山东临淄人,山东大学文史哲研究院二级教授,文学博士,博士生导师。山东大学《子海》编纂中心主任、古典文献学学科带头人,山东省文史研究馆馆员。中华文学史料学学会副会长兼古代文学文献研究会会长、中国古代散文学会副会长等。

义。"[1]809"礼者,所以正身也。""故学也者,礼法也。"[1]86"故学至乎《礼》而止矣。"[1]49通过学习,以"礼"化人之恶性,节人之私欲,社会治理便会井然有序。

一、荀子的等分说

荀子礼论的主要内容是等分论,即依据社会现实改造了的"社会等级说"。等级制是奴隶社会的产物。周公制礼作乐,将宗法等级制条文化,使社会秩序井然有序。春秋时期,封建生产关系萌芽,私田大增,诸侯僭王,天下争霸,战乱不已。孔子效仿周公,提倡礼治,试图使社会重新出现"君君、臣臣、父父、子子"[2]271的局面,结果到处碰壁。战国时期,各国先后实现"税亩制",封建生产关系确立。新兴地主阶级成为社会主力军而活跃在政治舞台上。天下争王,连年兼并,混乱不已。荀子礼论的忠信内容——等分论便是针对这种社会现实提出的。

荀子认为,天下争夺的根源使"人欲"胜于"物":"欲恶同物,欲多而物寡,寡则必争矣。"[1]311这便是需要有一种社会措施来调整物欲关系:"从(纵)人之欲,则执(势)不能容,物不能赡也。故先王案为之制礼义以分之,使有贵贱之等,长幼之差,知(智)愚、能不能之分,皆使人载其事而各得其宜。"[1]138礼,便是由于调整物欲关系而产生的:"人生而有欲。欲而不得,则不能无求。求而无度量分界,则不能不争。争则乱,乱则穷。先王恶其乱也,故制礼义以分之,以养人之欲,给人之求。使欲必不穷乎物,物必不屈于欲。两者相持而长,是礼之所起也。"[1]615故礼是制定人伦等级、实现社会等差:"礼者节之准也。""礼以定伦。"[1]457故礼是"分"的标准:"分莫大于礼。"[1]156

调整物欲关系,制止社会混乱,就要"分",就要以礼定"分"。那么制礼定分的依据是什么呢?像周公那样以血统制礼定分已不适应战国时期变化了的社会现实,于是荀子提出以才德和能力制礼定分的新方案:"明主谲德而序位,所以为不乱也;忠臣诚能,然后敢就职,所以为不穷也。分不乱于上,能不穷于下,治辩之极也。"[1]235要"尚贤使能以次之"[1]335,血统出身,不再是贵贱贫富的依据,才德能力面前,人的社会机会是均等的。他说:"虽王公士大夫之子孙,不能属于礼义,则归之于庶人;虽庶人之子孙也,积文学,正身行,能属于礼义,则归之卿相士大夫。"[1]268其关键是有无德行,能否胜任其职事。只要能"原仁义分是非,图回天下于掌上,而辨白黑",能"治天下之大器举在此",便可由贱而贵,由贫而富。这样,既承认了新兴地主阶级的既得利益,又为活跃在政治舞台上的士阶层找到了一条出路,他说:"我欲贱而贵,愚而智,贫而富,可乎? 曰:其唯学乎? 彼学者行之,曰士也。"[1]235

荀子认为,只要实现了这种以才德恩能力为依据的社会等差的"分",便会出现大治局面。他说:"职分而民不探,次定而序不乱。"[1]417"分已定,则主、相臣下百吏,各谨其所闻,不务听其所不闻;各谨其所见,不务视其所不见。所闻所见,诚以齐矣。则虽幽闲隐辟,百姓莫敢不敬分安制以化其上,是治国之征也。"[1]391这样便可出现"井井兮其有理","严严兮其能敬已","分分兮其有终始"[1]241的社会大治局面。

二、荀子的政治管理一体化设想

荀子主张以礼定分合群构建新的社会序列,他所向往的是"农分田而耕,贾分货而贩,百工分事而劝,士大夫分职而听,建国诸侯分土而守,三公总方而议,则天子共己而已"的社会一体化局面[1]372。

《荀子·王制》:"君臣父子兄弟夫妇,始则终,终则始,与天地同理,与万世同久,夫是之谓大本。故丧祭、朝聘、师旅,一也;贵贱、杀生、与夺,一也;君君、臣臣、父父、子子、兄兄、弟弟,一也;农农、士士、工工、商商,一也。……序官:宰爵知宾客祭祀飨食牺牲之牢数。司徒知百宗城郭立器之数。司马知师旅甲兵乘白之数。修宪命,审诗商,禁淫声,以时顺修,使夷俗邪音不敢乱雅,大师之事也。修隄梁,通沟浍,行水潦,安水臧,以时决塞,岁虽凶败水旱,使民有所耘艾,司空之事也。相高下,视肥境,序五种,省农功,谨蓄藏,以时顺修,使农夫朴力而寡能,治田之事也。修火宪,养山林薮泽草木鱼鳖百索,以时禁发,使国家足用,而财物不屈,虞师之事也。顺州里,定廛宅,养六畜,闲树艺,劝教化,趋孝弟,以时顺修,使百姓顺命,安乐处乡,乡师之事也。论百工,审时事,辨功苦,尚完利,便备用,使雕琢文采不敢专造于家,工师之事也。相阴阳,占祲兆,钻龟陈卦,主攘择五卜,知其吉凶妖祥,伛巫跛击之事也。修采清,易道路,谨盗贼,平室律,以时顺修,使宾旅安而货财通,治市之事也。抃急禁悍,防淫除邪,戮之以五刑,使暴悍以变,奸邪不作,司寇之事也。本政教,正法则,兼听而时稽之,度其功劳,论其庆赏,以时慎修,使百吏免尽,而众庶不偷,冢宰之事也。论礼乐,正身行,广教化,美风俗,兼覆而调一之,辟公之事也。全道德,致隆高,綦文理,一天下,振毫末,使天下莫不顺比从服,天王之事也。故政事乱则冢宰之罪也;国家失俗则辟公之过也;天下不一,诸侯俗反,则天王非其人也。"[1]291-297

这就是荀子的政治一体化设想:社会成员各守其职,各尽其责,社会井然有序,层层管理。宰掌"宾客祭祀",司徒掌"城郭立器",司马掌"师旅甲兵",太师掌宪命诗乐,司空掌水旱工程,治田教民耕耘,虞师掌山泽草木,乡师掌六畜树艺,工师掌百工,巫觋掌卜筮,治市通财货,司寇掌刑辟,冢宰掌百官,辟公美教化。各有职掌,各领其民,最后统握于"天王"(《王制》),从而形成了一种以礼定分、以职分民、百官尽责、君王出令的社会管理一体化模式,为新兴的中央集权制社会组织形式提供了蓝图。其中,荀子特别强调"统于君权"、"君掌枢要"的重要性,说:"权出一者强,权出二者弱。"[1]470"无分者,人之大害也。有分者,天下之本利也。而人君者,所以管分之枢要也。"[1]320"君者何也?曰:能群也。能群也者何也?曰:养生养人者也,善班治人者也,善显设人者也,善藩饰人者也。……四统者俱而天下归之。"[1]414言君王牢掌生养、治罪、选拔、庆赏这"四统",则吏劝民归,天下若一。因而他十分赞赏秦国那种百姓古朴,畏有司而顺;百吏萧然,恭敬忠信;士大夫明通而公,君王听决百事不留的秩序井然的一统社会(《强国》)。

三、荀子的"群分说"

荀子礼论的归结点是群体论,即从社会现实出发的定分使群目的论。荀子指出,以礼定分的目的不仅仅是使社会成员等级序列化,使社会秩序井然,更重要的是使社会成员结成有序的群体以发挥社会作用。这便是荀子礼论中的群体论。

首先,荀子论述了"群"的作用:人"力不若牛,走不若马,而牛马为用何也?曰:人能群。"[1]293要使人合群,使人结成能发挥作用的群体,就要有"分",故荀子接着说:"人何以能群?曰:分。分何以能行?曰:义。故义以分则和,和则一,一则多力,多力则强,强则胜物。故宫室可得而居也。故序四时,裁万物,兼利天下,无它故焉,得之分义也。故人生不能无群,群而无分则争,争则乱,乱则离,离则弱,弱则不能胜物。故宫室不可得而居也,(疑以下有脱误)不可少顷舍礼义之谓也。"[1]293这种以礼定分而结成的"群"才是能够"胜物"的强大的社会群体。

荀子的礼仍是讲贵贱等差的,他说:"礼者,贵贱有等,长幼有差,贫富轻重,皆有称者也。"[1]316所以,荀子论述的以礼定分的群体就不是均分无等的群体,而是有等差序列的群体。均分无差等于无分,无等差的群体不能发挥强大的社会作用。荀子说："夫两贵之不能相事,两贱之不能相使,是天数也。执位齐而欲恶同,物不能澹(赡)则必争。争则必乱,乱则穷矣。先王恶其乱也,故制礼义以分之,使有贫富贵贱之等,足以相兼临者,是养天下之本也。《书》曰:'维齐非齐。'此之谓也。"[1]275 只有这种不齐之齐,不一而一,这种以礼规定人伦等差关系的序列齐一的群体,才能发挥强大的社会作用,故荀子强调:"斩而齐,枉而顺,不同而一,夫是之谓人伦。"[1]142 "推礼义之统,分是非之分,总天下之要,治海内之众,若使一人。"[1]109-110

由此可见,荀子礼论是以战国时期认得自我意识强化的社会现实为基础,以承认新兴地主阶级的既得利益、按才德能力重新规定人伦等差为主要内容,以等分合群、充分发挥社会成员的群体作用、为封建君主所用为目的的新礼论。其出发点是社会现实,其归结点是社会作用,尚实重用,是其突出特征。基于此,荀子在讲礼治的同时,才强调兼用法刑,他说:"听政之大分:以善至者,待之以礼;以不善至者,待之以刑。"[1]271 "治之经,礼与刑"[1]834。给予此,荀子才强调要法后王:"王者之制,道不过三代,法不贰后王。"[1]285 因为"欲观圣王之迹,则于其粲然者矣,后王是也。"[1]156 "后王"不像"先王"那样具有太多的理想化的人为成分,较之"先王"更实际可学些。基于此,荀子在天人关系方面才强调"天人相分","制天命而用之"[1]559。

四、荀子的经济管理一体化构想

社会经济生活中,荀子亦设计了一套一体化的结构模式。他强调社会职业分工,说:"百技所成,所以养一人也。而能不能兼技,人不能兼官。"[1]311 他耕强调分工合作,强调各行业产品的交流互用,说:"离居不相待则穷。"[1]311 "通流财物粟米,无有滞留,使相归移也,四海之内若一家。……故泽人足乎木,山人足乎鱼,农夫不斲削,不陶冶,而足械用,工贾不耕田而足菽粟。"[1]287 而定职分人,各行业间的调节协同,则通过层层官僚机构来实现。荀子说:"兼足天下之道在明分。掩地表亩,刺草殖谷,多粪肥田,是农夫众庶之事也。守时力民,进事长功,和齐百姓,使人不偷,是将率之事也。……兼而覆之,兼而爱之,兼而制之,岁虽凶败水旱,使百姓无冻馁之患,则是圣君贤相之事也。"[1]327 这层层社会经济协调机构的权柄最后还是握在君王手中。荀子说:"王者之等赋,政事,财万物,所以养万民也。"[1]287 王者通过种种经济政策进行经济一体化管理:"田野什一;关市几而不征;山林泽梁,以时禁发而不税;相地而衰政(征);理道之远近而致贡"[1]287,通过总体规划进行社会经济统一布局:"量地而立国,计利而畜民,度人力而授事。"[1]316通过这两项措施来实现社会经济的良性循环:"使民必胜事,事必出利,利足以生民,皆使衣食百用,出入相揜,必时臧余,谓之称数。"[1]316使民富国足,从而打下争王天下的经济基础。

这样,通过政治一体化和经济一体化的社会管理,百姓便会"尊罚敬分,而无倾侧之心;守职循业,不敢损益"[1]428,安于自己的社会政治地位,忠于自己的社会经济职守。便会出现"君君、臣臣、父父、子子、兄兄、弟弟,一也;农农、士士、工工、商商,一也"[1]291的大治局面,社会序列化,政治安定;经济一体化,富民强国。便会攻无不克,战无不胜,一统天下如玩于股掌。

参考文献:

[1] 董治安、郑杰文:《荀子汇校汇注》,《齐文化丛书》,齐鲁书社出版1997年版。

[2] 刘宝楠:《论语正义》,河北人民出版社1986年版。

(原载《邯郸学院学报》2012年第3期)

荀子的礼文化观探析

孙聚友*

荀子在对社会与文化的反思中,通过对人性的趋向特点分析和人的社会存在特征揭释,指出了以礼为核心特质的文化,不仅是人之所以为人之道的具体表现,而且是完善人的存在属性,实现社会和谐的重要保证。荀子的礼文化观,创造性地建构了一个融合自然、社会和人生的系统礼学体系,推进了中国传统礼文化的发展。

一、荀子论礼文化的产生形成

西周之前,礼文化在中国的形成发展已经有着久远的历史,而西周初年礼乐制度的创新实施,标志着中国社会和文化全面进入到了一个以礼为核心特质的文化时期。这一时期的显著特征,便是以礼为核心的宗法血缘等级社会体制的稳固实施,以及人伦纲纪规范的丰富发展。其后,礼文化逐渐延伸到了社会各个阶层和领域的活动之中,人们的社会行为也被纳入到了礼的规范。春秋时期,虽然以礼为核心特质的礼乐文化逐渐受到严重的冲击,以致形成了礼坏乐崩的严峻局面,但鉴于礼在中国社会和文化发展中地位和影响,特别是以孔子为代表的儒家学派,十分重视礼在人性完善和社会运行中的作用,并对传统礼文化的形成和价值,予以了理论上的揭示。生活于战国末期的荀子,在与百家争鸣中,进一步继承发展了儒家重礼的思想特征,他从人性的自然趋向特点,以及人的存在的社会特征出发,揭释了礼的起源和作用,重倡了礼文化在人性完善和社会和谐中的价值。

(一)人性的自然趋向特点与礼文化产生形成

礼文化的产生形成,与人的存在有着不可分割的内在关系。荀子对于礼文

---

* 孙聚友(1963—),男,山东招远人,山东社会科学院文化研究所研究员。

化的产生形成,首先是从人性的自然趋向特点出发来进行论证的。

荀子说:"礼起于何也? 曰:人生而有欲,欲而不得,则不能无求,求而无度量分界,则不能不争。争则乱,乱则穷。先王恶其乱也,故制礼义以分之,以养人之欲,给人之求,使欲必不穷乎物,物必不屈于欲,两者相持而长,是礼之所起也。"(《荀子·礼论》)荀子认为,人的生存,首先在于自然生命的生存。自然生命的生存,必须依赖于衣食住行的物质资料供给。但是,限于人的生产能力的低下,物质资料并不能完全满足所有人的生存欲望需求。如果不能对物质资料的分配方法进行规范,就会由此引起人们之间的纷争动乱,最终必然导致人类自身的灭亡。因此,为了养人之欲,给人之求,先王制定了以礼为核心的礼义之道,以求合理解决人的生存欲望需求与物质资料二者之间的关系,保证人的自然生命的生存,这就是礼的起源。

追求人的自然生命的生存,是人生而具有的欲望。人的欲望是人性的具体表现,是人生而具有的自然属性。"人者,生之所以然者谓之性。性之和所生,精合感应,不事而自然谓之性"(《荀子·正名》),"性者,本始材朴也"(《荀子·礼论》),"凡性者,天之就也,不可学,不可事"(《荀子·性恶》)。人的自然属性是不待后天习得、生来即有的,它表现为人的自然生理本能及其趋向特征。人的自然生理本能即是人的感官欲望,它表现为"目欲綦色,耳欲綦声,口欲綦臭,心欲綦佚"(《荀子·王霸》)等内容。人的生理感官欲望,表现为人的心理情感趋向,"性之好、恶、喜、怒、哀、乐,谓之情","情者,性之质也"(《荀子·正名》),欲与情即是人性的特征。人性所表现出来的自然生理本能和心理情感趋向特征,是人人相同的。"凡人之性者,尧、舜之与桀、跖,其性一也。君子之与小人,其性一也。"(《荀子·性恶》)"凡人有所一同:饥而欲食,寒而欲暖,劳而欲息,好利而恶害,是人之所生而有也,是无待而然者也,是禹、桀之所同也。"(《荀子·荣辱》)荀子指出,人人生而具有的相同人性,本无善恶的区分,但是如果任凭情、欲的无限发展而不加节制,必将导向恶。所以,就人性的发展趋向而言,人性是恶的,而不可认为人性是善的。他说:"人之性恶,其善者伪也。今人之性,生而有好利焉,顺是,故争夺生而辞让亡焉;生而有好疾恶焉,顺是,故残贼生而忠信亡焉;生而有耳目之欲,有好声色焉,顺是,故淫乱生而礼义文理亡焉。然则从人之性,顺人之情,必出于争夺,合于犯分乱理而归于暴。故必将有师法之化,礼义之道,然后出辞让,合于文理而归于治。用此观之,然则人之性恶明矣。其善者伪也。"(《荀子·性恶》)人的性恶,在于"从人之性,顺人之情"无限发展的结果,顺从人性的趋向发展而不加以节制,必将导致人与人之间的纷争动乱,必然与人之所以为人的社会存在特征发生冲突,从而导致礼义忠信等人道的覆灭消亡,难以保证人类在社会中的生存发展。圣人为了使人类免于禽兽,忧患人类的社会存在,制定了礼乐刑政纲纪制度和人伦道德规范准则。所以,他说:"今当试去君上之势,无礼义之化,去法正之治,无刑罚之禁,倚而观天下人民之相与也:若是则夫强者害弱而夺之,众者暴寡而哗之,天下之悖乱而相亡,不待顷矣。用此观之,然则人之性恶明矣,其善者伪也。"(《荀子·性恶》)人在社会活动过程中所表现出来的一切合于善的行为,都是源于对人性趋向的规范。对人性趋向的规范,正是以礼为核心特质的文化产生形成的原因所在。亦即,君上之势,礼义之化,法正之治,刑罚之禁等,作为礼文化的表现,它们都是以规范人性的自然趋向而创立出来,是人类对自身予以社会管理活动的结果。

由此,荀子认为,人性的自然趋向特征,决定了人类管理活动存在的必然性,而人类的管理活动,决定了礼文化的产生形成。以礼为核心特质的文化,表现为基于人性趋恶而设制的礼义法度人道,只有通过遵循践履人道,达到化性起伪,才能保证人类自身的存在,实现人的存在的本质属性。

(二)人的存在的社会特征与礼文化的产生形成

荀子认为,人之所以为人,就在于人是生存于社会之中的,而人的存在的社会特征,则是由礼文化表现出来的。

荀子指出,人的存在的社会特征,在于人是生存于礼义法度的人道社会之中。他首先从人与生物的区别上,阐释了人的存在的社会特征。他说:"水火有气而无生,草木有生而无知,禽兽有知而无义,人有气、有生、有知,亦且有义,故最为天下贵也。力不若牛,走不若马,而牛马为用,何也? 曰:人能群,彼不能群也。人何以能群? 曰:分。分何以能行? 曰:义。"(《荀子·王制》)人类社会的起源,是人类自身发展到一定阶段的客观历史产物。人之所以最为天下贵,在于人类能够结合并生存于一定的社会组织结构之中,社会组织结构决定了人的社会存在特征。而社会组织结构的存在,是以人在社会组织结构之中具有各自特定的社会角色和社会职能为保证的,亦即社会组织当中的每个人都要有其各自的"分";而要保证社会组织结构的运行,则必须要有特定的社会纲纪规范和行为准则,亦即社会组织结构当中的每个人在其行为过程中都要守"义"。

对于人的社会组织结构的特点,荀子也从人与动物的不同出发,给予了深刻的阐发。他说:"然则人之所以为人者,非特以二足而无毛也,以其有辨也。

今夫狌狌形状亦二足而无毛也,然而君子啜其羹,食其胾。故人之所以为人者,非特以其二足而无毛也,以其有辨也。夫禽兽有父子,而无父子之亲,有牝牡而无男女之别。故人道莫不有辨。辨莫大于分,分莫大于礼,礼莫大于圣王。"(《荀子·非相》)人类之所以异于动物,就在于人类生存于由特定的社会分工和特定的社会规范而组成的社会组织之中,这是人的存在的社会特征,是人与动物区别开来的本质属性。而人道作为社会组织结构的本质特征,其核心在于有辨,辨就是人与人之间有着上下、贵贱、长幼、亲疏的社会地位和角色分别,而人的社会地位和角色的分别,是由礼所确定的,礼则是由圣王所创立的。礼作为社会的纲纪规范和人的行为准则,体现了人的存在的社会属性。

荀子指出,人的社会组织的建构,是人类生存发展的客观需求,是人的社会存在属性得以实现的保证。人类只有结成一定的组织,才能发挥人类的整体力量。他说:"故义以分则和,和则一,一则多力,多力则强,强则制物;故宫室可得而居也。故序四时,裁万物,兼利天下,无它故焉,得以分义也。故人生不能无群,群而无分则争,争则乱,乱则离,离则弱,弱则不能胜物;故宫室不可得而居也,不可少顷舍礼义之谓也。"(《荀子·王制》)如果没有礼义法度的人道来规范人的行为,整个社会处于混乱动荡的无序状态之中,人类也就不可能生存。所以,礼义法度的人道是人类社会组织得以建构和运行的保证。只有通过一定的礼义纲纪规范,社会才能得以组织起来。因此,礼文化的产生形成,是由人的存在的社会特征决定的,它既源于人的存在的社会特征的需求,也是人的存在的社会特征的表现,更是保证了人的存在的社会特征的实现。

(三)自然之道与礼文化的产生形成

荀子指出,人道是以礼为其核心特征的,礼是人的道德规范和行为准则,礼是社会的纲纪伦常,礼确立了人的社会角色和社会职能,礼体现了人的存在的本质属性,具有着养人之欲、给人之求,保证社会和谐运行的作用。故他说:"先王之道,仁之隆也,比中而行之。曷为中?曰:礼义是也。道者,非天之道,非地之道,人之所以道也,君子之所道也。"(《荀子·儒效》)虽然荀子强调了人道的礼文化特征,但他在论证礼的本原时,又鲜明地指出了礼文化及其产生形成与自然之道的内在关系,亦即礼包涵了自然之道的内容。

荀子说:"天行有常,不为尧存,不为桀亡。应之以治则吉,应之以乱则凶。"(《荀子·天论》)天地的存在和运行有其不可变异的自然之道,这不可变异的自然之道,就是"应以之治"的礼,礼作为自然之道贯穿于天地万物之中,天地万物的自然之道正是礼的具体表现。他说:"天地以合,日月以明,四时以序,星辰以行,江河以流,万物以昌;好恶以节,喜怒以当,以为下则顺,以为上则明。万变不乱,贰之则丧也。礼岂不至矣哉!立隆以为极,而天下莫之能损益也。本末相顺,终始相应,至文以有别,至察以有说。天下从之者治,不从者乱,从之者安,不从者危,从之者存,不从者亡。"(《荀子·礼论》)所以,礼是天地万物和人类社会和谐有序运行发展的最高准则,它决定着天地万物和人类社会的安危存亡。礼既是自然之道,又是社会之道,持守礼的准则,自然和社会就会得到治理;背离礼的准则,自然和社会就会处于混乱。

荀子进一步指出,礼贯穿于自然和社会之中,它是圣王本于自然之道以合人道而设置的,因此人道与天地自然之道二者都是源于礼,本于礼。他说:"礼有三本:天地者,生之本也;先祖者,类之本也;君师者,治之本也。无天地,恶生?无先祖,恶出?无君师,恶治?三者偏亡,焉无安人。故礼,上事天,下事地,尊先祖而隆君师,是礼之三本也。"(《荀子·礼论》)天地是人类生存的根本,祖先是人类形成的根本,君师是人类治理的根本,而礼就是事天地、尊先祖、隆君师的人道,故礼的产生源于圣王对于天地自然之道的遵循,是圣王通过取法天地自然之道而创制的。"礼也者,理之不易者也。"(《荀子·乐论》)这种不易之理的礼,正是自然之道宇宙万物和人类社会之中的展现。礼所具有的"理之不易"、"莫之能损益"的特性,决定了它在本质上具有涵盖一切的本原意义。由此,荀子阐明了自然之道与礼文化的产生形成,有着不可分割的内在联系。

荀子对于礼文化的产生形成,既继承了前人的思想,又有其独特的发现。他由人性趋恶论的理论出发,从自然之道、社会的组织结构特征和人的存在属性等方面,论证了礼文化的产生形成,并将自然运行规律、社会结构特征和人的存在属性都纳入到了礼的范围之中,系统地阐明了礼文化的产生形成。

二、荀子论礼文化的内容表现

在荀子的认识中,自然运行常道,社会组织结构,人的存在属性,无不是礼的内容和表现。他说:"礼者,法之大分,类之纲纪也。"(《荀子·劝学》)"礼者,人道之极也。"(《荀子·礼论》)礼文化不仅决定了人的存在的社会属性特征,而且规范了人的存在的社会行为。故荀子强调"人无礼则不生,事无礼则不成,国家无礼则不宁"(《荀子·修身》),礼具有着展示自然之道,保证社会存在,成就人的存在属性等方面的作用。因此,以礼为核心特质的礼文化,有其丰富而多样的内容表现。

(一)礼文化表现为人的行为方式

荀子认为,礼文化首先表现为人的行为方式,它不仅包括人的行为的外在礼节仪式,也包括人的行为的道德规范,二者都体现着礼所具有的养人之欲、给人之求的功用。

人的行为方式,作为礼文化的表现形式,是随着生产力的发展和人类社会的形成,而逐渐产生形成,丰富起来的。荀子说:"礼者,贵贱有等,长幼有差,贫富轻重皆有称者也。"(《荀子·富国》)"礼者,以财物为用,以贵贱为文,以多少为异,以隆杀为要。"(《荀子·礼论》)礼区分了人的社会地位角色和社会分工职能,规范了人的社会行为的纲纪规范。它不仅表现为人们在行为过程中所持守的外在礼节仪式,而且表现为人们在行为过程中也遵循的纲纪规范。

就人的行为的外在礼节仪式上,由于人的社会地位角色和社会分工职能的不同,人们之间在衣食住行等方面都有着依礼而规定的不同,"衣服有制,宫室有度,人徒有数,丧祭械用,皆有等宜"(《荀子·王制》)。通过礼的规定,它可以将不同社会等级、社会职能的人们区分开来。所以,"古者先王分割而等异之也,故使或美,或恶,或厚,或薄,或佚或乐,或劬或劳,非特以为淫泰夸丽之声,将以明仁之文,通仁之顺也。故为之雕琢、刻镂、黼黻文章,使足以辨贵贱而已,不求其观;为之钟鼓、管磬、琴瑟、竽笙,使足以辨吉凶、合欢、定和而已,不求其余;为之宫室、台榭,使足以避燥湿、养德、辨轻重而已,不求其外。"(《荀子·富国》)礼的这些规定,旨在由此而维护贵贱有等、长幼有差、轻重有别的社会秩序。

就人的行为的道德规范上,荀子指出,人生存于社会之中而具有的社会属性,不仅表现为其所具有的上下有分、贵贱有等、尊卑有序、轻重有别的社会地位和社会职能,而且表现为其在社会活动中所应持守的父子有亲、君臣有义、夫妇有别、长幼有序、朋友有信的社会规范和社会准则。他说:"君臣、父子、兄弟、夫妇,始则终,终则始,与天地同理,与万世同久,夫是之谓大本","君君、臣臣、父父、子子、兄兄、弟弟,一也;农农、士士、工工、商商,一也"(《荀子·王制》)。社会地位职能和社会规范准则,是人类得以生存发展的明分使群、群居合一的人道,是礼文化的具体表现内容。而以礼为核心特质的道德规范,落实到具体的个人行为上,它有着不同的内容。对此,荀子对于个人行为中所应持守的道德规范,从人的社会地位的不同,给予了详细的说明,"请问为人君?曰:以礼分施,均遍而不偏。请问为人臣?曰:以礼待君,忠顺而不懈。请问为人父?曰:宽惠而有礼。请问为人子?曰:敬爱而致恭。请问为人兄?曰:慈爱而见友。请问为人弟?曰:敬诎而不苟。请问为人夫?曰:致和而不流,致临而有辨。请问为人妻?曰:夫有礼而柔从听侍,夫无礼则恐惧而自竦也。此道也,偏立而乱,具立而治,其足以稽矣。请问兼能之奈何?曰:审之以礼。"(《荀子·君道》)个人在其自身的社会行为过程中,都要持守以礼为核心特质的纲纪规范,"遇君则修臣下之义,遇乡则修长幼之义,遇长则修子弟之义,遇友则修礼节辞让之义,遇贱而少者则修告导宽容之义。"(《荀子·非十二子》)持守礼的规范准则,不仅展示了人的存在的社会属性,而且决定着国家社会的兴衰存亡。

无论是由社会地位所决定的人的行为的礼节仪式,还是由社会职能所决定的行为规范,作为人道的构成内容,它们都是礼文化的表现,其目的和作用都在于保证人的存在的社会特征。

(二)礼文化表现为社会的组织结构

荀子指出,社会组织是上下有序的等级结构,它的有序性、层次性、协调性是由礼而表现出来的。亦即,社会组织结构及其运行机制,是礼文化的表现形式。

社会分工是社会组织结构得以存在的前提,是礼文化的重要表现内容。荀子认为,社会组织结构之所以能够存在和运行,在于生存于社会中的人有其特定的社会角色和社会分工,亦即组织是人类社会存在和发展的前提条件。"分均则不偏,势齐则不壹,众齐则不使。有天有地,而上下有差;明王始立,而处国有制。夫两贵之不能相事,两贱之不能相使,是天数也。势位齐,而欲恶同,物不能澹则必争;争则必乱,乱则穷矣。先王恶其乱也,故制礼义以分之,使有贫富贵贱之等,足以相兼临者,是养天下之本也。"(《荀子·王制》)社会分工不仅是人类生存的要求和保证,更是社会得以正常运转的前提。他说:"百技所成,所以养一人也。而能不能兼技,人不能兼官。离居不相待则穷,群居而无分则争;穷者患也,争者祸也,救患除祸,则莫若明分使群矣。"(《荀子·富国》)个人生存所需要的各种生活和生产资料,只有通过各行各业的相互分工合作,社会才能得以存在,人类才能得以生存。因此,社会分工是整个社会有序发展的前提,社会职分明确则民众就不会怠慢,上下等级确定则秩序就不会混乱。这样,整个社会就会出现人人各得其所,事事各得其宜的和谐有序状态。明分使群的社会分工,是礼的表现内容。他从维持社会运行秩序的角度,强调了社会分工的必要性和重要性。

就社会组织结构的运行机制上，荀子指出了社会管理要持守以礼为核心特质的纲纪规范，这是礼文化的内容表现，它是实现社会和谐运行的保证。他说："礼者，治辨之极也，强固之本也，威行之道也，功名之总也。"（《荀子·议兵》）治理社会，必须遵循以礼为核心特质的纲纪规范。遵循于礼则管理活动能够顺利进行，违背了礼则管理活动不可能取得成功。特别是在具体的社会管理措施上，荀子也强调了它们都要符合礼的要求，实现礼的功用。他说："王者之法：等赋、政事、财万物，所以养万民也。"（《荀子·王制》）社会的治理措施，只有符合礼的要求，才能实现养民安国的作用。

礼文化的内容，是人道的具体展示。虽然人道其外在具体表现形式随着社会的发展变化会有所损益更新，但是人道以保证人类的生存发展为其价值取向的特征却是不会改变的。荀子说："以人度人，以情度情，以类度类，以说度说，以道观尽，古今一也。类不悖，虽久同理。"（《荀子·非相》）礼义法度的礼文化，随着时代的变迁，而有所变化，或存或亡，但礼作为法之大分、类之纲纪，它的功用和价值，却是恒久而不变的。因此，以礼为核心特质的礼文化，体现了人的存在的本质属性和行为方式，确立了社会的组织结构和纲纪规范。

三、礼文化的价值作用

礼文化规范了人的存在的行为方式，确立了社会的组织结构，就其养人之欲、给人之求的价值作用而言，它具体表现为成就人的存在的社会属性，实现社会的和谐有序运行。

（一）礼文化的化性起伪作用

荀子指出，礼义法度的礼文化，是对于人的自然生理本能欲望加以规范的社会产物，其作用和目的不仅在于满足人的生理本能欲望需求，保证社会的正常发展，而且在于成就人的存在的社会属性，实现人的存在的道德善性。他说："礼义者，圣人之所生也，人之所学而能、所事而成者也。不可学不可事在人者谓之性，可学而能可事而成之在人者谓之伪，是性伪之分也。"（《荀子·性恶》）人的存在的道德善性的成就，是对于趋恶的人性以礼义法度的人道加以规范的结果，这就是"化性起伪"。故荀子说："性也者，吾所不能为也，然而可化也；积也者，非吾所有也，然而可为也。注错习俗，所以化性也；并一而不二，所以成积也。"(《荀子·儒效》)人之所以能够化性起伪,在于人皆有可以习得礼义的素质和能力,所以任何人都能够成就自身存在的道德善性。他说:"涂之人可以为禹,曷谓也?曰:凡禹之所以为禹者,以其仁义法正也。然则仁义法正,有可知可能之理;然而涂之人也,皆有可以知仁义法正之质,皆有可以能仁义法正之具,然则其可以为禹明矣。"(《荀子·性恶》)人的存在的本质属性,不在于人的自然属性,而在于人的存在的社会属性。只有通过化性起伪,遵循礼义法度的人道,使自身的社会行为合于人道的要求,才能成就自身的道德善性,实现人的存在的本质属性。人的存在的本质属性。

荀子指出,社会中的任何人都能够成就自身存在的道德善性。尧、禹这样的圣人,并不是生来就具备高尚的美德,而是由于他们在纷纭复杂的社会活动中,能够长期地端正自身品行,努力修身向善,才达到了自身道德的完善。荀子强调,修养自身的道德,就要落实在行动上,"道虽迩,不行不至;事虽小,不为不成。其为人也多暇日者,其出入不远矣。好法而行,士也;笃志而体,君子也;齐明而不竭,圣人也。人无法,则伥伥然;有法而无志其义,则渠渠然;依乎法,而又深其类,然后温温然。礼者,所以正身也,师者,所以正礼也。"(《荀子·修身》)因此,修养完善自身的道德,个人在其自身行为过程中,必须持守礼义之道。"宜于时通,利以处穷,礼信是也。凡用血气、志意、知虑,由礼则治通,不由礼则勃乱提慢。食饮、衣服、居处、动静,由礼则和节,不由礼则触陷生疾。容貌、态度、进退、趋行,由礼则雅,不由礼则夷固僻违,庸众而野。"(《荀子·修身》)礼既适宜于保证人们对待通达顺利的环境,也适宜于人们对待穷困失意之际。个人在社会活动中,只有持守践履以礼为核心的礼义法度,才能成就自身存在的道德善性。

荀子认识到了儒家经典作为礼文化的载体,在人的道德完善和社会和谐中的作用。他认为,圣人之道就体现在儒家经典之中,明道必须尊经,尊经才能明道。他说:"学恶乎始?恶乎终?曰:其数则始乎诵经,终乎读礼;其义则始乎为士,终乎为圣人。真积力久则入,学至乎没而后止也。故学数有终,若其义则不可须臾舍也。为之,人也;舍之,禽兽也。故《书》者,政事之纪也;《诗》者,中声之所止也;《礼》者,法之大分,类之纲纪也;故学至乎《礼》而止矣。夫是之谓道德之极。《礼》之敬文也,《乐》之中和也,《诗》、《书》之博也,《春秋》之微也,在天地之间者毕矣。"(《荀子·劝学》)学习的起点,在于成为一个具有道德的士,而其终点则在于成为具有圣人一样尽善尽美道德境界的人。而要实现修身成德的目标,则要学习儒家经典。学习掌握和实践贯彻儒家经典所包括的根本原则,不仅可以能够培养人们的道德,增进人们的学识,而且可以达至社会各阶层关系的和谐一致,保证国家的长治久安。可见,持礼守礼是达致人的道德善性的保证,礼文化具有着化性起伪的作用。

(二)礼文化的社会整合功能

荀子充分认识到了礼文化所具有的社会整合功能,指出在社会的管理上,要实施隆礼重法的管理方法。儒家虽然重视实行德治,但也强调了法治的作用。荀子继承了儒家的这一思想,指出德治与法治是社会治理中不可缺少的两个方法,并将其称之为"隆礼"与"重法",认为"治之经,礼与刑,君子以修百姓宁。明德慎罚,国家既治四海平。"(《荀子·成相》)礼与刑的管理方法,是治理国家的根本大端,只有隆礼与重法并行,国家才能得到治理。

荀子认为,礼文化的社会功能,不仅在于"养",即满足人们的生存需求,而且在于"别",即维系社会的运行秩序。礼作为社会管理的原则,它确立了人们之间的地位角色,明确了人们的行为规范。礼作为社会管理的依据和准则,其作用就在于治国安民。如果不能以礼来规范控制人们的言行,则人们的行为就会失去依据的准则。故他说:"水行者表深,使人无陷;治民者表乱,使人无失。礼者,其表也,先王以礼表天下之乱;今废礼者,是去表也。故民迷惑而陷祸患,此刑罚之所以繁也。"(《荀子·大略》)治民如果不能首先审明礼,则民众就会不知如何处置自身的行为,以致行为失范,陷入祸患。礼是治民安邦的重要依据和保证,"礼者,政之輓也"(《荀子·大略》),管理社会只有以礼来规范人们的行为,才能保证社会的和谐有序。荀子说:"礼之于正国家也,如权衡之于轻重也,如绳墨之于曲直也。故人无礼不生,事无礼不成,国家无礼不宁。君臣不得不尊,父子不得不亲,兄弟不得不顺,夫妇不得不驩,少者以长,老者以养。故天地生之,圣人成之。"(《荀子·大略》)荀子进一步指出,"国无礼则不正。礼之所以正国也,譬之犹衡之于轻重也,犹绳墨之于曲直也,犹规矩之于方圆也,既错之而人莫之能诬也。诗云:'如霜雪之将将,如日月之光明,为之则存,不为则亡。'此之谓也。"(《荀子·王霸》)所以,持礼守礼,是社会管理活动的原则,是实现社会整合的重要保证。

荀子指出,实施重礼的治国方法,也要持守义的原则。治理国家如果不能持守义的原则,必将导致国家的灭亡。所以,治理国家要正确地处理义与利的关系。他指出,"夫义者,内节于人,而外节于万物者也;上安于主,而下调于民者也;内外上下节者,义之情也。然则凡为天下之要,义为本,而信次之。古者禹汤本义务信而天下治,桀纣弃义倍信而天下乱。故为人上者,必将慎礼义,务忠信,然后可。此君人者之大本也。"(《荀子·强国》)实现国家的稳固和强盛,就要持守以义治国的原则,正确处理好义与利的关系。荀子指出,"义胜利者为治世,利克义者为乱世。上重义则义克利,上重利则利克义"(《荀子·大略》),治理国家以义为重,义胜过利,则能达致社会的治理;治理国家以利为重,利胜过义,则会导致天下的混乱。

荀子在强调以礼维系社会秩序的功能时,也十分重视乐在维系社会和谐上的功能。乐作为礼文化的构成内容,也具有着重要的社会整合功能。他指出,"夫乐者、乐也,人情之所必不免也"(《荀子·乐论》),音乐是人的喜乐感情的表现,这是人的情性所不可缺少的,所以人不能没有音乐。音乐具有着重要的社会功能,起源于节制人的声色欲望,引导人们正确抒发情感,陶冶情操,和谐人际关系,改善社会风俗。音乐是人的社会需要,禁止音乐就会使人的情感表达失衡,从而引起社会混乱。音乐可以改善民心,它感动人心是非常深厚的,它改善风俗是非常容易的。先王用礼乐来引导人民,因而人民得以和睦。人民有好恶之情,如果没有抒发喜怒之情的事物以相应,就会发生混乱;先王厌恶社会的混乱,因而修饰自己的行为,订正了国家的音乐,这样天下就和谐了。

就音乐与礼的不同而言,荀子指出,音乐体现着人们和谐一致的根本原则,而礼则体现着社会制度的根本原则;音乐是使人们达到和谐一致为追求,礼是使人们能够区分上下贵贱地位为目的;礼乐都是为了规范人心的,而从根本上讲,改变人的性情是音乐的本质;显明人的诚心而去掉虚伪,是礼的原则。荀子指出,通过乐教,可以展示出礼法制度的特点。人的行为遵循礼法制度,就足以实现正身安国、治理天下的目的。可见,实行教化管理,不能缺少乐教。

法源于礼,是礼文化的构成内容。荀子认识到了法治在社会管理中的作用,主张为政要制订和公布法律,做到有法必依,执法必严。他指出,刑罚与罪行相称,国家就平治;刑罚与罪行不相称,国家就混乱。所以,实施法治,赏善罚恶,这是自古以来就有的实现社会和谐安定的重要方法。在重法用法的过程中,荀子特别强调执法要做到"庆赏刑罚必以信"(《荀子·议兵》),"无功不赏,无罪不罚"(《荀子·君道》),要在公正诚信的基础上执行法律,树立起法律在民众中的威严和信度,增加法律的严肃性和威慑力,这样才能有效地发挥法制在治国管理中的作用。他说:"不教而诛,则刑繁而邪不胜;教而不诛,则奸民不惩;诛而不赏,则勤厉之民不劝;诛赏而不类,则下疑俗险而百姓不一。"(《荀子·富国》)实施法治,做到了赏罚分明,万物就能相互协调,事情变化就能得到恰当的处理,进而达到上得天时、下得地利、中得人和的治理境界。

荀子在社会治理上,既主张王道与霸道相结合,又强调礼治与法治相补充,充分指出了礼文化在社会整合中的功能,展示了儒家思想发展的新特点。

(三)礼文化的生态保护功能

保护生态环境,实现自然和谐,是儒家思想的重要内容,也是传统礼文化的重要表现。荀子将保护生态环境,视为王制的内容,并将其归为礼的规范。他指出,在对天地万物的管理中,要依据时间变化的自然规律,保证自然万物的顺利生长和社会活动的顺利进行。这是人们在管理中所应遵奉的行为规范,也是礼的规范的组成部分。保护生态环境,实行养用结合,这是圣王之制的重要内容。他说:"圣王之制也:草木荣华滋硕之时,则斧斤不入山林,不夭其生,不绝其长也。鼋鼍鱼鳖鳅鳝孕别之时,罔罟毒药不入泽,不夭其生,不绝其长也。春耕、夏耘、秋收、冬藏,四者不失时,故五谷不绝,而百姓有余食也。污池渊沼川泽,谨其时禁,故鱼鳖优多,而百姓有余用也。斩伐养长不失其时,故山林不童,而百姓有余材也。"(《荀子·王制》)草木正在开花结果的时节,刀斧不得进入山林,这是为了不使树木夭折,保证它们的正常生长;水生动物正在产卵的时节,不要用渔网和毒药进行捕杀,这是为了不使各种水生动物夭折,不断绝其生长。春季耕种,夏季耘苗,秋季收获,冬季储藏,不失时机地做好这四件事,五谷就会源源不断地获得丰收,而百姓也就都会有富余的粮食;池塘、沼泽、河流,严守时节的禁令,水生动物就会不断地繁殖增多,百姓的食用就会有剩余;砍伐木材与培育山林,都不失时机,山林就不致荒凉,而百姓生活所需的木材就会有余。所以,要不断增加国家的财富,保证民众生活所需的生活资料,就要保护好自然生态环境,实现自然资源的持续增长。

荀子虽然主张天人相分,但他特别强调了人的主观能动性,指出人在自然界面前,并不是消极被动的,而应当充分发挥自身的能动作用,认识和掌握自然界的变化发展规律,实现自然在人类进步和发展中的作用。他强调,人们只要能够持守礼的规范,遵循自然变化的规律,采取适当的行为,那么天地间的一切自然资源,都能为人所掌握,成为人类的财富,不断地满足人类的需要。因此,以礼为核心特质的礼文化,不仅有着保证社会和谐运行发展的作用,而且也具有着实现自然和谐的作用。

荀子的礼文化观,推进了儒家思想的进步发展。他站在儒家重礼的基本立场上,根据时代发展的需求,充实和改造了儒家的礼学思想,建立起了独具特色的礼文化体系,赋予了儒学以继往开来、生生不息的生命力,成为儒学中独具特色的一派。他的礼文化观,深刻地影响了其后儒学礼学思想的演变,具有极为重要的社会作用和文化价值。

(原载《邯郸学院学报》2010 年第 1 期)

荀子天人说新解

王俊才[*]

先秦诸子学发展到了荀子生活的战国后期已经进入了一个交融汇通、综合总结的新时期,而荀子是这个时期最典型的代表,因而他成为了诸子学中思想最博大、见解最精深的学者。因此汉唐以来在近千年的历史中,他的思想学说无论在社会政治领域,还是学术思想界都占有重要的地位。宋明以来由于理学的崛起,孟子受到了足够的尊重,而荀子从表面上看似乎不仅被淡出了社会政治领域,也被学术思想界所遗忘。其实他的思想由于有在汉唐社会近千年的历史积淀,对中国传统社会的后段仍然一直在发生着重要的影响。所以近代便有学者针对历史对荀子的不公、为荀子的蒙冤而发出"后圣"的呼唤,[①]希望为这桩千年冤案昭雪平反。近百年来,学术思想界对荀子思想的研究越来越多,尤其是随着提倡科学理性,与无神论思潮的高涨,荀子的理性精神在"西学近代化"思潮的耀眼光环下受到了重视,但同时由于这种高光照射使得他的某些思想有点失真。比如说在天人关系方面,过分抬高人的地位与作用,肯定并突出荀子有"人定胜天"的思想、人能征服自然的主张等等。本文仅仅想就这个问题谈一点自己的理解。

天人说是荀子思想中最重要的内容之一。它主要包括对"天"的理解、对"人"的理解以及对天人关系的理解三部分内容。

关于"天",荀子有明确的天道自然的观点。"天行有常,不为尧存,不为桀亡。"[1]205 他的这个"天行有常"更具体的讲就是"天有常道矣,地有常数矣"。[1]208 这个"天"包含了天和地,这个"常"就是"常道"、"常数",即规律。天道规律是通过自然现象展示出来的:"列星随旋,日月递炤,四时代御,阴阳大化,风雨博施。万物各得其和以生,各得其养以成。不见其事而见其功,夫是指

---

* 王俊才(1959—),男,河北张北人,河北师范大学历史文化学院教授,历史学博士。

① 如傅杰编《章太炎学术史论集·后圣》载章太炎曰:"自仲尼之后,孰为后圣?……惟孙卿足以称是!"中国社会科学出版社1997年版,第216页。

谓神。皆知其所以成,莫知其无形,夫使之谓天(功)。"[1]211日月星辰、春夏秋冬、阴阳风雨等等这些自然现象的有序变化,带来了宇宙的"万物各得其和以生,各得其养以成"。"不见其事而见其功","皆知其所以成而莫知其无形",这就是天地宇宙的神妙之功。所以荀子反对"天"有情感、有意志的说法,批判"天"会根据人的意愿或表现来展示它神威的观念:"天不为人之恶寒也辍冬,地不为人之恶辽远也辍广。""星坠木鸣,国人皆恐。曰是何也? 曰无何也,是天地之变,阴阳之化,物之罕至者也。怪之可也,而畏之非也。夫日月之有蚀、风雨之不时,怪星之党见,是无世而不常有之。""雩而雨何也? 曰无何也,犹不雩而雨也。日月食而救之,天旱而雩,卜筮然后决大事,非以为得求也,以文之也。故君子以为文,而百姓以为神。以为文则吉,以为神则凶。"[1]211传统儒家的"生死有命,富贵在天"、"不知天命无以为君子"、"敬天命"、"畏天命"等天命神威的观念被扬弃。"尽心,知性,知天"、"存心,养性,事天"的"知天"、"事天"意识被淡化。当然,墨家的"天志"、"明鬼"思想更是被彻底地清算。可以说荀子是顺着孔子"天何言哉,四时行焉,百物生焉"[2]379的"天有好生之德"的思路,并充分吸收道家天地自然、"道生万物"的思想,创造性地提出了"天有常道矣,地有常数矣"、"天有其时,地有其财"的"天行有常"、天道独立的自然观。

关于"人",荀子在继承先贤思想的基础上总结出了如下几个特质规定:一是"人之性恶"、"生而有知",故经过"化性起伪"可以"至善"。二是人既"生而有欲",又"有辨"、"能分"、"亦且有义,故最为天下贵"。三是"人生而不能无群",唯"人能群",可以顺天之时、理地之财、成人之治,而"与天、地参"。

荀子关于"人"或人性的理解不仅是对先秦诸子的总结,而且可以说是给中国传统人性说做了精辟的框架构建。讨论人性不能不顾及自然性,而更重要的是人的社会性。但是无论荀子之前的儒家孔子、孟子道德先验、圣人先知的性善论,或道家老子、庄子的崇道尚朴、适性恀情的自然论,还是其后的董仲舒、韩愈的性三品说,或朱熹、王守仁的性二元论,关于"人"的理解或者说在人性问题上的讨论,都比不上荀子那样全面而周详、精辟而深刻,如果说在这方面能承接荀子并有所发展的恐怕只有王夫之一人可当。

荀子对"人"的理解,首先是从自然而真实的人性说起:"凡性者,天之就也,不可学,不可事"而"在人者",比如"目可以见,耳可以听","目明而耳聪,不可学,明矣"。"饥而欲饱,寒而欲暖,劳而欲休,此人之性情也。"这种"性情"就是属于"本始材朴"[1]243的自然本性。"若夫目好色,耳好声,口好味,心好利,骨体肤理好愉佚,是皆生于人之性情者也。""顺是,故争夺生而辞让亡焉","残贼生而忠信亡焉"，"淫乱生而礼义文理亡焉"。"用此观之，然则，人之性恶，明矣。"[1]289-292所以荀子非常肯定地指出，从人的自然性说，"尧舜之与桀跖，其性一矣；君子之与小人，其性一也"，[1]294即"人之性恶也"。

荀子超过孟子的地方在于，不像孟子为了突出人的尊严去努力证明人性善，而是在承认人的自然性的前提下强调人有"化性而起伪"的能动性。"人之性恶也，其善者伪也。""可学而能，可事而成，之在人者，谓之伪"，[1]290其特点是"文理而隆盛"，"伪起而生礼义"。[1]292因为"从人之性，顺人之情"，必至"偏险而不正，悖乱而不治"。[1]289圣人有鉴于此，"为之立君上之势以临之，明礼义以化之，起法政以治之，重刑罚以禁止，使天下皆出于治，合于善也"。[1]293所以"性""伪"之间"无性则伪无所加，无伪则性不能自美矣"。[1]243二者密不可分，共同构成了荀子人性说的完整内容。"圣人之所以同于众，其不异于众者，性也；所以异而过于众者，伪也。"[1]292人能"化师法，积文学，道礼义者，为君子；纵性情，安恣睢，而违礼义者，为小人。"[1]290故"涂之人可以为禹"，但必须要经过自己的学、修努力，"礼义法度者，是生于圣人之伪，非故生于人之性"[1]291禹之所以是圣人君子，不是因为他"顺性"，而是因为他"起伪"为后人在"礼义法度"方面做出了贡献。"小人可以为君子，而不肯为君子；君子可以为小人，而不肯为小人。小人、君子者，未尝不可以相为也。"[1]296荀子认为，"君子"与"小人"绝不是天生的，其间也没有不可逾越的鸿沟，欲为君子或堕落成小人，决定性因素在于自己。荀子的"化性起伪"说告诉人们要对自己负责，也只能自己对自己负责。因为"凡以知，人之性"。"人生而有知"，"心生而有知"。[1]264人不仅性恶，但同时有求知问学、明辨是非、"化性起伪"的能力，这里最重要的是天生就有认知能力，有"天官"的感应，有"天君"的梳理，进而进行"征知"、"解蔽"的辨别。关于人性的这一特点，孔子、孟子，甚至之前的其他诸子都未曾探索过。人性的这种认知辨别功能是由"性恶"转变为"性善"的关键环节。

战国时期是人性自由、人欲张扬的时期。道家感受到的是，由于欲望的膨胀与失控导致天下衰败，所以一再告诫世人，"知足不辱，知止不殆"，[3]37"祸莫大于不知足"。[3]38这是一种由于对"人"的理解不全面而产生的因噎废食的消极作为。而儒家中的孟子为了突出人的尊严与高贵，不敢正视人欲，只是强调"养心莫善于寡欲"，[4]598采取了一种回避态度。荀子向来是有现实批判精神的学者，所以在这个问题上他既不消极，也不回避。从自然性出发，"人性恶"是不争的事实，而"人生而有欲"是必然的现象。"欲而不得则不能无求"，正是人们有了欲望才有追求，这是社会发展的动力。当然"求而无度量分界，则不能不争,争则乱,乱则穷"。[1]231如果对这种欲望追求的动力驾驭不好,那将是社会发展的阻力和灾难。所以荀子不仅肯定人的欲望,更强调人有驾驭欲望、调适追求、发展社会进而完善人生的能力,这就是"制礼义以分之,以养人之欲,给人之求,使欲必不穷于物,物必不屈于欲,两者相持而长,是礼之所起也"。[1]231荀子不同于孟子的"寡欲",明确提出"养人之欲",保护、节制、引导人的欲望追求是为了实现人的价值。因为在天地之间"水火有气而无生,草木有生而无知,禽兽有知而无义,人有气、有生、有知且亦有义,故最为天下贵也"。[1]104荀子认为"义"才是人之尊严与高贵之所在。因为"人之所以为人者,非特以其二足而无毛也,以其有辨也"。"人道莫不有辨,辨莫打于分。"[1]50而"分何以能行? 曰义。"[1]104"辨"就是思辨、思考、思维,是人所特有的脑力活动。"分"是为了避免有欲望追求的人在社会活动中的冲突、协调关系、维持秩序而划分出来(或者是规定)的权力与义务、权益与责任,即是对权责的划分。"义"指合适,恰到好处。荀子认为,"人道之辨"、"礼义之分"之所以最终能落实贯彻下去,就是因为圣人们通过认真的思考、仔细的划分、明确的规定,使社会中不同阶层的人们都觉得自己的权责适宜而合理,从而使人类群体在有序中前进。这就是人类比"水火"、"草木"、"禽兽"更高贵而尊严的地方。

荀子论人之最精辟之处则在于,认识到"人之生不能无群"。如果说荀子以"人之性恶,其善者伪也"的"化性起伪"说超过了孟子的"性善论",那么他所揭示的人的最大特性是以类群体而存在的社会性——"人能群",则不仅孟子难望其项背,可以说是先秦甚至整个中古思想家中对人性认识最深刻的一位。人类之所以能成为天地间的主人——"天地之叁也",不是个体的"神明",而是群体的威力。"力不若牛,走不若马,而牛马为用,何也? 曰:人能群,彼不能群也。人何以能群? 曰分。分何以能行? 曰义。故义以分则和,和则一,一则多力,多力则强,强则胜物。……故人生不能无群,群而无分则争,争则乱,乱则离,离则弱,弱则不能胜物。"[1]104荀子的深刻之处,不在于陈述个体的人力壮不如牛、快跑比不上马的现象,而是揭示了人类为什么能、也只有人类能组成以等级有序、分工合作、群体共存的社会之谜。正是"人能群",不仅使"万物皆得其宜,六畜皆得其长,群生皆得其命",而且"天地生君子,君子理天地",[1]104使人类能实现"裁万物,兼利天下"[1]105的价值。在关于人的社会组合、社会生活方面,荀子确实有过分夸大"礼义师法"作用之嫌,但是他从人有大脑可以思维、正视社会的贫富贵贱等级之别、合理地划分出不同阶层成员的权利与责任、通过礼义与刑法的落实等非常理性而现实的角度,揭示了人类在天地之间的最高贵的原因所在。如果说英国哲学家培根的"知识就是力量"是对人类进入近代文明的最精辟总结,那么荀子的"群则胜物"——社群就是力量,可以说是对人类艰难创造古代文明的深邃概括。正是由于"人能群"使天之所生、地之所载展示出价值和意义。"天能生物,不能辨物也;地能载人,不能治人也。"[1]243 "天地生君子,君子理天地。君子者,天地之叁也。"[1]104 "能与天地叁"而可以"裁万物,兼利天下"。

"天"是一个独立、客观而有规律的存在,"人"是"性恶"而"生而有知"、能"化性起伪"、并通过"辨"、"分"、"礼"、"义"、"养欲"、"给求"构建社群组织去"天地官而万物役"[1]207,"裁万物,兼利天下"进而实现"与天地叁"的存在。有了关于天与人的一个这样的把握,那么荀子的天人关系就好梳理了。

天的独立性与客观性决定了它与人无涉,所以荀子态度明确:"唯圣人为不求知天。"[1]206 因为天是无思辨、无意志、无情感的存在,所以反对求知天在想什么、天有何意愿、如何得到天的欢心等等愚蠢的活动,传统的祭天祀神不过是圣王面对怪异天象的"君子之文",如果真当成迷信来搞,那就陷入"百姓之神"的"大凶"之中了。可以说儒、墨"知天"、"事天"、"天志"、"明鬼"的观念被荀子清理掉了。但天同时"有常道"、"常数"、是一个"列星随旋,日月递炤,四时代御,阴阳大化,风雨博施"的生生不息、"有时"、"有序"的实体存在,它纷繁复杂而动静有理、显隐有则。所以荀子特别强调"可以知,物之理"。[1]270 天地万物的存在之理是可以被认识的。

人是"生而有欲"、"生而有知"、"生而不能无群"的通过"化性起伪"可以由恶变善的社会动物。结构决定功能。人类在天地宇宙之间,比"水火"、"草木"、"禽兽"等都要高级的"有气、有生、有知亦且有义,故最为天下贵",而能"与天、地叁"的存在。所以人不可能与天无关。"天有其时,地有其财,人有其治。"分工不同,各有司职。所以圣人"不与天争职"。[1]206 "天能生物,不能辨物也;地能载人,不能治人也。"[1]243 天地人职责不同,各有所长。所以荀子继承庄子的"知天之所为、知人之所为者,至矣"[5]101 的思想,提出"明于天人之分,则可谓至人矣"[1]205 的主张。庄子的"知天"、"知人"为"至矣",突出的是人如何"法道"、"得道"、顺从自然天道。荀子的"明于天人之分"则绝不仅仅如此。

荀子"明于天人之分"是他的整个天人说的关键所在,是我们理解他一方面强调"圣人不求知天"、"不与天争职",另一方面又主张"制天命而用之"、"聘能而化之"的入口。

"明于天人之分"就是要对天人在宇宙中的权责地位有准确的把握。这种把握不是单向或单方面的,而是双向或全方位的,但同时不能忘记人的能动作用。"君子敬其在己者,而不慕其在天者;小人错其在己者,而慕其在天者。"[1]208不羡慕天、不依赖天、不崇拜天,而相信自己,充分发挥人的能动性,就能够认识天道,顺应天道、利用天道,使"天能生物"最大化、最佳化。"大天而思之,孰与物畜而制之;从天而颂之,孰与制天命而用之;望时而待之,孰与应时而使之;因物而多之,孰与聘能而化之;思物而物之,孰与理物而勿失之;愿于物之所以生,孰与有物之所以成。故错人而思天,则失万物之情。"[1]211-212这里的"制天命"绝不是制服天命、人定胜天的意思,也没有人要征服自然的观念。整体表达了认识、顺应、利用天道,辅助"天能生物"实现最大、最佳化。

如果说荀子关于天地人分工不同、各司所职中有特别突出人的能动性思想的话,那下面这一段话可谓最典型了:"强本而节用,则天不能贫;养备而动时,则天不能病;修道而不贰,则天不能祸……本荒而用奢,则天不能使之富;养略而动罕,则天不能使之全;倍道而妄行,则天不能使之吉。"[1]205天人之间,如果人尽其能、人尽其"治"、人尽其"辨",则天也"不能贫"、"不能病"、"不能祸"人。这里也并没有人定胜天的思想,倒是突出了天不定胜人的观念。所以荀子的"明于天人之分"绝没有天人分裂、对抗的思想,相反,人在天地之间虽然分工不同、各有司职,职责不同、各有所长,但人与天地又是联系的、统一的。首先,人的生命出现是建立在"天职既立,天功既成,形具而神生"[1]206的基础之上的。其次,生命成熟之后,"暗其天君,乱其天官,弃其天养,逆其天政,背其天情,以丧天功。夫是之谓大凶。圣人清其天君,正其天官,备其天养,顺其天政,养其天情,以全其天功。如是则知其所为,知其所不为矣。"[1]207"天官"是眼、耳、鼻、舌、形感觉五官;"形具而神生"便有"好恶喜怒哀乐"之"天情";"居中虚以治五官"、"虚壹而静"的"天君"是思维器官;衣食住行是人生所必须,"财非其类,以养其类",这便是"天养";享"顺类之福"、避"逆类之祸","是之谓天政"。[1]206最后,正天官、养天情、清天君、备天养、顺天政,目的是人能"知其所为,知其所不为"、"以全其天功",而绝不是"巧夺天工"、或取代"天功"。所以荀子的"天人之分"并不与儒家传统的"天人合一"相矛盾,只是不同于孟子完全从伦理道德入手,由性命合一而推出"天人合一"。

至此,我们可以对荀子的天人说作出如下梳理:

第一,天与人无涉,人与天有关。"天"是一个独立、客观、自然而有规律的存在,是"天时"与"地载"的总和。其"天职"是"天地合而万物生,阴阳接而变化起"。[1]243使宇宙间的一切永远处于生、长、衰、消的过程中,可它绝不干涉这万物中的任何一种存在,即使人类也不例外(这显然承接了老子"生而不有,为而不恃,长而不宰"的思想)。所以从"天"的角度讲,天与人无涉。但从"人"的角度讲则不然,人"有辨"、"有知"、"有欲",具有能动性、主动性,"以可以知人之性,求可以知物之理"[1]270,这是必然。人要了解"天时"、认识"地载",顺应"天道"、利用"天能生物"、"地有其财"的规律,"裁万物而兼利天下","天地官而万物役也",最终实现自己"能与天、地参"的价值,所以人与天的关系是很密切的。

第二,"明于天人之分"非与天对抗,"制天命而用之"非人定胜天。理解荀子的"天人之分"必须建立在天的独立客观性与人的主体能动性的基础之上,这样"圣人不求知天"、"不与天争职",而"君子敬其在己者,而不慕其在天者;小人错其在己者,而慕其在天者"就很容易贯通起来,展示出一个了解尊重天道与相信肯定人能的密不可分的理念,这里没有天与人的分裂、人对天的抗争。"制天命而用之"就字面意思很容易让人产生制服天命、征服自然、人定胜天的理解。但如果把它放入荀子当时完整的语境中,与"物畜而制之"、"应时而使之"、"聘能而化之"、"理物而勿失之"等判断联系起来看,"制天命"实际是"物畜"、"应时"、"聘能"、"理物"的对应表述,整体意思是尽人之能、顺物之理、应时之变,促进"天能生物",增加"地有其财",绝不是鼓励人"与天争职",张扬人定胜天。这不仅从语境角度解释顺理成章,而且也与荀子天人说的整体思想相一致。

第三,知其所为与所不为"以全其天功",人尽其事便是全天之功。知其所为与所不为是人生之难事,庸众不知其所为与所不为,知其所为与所不为并能行之则成君子,而君子就是能"全其天功"者。人是天地中的一物,可由于其形神兼具"故最为天下贵","天职既立,天功既成,形具而神生"。人应将、也能将天赋予的特质发挥出来,不仅外在地"备天养"、"顺天政",同时要向内"正天官"、"养天情"、"清天君",这一不违逆天道、顺应天理的过程也就是由庸众转变成君子的"全其天功"的过程,这就是荀子天人相分观念中的天人合一。

参考文献:

[1] 王先谦:《荀子集解》,《诸子集成》,上海书店 1986 年版。

[2] 刘宝楠:《论语正义》,《诸子集成》,上海书店 1986 年版。

[3] 焦循:《老子本义》,《诸子集成》,上海书店 1986 年版。

[4] 魏源:《孟子正义》,《诸子集成》,上海书店 1986 年版。

[5] 王先谦:《庄子集解》,《诸子集成》,上海书店 1986 年版。

(原载《邯郸学院学报》2010 年第 4 期)

荀子：早期儒学中的一个理性主义美德伦理学典范

王　楷*

引　言

如果我们在一般的意义上承认在儒学（Confucianism）与美德伦理学（Virtue Ethics）这两种思想资源之间寻求某种对话与会通是可能的、必要的，那么，一个随之而来的基本问题则在于：如何将这一对话和会通导向恰当的、实质性的思想分析，而不是笼而统之的相互比附。应该说，保持这样一种警醒并不是多余的。譬如，在 2009 年"美德伦理与儒家思想"研讨会的主题演讲中，迈克尔·斯洛特（Michael Slote）教授就曾特别表示：在西方，美德伦理学的发展从来就不是单线的、一元的，就其影响大言之，其中就至少存在着两种迥然不同的理论进路，即以亚里士多德（Aristotle）为代表的理性主义传统与以休谟（David Hume）为代表的情感主义传统。而以往的学者，只是习惯于在儒学与亚里士多德的理性主义美德伦理学之间做比较。在他看来，这种处理方式事实上陷入了一种中西对话中的错位。照斯洛特教授本人的理解，相对于以亚里士多德为代表的理性主义美德伦理学传统，以休谟为代表的情感主义美德伦理学传统应该是儒家伦理更恰当的对话者。① 这一看法值得我们严肃对待。这提醒我们，作为不同思想对话的必要准备，对各自思想传统的认真梳理是一个基础性的前提。然而，这一看法本身则还有待分析。如果说西方美德伦理学内部存在着不同的、复杂的理论传统，那么，就儒家伦理思想的历史发展也同样是丰富的、多样化

---

*　王楷（1975—），男，河南封丘人，北京师范大学哲学与社会学学院讲师，北京大学哲学博士。本文系王楷博士于 2010 年 5 月 14 – 16 日参加北京大学主办的"儒学与美德伦理国际会议"的演讲稿，诚邀在本刊发表。

①　参 Michael Slote：*Sentimentalist Virtue Ethics：A Contemporary Approach*，是为其在 2009 年清华大学哲学系主办之"美德伦理与儒家思想"国际学术研讨会上的演讲稿。

的。仅就早期儒学的理论建构而言,同样作为孔子之后的儒学大师,如果说孟子代表了一种情感主义的取向,荀子则明确地展开为一种理性主义的进路。因此,我们还无法一概地说,亚里士多德与休谟,究竟哪一种理论传统更适合代表西方美德伦理学与儒学对话。原因很简单,因为儒家伦理思想本身也是多元的、多样化的。

本文以荀子的道德基础问题作为中心的关切。在一种方法论的意义上,本文引入了亚里士多德美德伦理学作为理论分析的工具和参照。本文将着重从"对人的理解"、"道德基础的建立"、"对理智德性的重视"以及"美德成之于实践"等四个问题入手,来分析和讨论荀子道德哲学的理性主义取向这一理论特质。从比较哲学的角度看,本文当然可以视为在儒学与美德伦理学这两种思想传统之间寻求对话与会通的一个个案的范本。然而,就整体而言,本文所理解的荀子完全是儒家式的,至少就作者本人的主观而言是如此。

一、对人的理解

人是什么? 或者照更哲学化的提问方式,人的本质是什么? 对此问题的基本理解和看法,为次一层次的道德学说的建构提供了必要的存在论基础。就儒家而言,在此问题上,特别重视和强调的是人的道德向度,以道德作为人之所以为人的内在根据,这突出地表现在自孔子以降儒家一贯严于"人禽之辨"的传统之上,①如荀子所言:

> 水火有气而无生,草木有生而无知,禽兽有知而无义,人有气、有生、有知,亦且有义,故最为天下贵也。(《荀子·王制》)

在此,从"气"、"生"、"知"与"义"的"梯级式"推演中,我们可以看到,荀子正是借助一般属性与特殊属性的层层比较和限定,②从而将作为人的本质("人之所以为人者")的道德向度("义")挺立出来的。在荀子,正是因为有了道德("义"),人在世界万物之中才成之为一种最为优越的存在("最为天下贵")。

不仅荀子如此。整个儒家"人禽之辨"传统的基本精神即在于以道德作为

---

① 孔子尝云:"鸟兽不可与同群,吾非斯人之徒与而谁与? 天下有道,丘不与易也。"(《论语·微子》)是为儒家"人禽之辨"传统之滥觞。

② 就思维方式而言,荀子的这种"梯级式"推论几乎可以视为古希腊逻辑学上的"朴尔斐利之树"的中国哲学版本。

"人之所以异于禽兽者"、"人之所以为人者"的内在根据。然而,另方面,在这一共同的基本精神之下,细而言之,是侧重从理性的向度理解道德,还是侧重从情感的向度理解道德,在道德学说的具体建构中则会大异其趣。譬如,在孟子那里,作为"人之所以为人者"的内在根据落实为"四端"之心,显然是侧重从情感的向度来理解道德。① 与之不同,荀子则更为强调道德的理性向度。荀子尝云:

> 人之所以为人者何已也? 曰:以其有辨也。饥而欲食,寒而欲暖,劳而欲息,好利而恶害,是人之所生而有也,是无待而然者也,是禹桀之所同也。然则人之所以为人者,非特以二足而无毛也,以其有辨也。今夫狌狌形状亦二足而无毛也,然而君子啜其羹,食其胾。故人之所以为人者,非特以其二足而无毛也,以其有辨也。夫禽兽有父子,而无父子之亲,有牝牡而无男女之别。故人道莫不有辨。辨莫大于分,分莫大于礼,礼莫大于圣王。(《荀子·王制》)

在荀子,"人之所以为人者","以其有辨也","辨"者,"分"也,"别"也。这里所谓的"分"、"别",重心不在一般知识论意义上的认知能力方面,而是就关于对与错、善与恶、正当与不正当等价值认知和价值判断而言的,故下文有"辨莫大于分"、"分莫大于礼"的讲法。质言之,这里所谓的"辨",更多的是一种为求善而求知的实践理性,而非为求知而求知的知解理性,而"人之所以为人者"的内在根据也正在于此。

荀子以理性,更确切地说是实践理性,作为人的本质,这体现出其道德学说鲜明的理性主义特质。在此,一个可资参照的理论形态来自亚里士多德。亚里士多德以"质料——形式"的理论来解释身体活动与心灵活动之间的关系。依照亚里士多德,心灵生活建立在连续的等级或阶层之上。有机物的第一形式是植物灵魂,此外,在整个动物界还有动物灵魂。植物灵魂仅限于生命力的纯生理特征,而动物灵魂的本质特征则在于感觉和空间中的自发运动。然而,此二者在人的身上则只构成质料——实现人所独有的理性的质料。理性才是人类灵魂所特有的形式。"在理性作为人类灵魂特有的形式的这个概念中,亚里士

---

① 孟子尝云,"人之所以异于禽兽者,几希,庶民去之,君子存之。"(《孟子·离娄下》)而此"几希"之一点正是"根于心"之"仁义礼智",若去之不存,则"其违禽兽不远矣"。如其所云:"无恻隐之心,非人也,无羞恶之心,非人也;无辞让之心,非人也;无是非之心,非人也。"(《孟子·公孙丑上》)

多德找到了连柏拉图也没能找到的对伦理问题特征,即善的内容的特征的解答。……万物之所以幸福,是由于发挥了自己的本性和自己独有的能力——而人则是通过理性。"[1]204换言之,在亚里士多德那里,美德是从理性这一人的天然的禀赋发展而来的。因而,人在道德上的自我实现就在于寻求具有理性活动的实践能力。出于一种会通的理解,我们说,荀子亦复如是。

二、道德基础的建立

作为一个儒家学者,荀子对于行为主体成就完美德性的前景显得非常有信心,《荀子·性恶篇》尝云:

> "涂之人可以为禹。"曷谓也?
>
> 曰:凡禹之所以为禹者,以其为仁义法正也。然则仁义法正有可知可能之理。然而涂之人也,皆有可以知仁义法正之质,皆有可以能仁义法正之具,然则其可以为禹明矣。今以仁义法正为固无可知可能之理邪?然则唯禹不知仁义法正,不能仁义法正也。将使涂之人固无可以知仁义法正之质,而固无可以能仁义法正之具邪?然则涂之人也,且内不可以知父子之义,外不可以知君臣之正。今不然。涂之人者,皆内可以知父子之义,外可以知君臣之正,然则其可以知之质,可以能之具,其在涂之人明矣。今使涂之人者,以其可以知之质,可以能之具,本夫仁义法正之可知可能之理,可能之具,然则其可以为禹明矣。(《性恶》)

荀子既主张"涂之人可以为禹",则不得不说明行为主体凭借何种能力以成就完美的德性而达致圣人之境,上文所说的"可以知仁义法正之质"、"可以能仁义法正之具"即荀子对此问题作出的解释和说明。在一种现代哲学语境的理解之下,这里的"质"与"具"无疑是就人的理性(更确切地说,实践理性)而言的。质言之,作为对道德基础的理论说明,荀子将成就德性的内在根据诉诸行为主体的理性。因而,可以说,在逻辑的意义上,荀子道德哲学中的行为主体首先是作为一种理性主体存在的。

上文"可以知仁义法正之质"、"可以能仁义法正之具"只是浑沦的讲法,欲作一落实的解释,则有"心"的概念的提出。在荀子道德哲学中,分心性为二,以情欲等自然感性的生命层面为"性",以理性、自由意志等主体力量层面为"心"。于是,荀子的修养功夫亦可简要地概括为"以心治性"(牟宗三语)。《荀子·正名篇》云:

性之好、恶、喜、怒、哀、乐谓之情。情然而心为之择谓之虑。心虑而能为之动谓之伪;虑积焉,能习焉,而后成谓之伪。(《正名》)

如此,则"伪"生于心,而"心"乃能"虑"、能"择"之主体,也是"伪"之所以可能的内在根据。显然,此一能"虑"、能"择"的"心"所表征的正是行为主体的理性力量。荀子每言"人之性恶,其善者伪也"(《性恶》),"性"既为"恶",则行为主体在道德上自我完善的过程也正是"起伪"以"化性"的过程,而其所以能够"化性"的内在根据即在于"心"。心调节人的自然的"性情"和"欲求","引导我们的情感和欲望的重构"[2]71,从而实现对性情的转化,如《正名篇》所言:

故欲过之而动不及,心止之也。心之所可中理,则欲虽多,奚伤于治?欲不及而动过之,心使之也。心之所可失理,则欲虽寡,奚止于乱?故治乱在于心之所可,亡于情之所欲。不求之其所在,而求之其所亡,虽曰我得之,失之矣。(《正名》)

在这里,"治乱在于心之所可",作为行为主体自我完善的内在根据,心是道德修养的关键,所谓的"以心治性"也就展开为以道德理性(心)对治感性情欲(性情)的实践过程。质言之,在荀子道德基础的建立中,理性与情感相比,表现出一种逻辑上的优先性。

荀子将道德基础建立在理性之上,而孟子则将道德基础建立在情感(四端)之上,作为孔子之后早期儒家最具代表性的两种道德学说,这二者在理论建构上也恰恰呈现出一副相映成趣而又殊途同归的图景。质言之,就道德哲学的理论建构而言,如果说孟子代表了一种情感主义的理论取向,荀子则代表了一种理性主义的理论取向。

三、理智德性的凸显

在早期儒学中,对理性的重视和强调是荀子道德学说的一个独特的理论特色。在荀子,智作为道德行为主体的一种能力与活动,是关于善/恶、对/错、应当/不应当的认识和判断,是一种为求善而求知的实践理性。进而言之,在道德实践的层面上,就(作为一种理智德性的)智与道德德性的关系来说,如果"智"仅仅是关于(道德)德性是什么的知识,那么,它又何以能够使得我们更有(道德)德性?

如所周知,在意志自由概念引入伦理学之后,道德行为之成为道德行为已经不再是局限于行为本身而言的问题了。一个人在道德受到称赞的人不只是在行为上合乎道德的要求。道德实践不是做了便是,道德主体必须意识到如此行为之应当、合宜、非如此不可,必须深切体认到行为本身在道德上的性质与意义,而这一切则必须诉诸"智"。如亚里士多德所言:

> 有的人做了公正的事却不是公正的人(例如,那些违反意愿、出于无知或为着某种目的,而不是因为行为本身而做了法律所要求的事情的人就是这样,尽管他们也做了一个好人会做的事。)所以,必定存在着某种品质,一个人出于这种品质而做出的行为都是好的,就是说,好像是出于选择的和因为那个行为自身之故的。使得我们的目的正确的是德性。而使得我们去作为实现一特定目的而适合去做的那些事情的却不是德性,而是另外一种能力。[3]187-188

这里所说的"另外一种能力"即明智。理智德性与道德德性在道德实践中的关系,在亚里士多德这里,主要是借助对明智与道德德性关系的讨论而展开的。在此,亚氏引入"手段"与"目的"的概念,对二者关系有一个经典的伦理学表述:"明智与道德德性完善着活动。德性使得我们的目的正确,明智则使我们采取实现那个目的的正确的手段。"[3]187无疑,我们在这一表述中可以很自然地倾听到苏格拉底的声音,苏格拉底(历史上的、而非柏拉图对话中的苏格拉底)认为:德性即知识,恶都不是出于意愿。亚里士多德显然力图避免这种极端,但也同样强调知识(逻各斯)对于德性的意义:

> 苏格拉底的探索部分是对的,尽管有的地方是错的。他认为所有德性都是明智的形式是错的。但他说离开明智所有的德性就无法存在却是对的。一个证明是,即使在现在,人们在定义一种德性,说明它是什么,相关于什么之后,也还要加一句,说它是由正确的逻各斯规定的。而正确的逻各斯也就是按照明智而说出来的逻各斯。[3]189

> 所以,每个人都似乎以某种方式说出了这个道理:德性是一种合乎明智的品质。然而这个说法需要一个小小的修正。德性不仅仅是合乎正确的逻各斯的,而且是与后者一起发挥作用的品质。在这些事务上,明智就是正确的逻各斯。苏格拉底因此认为德性就是逻各斯(他常说所有德性都是知识的形式)。而我们则认为,德性与逻各斯一起发挥作用。显然,离开了明智就没有严格意义的善,离开了道德德性也不可能有明智。从这里也可以明白,即使明智不引起实践,它也是需要的。因为它是它所属的灵魂的那个部分的德性。与没有德性的情形一样,离开了明智我们的选择就不会正确。因为,德性使我们确定目的,明智使我们选择实现目的的正确的

手段。[3]189-190

简言之,亚里士多德的观点是这样的:德性(作为品质)与逻各斯(理智的知识)一道起作用,如果一个行为也出于品质,那么它就是出于意愿的,因为品质本身最终是在我们能力之内的,出于我们的意愿的。至此,我们或可纠正一种伦理学上的习惯性的认识:在道德实践上,理智德性是知的层面(阶段),而道德德性则是行的层面(阶段)。这种认识之所以是偏颇的,是因为它将理智德性与道德德性二者之间的关系做了单纯的外在化的处理,从而不可避免减弱了理智德性在伦理学上的意义。然而,如亚里士多德所指出的:

> 人们都认为,各种道德德性在某种意义上是自然赋予的。公正、节制、勇敢,这些品质都是与生俱来的。但同时,我们又希望以另一种方式弄清楚,在严格意义上的善或此类东西中是否有别的东西产生。因为,甚至儿童和野兽也生来就有某种品质,而如果没有努斯,它们就显然是有害的。一个强壮的躯体没有视觉的情形更为明显。由于没有视觉,他在行动时摔得更重。这里的情形也是如此。然而如果自然的品质上加上了努斯,它们就使得行为完善,原来类似德性的品质也就成了严格意义上的德性。因此,正如在形成意见的方面灵魂有聪明与明智两个部分,在道德的方面也有两个部分:自然的德性与严格意义的德性。严格意义的德性离开了明智就不可能产生。所以有些人就认为,所有的德性都是明智的形式。[3]189

在这里,"自然的德性"与"严格意义的德性"概念对举,凸现了理智德性(明智)在伦理学上的意义。严格意义的德性亦即伦理学意义上的德性,而自然的德性则是就某些人生而自然的性情、气质等禀赋倾向而言的。① "德性的情形与明智同聪明的关系大致相同。明智与聪明不相同,但两者非常相像。自然的德性与严格意义的德性的关系也是这样。[3]188-189关于自然的德性,《荀子·儒效篇》亦尝云:

> 故人无师无法而知,则必为盗,勇则必为贼,云能则必为乱,察则必为怪,辩则必为诞;人有师有法,而知则速通,勇则速畏,云能则速成,察则速尽,辩则速论。故有师法者,人之大宝也;无师法者,人之大殃也。

显然,这里所谓的"知则必为盗"之"知"、"勇则必为贼"之"勇"……也是就自然的德性意义上而言的。然而,与《庄子》的理论旨趣不同,荀子以自然德性

---

① 出于一种理解上的会通,宋儒周敦颐论刚、柔等气质之性或可说亦是就自然的德性而言的。

为反照,是为了进而论证实现严格意义的德性的必要性及其途径。在《儒效篇》的这段文字中,荀子强调的是"师"、"法"的重要性。回到我们的问题,在伦理学意义上,更一般地说,在道德实践中,脱离了伦理认知、伦理判断(理智德性),道德德性的实现亦将成为不可能。

如所周知,在亚里士多德那里,正像聪明的能力离开了德性的品质就不能成为明智一样,自然的德性(例如自然的勇敢、公正等等)离开了明智(实践的、把握终极事务的努斯)就不能成为道德德性,所以德性也离不开明智。这种关系,伯尼特写道,可以这样来表达:"德性无明智则盲,明智无德性则空。"[3]189应该说,伯尼特的这一表述也同样适用于荀子。

四、德性成于实践

如所周知,荀子的道德学说是建立在自然人性论基础之上的。在荀子这里,德性并非出自天赋,而是成之于后天的修为实践。是故,荀子每言"人之性恶,其善者伪也"。另一方面,正所谓"少成若天性,习贯之为常",作为一种稳定的内在品质,德性一旦养成,"则若性命肌肤之不可易也"。因而,在"习惯成自然"的意义上,我们可以称之为"第二人性"。于是,在荀子这里,也就出现了两种人性观念,一种是原初的自然人性,另一种则是成之于修为实践的德性,而所谓"化性起伪"的修养实践,也正是从原初的自然人性向"第二人性"转化的过程。

作为一种理论参照,与荀子相仿,在亚里士多德那里也同样存在着两种不同层次上的人性观念(当然,这里所谓的不同层次与其说是现象描述意义上的,毋宁说是逻辑分析意义上的):一种是原初的处于未教化状态下的人性,亦即所谓"偶然所是的人性"(human-nature-as-it-happens-to-be),一种是"实现其目的的而可能所是的人性"(human-nature-as-it-could-be-if-it-realized-its-telos)。就二者关系而言,"偶然所是的人性"最初与伦理学的训诫相悖,从而需要通过实践理性和经验的指导转变为"实现其目的的而可能所是的人性"。根据这种三重架构的观点,伦理学预设了对潜能与行动,对作为理性动物的人的本质,以及更重要的,对人的目的(telos)的某种解释。如麦金太尔所指出的:"在亚里士多德的目的论体系中,偶然所是的人(man-as-he-happens-to-be)与实现其本质性而可能所是的人(man-as-he-could-be-if-he-realized-his-essential-nature)之间有一种根本的对比。伦理学就是一门使人们能够理解他们是如何从前一种状态转化到后一种状态的科学。"[4]67在这里,道德之于行为者(actor)的意义被理解为存在(行动者)的一种自我实现(self-realization),即促进存在本身的提升或转换,从而实现和达到真正意义的存在样式。于是,出于一种共通性的伦理学理解,荀子德行论之核心关切也就同样在于如何成就作为"人之所以为人者"之"第二人性"(德性),亦即如何"成人"①——成就完整的德性人格。从哲学的层面讲,正如我们在亚里士多德那里所看到的,以性恶论为逻辑起点的荀子德行论是以一种"存在先于本质"的哲学观为基础的,追求一种从"实然"到"应然"的转化,即所谓"君子之学如蜕,翻然迁之"(《大略》)、"济而材尽,长迁而不反其初,则化矣"(《不苟》)。

在孟子那里,德性(virtue)具有先验性,尽管只是处于萌芽(端)状态,从而,完善德性之养成与自身善性之充分发展是同一过程。与孟子不同,在荀子这里,尽管人先天具有获得德性的能力,但是德性本身则来自于后天的努力。因而,与孟子在道德修养论上重"存养"、"扩充"不同,荀子特重"学"与"积",提出"圣人者,可积而致也",强调按照道德原则(礼义)而行为对于成就内在德性的意义,即所谓"道虽迩,不行不至;事虽小,不为不成《修身》"。如《儒效篇》所说:

> 性也者,吾所不能为也,然而可化也;积也者,非吾所有也,然而可为也。注错习俗,所以化性也;习俗移志,安久移质,则同于神明,参于天地矣。故积土而为山,积水而为海,旦暮积谓之岁。至高谓之天,至下谓之地,宇中六指谓之极;涂之人百姓积善而全尽谓之圣人。人积耨耕而为农夫,积斩削而为工匠,积反货而为商贾,积礼义而为君子。工匠之子莫不继事,而都国之民安习其服。居楚而楚,居越而越,居夏而夏,故人知谨注错,积习俗,大积靡,则为君子矣;纵性情而不足问学,则为小人矣。

在荀子,正如一个人在不断的"耨耕"之中成为一个优秀的农夫,在不断的"斩削"之中成为一个优秀的工匠一样,美好的君子人格也只有通过在长期不断的合于礼义的行为中来造就。也正是在这个意义上,荀子提出"积善成德"

---

① 荀子云:"君子知夫不全不粹之不足以为美也,……德操然后能定,能定然后能应。能定能应,夫是之谓成人。"(《荀子·劝学》)盖荀子之"成人"显然是对孔子思想的发挥,《论语·宪问》载:"子路问成人。子曰:'若臧武仲之知,公绰之不欲,卞庄子之勇,冉求之艺,文之以礼乐,亦可以为成人矣。'曰:'今之成人者何必然?见利思义,见危授命,久要不忘平生之言,亦可以为成人矣。'"

（《劝学》）。照郑玄注《周礼》"德行,内外之称,在心为德,施之为行"的讲法,善是指符合道德原则（礼义）的行为,而德则是指内在的品质,前者是道德行为,而后者则是道德德性,二者在性质上存在着行为与心志分别。显然,一个人做了一件合乎道德的行为,并不就意味着这个人就是一个拥有良好德性的人。甚至,这里的关键还不在于行为的重复次数与持续时间。质言之,只有那些出于特定心理状态（即为着道德自身的目的）而做出的合乎道德的行为才能够与内在的德性联系起来。也正是在这个意义上,亚里士多德对一个公正的行动（a just action）和公正地行动（acting justly）作出区分。公正地行动既要求知道如何做,也要求为其自身的缘故。出于"一种坚定的和不变的质量状态"选择做这种行动。但是,一个公正的行动,正像一种正确的拼法一样,只需要是那种一个公正的人会做的行动。在孟子那里,这两种不同性质的合乎道德的行为分别称之为"行仁义"与"由仁义行"（《孟子·离娄下》）。于是,"积善成德"的修养方式在理论机制上出现了困难,倪德卫称之为"德性的悖论":"除非我已经有了德性的倾向（inclination）或者说我已经有德性,我不能做真正之德行。孟子对人性和"四端"的看法可看作是对这个悖论的尝试解决:所有人都是有德性的（尽管处于萌芽状态）,因而我们能真正地做德行。而亚里士多德则坚持,一个人即使没有恰当的德性的动机但通过（起码是开始的时候）做德行也能成为一个有德性的人。"[5]序言

在亚里士多德看来,"一个人也可能碰巧地或者由于别人的指点而说出某些合文法的东西。可是,只有当他能以合语法的方式,即借助他拥有的语法知识来说话时,他才是一个文法家。"[3]41 同样,"虽然与公正的或节制的人的同样的行为被称之为公正的和节制的,一个人被称为公正的人或节制的人,却不是仅仅因为做了这样的行为,而是因为他像公正的人或节制的人那样做了这样的行为。"[3]42 因为,"合乎德性的行为并不因为它们具有某种性质就是,譬如说,公正的或节制的。除了具有某种性质,一个人还必须是出于某种状态的。首先,他必须知道那种行为。其次,他必须是经过选择而那样做,并且是因那行为自身故则选择它。第三,他必须是出于一种确定了的、稳定的品质而那样选择的。"[3]41-42 这种对行为之心理"状态"的强调,也正是倪德卫"德性的悖论"提出的根据。在亚里士多德那里,德性既不出于自然亦不反于自然,而是成于实践（习惯）,毁于实践（习惯）,因而,"德性的悖论"之在理论上的消解:"它们所述说的状态本身就是不断重复公正的和节制的行为的结果……所以的确可以说,在行为上公正便成为公正的人,在行为上节制便成为节制的人。如果不去这样

做,一个人就永远无望成为一个好人。"[3]41-42"简言之,一个人的实现活动怎样,他的品质也就怎样。所以,我们应当重视实现活动的性质,因为我们是怎样的就取决于我们的实现活动的性质。从小养成这样还是那样的习惯绝不是小事,正相反,它非常重要,或宁可说,它最重要。"[3]37

然而,如果对荀子德行论思想足够熟悉的话,仍然能够从中深切体会到荀子消解这一悖论的努力,这一点也同样表现为其重行的实践性格。荀子提出"学为圣人","学恶乎始? 恶乎终? 曰:其数则始乎诵经,终乎读礼。"这里所讲的"始乎诵经,终乎读礼"的"学之数"只是偏就对知识以及行为原则的认知而言,而要实现"始乎为士,终乎为圣人"的"学之义",则就不能仅仅停留在认知(即使是理性的认知)的层面,而必须贯彻到实际的行动实践之中,亦即如杨倞注文所说,必须"行其所学"。故而,荀子声言:

> 不闻不若闻之,闻之不若见之,见之不若知之,知之不若行之,学至于行之而止矣。行之,明也。明之为圣人。圣人也者,本仁义,当是非,齐言行,不失毫厘,无它道焉,已乎行之矣。知之而不行,虽敦必困。不闻不见,则虽当,非仁也。(《儒效》)

"知之而不行,虽敦必困",强调道德认知的意义在于贯彻于道德实践之中,而不仅仅停留在理论的层面。"知之不若行之"是强调良好德性归根结底成就于坚持不懈的道德践履。"学至于行之而止矣",就是说,"行"才是"学"的最终完成。荀子"学至于行之而止"的这一思想,彰显出荀子道德学说特别注重客观的行为实践的理论性格。从某种意义上说,这可以视之为儒家知行观的一种较早的表现。

余 论

最后,有必要特别解释的一点是,当我们说荀子代表了一种理性主义进路的时候,并不就意味着荀子对情感抱有某种拒斥或者轻视。相反,情感在荀子伦理思想中占有相当重要的地位。其中,一个最为典型的例证见于荀子对三年之丧的解释,《荀子·礼论篇》云:

> 故凡生乎天地之间者,有血气之属必有知,有知之属莫不爱其类。今夫大鸟兽则失亡其群匹,越月踰时则必反铅;过故乡则必徘徊焉,鸣号焉,踯躅焉,踟蹰焉,然后能去之也。小者是燕爵,犹有啁噍之顷焉,然后能去之。故有血气之属莫知于人,故人之于其亲也,至死无穷。将由夫愚陋淫

> 邪之人与,则彼朝死而夕忘之;然而纵之,则是曾鸟兽之不若也,彼安能相
> 与群居而无乱乎!

在荀子,作为"血气之属"所固有的一种自然的情感,"爱其类"、"尊其亲",是其生命存在的一种基本的表现。对于人来说,这种自然情感一旦泯灭,则将成为"曾鸟兽之不若"的"愚陋淫邪之人"。从"曾鸟兽之不若"这一强势的断言中,我们可以体会到荀子对情感这一生命维度的肯定和强调。

然而,如果我们据此而得出结论,认为情感在荀子道德基础的建立中具有与孟子同等的意义,我们就会显得失之草率。至少,我们没有充足的理由认为:荀子道德哲学中的德性只是情感这一自然禀赋在程度上的扩充和发展。尤其重要的是,在荀子看来,作为一种生而如此的实然存在,这种自然情感是人与鸟兽所共有的生命维度,其本身还不具有道德价值的意义。这一情感,只有达到实践理性上的自觉,才得以从一种自然情感转化为一种道德情感。正是在这个意义上,荀子提出"君子处仁以义,然后仁也"。《荀子·大略篇》云:

> 仁有里,义有门;仁非其里而处之,非仁也;义,非其门而由之,非义也。
> 推恩而不理,不成仁;遂理而不敢,不成义;审节而不和,不成礼;和而不发,
> 不成乐。故曰:礼义礼乐,其致一也。君子处仁以义,然后仁也。行义以
> 礼,然后义也;制礼反本成末,然后礼也。三者皆通,然后道也。

"仁有里"的"里"即《论语》"里仁为美"之"里"。"仁有里",是说仁有其所居之地,不是任何地方都可以处,所以说"仁非其里而处之,非仁也"。显然,这里的"处"指行仁。所谓"非其仁而处之",具体就是"推恩而不理"。"恩"即仁也,"理"即义也,这里的"推恩而不理",就是说,如果违背实践理性的指导,违背正当性原则(义)来行仁,也就不成为真正的仁。《荀子·议兵篇》云:

> 陈嚣问孙卿子曰:"先生议兵,常以仁义为本。仁者爱人,义者循理,然
> 则又何以兵为?"孙卿子曰:"非汝所知也。彼仁者爱人,爱人,故恶人之害
> 之也;义者循理,循理,故恶人之乱之也。……"

仁之作为一种情感,本身在于对人"爱"、"好",但在实践中又有着"爱"("好")与"恶"两种相反的倾向和表现,如孔子所云:"唯仁者能好人,能恶人。"(《论语·里仁》)显见,仁之情感要循正当性原则(义)而发用,可"爱"者则"爱"之,可"恶"者则"恶"之。简言之,在荀子这里,作为自然情感的仁的表达必须符合当然之则(义)的要求。只有符合正当性原则的仁之情感的发用和表达,才成为一种真正作为德性的"仁"。用荀子的话说,就是"君子处仁以义,然后仁也"。

作为一种理论上的参照,亚里士多德在《尼各马可伦理学》中有"自然的德性"与"严格意义的德性"二者的分别:

> 人们都认为,各种道德德性在某种意义上是自然赋予的。公正、节制、勇敢,这些品质都是与生俱来的。但同时,我们又希望以另一种方式弄清楚,在严格意义上的善或此类东西中是否有别的东西产生。因为,甚至儿童和野兽也生来就有某种品质,而如果没有努斯,它们就显然是有害的。一个强壮的躯体没有视觉的情形更为明显。由于没有视觉,他在行动时摔得更重。这里的情形也是如此。然而如果自然的品质上加上了努斯,它们就使得行为完善,原来类似德性的品质也就成了严格意义上的德性。因此,正如在形成意见的方面灵魂有聪明与明智两个部分,在道德的方面也有两个部分:自然的德性与严格意义的德性。严格意义的德性离开了明智就不可能产生。所以有些人就认为,所有的德性都是明智的形式。

准此观之,则"处仁以义"的"仁"只是一种"自然的德性",而"然后仁也"的"仁"则方始上升为一种"严格意义的德性"。而促成前者向后者之转化者,正是实践理性的反思与自觉,亦即荀子所谓的"处仁以义"。从这个意义上说,在荀子道德基础的建立中,相对于情感,理性显然具有一种逻辑上的优先性。

参考文献:

[1] [德]文德尔班:《哲学史教程》上册,罗达仁译,商务印书馆1987年版。

[2] Aaron Stalnaker, *Overcoming our evil: human nature and spiritual exercises in Xunzi and Augustine*[M],Washington, D. C, Georgetown University Press, 2006.

[3] [古希腊]亚里士多德:《尼各马可伦理学》,廖申白译,商务印书馆2003年版。

[4] [美]A 麦金太尔:《追寻美德——伦理理论研究》,宋继杰译,译林出版社2003年版。

[5] [美]倪德卫:《儒家之道——中国哲学之探讨》,周炽成译,江苏人民出版社2006年版。

(原载《邯郸学院学报》2010年第2期)

从礼论的视角看荀子天人关系说

廖晓炜[*]

"天人合一"通常被用来表达中国哲学,尤其是儒学的根本性特征,与孟子的思想被明确归于"天人合一"之理论形态不同,学界关于荀子天人关系思想的理解却说法不一,颇有分歧。或以为荀子天人关系思想的特色正在于其提出了不同于孔孟"天人合一"说之"天人之分"、"制天命而用之"的光辉思想;或以为在天人关系的问题上,孔孟荀并无不同,均是归属于"天人合一"的理论形态;或以为荀子天人思想既有合的一面亦有分的一面。除了研究进路与诠释立场的不同之外,[①]"天人合一"与"天人之分"这两个概念本身的复杂性也是造成分歧的重要原因。本文不拟对以上各种观点作具体的评述,而是希望从荀子礼论的角度重新思考、厘清此一问题,进而表明荀子天人关系说仍属"天人合一"一路,但与孟子经由心、性工夫所达致的形上境界的天人合一说有明显的不同,毋宁说荀子所确立的是一种"本体宇宙论"意义上的天人合一说;同时,与孔孟以及先秦其他思想家一样,由于时遇、命等观念的引入,荀子思想中也包含有天人相分的一面。以下将从荀子礼论出发具体阐释荀子的天人之学。

一、治与礼:荀子哲学的基源问题及其解决之道[②]

随着春秋礼治秩序的破坏和政治的衰朽,如何重建政治、伦理秩序成为最为重要的时代课题,就儒学而言,尤在于恢复具体展现为礼乐制度的社会秩序。荀

---

* 廖晓炜(1983—),男,湖北武穴人,武汉大学哲学学院中国哲学专业博士研究生。

① 佐藤将之先生对当代荀子研究的诸种不同进路有较为细致、深入的梳理,见 Masayuki Sato, *Confucian State and Society of Li: A Study on the Political Thought of Xun Zi*, Sinologial Institute, Leiden University, 2001:1 - 25.

② "基源问题"是借自劳思光先生的说法,相关讨论见劳思光:《新编中国哲学史》(一卷),广西师范大学出版社 2005 年版,第 10—12、251 页。

子更是赋予"治"以"终极性"的价值,[1]245 "凡古今天下之所谓善者,正理平治也","古者圣人以人之性恶,以为偏险而不正,悖乱而不治,故为之立君上以临之,明礼义以化之,起法正以治之,重刑罚以禁之,使天下皆出于治,合于善也"。[2]439-440 能否达致平治因而也就成为荀子评判各家之说的基本依据。① 人之"性恶"以及现实社会之失序乃是荀子理论思考的出发点,因而"治"在荀子的思考中具有基础性的地位,荀子因此表现出以政治论说统摄伦理论说的理论倾向。荀子试图确立一具有普遍客观意义的礼,作为个人修养以及社会平治的客观依据。

就修身而言,君子以学为根本,"学至乎礼而止",最终达致"入乎耳,箸乎心,布乎四体,形乎动静,端而言,蝡而动,一可以为法则"的理想状态。[2]12 这也就是说,通过礼的学习,涵括身——心在内的整个生命存在状态均随之转化、提升,所谓"君子之学也,以美其身"、"礼者,所以正身也"。其实也就是强调礼通过修身而"内在化",荀子进而说道:"凡用血气、志意、知虑,由礼则治通,不由礼则勃乱提僈;食饮、衣服、居处、动静,由礼则和节,不由礼则触陷生疾;容貌、态度、进退、趋行,由礼则雅,不由礼则夷固僻违,庸众而野,故人无礼则不生。"[2]23 由内在之血气、志意、心知到外在行为,②壹是皆以礼为准、则,此正荀子修养论的特色所在,即通过礼的内在化以实现人格/志意的提升和生命状态的转化。③

---

① 所谓"不足以合文通治"、"不可以治纲纪"、"不足以合大众、明大分"等等均是从这一角度来说的,《荀子·非十二子》,王先谦:《荀子集解》,中华书局 1988 年版,第 90—97 页。

② 值得注意的是,荀子思想大体以"性恶"为出发点,同时又强调"途之人可以为禹",其中转化的关键就在"知道"之"心",即此处所谓志意的"知虑"作用,如此,"心"如何识取道、礼义,进而以之为准则生发道德行为乃是关键所在。也正是在这一点上,牟宗三先生将荀子思想判为"横摄系统"(同于朱子),以区别于孟子即陆王心学所代表的"纵贯系统",以为:"荀子亦是横摄系统,只差荀子未将其礼字转为性理耳"(见牟宗三:《心体与性体(三)》,《牟宗三先生全集(7)》,台北:联经出版事业公司 2003 年版,第 426 页)。牟氏此说固然可进一步商榷,然亦值得我们重新思考荀子思想的理论特征及其在儒学史上定位等问题。

③ 与孟子的修养论作一简单比较,可以更好地说明这一点,"君子所性,仁义礼智根于心。其生色,也睟然见于面、盎于背,施于四体,四体不言而喻"(《孟子·尽心下》,焦循:《孟子正义》,中华书局 1998 年版,第 905—906 页),孟子也极为强调身体的转化以及身心的一体,但是这完全是一种由内而外的"外化"的过程。这里涉及到与礼相关的威仪观和身体观的问题,相关讨论可参见,甘怀真:《先秦礼观念再探》,《皇权、礼仪与经典诠释:中国古代政治史研究》,台北:台湾大学出版社 2004 年版,以及杨儒宾:《儒家身体观》,台北:中央研究院中国文哲所筹备处 1996 年版,杨儒宾主编:《中国古代思想中的气论及身体观》,台北:巨流图书公司 1993 年版。

荀子更是以之作为"人禽之辨"的根基所在:"人之所以为人者,何已也? 曰:以其有辨也——辨莫大于分,分莫大于礼。"①

就平治天下而言,礼更是唯一可依凭之定准:"将原先王,本仁义,则礼正其经纬蹊径也。若絜裘领,屈五指而顿之,顺者不可胜数也",[2]16 "礼者,法之大分,类之纲纪也"。[2]12 礼作为最后的准则,整个社会的运作须依之而行,反之,"事无礼则不成,国家无礼则不宁"。[2]23,495 荀子所强调的也就是,整个社会秩序的建构必须以礼为根据,礼也正为"四海之内若一家"[2]161 的政治理想奠定了现实性的根基。与孟子强调天子以至庶人的"道德自觉"不同,荀子所探寻的是真正能够将儒家的政治理想付诸现实的具体可行之道,礼所包含的理想性和可操作性正满足了这一要求。一方面礼是衡定个体行为以至社会运作之合理性的价值判准,所谓"足以为万世则,则是礼也";[2]366 另一方面,礼更为个体以及社会的行为提供了可供依凭的客观之道,所谓"夫行也者,行礼之谓也"。[2]490 但是,需要注意的是,荀子所强调的礼的客观性和可操作性与法家重法有根本性的区别,②如荀子谓:"有治人,无治法"、"禹之法犹存,而夏不世王,故法不能独立,类不能自行,得其人则存,失其人则亡。法者,治之端也;君子者,法之原也。"[2]230 "故械数者,治之流也,非治之原也;君子这,治之原也。官人守数,君子养原,原清则流清,原浊则流浊。"[2]232 可见,荀子并不以客观制度、法为完满自足,而更为强调法之实施者的德行修养。在这一点上,荀子与孔孟是完全一致的。

然则,礼由何而生? 其合理性如何确立?"礼义法度者,是圣人之所生也",[2]438 "先王恶其乱也,故制礼义以分之,以养人之欲,给人之求"。[2]436 此即是说,礼源于圣人之"伪",若按一般的理解,此无疑是将礼归于圣人之凭空虚构,③荀子又何以称其为万世不易之则? 且这也很容易落入劳思光所批评之

---

① 《荀子·非相》,王先谦:《荀子集解》,中华书局 1988 年版,第 78—79 页。《礼记·曲礼》亦有相同之表述:"鹦鹉能言,不离飞鸟。猩猩能言,不离禽兽。今人而无礼,虽能言,不亦禽兽之心乎",这与孟子以"道德心"论人禽之别有很大的不同。

② 有关荀子与法家的不同,韦政通先生有更为深入、细致的分析,见韦政通:《荀子与法家》,《荀子与古代哲学》,台北:台湾商务印书馆 1985 年版,第 195—217 页。

③ 伍振勋在其博士论文中极为强调"礼之理"乃是出自"君子"的道德智能,及由体认人心内在属于"时间"向度的"历史意识"与"空间"向度的"社会意识"来解释生活世界的价值与意义,见伍振勋:《荀子"天生人成"思想的意义新探》,台湾清华大学中国文学系博士论文,2005 年。

"权威主义"以及礼之价值的工具化的深渊。就权威主义一点而言,荀子明确提出"反君术"、"反独"、"反权谋"、"非秦"等观念,其所肯定的仍是儒家的德治,①即所谓"以德兼人";[2]289若礼只具有工具价值的意义,那么荀子所强调的礼的绝对客观性又如何可能? 故而圣人制礼以及礼的价值根源的问题值得重新加以解释,事实上,荀子的天人之学方是响应以上难题的关键所在。

二、天人合一——荀子礼的价值根源

随着社会环境的急剧变化,春秋时期礼的内涵也有了新的发展、演进,其中最为突出的一点就是"礼、仪之辨",如《左传·昭公五年》记载了鲁昭公访问晋国,晋侯与晋臣女叔齐关于礼的讨论。晋侯谓女叔齐曰:"鲁侯不亦善于礼乎?"对曰:"鲁侯焉知礼!"公曰:"何为? 自郊劳至于赠贿,礼无违者,何故不知?"对曰:"是仪也,不可谓礼。礼,所以守其国,行其政令,无失其民者也。"[3]1266 可见,礼已经不只是作为制度、仪节而被重视,人们更为强调的是作为政治之合理性原则的礼,因而礼逐渐成为衡定政治行为的准则。荀子强调以礼修身、以礼治国的思想,无疑正体现了这一特点。② 礼之所以能够成为判定政治合理性的原则,就在于其背后的形上学根据:"夫礼,天之经也,地之义,民之行也"、"礼,上下之纪,天地之经纬也,民之所以生也,是以先王尚之。故人之能自曲直以赴礼,谓之成人。大,不亦宜乎!"[3]1457,1459礼不但是修身成人的依据,并且更是上下之纪、天地之经纬,故而先王则之。《礼记》中相同的论述也有不少,如《礼记·礼器》谓:"礼也者,合于天时,设于地财,顺于鬼神,合于人心,理万物者也",《礼记·礼运》则曰:"夫礼必本于天,殽于地,列于鬼神。达于丧、祭、射、御、冠、昏、朝、聘。"可见,礼所体现的乃是涵括天、地、人的宇宙整体的整全秩序,礼本身也就包含有"本体宇宙论"的意义。

---

① 就礼的统摄性而言,荀子的外王思想可以称之为礼治,但孔孟的德治观念亦包含于其中,有关荀子礼治的讨论可参见林俊宏:《荀子礼治思想的三大支柱——从"化性起伪"、"维齐非齐"与"善假于物"谈起》,《政治科学论丛》1998 年 6 月第 9 期,第 195—224 页。

② 有关荀子与《左传》的关系问题,学者多有论及,刘师培有《左传荀子相通考》,较为详细的讨论可参见:张才兴:《论〈荀子〉与群经及其在儒学史上的定位》,《逢甲人文社会学报》2003 年 5 月第 6 期,第 85—122 页;尤锐(Yuri Pines):《新旧的融合:荀子对春秋思想传统的重新诠释》,《国立政治大学学报》2003 年 12 月第 11 期,第 137—184 页;张亨:《荀子的礼法思想试论》,《思文之际论集——儒道思想的现代诠释》,新星出版社 2006 年版。

荀子之所以将礼作为统摄整个社会、政治的价值原则的理由也正在于此:"天地以合,日月以明,四时以序,星辰以行,江河以流,万物以昌,好恶以节,喜怒以当,以为下则顺,以为上则明,万物变而不乱,贰之则丧也。礼岂不至矣哉!"[2]355好恶、喜怒是就个体情感、修身而言,上、下是就社会、政治秩序而言,而天地、日月、四时、星辰、江河、万物显然是从"本体宇宙论"的意义上来讲的。礼也就成为天地万物以及人间社会能够合理存在的根据、原则,礼是统合天与人、自然与价值的形而上学根据,在此一意义上,荀子的思想无疑是属于天人合一这一理论形态的。《荀子·王制》篇的一段表述可以更好的说明这一点:"君臣、父子、兄弟、夫妇,始则终,终则始,与天地同理,与万世同久,夫是之谓大本。故丧祭、朝聘、师旅一也。"[2]163君臣、父子、兄弟、夫妇等等级秩序以及丧祭、朝聘、师旅等礼仪之所以有存在的合理性,所谓"与万世同久",就在于其"与天地同理"。天地之理乃是恒长久远的,人间的秩序、礼义正因其体现了相同的"理",所以在价值上才有绝对性的意义,这也正体现了中国哲学之独特的价值观和宇宙观。如果说,宋明理学以理统摄"存在之理"和"价值之理"的"理一分殊"思想是"天人合一"的话,那么《左传》《荀子》的礼的宇宙观不也正是"天人合一"的一种理论形态吗?① 只不过此一理论型态与孟子经由心、性功夫所达致的形上境界之"天人合德"的理论形态不同罢了。其实不少学者已经意识到这一点,只是限于对荀子"天人之分"的狭隘的理解,而以为这是荀子思想中的矛盾之处。[4]117《左传》、荀子以礼为基础所确立的天人合一的思想,对其后的思想史发展起到了极为重大的影响。董仲舒谓:"礼者,继天地,体阴阳,而慎主客,序尊卑、贵贱、大小之位,而差外内、远近、新故之级者也。"[5]275-276横渠谓:"礼不必皆出于人,至如无人,天地之礼自然而有,何假于人? 天之生物便有尊卑大小之象,人顺之而已。此所以为礼也。"[6]264之后,程朱理学更是将礼与理内在地关联在一起,伊川曰:"上下之分,尊卑之义,理之当也,礼之本也。"[7]749朱子曰:"礼即理也,但谓之理,则疑若未有形迹之可言。制而为礼,则有品节文

① 特别值得注意的是这一作为统合天人之理则的礼宇宙观与北宋天理观有着惊人的相似之处,二程等人在批评汉人天人感应的宇宙观的基础上确立一种新的天人合一观——天理观,并以之作为政治的合理性根据,通过后文不难看到,荀子同样极为明确地批评了当时对于灾异等自然现象的种种神秘化的解释,而以礼作为政治的最后根据,沟口雄三先生对宋代天理观的形成及其与汉人天人感应说的不同有极为精彩的讨论,惜乎其未能从此一角度讨论荀子的相关思想。沟口先生的讨论可参见沟口雄三:《论天理观的形成》,《中国的思维世界》,江苏人民出版社2006年版,第220—240页。

章之可见矣。"[8]2958这都表达了荀子"礼也者,理之不可易者也"[2]382的思想意涵。就思想史的角度而言,这无疑是值得注意的。①

如此我们就不难说明荀子所谓圣人制礼的内涵了,即圣人在领会天地之理的基础上并以之为根据制定制度、仪则,因而荀子多次论及,现实而言,唯有圣人方真能知"礼意"之所在:"圣人明知之,士君子安行之,官人以为守,百姓以成俗。"[2]355"好法而行,士也;笃志而体,君子也;齐明而不竭,圣人也。"[2]33"礼者,众人法而不知也,圣人法而知之。"[2]533而具体的礼文则是圣人则天法地所制,荀子关于三年之丧的讨论十分明确的说明了这一点:"然则何以分之? 曰:至亲以期断。是何也? 曰:天地则已易矣,四时则已偏矣,其在宇中者莫不更始矣,故先王案以此象之也……上取象于天,下取象于地,中取则于人,人所以群居和一之理尽矣。"[2]373此外,乐作为礼的延伸和补充,同样也说明了这一点:"君子以钟鼓道志,以琴瑟乐心,动以干戚,饰以羽旄,从以磬管。故其清明像天,其广大像地,其俯仰周旋有似于四时。"[2]381-382所以 Sschwartz 在论及荀子的礼时,认为"在使得社会秩序得以生成的时候,古代圣人们所做的不是发明一套主观的'礼'的体系,而是通过艰巨的反思过程来'发现'它"。[9]410循此,礼并非只是圣人的主观创制,同时,礼虽然是达致平治的具体途径,但并不能因此而认为礼只含有工具价值,毋宁说,在荀子这里,礼的价值根源乃是通过天人之学而得以确立的。①但从价值哲学的角度来看,荀子有很强的价值实在论的倾向,同时,虽然其亦常常强调"志意"问题,即价值的自觉,但是其毕竟是礼经由修身而内化的结果,且有很强的"以存在说价值"之自然主义的理论倾向。[10]226这也是后世学者常常以"义外"说批评荀子的根本原因所在,由之很容易导致忽视礼之内在根源的问题,即孔子的"摄礼归仁"和孟子的"摄礼归心",从而使得礼徒具形式而变得僵化。

圣人法天则地除了体现于礼乐的制定之外,也表现在圣人的行为方式上。荀子在《天论》篇提到:"万物各得其合以生,各得其养以成,不见其事而见其功,夫是之谓神。皆知其所以成,莫知其无形,夫是之谓天","大巧在所不为,大智

---

① 荀子与汉代儒学的相关讨论可参见 Paul R. Goldin, "Xunzi and Ealy Han Philosophy", *Harvard Journal of Asiatic Studies*, Volume67/1 (June 2007), p135 – 166;荀子与宋明理学的关系问题,学界讨论不多,较为细致的讨论可参见:蔡仁厚:《荀子与朱子之比较》,《孔孟荀哲学》,台北:学生书局 1984 年版,第 522—528 页;戴君仁:《荀学与宋儒》,《梅园论学集》,《戴静山先生全集》(第二册),台北:日盛印制厂 1980 年版,第 1021—1030 页。

在所不愚".[2]309-310 这也就是说,天之作为就在于其"无为"而万物自化。而《王霸》则谓:"上莫不致爱其下……三功撼方而议,则天子共己而止矣","既能当一人,则身有何劳而为,垂衣裳而天下定"。[2]220-222 可见,就终极理想而言,荀子所寻求的仍是孔子所谓"无为而治"(《论语·卫灵公》)的政治理想,即所谓"为政以德,譬如北辰,居其所而重星共之"(《论语·为政》),"巍巍乎!唯天为大!唯尧则之"(《论语·泰伯》)。而所谓的无为而治乃是由天而人的"一贯之道",[11]这也正体现出荀子"天人合一"的思想观念,是其礼治观念的最高理想。也正是在此意义上,荀子提及"明参日月,大满八极"的理想境界。由此可见,荀子虽杂取道、墨等各家之说,但就政治理想而言,仍以儒家思想为宗。

我们可以进一步解释荀子"天人之分"的思想意涵。"明于天人之分"之分的具体涵义常引致学者们相互间的分歧,进而导致对"天人之分"的不同理解。在我看来,问题的关键不在于"分"到底仍理解为分别抑或是职分,而在于荀子强调"天人之分"的出发点和意图何在。荀子强调"天人之分"的首要目的就在于破除一些原始宗教观念和命定论思想。因而荀子一方面强调天的"自然性",即天不会有意干预人事;另一方面认为"日月食而救之,天旱而雩,卜筮然后决大事,非以为得求也,以文之也。故君子以为文,而百姓以为神。以为文则吉,以为神则凶也。"[2]316破除了"天志"干预乃至决定人事的观念,也就为人的作为提供了依据。同时也可说明,虽然强调人为,但不是妄为,因而必须确定人为的范围和限度,即"知其所为,知其所不为",所以简单的将荀子的思想理解为"勘天主义"也是不妥的,这是荀子"天人之分"思想的关键所在,也是荀子天人之学的重要方面。所以"天人合一"与"天人之分"并无冲突、矛盾之处,前者所强调的是形上意义之宇宙观和价值观;后者强调的是天作为一"物"与人之间的分别。以下我们进而分析在荀子思想中占有重要位置而又常为人所忽视"天人相分"的思想。①

三、天人相分——理想与现实之间的鸿沟

劳思光先生在反思哲学概念以及中国哲学的定位问题时,从后设理论的角

---

① 劳思光认为,荀子由于未能正视"道德主体"之观念,因而使得一切加之活动之肯能基础,均不能安立,最终成一无根无归之学,见劳思光:《哲学问题源流论》,香港中文大学出版社 2001 年版,第 35—36 页。对荀子礼之价值根源之具体而深入的讨论可参见柳熙星:《试论荀子"礼"的价值根源问题》,《鹅湖月刊》1997 年 3 月第 261 期,第 9—19 页。

度提出了一个重要的区分,即从功能的角度划分,哲学可以分为"认知性的哲学"和"引导性的哲学",从整体上来看,中国哲学基本上可归于"引导性的哲学"。所谓"引导性的哲学",其基本功能或者说特征就在于"自我转化"与"世界转化"。[12]1-37就儒家而言,这两者基本是指通过德性修养而实现个体人格之提升以及通过政治途径以实现天下平治。就上文对荀子礼的相关分析不难看出,荀子哲学所关注的焦点正在"自我转化"与"世界转化"这两点。所谓"转化"主要包涵实践性和实际效果两方面意涵。所以必须注意的是,一套"引导性的哲学"固然是对实践活动的理论分析,但是不能只是思维的游戏而必须考虑其可操作性以及实际效果,荀子之所以极为强调礼的重要性,也正体现了这一点。但是"引导性的哲学"必须面临的一个难题就是,"引导性的哲学"就其为理论而言首先表达的是必须由人加以实施的一种理想性的状态,但人的有限性却使得此理想向现实的转变缺乏绝对性的保证,这一问题在儒家道德的理想主义里表现得尤为突出,因而时遇、(天)命等观念常常为儒学所讨论。

依荀子,君子立身行世除了以礼修身之外,还应担当道义,所谓"志君子不为贫穷怠乎道"[2]28、"畏患而不避义死"[2]40,这是荀子思想中理想性的一面,是对儒学"舍生取义"、"杀身成仁"之超越精神的继承。另一方面,荀子也清醒地意识到时遇对人的制约和限制:"尧授能,舜遇时,尚贤推德天下治。虽有贤圣,适不遇世孰知之?"[2]462尧舜虽圣,若不遇世,又如何能成就其功业?"比干见刳,孔子拘匡。昭昭乎其知之明也,郁郁乎其遇时之不详也。拂乎其欲礼义之大行也,闇乎天下之晦盲也。"[2]482以比干、孔子之"知"欲行礼义而不得,何哉?遇时之不详也!在荀子看来,现实中这都是常有的事情,"嗟我何人,独不遇时当乱世!"此当是荀子"自慰勉之辞也"。[2]462

然而,更为关键的是,这是否会导致一种命定论以及人的不作为呢?《宥坐》篇关于孔子厄于陈、蔡的讨论将此一问题鲜明地展现了出来。面对夫子及自己所遭受的窘境,子路开始有怀疑、动摇的倾向:"由闻之:为善者天报之以福,为不善者天报之以祸。今夫子累德、积义、怀美,行之日久,奚居之隐也?"子路的提问无疑是对传统正义观念的一种质疑,有根本性的意义,因为如果为善与为恶将导致相同的结果的话,那么善、恶在价值上的分别岂不毫无意义?而士君子又何必乐善不倦呢?孔子曰:"由不识,吾语女。女以为知者为必用邪?王子比干不见剖心乎!女以忠者为必用邪?关龙逢不见刑乎!女以谏者为必用邪?伍子胥不磔姑苏东门外乎!夫遇不遇者,时也;贤不肖者,材也;君子博学深谋不遇时者多矣!由是观之,不遇世者众矣!何独丘也哉?且夫兰芷生于深林,非以无人而不芳。君子之学,非为通也,为穷而不困,忧而意不衰也,知祸福终始而心不惑也。夫贤不肖者,材也;为不为者,人也;遇不遇者,时也;死生者,命也。今有其人不遇其时,虽贤,其能行乎?苟遇其时,何难之有?故君子博学、深谋、修身、端行以俟其时。"[2]462夫子的回答极为重要,是儒家重新确立善恶价值观念的关键所在。夫子极为清醒地意识到,贤圣之人无以保证其为必用,但是这并无碍于君子对价值理想的追求,价值理想有其超越性的意义,有其绝对性,所以君子应当做到"知祸福终始而心不惑",面对困境,人所能做的就是"博学、深谋、修身、端行以俟其时"。

此虽是对孔子厄于陈、蔡之事的评论,但是所体现的乃是荀子自己的立场,比较史上不同思想家对此一事件之评论,可以更为清晰地认识到这一点。① 在荀子看来,"天下知之,则欲与天下同苦乐之,天下不知,则傀然独立天地之间而不畏,是上勇也。"[2]447能不为世之所知而仍坚持自己的价值理想,此正儒家所肯认之"大勇"。而这也表现出荀子极为明确之理性精神,一方面能够清楚地认识到当时流行之"道德命定论"的局限,同时也不因此而废人事,并且更加突出人事的重大意义,所谓"天生人成"。荀子虽然也将上述所谓的时遇归之于"命",所谓"节遇谓之命","节,时也。当时所遇,谓之命";[2]413但此完全不同于一般命定或是宿命的观念,毋宁说荀子所要强调的是一种区分,即人之所当为者及人为之限度所在,本质上即是一种"天人相分"的观念,荀子谓:"人之命在天,国之命在礼",[2]317由前文第一节的讨论我们不难理解"国之命在礼"的意思,而所谓"人之命在天",如"死生有命,富贵在天"所表达的意思一样,时遇、命是属于个体人所能把握的范围之外的"天"的领域,这也正是人为的限度之所在,所以荀子强调人为,但更能认识到人为的限度,因而不主张妄为。② 所以如果深入思考的话,我们不难发现荀子此一"天人相分"的思想与上文所论《天论》篇"天人之分"的说法也是一致的。荀子的这一思想若联系《穷达以时》篇"有天有人,天人有分。察天人之分,而知所行矣。有其人,而无其世,虽贤弗行矣。苟有其世,何难之有哉?"(第1—2简)这一表述,意思就更为明显。从道德实践的角度来讲,此"天人相分"之观念有其重大意义。而不能如梁涛所说:"这

---

① 陈少明教授对此有较为具体之阐述,见陈少明:《"孔子厄于陈蔡"之后》,《中山大学学报(社会科学版)》2004 年第 6 期,第 147—154 页。

② 有学者已论及荀子哲学中"天"的涵义的多重性,见曾振宇:《从出土文献再论荀子"天"论哲学性质》,《齐鲁学刊》2008 年第 4 期,第 5—10 页。

种天人之分在荀子思想中只处于从属、次要的地位"，①因为就社会政治秩序的建构来讲，处于核心地位的当然是礼的观念；但是正如上文所论荀子的思想与孔孟的思想一样是属于一种"引导性的哲学"，因而理想向现实的转化不能不在其中占有重要的位置，也就是说，我们必须注意荀子哲学实践性的这一面，而不论是"天人之分"或是"天人相分"正是从道德实践，即现实之转化的角度来讲的，这样一来，如何为人为确立根据并明确其限度，无疑就是十分重要的理论问题了。所以荀子思想中不但不乏"天人合一"的观念，同时"天人相分"的思想也具有同等重要的地位，只不过两者之间存在层次上的不同而已。从当时的思想背景来讲，尤其是面对道家"无为"思想以及"天道自然观"的冲击，荀子"天人相分"的观念就更容易理解了，而这也正是荀子批评庄子"蔽于天而不知人"的重要原因之一。

四、小结

本文从社会秩序建构与道德实践两个不同的层次考察了荀子的天人之学，就前者而言，荀子以"天人合一"的思想观念确立礼的价值根源，因而荀子思想并不必然归于价值工具化和权威主义；就后者来讲，荀子以"天人相分"之说一方面破除命定论对人事的限定，另一方面确定人为的限度和范围，强调不以祸福惑心、修身以俟之的理性精神。在具体的思想内容方面，荀子固然综合了各家之说，但更为重要的是荀子与孔孟思想在精神上的一致性。同时我们也应该重视从礼的角度关注荀子在儒家思想史上的定位。需要注意的是"天人合一"与"天人相分"在荀子思想中虽有层次上的不同，但是却同等重要，事实上，这也是儒学共同的理论课题。此外，通过本文的初浅的分析，我们不难觉察到荀子与宋儒之间的某种关联，或者说是思想上的暗合，但因习惯于对荀子的一般性批评，荀子思想的这一面相虽偶有学者触及，但始终未能得到足够的重视，而这无疑是未来荀学研究所不得不正视的一个理论课题。

参考文献：

[1]　Masayuki Sato. *Confucian State and Society of Li：A Study on the Political Thought of Xun*

---

① 　梁涛：《竹简〈穷达以时〉与早期儒家天人观》，《哲学研究》2003 年第 4 期，第 65—70 页。

Zi[M]. Sinologial Institute, Leiden University, 2001.

[2] 王先谦:《荀子集解》,中华书局 1988 年版。

[3] 杨伯峻:《春秋左传注(四)》,中华书局 1981 年版。

[4] 赵士林:《荀子》,东大图书公司 1999 年版。

[5] 苏舆:《春秋繁露义证》,中华书局 1992 年版。

[6] 张载:《张载集》,中华书局 1978 年版。

[7] [明]程颢、程颐:《二程集》,中华书局 1981 年版。

[8] [明]朱熹:《朱子文集》,德富文教基金会 2000 年版。

[9] [美]本杰明·史华兹:《古代中国的思想世界》,江苏人民出版社 2008 年版。

[10] 牟宗三:《名家与荀子》,学生书局 1985 年版。

[11] 刘述先:《论孔子思想中隐涵的"天人合一"一贯之道———一个当代新儒学的阐释》,《中国文哲研究集刊》1997 年第 3 期。

[12] 劳思光:《思辩录——思光近作集》,东大图书公司 1996 年版。

(原载《邯郸学院学报》2009 年第 2 期)

论荀子人性论的历史性

石洪波*

先秦诸子的时代,人性论是焦点之一,其中,尤以荀子所论更为突出。前辈学者对荀子人性论的研究非常丰富,这为后来的研究提供了坚实的基础。然而,关于荀子人性论的历史性这一特点,尚未见相关研究。笔者试就此点展开,敬请方家赐教。

一、人性论的历史性

"历史,就其本身而言,是客观世界的发展过程。"[1]1然而,客观世界包罗万象,本身就含有不同的层次。单纯就认识对象(客体)而言,大可到整个客观世界的发展过程,中可及人类社会的历史进程,小则具体到人类个体的人生历程。这些不同层次的客体无疑都有一个变动的过程,都包含着变化的因素。若考虑到认识者(主体)本身的差别,还会形成不同的历史观,这些历史观却未必能真实或近似真实地反映历史,因而客体相应地也就具有变化或不变的特性。这些特性,也就是本文所说的历史性。

对人性的论述,因认识对象(客体)的不同,亦可分为两个层次:其一,以人类整体作为对象,在某个历史时期,人类社会对人性有一个整体的诉求,这种诉求或变,或不变;其二,以人类个体作为对象,人在一生的历程之中,人性或在不断变化,或毫无改变。这就是人性论的历史性。

孔子虽少言"性"与"天道",然而自孔子以来,对人性的讨论就从未终止过,人性论的历史性这一特点,亦时有体现。孔子明确提出:"性相近也,习相远也。"[2]175后天的熏染、习俗不同,因而人性会表现出种种的差异。相对于出生时的"性相近",这种差异显然是一种变化,是人类个体在生长、成长过程中的变化。因而,孔子的这个命题已经部分具备了历史性的特点,即以个体人类为对象,承认人性在人的成长过程中(由于"习"的不同)是会发生变化的。同时,孔

---

* 石洪波(1979—),男,湖北天门人,天津师范大学历史文化学院讲师,历史学博士。

子既然提出"性相近",显然认为人初生的天性是相差无几的。这种看法实际上也可以看作是对人类整体人性的一种认识,即认为人类的天性相似。不过,这种看法并没有对人性的进一步剖析,仅仅是对人性的一种静止的认识,却不包含历史变动的因素在内,因而并不将其列入历史性这一特点之中。本文所说的历史性,乃是就以历史的变动作为背景的人性论而言,不论其人性论是变化,抑或是不变。事实上,孔子的这一观点,对后世的人性论者,尤其是力主性善论的孟子和倡言性恶论的荀子,都影响深远。不论二者对人性论持何种看法,孔子所说的两个方面,即"性相近"和"习相远",都不为二人所反对,差别不过在于侧重点不同罢了。本文所说的历史性这一特点,则以荀子的人性论最为代表,孟子、韩非二人所论亦间或稍具,可为参考。

二、荀子对人类整体人性的认识

以人类整体作为对象,荀子人性论的历史性需要在其历史观的基础上才可以体现出来。荀子之历史观,并不承认历史的变化,他在书中多次使用"古今一也"一语①,并有针对性地反对"古今异情"的说法:

> 夫妄人曰:"古今异情,其以治乱者异道。"而众人惑焉。彼众人者,愚而无说,陋而无度者也。其所见焉,犹可欺也,而况于千世之传也?妄人者,门庭之间,犹可诬欺也,而况于千世之上乎?圣人何以不欺?曰:圣人者,以己度者也。故以人度人,以情度情,以类度类,以说度功,以道观尽,古今一度也(案:据王念孙,"度"字衍)。[3]81-82

他认为千世之下,所谓"治乱",实际上没有什么差别,都是一样的。无论是古还是今,圣人的存在,圣人所具有的品格,都是最好的,不随时代的变化而变化。也正因为如此,所以千世以下,治乱之道也是相同的,没有差异。既然治乱之道古今无别,争霸天下亦无差异:

> 凡兼人者有三术:有以德兼人者,有以力兼人者,有以富兼人者。彼贵我名声,美我德行,欲为我民,故辟门除涂以迎吾入。因其民,袭其处,而百姓皆安,立法施令,莫不顺比。是故得地而权弥重,兼人而兵俞强,是以德兼人者也。非贵我名声也,非美我德行也,彼畏我威,劫我势,故民虽有离心,不敢有畔虑,若是,则戎甲俞众,奉养必费,是故得地而权弥轻,兼人而兵俞弱,是以

---

① 据笔者所知,至少《非相》、《议兵》、《强国》、《正论》、《君子》几篇中就有"古今一也"一语。《礼论》篇亦有"百王之所同也,古今之所一也"之语,是说丧礼无论是在古代和今天,均无差异。

力兼人者也。非贵我名声也，非美我德行也，用贫求富，用饥求饱，虚腹张口来归我食，若是，则必发夫掌窌之粟以食之，委之财货以富之，立良有司以接之，已期三年，然后民可信也，是故得地而权弥轻，兼人而国俞贫，是以富兼人者也。故曰：以德兼人者王，以力兼人者弱，以富兼人者贫。古今一也。[3]289

这里，荀子说，古往今来争霸天下都是同样的道理。只有"德"达到了一定高度，获得了天下的认可，才是真正的王天下；而以武力、财力获取天下的都是不足取的，是不能长久的。这种道理自古及今都没有什么变化，都是一样的。争霸天下的方式固然只是一种手段，但同时也反映了天下对人性的一种整体性的认识，实际上已经是对作为人类整体的人性的诉求了。

以荀子的历史观为基础，其对人性（作为人类整体）的看法如出一辙。正因为他不承认历史的变化，因而，在他的论述中，找不到自古及今的人性作为整体上变化的内容。他显然认为，古代的圣人与君子，同当今的圣人（如果有圣人的话）与君子没有什么不同。他认为"涂之人可以为禹"，即使是今天的普通人，只要借助"可以知之质、可以能之具"（此为荀子人性观念中的重要特质，后文将有论及），努力学习，坚持不懈，甚至有可能达到古代圣人那样的高度。

不仅如此，对人性的看法还有一个重要方面，即善恶评价①。即使是在这种评价的标准方面，荀子也否定了其中的变化，他说："凡古今天下之所谓善者，正

----

① 关于善恶究竟何指？夏甄陶先生提到了这个问题，他认为，"恶既指'粗恶不精'之恶，又指'恶劣'之恶"，而"善既指'美善文华'之善，又指'善良'之善"（见夏甄陶《论荀子的哲学思想》，上海人民出版社 1979 年版，第 79—80 页）。从荀书全文来看，善恶二者的确均含有两方面的意思。不过，夏先生同时也指出："其实荀子所谓'古今天下'的善恶标准，只不过是封建地主阶级的善恶标准而已。在他看来，凡是符合封建道德标准、遵守封建秩序的就是'善'，凡是背离封建道德标准、破坏封建秩序的就是'恶'。所以荀子提出的'善恶之分'在实质上并不是抽象的，而是有具体的阶级内容的。"（第 78 页）荀子的善恶观念的确是有阶级内容的，但其阶级内容恐怕不是单纯的封建性这么简单。如《性恶》篇中说："古者圣王以人之性恶，以为偏险而不正，悖乱而不治，是以为之起礼仪，制法度，以矫饰人之情性而正之，以扰化人之情性而导之也。"荀子的善明显还将礼仪法度包括在内，而这礼仪法度在很大程度上还是指周代礼制。从思想渊源上来讲，荀子当然是坚持儒家的圣人之治、君子之政，因而其善必然是按照孔子所说的儒家伦理规范，尤其是礼来判定。但是，荀子主要的生活年代还是在战国中后期，儒家所推崇的理想之治毕竟不能适用于诸侯争霸的现实，所以荀子主张礼法兼重，王霸并行。也就是说，现实的需求使得荀子必须要考虑到授田制下新兴阶层（土地私有的地主和自耕农）的利益，其所说的善必然也含有部分封建性的内容。甚至，我们可以说，秦以后的封建社会中占统治地位的儒家伦理规范正是从荀子这里开始逐渐发生有别于孔子的变化的。因此，笔者以为，荀子所说的善，是一种综合了先秦儒家理想与秦以后封建伦理规范的道德标准，核心仍是仁礼思想。善如此，作为其对立面，恶当然也是如此。

理平治也;所谓恶者,偏险悖乱也。是善恶之分也已。"[3]439 "正理平治",这是较好地顺从了礼制的要求;"偏险悖乱",这是在打乱礼制的规范。这种善恶的分别,亦无关于古今的变化。

荀子虽然认为人类整体的人性自古及今没有变化,但这种观点是以历史观为基础、与其历史观相适应的,蕴涵着历史的因素在其中,因而是其历史性特点的一个重要方面。值得注意的是,作为荀子的学生,韩非在历史观、整体人性的看法等这些方面与荀子绝然相反。

韩非十分重视历史的变化,他在《五蠹》篇中将历史分为上古、中古、近古三个时期,十分明确地说明了其历史观:一、历史是不断进化的,古今是不同的。自古以来,人们经历了从没有房子住到有木房子住、从吃生的食物到会用火烧制熟食的过程,这个过程可以分为不同的阶段;二、根据不同的历史阶段,人们要作出相应的对策,不能墨守成规,顽固不化。所以,要根据当时的情况,做出相应的准备,"以先王之政,治当世之民",是不符合历史发展规律的。[4]442-443

正因为历史的变动蕴含着不同的因素,因而针对不同的历史时代,需要有不同的人性诉求。在这一点上,韩非提出了与荀子相反的观点:"上古竟于道德,中世逐于智谋,当今争于气力。"[4]445 "以德兼人"仅仅适用于上古,后世不再得到承认,当然也就不能如荀子说的那样古今通用。为证明这一点,韩非在《五蠹》篇中还特意举了周文王和徐偃王的例子。二者同样施行仁义,就因为时代不同,以仁义取天下"用于古不用于今也"。韩非十分重视在不同的历史阶段,作为整体的人性究竟是以什么为准,明白这一点,人就能作出相应的调整,以便于更好和更大地满足个人的欲望。因此,我们可以说,在韩非看来,历史变化决定了作为整体的人性的变化。

从韩非与荀子的比较可以看出,由于二人历史观的不同,对作为人类整体的人性也存在相反的认识。这种相反的认识并不是体现在具体的人性观念的分析中,而是体现在对人性认识的古今差别中。其中,荀子因为不认同历史变化,因而也就否认人性的整体表现的差异;韩非则强调历史变动的影响,认为人性的整体表现随历史的变动而变动。二者的认识都基于其历史观,因而都具有历史性的特点。不过,这种明显差异同儒法两家的差异是分不开的。儒家理想中的圣人是适应任何时代、可为万世师法的,因而这种理想人格以及它所表现出来的人性不会随着历史的发展变化而变化,这就要求有古今同一的历史观,要求对整体人性作一个固定不变的认识;法家则大多重视历史的变化,他们强调变法图强,势必要为改变旧的体制和政策寻找理由,世易时移当然是绝好的理由，所以韩非说的"法与时转则治，治与世宜则有功"[4]475也正是这个意思。无疑，在我们今天看来，法家这种历史观显得更加进步。

三、荀子对人性观念的认识

相对于整体人性，荀子对人类个体人性的认识更加复杂，历来对荀子人性论的研究也多集中在这一领域。笔者认为，要了解荀子关于个体人性的历史性特点，需要从两个方面着手，其一是人是荀子的人性观念；其二则是分析其"化性起伪"之说。

首先我们要了解人性观念。荀子在《性恶》篇开头就指出"人之性恶"，然而他对性之"恶"所作的具体解释却是：

> 今人之性，生而有好利焉，顺是，故争夺生而辞让亡焉；生而有疾恶焉，顺是，故残贼生而忠信亡焉；生而有耳目之欲，有好声色焉，顺是，故淫乱生而礼义文理亡焉。然则从人之性，顺人之情，必出于争夺，合于犯分乱理而归于暴。故必将有师法之化，礼义之道，然后出于辞让，合于文理，而归于治。[3]434-435

在这段话中，要特别关注"顺是"二字。"顺是"之前，生而好利、生而疾恶、生而有耳目之欲、生而好声色这些是人本性之中应该具有的属性，基本上都同人的生理欲望相关，并不具有恶的性质；"顺是"之后，所产生的争夺、残贼、淫乱等这些在荀子看来才是恶的表现，是人性在后天的发展过程。因而，我们分析荀子人性的观念，不应当将"顺是"之后的话包括进去。事实上，已经有一些前辈学者注意到了这个问题。如韦政通先生说："好利、好声色、疾恶，都是人类生而有的，也就是自然的人性；在这里，仍然无善恶可言。依荀子之意，产生恶的关键是'顺是'，照下文'纵人之性，顺人之情'的话看，顺是就是依循着自然之性，放纵它而不知节制，于是有恶的产生。"[5]220徐复观先生也说："官能欲望的本身不可谓之恶，不过恶是从欲望这里引发出来的；所以荀子说'生而有好利焉，顺是，故争夺生而辞让亡焉'，问题全出在'顺是'两个字上；这与孟子'物交物，则引之而已矣'的说法，实际没有多大出入。"[6]209因此，尽管这些生理欲望本身并不具有恶的性质，但"顺是"之后的这些恶的表现都是由这些生理欲望自然而然地、在没有外力约束的情况下发展出来的。也就是说，人性观念本身隐含着恶的倾向性，我们可以将这种倾向性称作恶端。人性在发展过程中还可能因为恶端会出现恶的表现，因而恶端并不仅仅存在于人的天性之中，同时也会在人性之中一直存在。

荀子明确指出"人之性恶",但接着还说了一句"其善者伪也"。这里暂且不讨论"善者"是如何"伪"的,它表明荀子承认人的善性表现。既然荀子承认善的存在,那就说明,在人性观念之中,不仅仅有引发出恶性表现的恶端,也应当有引发善性表现的善端。再者,儒家都毫无例外地承认理想人格——圣人的存在。倘若人性之中只有恶端,无由引发出善性表现,圣人的存在就无法解释,荀子所标榜的"涂之人皆可以为禹"更是一句空话。这都要求荀子的人性观念之中不能缺少善端。事实上,荀子也明确地承认了这一点。在解释"涂之人皆可以为禹"时,荀子说道:

> 凡禹之所以为禹者,以其为仁义法正也。然则仁义法正有可知可能之理,然而涂之人也,皆有可以知仁义法正之质,皆有可以能仁义法正之具,然则其可以为禹明矣。今以仁义法正为固无可知可能之理邪?然则唯禹不知仁义法正,不能仁义法正也。将使涂之人固无可以知仁义法正之质,而固无可以能仁义法正之具邪?然则涂之人也,且内不可以知父子之义,外不可以知君臣之正。不然,今涂之人者,皆内可以知父子之义,外可以知君臣之正,然则其可以知之质,可以能之具,其在涂之人明矣。今使涂之人者以其可以知之质,可以能之具,本夫仁义之可知之理,可能之具,然则其可以为禹明矣。今使涂之人伏术为学,专心一志,思索孰察,加日悬久,积善而不息,则通于神明,参于天地矣。故圣人者,人之所积而致矣。[3]443

这段话说明了"禹"和"涂之人"各自的特点。"禹之所以为禹",是因为他有"仁义法正",而且,这种"仁义法正"是"可知可能"的。禹本身当然可知可能,"涂之人"为什么对"仁义法正"可知可能呢?原来"涂之人"都有"可以知之质,可以能之具"这种特质,又因为"仁义法正"是"可知可能"的,所以,只要"涂之人"专心学习,并且坚持不懈,最终竟然能够达到"通于神明,参于天地"的地步。能够"通于神明,参于天地",这不就是圣人吗?可见,"涂之人皆可以为禹"的原因在于人性内部原来还有"可以知之质,可以能之具"这种特质(属性),而且这种特质是最终导致人性在后天发展中走向善的深层原因,也正是荀子人性之中的善端。并且,善端不能仅仅是人的天性,更要一直保持在人性之中,"积善而不息",要在人性的发展过程之中始终存在。

从以上的分析中可以看出,荀子的人性观念之中存在着矛盾的两个方面:恶端与善端。恶端得到发展,则人性向恶;善端得到引导,则人性趋善。这就是荀子人性论的两重性。并且,两重性不会因为人性在后天的发展而消失,而是始终存在于人性之中。也就是说，当人类个体的人性在发展变化时，作为两重性的恶端与善端保持不变，这是荀子在个体人性的认识上的历史性特点之一。这一点具有十分重要的意义，对荀子的人性论起着基础性的作用。只要恶端始终存在，人性就始终存在着向恶的危险，作为"化性起伪"主要外力的礼就不能忽视；只要善端始终存在，人性就始终存在着趋善的希望，既表明人性的发展具有改恶从善加以挽救的可能，也表明圣人这种理想人格绝不是镜花水月。

孟子虽主性善，但在人性观念这一点上，却与荀子有着惊人的相似。孟子继承了"性相近，习相远"的观点，相对于孔子，已经有了进一步的剖析。孟子承认，人性之中是含有类似于动物的生理欲望的，他说"人之所以异于禽兽者，几希"[2]293，又承认"口之于味也，目之于色也，耳之于声也，鼻之于臭也，四肢之于安佚也，性也"[2]369，这当然也要划归到"性相近"之中。并且，这些描述与荀子所说的恶端如出一辙。不同的是，孟子并没有指出，这种恶端居然能够自然发展出恶性来。

既然孟子所说的人性有恶端，那么是否有类似于荀子人性观念的善端呢？看来答案应该是肯定的，因为孟子本人就是主张性善论的。要了解孟子人性观念中的善端，需要从其著名的人性四端说起。所谓人性四端，即指"恻隐之心"、"羞恶之心"、"辞让之心"、"是非之心"的仁义礼智。这四端在孟子看来，乃是人的天性，因为"仁义礼智，非由外铄我也，我固有之也，弗思耳矣"[2]328，无须外力相加，无须思考，内在于人自身的四端因而也是所有人"性相近"之处。这四端本身已经是善，并非是善端。孟子强调，人性若要向性善发展，必须要向内心寻求，发挥出四端，"求则得之，舍则失之"。为什么向内心寻求就能发挥出善性？这是因为"万物皆备于我矣，反身而诚，乐莫大焉"[2]350。继续追问下去，为什么自身会具备"万物"的道理？难道在四端之外，人还有什么特质？正是如此！孟子说："人之所不学而能者，其良能也；所不虑而知者，其良知也。孩提之童无不知爱其亲者，及其长也，无不知敬其兄也。亲亲，仁也；敬长，义也；无他，达之天下也。"[2]353"良能"、"良知"这两种特质是不需要学习的，也不需要思索，本身就存在人身上。孩子长大之后，能够明白仁义的道理，正是由根源于"良能"、"良知"。尽管孟子特别强调"四端"之说，但在人性内部，人所具有的"良能"、"良知"甚至是更深层的特质。从某种程度上而言，"四端"之说不过是从"良能"、"良知"衍生出来的人的属性，是性善的最直接的体现。这里我们再与荀子进行比较，原来荀子所说的"可以知之质"、"可以能之具"与孟子所说的"良能"、"良知"何其相似！同样是善端，同样存在于人的先天属性之中，同样是不思、不学就具有的特质,同样是导向性善的一面。二者甚至可以直接画上等号。

当然,在对人性观念的理解上,孟荀二人绝不是毫无差别。具体而言,在对恶端与善端这一对矛盾的认识上,二人所强调的主要方面不同。荀子所强调的是恶端,"顺是"一词就明显地体现了这一点。在荀子这里,任人性自然地发展,实际上是放任恶端的发展,会导致恶性的出现。荀子从不认为人性自然地发展会有善性的出现,因此,他十分强调外部的礼义师法的教化,目的就是为了纠正这种以恶端为主的发展倾向,限制恶端的发展。因此,荀子的人性发展之路,乃是一种约己的模式。孟子则相反,在他看来,人性的发展过程,需要引导出自身内部存在的善端,发挥出本身固有的善性。因而,他比荀子更加强调人与动物的区别,不认为现实中恶性的存在是恶端放任发展的结果,而是因为对善端的发挥不够。因此,孟子强调向内,其人性发展之路,乃是一种任己的模式①。换言之,根源于对人性观念的认识,孟荀二人的后天人性发展之路势必走上截然相反的道路。

四、荀子的"化性起伪"说

下面,我们需要了解荀子的"化性起伪"说。荀子所倡导的性恶论在诸子时代独树一帜,然而这并不是其人性论的终点,相反,其性恶论正为"化性起伪"说预作了铺垫。

什么是"化性起伪"? 荀子虽没有明确地进行说明,但从他所举的一个例子中可以得到一定的理解。《性恶》篇中有几处在讨论礼义是否人性中固有的东西,荀子举了陶工与木工的例子。陶工会制作陶器,木工会制作木器,但陶工和木工作为人,其人性之中并不存在陶器和木器,陶器和木器的产生源于工人们的"伪",也就是后天的努力。同样的道理,圣人制作礼义,并不是说圣人作为人,其人性之中存在礼义。礼义同样是圣人在后天的"伪",不是人性中先天就存在的。基于此,荀子才说,任何人,包括圣人(尧舜等)与普通人、暴君乱臣(桀跖等),在人性这一点上没有差别。圣人与其他人的区别,仍然是后天的"伪"。

---

① 参看刘家和《先秦儒家仁礼学说新探》(收于《古代中国与世界》一书,第377—398页)。刘先生在该文中所论孟子任己和荀子约己虽是就二者论仁而言,笔者认为,同样适用于论断二者之人性论。

所以,"化性起伪"之说实际上是借助礼义这种外部的教化以达到导人向善的一种手段。

"化性起伪"既然导人向善,这里还需要明确其必要性,也需要说明其在现实中的可行性。

荀子虽明确点出"人之性恶",但也承认现实中的个体人性是有善有恶的,恶者自然是恶端发展而来,善者怎么来的呢?"其善者伪也"。这表明,即使不考虑上文对荀子人性观念的分析,亦可以发现,在荀子的意识中,人性在成长过程中不是固定不变的,而是在不断地发生着变化,并且总的来说有向善、趋恶两种不同的倾向(也许在向善、趋恶的程度上会各不相同)。儒家学派显然是不希望出现人性恶的,而是希望人性向善,追求圣人与圣人之治的出现。因此,这种社会上人性善恶皆存的现实给荀子"化性起伪"之说提供了第一重的必要性(外因)。

人性观念之中包含着善端与恶端的两重性,这种两重性表明人性未来可能的发展具有向善、趋恶的两重倾向。这种矛盾的两重性表明,人性在未来的发展不会是一条直线,而是有两种路向,并且这两种路向也不是固定不变的,随着外部教化的强弱时刻发生着变化。尤其是恶端的存在,势必阻挠儒家实现圣人之治。因此,限制恶端发展的要求就被提了出来。这是从人本身出发,给"化性起伪"之说提供了第二重的必要性(内因)。

"化性起伪"既然必要,那是否可行呢?可以说,人性观念中善端的存在恰恰提供了可行性。倘若人性之中并没有善端,那么,无论外部的改造力度有多么强大,必定无法改变由内因形成的趋恶倾向。同时,荀子还明确地说明,圣人与普通人、君子与小人在天性上毫无差别:

> 凡人之性者,尧、舜之与桀、跖,其性一也;君子之与小人,其性一也。今将以礼义积伪为人之性邪?然则有曷贵尧、禹,曷贵君子矣哉?凡贵尧、禹、君子者,能化性,能起伪,伪起而生礼义。[3]441-442

这样看来,尧舜禹、君子与桀跖、小人都是从同样的天性发展而来的,换言之,人性发展到圣人、君子是绝对可行的。

兼具必要性与可行性的"化性起伪"已经不需要再质疑,接下来的问题是如何实施。

荀子说:

> 凡人有所一同:饥而欲食,寒而欲暖,劳而欲息,好利而恶害,是人之所生而有也,是无待而然者也,是禹、桀之所同也。目辨白黑美恶,耳辨音声

清浊,口辨酸咸甘苦,鼻辨芬芳腥臊,骨体肤理辨寒暑疾养,是又人之所常生而有也,是无待而然者也,是禹、桀之所同也。可以为尧、禹,可以为桀、跖,可以为工匠,可以为农贾,在执注错习俗之所积耳,是又人之所生而有也,是无待而然者也,是禹、桀之所同也。则尧、禹则常安荣,为桀、跖则常危辱;为尧、禹则常愉佚,为工匠农贾则常烦劳。[3]63

尧禹、桀跖、工匠、农贾在本性上是相同的,但之所以有这样的区别,"在执(据王先谦云,此"执"字为衍文)注错习俗之所积耳",是因为人们在后天的习俗不同,也就是受到的后天的环境影响不一样。好的环境,当然造就尧禹等圣人;坏的环境,自然造就桀跖等恶人。因此,言"化性起伪"就必须从环境着手。

荀子是十分重视环境的教化和改造的。在他看来,好的环境,不仅仅有利于限制恶端的发展,即使是对于美质良材,也具有砥砺鞭策的作用:

繁弱、钜黍,古之良弓也,然而不得排檠则不能自正。桓公之葱,太公之阙,文王之禄,庄君之曶,阖闾之干将、莫邪、钜阙、辟闾,此皆古之良剑也,然而不加砥厉则不能利,不得人力则不能断。骅骝、骐、骥、纤离、绿耳,此皆古之良马也,然而必前有衔辔之制,后有鞭策之威,加之以造父之驭,然后一日而致千里也。夫人虽有性质美而心辩知,必将求贤师而事之,择良友而友之。得贤师而事之,则所闻者尧、舜、禹、汤之道也;得良友而友之,则所见者忠信敬让之行也。身日进于仁义而不自知也者,靡使然也。今与不善人处,则所闻者欺诬诈伪也,所见者污漫、淫邪、贪利之行也,身且加于刑戮而不自知者,靡使然也。传曰:"不知其子视其友,不知其君视其左右。"靡而已矣,靡而已矣。[3]448-449

即使是古代的良弓,也需要"排檠",需要校正准度;即使是古代的利剑,也需要磨砺,需要人力才能斩断事物;即使是古代的良马,也需要优良的装备和优秀的御者。对于人而言,不论多么聪明优秀,都需要"贤师"、"良友"才能日日进步,才能免于祸患。可见,在荀子看来,人性的改造不是一蹴而就的,而是一个漫长的过程。即使是人已经显得有如"良弓"、"良剑"、"良马"等一样优秀,仍然需要好的环境才能不断进步。

既然需要从环境着手改造人性,那么荀子所说的环境又是什么呢?杨倞于"故圣人化性而起伪"之下注云:"言圣人能变化本性而兴起矫伪也。"[3]438是"化性起伪"之施行,着重在"伪"。那么,什么是"伪"呢?前引材料已说明,人性欲"合于文理,而归于治","必将有师法之化,礼义之道"。因此,"伪"这一观念指的就是礼义师法的教化。只要以圣人制定的礼义师法进行教化,就会限制人性之中恶端的发展，引导善端发挥作用，人性也才有向善的可能。也就是说，"化性起伪"的实施过程，实际上就是人性被改造、发生变化的过程。

可以说，"化性起伪"是针对后天的人性，表明在荀子看来人性之恶是可以挽救的。而作为荀子的学生，同持性恶论的韩非却有相反的看法。

荀子承认人性之中含有恶端，这与人的生理欲望直接相关。韩非却将这些欲望发挥到了极致，他认为父子之间是"以计算之心相待"，生男庆贺，生女则杀掉，不过是为了"虑其后便、计之长利"而已[3]417；君臣之间，不过是一种交易。臣出售自己的"死力"，君则用"爵禄"加以购买[4]352；医生为利给人看病，车匠希望人人富贵可以买自己的车，棺材匠则希望人人夭死好让自己生意兴隆[4]116。凡此种种，无不透露着人性对欲望的无止境、不顾一切的追求。更有甚者，连古圣先贤们在韩非眼里也不过是一群好利恶劳之徒。在他看来，什么禅让之德，不过是个笑话。古代的圣王，个个穿不暖，吃不好，连看门的都比不上，他们把王的位置让出来，实际上是要脱离这种苦难，是为自己着想，根本不是为天下选什么贤明天子[4]443-444。

可见，就人类个体的人性而言，韩非的人性论，其目的性很明显。各种各样的人际关系，在他看来，全都逃不过自私自利的樊篱。人性之中，全无一丝善性的道德在内，不仅恶，而且恶到了极点。这种论述，虽承接于荀子，却往往以打击儒家的伦理规范为目标，已经大不同于荀子，许多前辈学者都论及到了这一点。郭沫若先生说："韩非子的学说，无疑是走私式的受到了荀子的影响，但他这样的'刻激寡恩'，荀子却不能负责。荀子提倡人性恶，他的结论是强调教育与学习，目的是使人由恶而善。韩子不是这样，他承认人性恶，好就让他恶到底，只是防备着这恶不要害到自己，而去充分地害人。"[7]395 刘家和先生撰文指出，韩非之性恶论"远绍墨子"，直接源于荀子，且与早期法家商鞅等人亦有联系。其性恶论"真算是走到了极点"，不仅人性为恶到了连改恶从善的可能性都没有，而且恶到了连一个善者也找不出来的程度[8]338-354。冯友兰先生也指出："法家多以为人之性恶。韩非为荀子弟子，对于此点，尤有明显之主张。"[9]398 韩非肯定极端的人性之恶，否定了人性向善的可能性，是将人性置于静止不动的大恶之上。因此，在人类个体的人性这一方面，韩非否定了人性的历史性，相应地也使得荀子人性论的历史性更加突出。

孟子在考虑后天人性的发展之时，却同荀子一样具有历史性的特点。前文已说明，孟荀二人对人性观念的认识尽管颇有相似之处，实则差别甚大。孟子的人性发展，呈现出与荀子截然不同的模式，即由内向外推的任己模式，以发挥自身为"习"(区别于荀子以外部教化为"习")的模式。对自身发挥的程度,自然也就要影响到"相远"的多少。因而,在人性得到发展之后,会表现出种种的不同。尤其是对人性之恶,孟子有着清醒的认识,他说:"世衰道微,邪说暴行有作,臣弑其君者有之,子弑其父者有之。孔子惧,作《春秋》。"[2]272 这是借孔子作《春秋》来指出当时社会上人性偏恶的现象。在《万章上》一篇中,孟子还讲到了舜与其弟象的事情,舜虽是圣人,其弟象却"至不仁",甚至数次要陷害于舜。也就是说,即使是在圣人辈出的时代,人性之恶同样不可避免。通过发挥天性之中固有的善端,人性就能趋善;反之,人性则会向恶。以自身为根基,人性在个体的发展过程中会发生或此或彼的变化,这亦体现了人性本身所具有的两重性,也为儒家理想人格——圣人的出现提供了一种不同于荀子的路径。

荀子的"化性起伪"从提出到实施,我们可以看到,人性的发展充满了变化。但是,这种变化不是毫无规则的变化,而是仅有向善、趋恶的两种可能。这两种可能实际上又根源于荀子对人性本身的认识,即人性包含着恶端与善端的两重性。在人性后天的发展过程中,这种两重性的特点却始终保持不变。因此,单就人类个体的人性而言,荀子人性论的历史性表现为常中含变、变中有常:先天人性中所包含的恶端与善端构成的矛盾(人性之常)预示、推动着人性的发展变化(人性之变),并决定了人性变化的路向;在后天人性的或恶或善的变化之中始终蕴涵着不变的两重性的因素;后天教化的程度影响了人性变化的结果。

不得不说的是,"化性起伪"是对人性的改造,这种改造还隐藏着化变为常、推动常为永恒的目的,这自然起着推动人性向善、向圣的作用,当然是好的。同时,要求圣人这种永恒的儒家理想人格出现也是对人性发展的历史性的一种变相的否定,违反了人性发展的自然过程,大概也是缺点所在。

五、结语

荀子的人性思想蕴涵丰富,需要从不同的角度加以认识。本文之所以将历史性按照人类整体和人类个体的角度划分,目的是要说明,历史性不仅是荀子人性论的一个突出特点,在某种程度上也是串联荀子整个思想体系的一个关键。

从人类整体的角度来看,荀子的人性论是不承认变化的。而这种不变是在历史观的基础上形成的,本身就蕴涵了历史因素在内。同时,这种不变也是树立圣人这样可为万世师法的理想人格的需要。一旦这一理想人格成功树立,也就为荀子个体人性的发展开辟了道路。它表明,人性并不是无可救药的,是可以通过教化达到圣人的高度的。它也表明,礼义师法这些外部教化是不可缺少的,为荀子隆礼埋下了伏笔。

从个体人性的角度来看,荀子的人性论实际上有两个层次。其一是不变(常),即人先天的人性本身就包含恶端与善端这对矛盾,而且,这一矛盾在后天的发展过程中亦始终存在,不会改变。其二是变,即人性在后天的发展绝不是欲望横流,而是存在着两个路向,依教化的程度而表现为向善或趋恶。人性之变需要以人性之常为基础,需要以人性之常为规定性。人性之变还表明,通过后天的教化(人事),能够限制先天赋予的恶端发展(天性),表明人面对天并不是无可奈何的。这就将人性论与天论联系了起来,甚至干脆就是荀子天人论的一部分。

在人类整体的人性和人类个体的人性这样不同的角度上,荀子人性论的历史性体现出不同的特点,这与其学派渊源、与其个人的游学经历固然不无关系,更与当时的社会历史发展息息相关。荀子作为战国集大成的思想家,虽仍上承孔子的思想,但已与早于他的孟子迥然不同,甚至有针锋相对的意思。这样一种转变,表明荀子既要遵循儒家的传统(整体的人性),又要兼顾社会现实的变化(个体的人性),在某种程度上,可说为中国思想史从先秦时代向秦汉时代的转变开辟了道路。

参考文献:

[1]　白寿彝:《史学概论》,宁夏人民出版社 1983 年版。

[2]　朱熹:《四书章句集注》,《新编诸子集成》,中华书局 1983 年版。

[3]　王先谦:《荀子集解》,《新编诸子集成》,中华书局 1988 年版。

[4]　王先慎:《韩非子集解》,《新编诸子集成》,中华书局 1998 年版。

[5]　韦政通:《中国思想史》,上海书店出版社 2003 年版。

[6]　徐复观:《中国人性论史(先秦篇)》,上海三联书店 2002 年版。

[7]　郭沫若:《十批判书》,东方出版社 1996 年版。

[8]　刘家和:《古代中国与世界——一个古史研究者的思考》,武汉出版社 1995 年版。

[9]　冯友兰:《中国哲学史》,中华书局 1947 年版。

(原载《邯郸学院学报》2012 年第 2 期)

荀子"隆礼至法"的服饰美学思想

蔡子谔*

一

中国早期的奴隶制社会,还大量保留着原始氏族制度的遗迹,氏族社会的淳朴的习俗风尚、观念意识,在人们的社会生活中或以文献记载,或以口耳邮传地保留着……。奴隶社会物质生产和精神文化得到空前发展的同时,随之而来的是奴隶主阶级对物质财富和精神文化的疯狂、贪婪的掠夺并引起了激烈的社会动荡乃至征讨挞伐的战争。孔子、孟子主张统治者应当继承氏族制度中的那种原始的淳朴的民主和人道的精神,实行"仁政"或曰"德治"的温和的阶级统治。这便是孔子所倡导的"礼乐"文化。但历史的车轮辗碎了孔子、孟子"仁者爱人"的"仁政"、"德治"的善良梦想,依然滚动、辗轧着由奴隶主最贪婪的欲望所引起的最残暴的急剧斗争的血泊前进。这便使荀子作为儒学最后的一位杰出的思想家,开始转向了法家,他在"礼乐"文化的基础上,强调了"礼制"或曰"礼法"中的差异性、等级性和强制性,即强调了"礼"中之"制"或曰"礼"中之"法"。这一点,在他的用以体现"礼制"的服饰审美文化观中,体现得十分鲜明、十分具体、十分确定。他在《富国篇》中说道:

> 礼者,贵贱有等,长幼有差,贫富轻重皆有称者也。
>
> 故天子袾裷衣冕,诸侯玄裷衣冕,大夫裨冕,士皮弁服。
>
> 德必称位,位必称禄,禄必称用。
>
> 由士以上则必以礼乐节之,众庶百姓则必以法数制之。[1]178

由此可见,荀子是用服饰审美文化作为物化的感性显现形式,来体现他的"贵贱有等,长幼有差,贫富轻重皆有称者也"的"礼"的。单纯的"礼"只用于士

---

* 蔡子谔(1943—),男,湖北武汉人,河北省社会科学院语言文学研究员,河北大学文史学院、艺术学院兼职教授。

以上的统治阶级内部。即便是在这样的单纯的"礼"中,也突出地强调了差异性、等级性和强制性等。故天子着"袾裷衣冕"。杨倞谓"袾",古"朱"字。裷与"衮"同。画龙于衣,谓之"衮"。"朱衮",以朱为质也。"衣冕"犹服冕也。"诸侯玄裷衣冕",这里的"诸侯"即所谓"上公也"。《周礼》:"公之服,自衮冕而下,如王之服"也。"大夫裨冕",即谓大夫衣裨冕。杨注云,衣裨衣而服冕,谓祭服也。天子六服,大裘为上,其余为裨。裨之言卑也。以事尊卑服之,诸侯以下亦服焉。"士皮弁服",谓士衣皮弁服。杨注云,皮弁,谓以白鹿皮为冠,像上古也。由此可见,大夫以上,均可服冕服,虽同为冕服,等级上也存在着很大的差异:天子是朱色衮冕,诸侯或曰上公是玄色即黑色衮冕;一朱一玄,极为分明。大夫则等而下之,只能衣"裨冕","裨"者,"卑"也。是事奉尊贵者的卑微者穿着的(这里的"尊"与"卑"当然是相对而言),"裨冕"之属,只能是除却"大裘"之外诸种冕服如絺冕等。至于"士",则不能衣冕,而只能穿戴白鹿皮的皮弁和"用十五升布为之"的以"素积"为饰的细布之裳和玄端、素端等。在《荀子》一书中,像这种以服饰或曰服饰审美文化的形制、颜色、纹饰以及佩饰上的不同和差异来感性直观地体现"贵贱有等"的"礼"的论述,除此之外,还有多处。如《成相篇》中指出:"守其职,足衣食,厚薄有等明爵服。"[1]469 这是荀子《成相篇》中"请成相,言治方,君论有五约以明。君谨守之,下皆平正国乃昌"的"五约"之一。这里的"厚薄有等明爵服",便是明确指出,俸禄的多寡厚薄,爵位及其与之相应的服饰的尊卑贵贱,都要分清等级。再如于《王霸篇》指出:"故百里之地,其等位爵服足以容天下之贤士矣。"这里讲的,仍是在"百里之地"的诸侯国中,其勋爵以及与之相符的服饰的等级和位置,要足够以容纳天下的贤能之士。这是在讲到治国之道的"任能唯贤"时,仍要按"等位爵服"来"纳贤"。此外,荀子还进一步阐释了他的这一主张:

> 圣王财衍以明辨异,上以饰贤良而明贵贱,下以饰长幼而明亲疏,上在王公之朝,下在百姓之家,天下晓然皆知其非以为异也,将以明分达治而保万世也。……故曰:治则衍及百姓,乱则不足及王公。……隆礼至法则国有常,尚贤使能则民知方。

孔子所强调的"礼"是通过君子的自我约束、自觉修养,如"克己复礼为仁"等来实现的。而荀子则将"礼"的"贵贱有等"纳入一个等级化、确定化、制度化的规则范畴,体现奴隶主统治阶级的意志,并带有借国家强制力保证实施的行为规则的特征。如"德必称法,位必称禄,禄必称用。由士以上则必以礼乐节之",这里面的"必"显然带有"国家强制力"的突出特征和鲜明色彩。这便使

"礼"具有了较为确定的"法"的内涵和属性。这也许正是"隆礼"的"隆"的深刻内蕴。然而以"隆礼"来规范和调节"士"以上的统治阶级内部,正是为了以"至法"来统治和整饬"众庶百姓"。这便是荀子所说的"众庶百姓则必以法数制之"。因此,"天子袾裷衣冕,诸侯玄裷衣冕,大夫裨冕,士皮弁服"的"贵贱有等"的"礼",则是为了"以礼乐节之"那些"士"以上的奴隶主统治阶级内部之后,更好地"以法数制之"那些"众庶百姓"。

二

荀子在讲包括服饰审美文化在内的诸种审美文化的审美价值时,还特别强调了这诸种审美文化的审美价值在"礼法"中的功利作用。荀子认为,作为社会的"人"活着,就不能脱离开社会群体,但结合成了社会群体而没有等级名份的限制就会发生争夺,一发生争夺就会产生动乱,一产生动乱就会陷入困境。所以没有等级名份,是人类社会的大灾难;而等级名份,则是天下的根本之所在。而君主,是掌管等级名份的枢纽。因此,"故美之者,是美天下之本也;安之者,是安天下之本也;贵之者,是贵天下之本也。古者先王分割而等异之也,故使或美、或恶、或厚、或薄、或逸乐、或劬劳,非特以为淫泰、夸丽之声,将以明仁之文,通仁之顺也。故为之雕琢刻镂,黼黻文章,使足以辨贵贱而已,不求其观;……《诗》曰:'雕琢其章,金玉其相,亶亶我王,纲纪四方。'此之谓也。"(重点号为笔者所加),[2]185荀子在这里显然是将包括服饰审美文化在内的诸种审美文化给审美主体所带来的审美享受与名分等级的功利亦即"礼"或称"礼法"联系在一起。这里荀子所讲的"美",有的注家将其训为"赞美",[2]186这显然是不够的——这其间虽然也可以有"赞美"的意蕴,但这个"美",其实质是指的作为奴隶主阶级的最高统治者按其等级名分(亦即"礼")所获得的物质财富(亦即"养")的具有审美意义的物质享受。荀子讲"礼"即"养"或曰"养"即"礼",就是要强调"贵贱有等"的"礼"的实际物质利益以及与高度的物质享受联系在一起的诸种感官的审美享受。故这里的"美"不能当作一般的动词"赞美"来讲,而是用如使动词即"使之美"——如下文"故使或美"等便是明证。但这种"使之美"也不是使他的"美"而成为审美对象——当然,穿着服饰有黼黻文章的冕服或其他鲜衣华服,固然也确实可以"使之美"或曰成为审美对象,但其实质则是"使之"成为审美主体,"使之"目之所视、耳之所听、鼻之所嗅、体之所适,都是"美"的,都是快适的——这里面既有精神上的或者心理上的审美享受,但更多的则是物质上的、生理上或曰感官上的审美享受。所以我们认为,这里的"美"或说"使之美",用较为直白的语言来说,便是:使他活得美滋滋的!这里的"美",是个体生命的高度愉悦快适的直接现实的过程。至于"安"和"贵",也都是同天子"这个个体生命的主体的物质财富的占有和感官享受分不开的安逸舒适和尊贵荣耀,与荀子在《君道篇》里所说的"衣暖而食充,居安而游乐"[1]238之义同,也是具有审美意义的。而这种高度的对于包括服饰审美文化在内的审美文化的充分的审美享受,在荀子看来,实际是一种对于为"君之道"的现实经验和实际体验。正因为他自己有了这充分的诸种审美文化的享受,他才能"贵贱有等"地将诸种物质财富的占有和享受,依循"礼"的分配原则分配给他的"三公九卿"乃至大夫士子。因为"人君者,所以管分之枢要也",正是此意。惟其如此,反过来他又获得了作为"人君"应获得的亦即臣民衷心拥戴而乐于奉献的最高的审美享受。"善生养人者人亲之,善班治人者人安之,善显设人者人乐之,善藩饰人者人荣之。"这里的"班治"即训为"辨治","显设"训为"显用"。因此,《诗经》里的包括服饰审美文化在内的诸种审美文化的"雕琢其章,金玉其相"与"亹亹我王,纲纪四方"的政治统治的"礼"和"法"形成了某种意义的因果联系。荀子有的论述中,"礼"在某种意义上即是法,即是由奴隶主统治集团制定或认可的,体现其统治阶级意志的,以诸侯国的强制力保证实施的行为规则和制度。所以他说"故先王明礼义以壹之……爵服庆赏以申重之。"杨倞注云:"'申',亦重也,再令曰申。"由此可见,包括服饰审美文化在内的"爵服庆赏"之类的"礼制"和"礼仪",都成为了"再令重(chóng)申"之"重(zhòng)"的法令。荀子将"礼义"加以"法制"化,他充分注重了"礼义"的等级化、规范化、强制化乃至系统化的过程。荀子在《大略篇》中论述道:"欲近四旁,莫如中央,故王者必居天下之中,礼也。天子外屏,诸侯内屏,礼也。……诸侯召其臣,臣不俟驾,颠倒衣裳而走,礼也。……天子山冕,诸侯玄冠,大夫裨冕,士韦弁,礼也。天子御珽,诸侯御荼,大夫服笏,礼也。天子彤弓,诸侯彤弓,大夫里弓,礼也。聘人以珪,问士以璧,召人以瑗,绝人以玦,反绝以环。"[1]486这里不仅突出地、充分地表现了"礼义"的所谓"贵贱有等"亦即"车服等级之文也"[1]488的内涵,同时还表现了"礼有周旋揖让之敬",[1]488如"颠倒衣裳而走"之类的内涵。此外,如"车服等级之文也",也多方面地涉及到了服饰的纹饰、佩饰乃至各种不同佩饰的"比德"审美意蕴所延伸或曰衍生出来的诸侯国之间的政治交往以及社会伦理道德行为等的多方面功用。充分体现并强调了"礼义"向等级化、规范化、强制化以及系统化的"法制"化转轨的历史进程。

荀子对于与之相反的"拂乎其欲礼义之大行"[1]482认为是"暗乎天下之晦盲也"。[1]483表现在服饰审美文化方面的则是:"琁、玉、瑶、珠,不知佩也。襍布与锦,不知异也,"[1]484于是便造成了"闾娵、子奢,莫之媒也。嫫母、力父,是之喜也。以盲为明,以聋为聪,以危为安,以吉为凶"的后果。"襍布与锦",王念孙曰:"此谓布与锦襍陈于前而不知别异。""闾娵",梁王魏婴的美女。①"子奢",当为"子都",古之美男子。"嫫母",丑女,黄帝时人。"力父"未详,当与嫫母相似。由此可见,于服饰审美文化之不辨文野,即与不辨美丑同,此为"以盲为明、以聋为聪"乃至"以危为安"——即由审美判断的颠倒而导致一般感知认识的颠倒,而最后铸成对于国家社稷居危为安的大错。这正是荀子的"拂乎其欲礼义之大行也,闇乎天下之晦盲也"的实质性内涵。这足可以看出,由于在服饰审美文化的不辨文野而造成的失于"礼义"的严重后果,重申了"法制"的重要性、必要性和迫切性。

三

荀子是由儒家向法家转变的思想家。他的"法"仍是植根于"礼"的土壤里。故唐代文起八代之衰而克绍儒家其裘的韩愈曾言《荀子》一书为"大醇小疵"。由此可见,他的思想实质还没有悖谬于孔子儒家正统。在他记述和发挥孔子关于服饰审美文化的论述中,可以清楚地看到这一点。但他对儒家中的一些腐儒、陋儒、俗儒以及对墨子的批判却又是锋芒逼人,不留情面的。下面我们予以摭录胪陈,以便对于荀子的服饰审美文化观念,有一个更加全面、系统的认识和理解。

荀子于《哀公篇》中借孔子与鲁哀公的对话写道:

鲁哀公问于孔子曰:"吾欲论吾国之士,与之治国,敢问何如取之邪?"

孔子对曰:"生今之世,志古之道,居今之俗,服古之服,舍此而为非者,不亦鲜乎!"

哀公曰:"然则夫章甫绚屦,绅而搢笏者,此贤乎?"

孔子对曰:"不必然。夫端衣玄裳,絻而乘路者,志不在于食荤;斩衰菅屦,杖而啜粥者,志不在于酒肉。生今之世,志古之道,居今之俗,服古之服,舍此而为非者,虽有,不亦鲜乎!"

---

① 王念孙引《汉书音义》韦昭注。

哀公曰："善!"[1]537

这段对话同另一段鲁哀公向孔子"问仁"的对话，可谓是异曲同工，旨趣相同的：

鲁哀公问于孔子曰："绅、委、章甫，有益于仁乎?"

孔子蹴然曰："君胡然也？资衰苴杖者不听乐，非耳不能闻也，服使然也。黼衣黻裳者不茹荤，非口不能味也，服使然也。且丘闻之：'好肆不守折，长者不为市。'察其有益与其无益，君其知之矣。"[1]538

此外，还有一段鲁哀公向孔子问"舜冠"的对话，虽与上述两段略异其趣，但大旨仍一脉相承：

鲁哀公问舜冠于孔子，孔子不对。三问，不对。哀公曰："寡人问舜冠于子，何不言也?"

孔子对曰："古之王者有务而拘领者矣，其政好生而恶杀焉。是以凤在列树，麟在郊野，乌鹊之巢可俯而窥也。君不此问，而问舜冠，所以不对也。"[1]544

上述有关服饰审美文化的内容，不但具有多方面的审美蕴涵，仅于服饰审美文化本身，也是具有一定的辩证法的认识意义的。下面，我们就荀子借孔子的口所揭示的服饰审美文化关于"礼"的多方面深层意蕴作一番探究。

第一，鲁哀公与孔子对于"贤(士)"、"仁"与"舜冠"等方面的谈话，话题都是围绕服饰审美文化展开，或者说是以服饰审美文化作为所讨论问题的中心议题的。这不仅表明了服饰审美文化在孔门"仁学"中的崇隆地位，更重要的是表明了服饰审美文化在荀子对于有关治理国家社稷的"礼义"、"法制"方面的方略或曰"法数"中所占的重要的地位。

第二，在鲁哀公与孔子对于"贤(士)"、"仁"和"舜冠"方面的问诘和探究中，荀子借孔子之口所表达出来的对于服饰审美文化的价值认识和价值意义，却呈现了丰富的多元形态。当鲁哀公问及如何取"贤(士)"时，他说到了关于服饰文化方面的内容："居今之俗，服古之服。"这就是说处在当今的习俗之中，穿着古代形制的服装的人，为非作歹的不逞之徒是极少的。但当鲁哀公问到穿戴着"章甫绚屦，绅而搢笏者"是否就是"贤(士)"时，孔子又作了相对否定的回答："不必然。"这便启发了人们对于服饰审美文化在"礼义"或者说"礼法"中的价值作用和意义的辩证思考，对于我们研究孔子、荀子服饰美学思想以及中国服饰美学思想，都是具有方法论意义的。

第三，荀子借孔子之口所说的"资衰苴杖者不听乐，非耳不能闻也，服使然也。黼衣黻裳者不茹荤,非口不能味也,服使然也。"乃至对于鲁哀公三问"舜冠"而不答所持的态度,都反映了孔子乃至于荀子是将服饰审美文化与"贤(士)"、"仁"和"政"乃至"礼义"之间的关系,当做现象与本质、偶然与必然的关系来看待的。这便决定了孔子在回答中必然采取肯定中有否定、否定中有肯定的模棱两可的含蓄态度。这种态度蕴含着对于具体问题要作具体分析的实事求是的精神。在孔子乃至荀子这里,如果将"贤(士)"、"仁"、"政"及其"礼义"等看作是关于人和事物的本质或曰必然性的表现的话,那么,服饰审美文化所表现的诸种形态便是现象(或者说偶然性)。这首先在于现象和本质、偶然性与必然性不是在任何时候都表现出了他们之间的一致性或者说统一性。恰恰相反,在更多的时候是表现了它们之间的不一致性或者说矛盾性。正是马克思指出的那样:"如果事物的表现形式和事物的本质会直接合而为一,一切科学就成为多余的了。……"[3]923正因为服饰审美文化的现象形态如"居今之俗、服古之服"和穿着"夫章甫绚屦,绅而搢笏者"与"贤(士)"或"不肖"之间,不存在一种"直接合而为一"的关系,故孔子的回答是否定的"不必然"。因此,这便表明了对于蕴涵于服饰审美文化之中的"礼法"的合理性,必要性和迫切性的强调。至于鲁哀公向孔子三问"舜冠"而孔子"不对"的原因也正在这里。这表明,在荀子表述的审美文化的现象形态与衡量和认识"贤(士)"、"仁"、"政"乃至"礼义"或称"礼法"这些本质形态的内在联系之间,是闪烁着深刻的辩证思想光辉的。

四

荀子对墨子的"非乐"亦即"非审美"的服饰文化观念,进行了针锋相对的驳诘和鞭辟入里的批判。而他的"隆礼至法"的服饰美学思想,正是在这驳诘与批判的"破"中,牢固树"立"起来的。荀子在《富国篇》中指出:

> 麻葛、茧丝、鸟兽之羽毛齿革也,固有余足以衣人矣。夫有余不足,非天下之公患也,特墨子之私忧过计也。天下之公患,乱伤之也。胡不尝试相与求乱之者谁也?我以墨子之非乐也则使天下乱,墨子之节用也则使天下贫……墨子大有天下,小有一国,将蹙然衣粗食恶,忧戚而非乐,若是则瘠,瘠则不足欲,不足欲则赏不行。……若是则不威,不威则罚不行。……

墨子虽为之衣褐带索,嚽菽饮水,①恶能足之乎? 既以伐其本,竭其原,而焦天下矣。故先王圣人为之不然。知夫为人主上者不美不饰之不足以一民也,不富不厚之不足以管下也,不威不强之不足以禁暴胜悍也。②故必将撞大钟、击鸣鼓、吹笙竽、弹琴瑟以塞其耳,必将锎琢、③刻镂、黼黻、文章以塞其目。必将刍豢稻粱、五味芬芳以塞其口,然后众人徒、备官职、渐庆赏、严刑罚以戒其心。

荀子在这里所表现的鲜明观点,则是在包括服饰审美文化在内的诸种审美文化与他的"法治"思想之间,从理论上建立起一种必然的内在联系。如果像墨子那样,废黜诸种审美文化,则将使天下人处于一种"蹙然衣粗食恶,忧戚而非乐"的萎靡不振的精神状态之中,天下人如此"忧戚非乐",便无生产物质财富的积极性,如此,"则瘠,瘠则不足欲,不足欲则赏不行"。这便是从否定审美文化的角度,对于精神文明与物质文明之间的互为因果的内在联系的朴素阐释。这里所说的"瘠"即"奉养瘠薄"之意,奉养瘠薄,则不能"足其欲"——这"足",既有"满足"之意,也有激发而充盈之意。生产物质财富的积极性的丧失,不但使得"赏"的激励性"法治"措施不能实行,而且更重要的是使得"罚"的惩罚性"法治"措施也不能实行。由于失去了"赏"和"罚"的"法治",这将形成一种君臣并耕而食,饔飧而治的国将不国的局面。这里须强调的是,荀子将包括服饰审美文化在内的审美文化即华衣美食同国家社稷之"本"、"原"联系起来,这便将服饰等诸审美文化的地位,提高到一个前所未有的崇隆地位。一如前述,荀子之所以将包括服饰审美文化在内的诸种审美文化,与治理国家社稷的"本"、"原"联系在一起,其一是因为服饰审美文化等可以形成巨大的凝聚力,即荀子所说的"不美不饰之不足以一民也"。这里的"不美不饰"当为诸审美文化特别是服饰审美文化的规定涵指。而"一民"则是"使众民如一",其凝聚力之大,其凝聚程度之高,可谓不言而喻。此外,则是包括服饰审美文化在内的诸种审美文化等可以产生巨大的权威性,即荀子所说的"不威不强之不足以禁暴胜悍也"。这种既威且强的权威性,要达到"足以禁暴胜悍"的目的。那么,服饰审美文化等诸种审美文化为什么能够产生如此巨大的凝聚力和权威性呢? 质言之,服饰审

---

①　"嚽(chuò 辍)"同"啜",即"喝"或"吃"之意。

②　暴,《荀子集解》作"暴(bào)",《广韵》:"暴,侵暴,猝也、怨也。案《说文》作'暴',疾有所趣也……今通作'暴'。"

③　"锎"与"雕"同。

美文化等诸种审美文化或者说"华衣美食",能够起到"塞其耳"、"塞其目"和"塞其口"的作用,杨倞谓:"'塞',犹'充'也。"这便是说由于物质财富的充分占有,致使"士"以上的奴隶主统治阶级内部的,包括具有审美意义或者说审美性质的,与各种感官如味觉、视觉、嗅觉、触觉等相适应的物质享受得到充分满足。物质财富的丰足不仅能促使奴隶主统治阶级内部对于物质财富的占有、支配和享受欲求得到满足,从而激发他们治理国家、整饬纲纪的积极性,同时也使得众黎庶也达到或大体达到丰衣足食的生活水平。这便形成了国家由"少人徒"向"众人徒"的根本性转变,这种转变的本身便是深蕴着服饰审美文化等诸种审美文化的审美属性的物质财富的占有、支配和享受所产生的具有诱惑性、吸引性和亲和性的凝聚力。荀子所阐发的服饰审美文化等诸种审美文化所产生的、具有震慑力、激发力和支配力的权威性,主要来源于服饰审美文化等诸种审美文化所体现的"贵贱有等",亦即由此而形成等级观念和等级制度之上。凝聚力可以使国家"众人徒",权威性可以使国家"备官职"——从而健全国家机器。于是国家社稷便步入了荀子所谓的"渐庆赏,严刑罚以戒其心"的"法制"或称"法治"的有序轨道。"若是,则万物得宜,事变得应,上得天时,下得地利,中得人和,则财货浑浑如泉源,汸汸如河海,①暴暴如丘山。②"这样,便使国家纳入到"渐庆赏,严刑罚"的"法治"和财货浑浑如泉源、的"强国富民"的良性循环的治国之道。而其间由服饰审美文化等诸审美文化所产生或者说形成的凝聚力和权威性,则为其"本"、"原"。若如墨子反其道而行之,采取取消服饰审美文化等诸种审美文化的"非乐"和"节用"的方略,其结果只能是落得一个"伐其本,竭其原,而焦天下矣"的可悲结局。

参考文献:

[1] 王先谦:《荀子集解》,上海古籍出版社 1995 年版。

[2] 张觉:《荀子译注》,上海古籍出版社 1995 年版。

[3] 马克思:《资本论》第 3 卷,郭大力、王亚南译,人民出版社 1953 年版。

(原载《邯郸学院学报》2009 年第 1 期)

---

① "汸汸",杨倞谓:"汸读为滂,水多貌也。"

② 《荀子集解》作"暴暴",杨倞注为:"卒起之貌,言物多委积,高高如丘山也。"

荀子美学思想研究三十年

刘延福*

荀子(约公元前 313—前 238)名况,字卿,战国时期赵国猗氏(今山西安泽)人,是先秦最后一位儒家大师,因为"他不仅集了儒家的大成,而且可以说是集了百家的大成的"。[1]209谭嗣同将荀学与中国古代的封建制度结合起来,认为"二千年来之政,秦政也,皆大盗也;二千年来之学,荀学也,皆乡愿也。"[2]1由此可见荀子在中国古代文化中的地位和影响。荀子的美学思想作为荀学的一部分,起初学者们并不十分重视,鲜有涉及的文章出现。一方面是因为在特定的历史时期,部分学者受当时思想条件的影响,认为荀子是地主阶级的代表,将其一棒子打死,忽视其学术贡献和地位;另一方面是因为荀子的美学思想是依附在整个荀学的大环境中,他的美学思想是对孔孟等儒家美学观的继承和发展,在整个传统的儒家美学体系中并没有超出儒家礼乐教化的范畴。然而,作为集大成者,他不仅集成了儒家和百家的哲学、政治思想,同时也继承了他们的美学思想并有所开拓、创新,其在中国美学史上的地位是不容忽视的。

学者对荀子美学思想的研究,大致经历了一个由少到多、由浅到深、时断时续的过程。在这个过程中,随着中国整个理论环境的变化,学者们的研究无论在方法上还是在研究成果上都不断地随之改变。总体看来,荀子美学思想的研究大致经历了荀子美学思想研究的开拓、尝试期(1978～1986)、稳步发展期(1987～1997)和体系建构与理论突破期(1998～2008)三个阶段。笔者将其分为三个阶段,其目的是为了更好地区分在不同时期荀子美学思想研究的特色和着重点,但是在学者们实际研究中,其界限和区别是有限的,阶段与阶段之间也很难截然地划分开来。与之相反,各个阶段的研究之间不仅是沿着其自身的理路发展的,更多的呈现出互相影响、互相支持、密不可分的情形。荀子的美学思想研究的特色和成果正是在这种相互关系中不断发展和展现出来的。

---

* 刘延福(1982—),男,山东日照人,山东师范大学文学院文艺学博士研究生;2008—2009 年度山东大学博士生访学。

一、荀子音乐美学思想研究的阶段划分

根据不同阶段的研究方法与侧重点的不同,荀子音乐美学思想研究大致可以分为以下三个阶段:

(一)开拓、尝试期(1978～1986)

学界对荀子思想的研究,起初并未得到足够的重视。十年浩劫以后,学界对荀子思想的归属重新做了界定,将荀子重新看作是儒家,荀学的研究也由此受到学者们的关注。然而,相对于荀学研究的兴起,20世纪80年代前的荀子美学研究可谓凤毛麟角,直到80年代初期的"美学热"出现以后学界才始有荀子美学的专门研究。就笔者掌握的材料看,以"荀子美学"为主题的期刊论文研究,比较早的如吴毓清先生的《荀况与中国古代音乐美学思想——荀况音乐思想散论》(《星海音乐学院学报》1982.3)、修海林先生的《先秦诸子音乐美学思想概述》(《中国音乐》1985.3)、杜寒风的《荀子的"美善同一"观》(《道德与文明》1986.3)等少数几篇,而且这些文章大多从荀子《乐论》方面对荀子的音乐美学做了初步介绍和论述,尚未出现荀子美学思想的体系研究和系统研究。

与期刊论文开始重视荀子美学研究同时,在文艺批评与美学史专著中,学者们也开始将荀子美学作为重要的课题出现。台湾学者杨鸿铭的《荀子文论研究》(台北:文史哲出版社1981)是研究荀子文论思想的第一本专著,作者从荀子美学思想的一个方面——文论思想对荀子的文学宗经思想、荀子文学实用理论、荀子文学体裁析辩和孔孟荀文论之比较四个方面对荀子的文论思想作了较为详细的研究,同时对荀子引用《诗经》的情况作了初步的考释。遗憾的是,通观全书,作者并为自觉地将荀子文论划入荀子美学思想当中,也没正式提出荀子美学思想这一说法。在大陆方面,由郑诵执笔,李泽厚、刘纲纪先生主编的《中国美学史(第一卷)》(中国社会科学出版社1984)在中国美学史上率先将"荀子的美学思想"作为专章论述,具有开创意义。此后蒋孔阳的《先秦音乐美学思想论稿》(人民文学出版社1986)、敏泽《中国美学思想史》(齐鲁书社1987)等美学史著作也对荀子的美学思想做了专门的论述,为以后的荀子美学研究专著的出现打下了坚实的基础。

总结此时期的荀子美学研究,主要有以下特点:

首先,这一时期的荀子美学研究,无论在研究广度还是深度上,都是对荀子美学思想的尝试性研究。研究多以期刊论文和美学史、文学史中以章节的形式出现,并没有出现专门性的著作,也没有出现以荀子美学研究为核心的学位论文。同时,由于并未出现研究专著,所以此时的研究多为介绍性和尝试性的,虽然对荀子美学做了初步探讨和尝试性的理论构架,但研究并未得到细化和深化,许多论述也只是停留在纲领性质上的。

其次,研究具有开创性、启发性的特点。此时的研究大多提纲挈领,对荀子美学思想的主要范畴和理论特色做了具有启发性的论述。他们在研究中提出的荀子美学思想的许多视角和方向,成为以后研究的切入点和落脚点。比如李泽厚等人在《中国美学史》(第一卷)"荀子的美学思想"一节中,从荀子美学的特征、荀子论美感的实质和艺术的社会功能、荀子论"美"与"伪"、荀子美学与孔孟老庄美学的比较四个方面对荀子的美学思想作了总体的构架并作出了建设性的论述:他认为,"性恶论"是荀子美学思想的基石;要求人的自然本性与社会本性相统一是贯穿整个荀子美学的基本观点;荀子"性伪合"的观点包含着美是人对外部世界进行改造的自然产物的最早的朦胧意识;荀子虽然给人的审美要求以一个完全现实感性的自然生命的基础,但是却忽视了美同个体人格的自由的关系,忽视了美的超功利性的特征,因此具有不同于孔孟老庄美学的特点。[3]317-339李泽厚等人提出的这些观点,不仅为当时的学者所接受(比如蒋孔阳、敏泽等人),而且成为学者研究荀子美学的范例和经典教科书。此后学者们的研究,大都借鉴与参考朗润此时期的研究。

(二)稳步发展期(1987~1997)

20世纪80年代末到90年代末的荀子美学研究,是沿着前一时期的学者的脚步不断攀爬过来的。在继承和吸收前辈学者的研究成果的基础上,他们对荀子美学思想作了进一步的发挥与探讨。

在这一时期,受到实践美学等美学流派的影响,学者们大多以实践理论为切入点对荀子美学思想进行研究,出现了几篇专门探讨荀子美学思想的期刊论文。胡雪冈先生的《荀子美学思想管窥》(《学术月刊》1987.11)认为,荀子"美善相乐"的观点,"相乐"即是美感,表明了对"美"在实践中表现出来的审美意义的充分肯定。因此,荀子对于真、善、美相互关系的美学判断,较之儒家更多地肯定了真,而较之道家则重视了善的道德规范作用。荀子既肯定了美的客观性,又强调了审美的同一性与差异性,弥补了孟子和庄子各自的缺陷。同时,荀子对文学艺术美学特征也有其独到之处和鲜明的特色,这些都是在先秦诸子中极为罕见的。王长华、张文书的《荀子美学思想述评》(《河北学刊》1989.6)认为,荀子清楚地认识到人的社会实践对对美的产生所起的决定性作用,包含着美同人的实践活动之间的关系的认识,他的"无伪则性不能自美"的观点达到了先秦美学的最高水平;同时,在审美认识、音乐理论、善与美的关系上,荀子的美学思想与孔孟相比不仅显得具体而宽泛,理性而又实用,而且还批判地吸收了儒家之外的特别是道家庄子思想的某些观点,从而使其美学思想显得更加丰富和庞杂。由于荀子将"美善相乐"中的"善"推崇到至高无上的地位,使荀子的审美理想与孔孟美善统一的审美理想之间,最终划出了一条长长的界限,注重功利实效和客观业绩构成了荀子美学的突出特征。

这一时期学者对荀子美学思想的研究与前一阶段相比进一步细化,研究主题的范围和角度也不断扩大,从荀子的音乐美学到荀子在文艺美学和与文艺创作,学者们都有涉及。比如卓支中先生的《荀子文艺美学思想管窥》(《暨南学报(哲学社会科学版)1990.2》就从文艺美学方面对荀子的文艺思想作了概括性的研究。他认为"早在战国后期的荀子,就已经把言志与抒情说结合起来了",甚至可以看作是"开了情志结合说之先河"。同时,他认为"第一个系统地、有血有肉地论述文艺社会功能的,应属荀子"。他的明道、征圣、宗经以及"中和"的美学思想和文实结合的文艺批评理论也对中国的文艺美学产生了重要影响。杨安崙、程俊的《荀子美学思想与创作实践》(《湖南城市学院学报》1990.4)认为,荀子的"不全不粹之不足以为美"的基本观点,奠定了荀子对美的本质的认识。他的美学思想是对先秦儒家主要是孔孟美学思想的继承和发展,形成了一个很严密的美学体系,同时还拥有完整的美学著作——《乐论》和《成相》与《赋》等创作实践。台湾学者吴文璋先生也以专著的形式专门探讨了荀子的"乐论",出版了《荀子"乐论"之研究》(台南:宏大出版社1992)一书和《荀子的音乐哲学》(台北:文津出版社1994)一书,讨论了荀子建立音乐哲学的原因、思想依据与理论渊源,探讨了荀子音乐哲学的特制,比较了荀子音乐哲学与先秦诸子的乐论与礼论。不过两书均是对荀子音乐理论和音乐哲学的探讨,未曾将荀子美学作为专门的理论提出,更未对其美学理论做专门研究。

除此之外,这一时期还注重将荀子的美学思想与先秦儒道诸子的美学思想进行比较研究。毛殊凡先生的《从〈乐论〉看荀子美学及其与老庄美学之比较》(《学术论坛》1989.2)比较了荀子与老庄美学的异同,认为荀子的美学思想烙上了"地主阶级美学观的痕迹","完全把美现实化世俗化",忽略了美所具有的超功利性的特征,因此并没有达到"集大成","对后世的影响也不如先秦诸子如孔孟老庄的美学"。张文勋先生在《孟子和荀子美学思想之比较》(《社会科学战线》1995.5)一文中,从"审美主体人格的修养"、"审美情感的社会属性"、"审美判断的主客观标准"三个方面把孟子与荀子的美学思想做了较为全面的比较。他认为,尽管他们的学说看起来有尖锐的矛盾,但在对人格美的塑造上却是殊途同归的,"实质上都主张审美主体必须有高尚的人格修养,以道德为规范,以仁义为依归","是以审美主体的思想品德修养为根本的道德美学,是一种以政教为内容的实用美学"。同时,"孟荀的学说,外表看是抽象的人性论,但实质上都强调的是人的社会本性,也就是强调了美和美感的社会属性"。除此之外,孟、荀在审美判断的标准上,也有很大的差别。孟子强调"尽心",强调主观的作用,而荀子强调"征知",强调客观实践的知识。

(三)体系建构与理论突破期(1998~2008)

经过近二十年的学术探讨,荀子美学思想研究获得了长足的进步和发展。新世纪以来的荀子美学研究呈现出空前的活跃和繁荣。无论是从研究广度上还是理论深度上都达到了前所未有的局面。

首先,研究荀子美学思想的专著开始出现。1998年,"两千年来第一本研究'荀子文学'的专书"[4]1出现,香港大学郑炯坚博士作了题为《荀子文学研究》的博士论文(在此文的基础上,郑炯坚于2001年将其易名为《荀子文学与美学》由香港科华图书出版公司公开出版发行)。郑炯坚从"荀子的赋"、"荀子的诗"、"荀子的辞"、"荀子论《诗》、释《诗》、引《诗》"、"荀子的散文"、"荀子的文学观"六个方面论述了荀子的文学思想与美学思想,并对荀子文学的贡献和地位做了比较客观的评价。不过此书重在探讨了荀子的文学思想,仅有最后一章的一节对荀子美学思想做了简要的论述,仅举其要而缺乏深入而全面的探讨。就笔者掌握的材料来看,复旦大学旷丽贞的硕士论文《化性起伪——荀子美学思想简论》(复旦大学,1999)是国内最早专门论述荀子美学思想的专著。作者对荀子美学思想的哲学基础、核心内容、孟荀美学思想的比较及荀子美学思想的影响做了较为详细的分析。作者认为,荀子美学思想的哲学基础是"性恶"说和"天人相分"说;其核心是"化性起伪"说;"荀子所谓的'性伪合'之美,实际是人格之美,是精神道德意义上的'人格美'","与真大致无涉"。因此,荀子美学思想的思维框架,"大致仍在儒家人格修养学说的思路之内";孟、荀两人美学思想的哲学基础是针锋相对的,但两人哲学思维的思路又是相同的,即都假定人的自然本性具有一种道德的原型(恶或善);最后,作者认为,荀子的"性恶"说和"天人相分"说对后世影响广泛,对韩非子、董仲舒、宋明理学家等人的美学思想产生了重要影响。

其次,荀子美学思想研究逐渐拓宽和深化,以概念和范畴为理论点的具体性研究越来越多。除了上面所举的复旦大学旷丽贞的硕士论文《化性起伪——荀子美学思想简论》外,还包括郑州大学王伟《荀子性恶论人学与美学》(2002)、郑州大学朱建锋《礼之"文"化——论荀子"文"的美学思想》(2005)、新疆大学雷琼芳《论荀子礼学思想的美学诉求》(2007)等。在《荀子性恶论人学与美学》中,作者认为荀子人论的重点是"礼"(即"伪"),整个理论的支撑点是"性恶";"性"是荀子美学的基础,"伪"是荀子美学的主要内容。美是"性"与"伪"的统一,两者缺一不可;荀子美学的真正内容是在"隆礼"旗帜下对情感欲望的充分肯定,美就在于有"伪"之"性"。朱建锋则以荀子"性恶"论为切入点,去寻找礼之"文"化的美学意蕴。他认为,荀子美学思想是按照"外在的自然的人化"和"内在自然的人化",即一条是立足于主体的心性,从生——性——情这一理路来理解荀子的礼之"文"化,通过个人的不断修养的提高达到对礼的自觉遵守;另一条是立足于人之外在的自然和人类社会生活,从天——文——礼去考察人文制度在走上文明化之路的历史发展历程。"文"有三个层次,一是人自觉的修养和行为,二是占卜行为本身不包含恐怖和迷信内容的形式和文饰,三是为政治和社会服务的规定和文饰。因此,"文"在荀子美学思想中有人性定位、审美定位和政教定位三种不通的定位方式,包含有人性(情)之美、情文之美、礼文之美和美善相乐等具体的内容。雷琼芳在《论荀子礼学思想的美学诉求》中认为,"礼"是荀子思想的核心范畴,礼学思想是荀子思想体系的重心所在,荀子的美学思想正是在其礼学思想的框架中提出和阐发的。美虽然依附于礼,但荀子的礼学思想的美学诉求却包括政治——伦理实用美学——美善相乐,理想人格的超越美学——全粹之美,乐和同礼别异的审美教育说三个方面。在荀子的思想中,美已显示其独特的价值和魅力。

不仅如此,这一时期的研究越来越侧重荀子美学思想的一个重要方面——荀子音乐美学和文艺观的研究,这成了荀子美学思想研究的一大趋势。2003年,扬州大学张源旺做了题为《荀子〈乐论〉的美学思想》的硕士论文。该论文在总结学者对荀子《乐论》研究的基础上,对荀子音乐美学思想作了较为详细的探讨,从乐与情之关系、乐与礼之关系和乐与中和之关系三个方面对乐的情感特质与教化功能、乐与礼的一致性与差异性、荀子对"中和"之美的追求及荀子《乐论》的美学思想的特色和其在中国音乐美学史上的地位和作用做了探讨。

葛云的硕士论文《论荀学音乐思想》（上海师范大学，2007）把《荀子·乐论》与《礼记·乐记》看作荀学的音乐论著，从音乐与情感的关系、音乐与伦理的关系、音乐与政治的关系、音乐与教化的关系和音乐的本体论论证五个方面考察了荀学的音乐思想，较为详细地理清了荀学音乐思想的发展脉络。此后，山东大学付晓青的博士论文《荀子"乐论"美学思想研究》（2008）在此基础之上对荀子的音乐美学思想又作了系统的研究和梳理，将荀子"乐论"美学思想的精髓看作是"化性起伪，美善相乐"。作者首先探讨了先秦其他典籍如《尚书》、《周礼》、《左传》、《国语》中论乐思想，简要论述了孔孟儒家及道、墨、法的乐论，对荀子"乐论"美学思想的理论渊源做了初步的探讨与挖掘。然后作者又对荀子的天人观、性恶论、礼法观做了简明的梳理，将其看作是荀子"乐论"美学思想的理论基础。作者又将荀子"乐论"美学思想的思想体系做了梳理，把乐情论、礼乐论、中和论看作其核心体系。最后又对荀子"乐论"美学思想对《礼记·乐记》的影响作了探讨，认为他"奠定了儒家以至整个中国古代美育思想，即'中和论美育观'的基础"。

荀子文艺思想，在这时期也出现了一个研究的高峰。先后发表了四篇左右的硕博论文。博士论文有袁世杰《礼学重构中的荀子性恶论文艺观》（苏州大学，2003），硕士论文有王小平《荀子文学思想及影响研究》（华中科技大学，2005）、洪永稳《论荀子的文艺思想》（安徽大学，2005）、刘海波《〈荀子〉的文艺思想研究》（吉林大学，2008）等。袁世杰抓住性恶论与礼论在荀学中的地位，将荀子的文艺思想定义为性恶论文艺观。他认为，荀子的文艺美学思想是在其天人相分的性恶论基础上的礼法思想框架内形成的一个比较完整的理论体系。文中论述了荀子的音乐思想、诗赋思想和创作、荀子的文艺批评观，并且对荀子文艺观做了历史重估和现代关照，对荀子的文艺思想作了较为客观的分析与评价。王小平从荀子文学思想的哲学基础——天人论、性恶论及理论出发，论述了荀子明道、征圣、隆礼的文学观及荀子文学思想在中国文学史上的地位和影响。洪永稳从文艺与道、文艺与象征、文艺与人性、文艺与社会、文艺创作与批评及荀子文艺思想对后世的影响等方面对荀子的文艺思想作了较为全面系统的分析。刘海波从荀子关于文艺的载体——"言"的论述出发，着重从荀子论文艺的本体论、荀子与诸子文艺思想的比较方面对荀子的文艺思想作了归纳概括，认为荀子奠定了封建时代传统的文学观。

不仅如此，荀子美学思想开始在中西比较中得到承认与肯定，荀子与同时代的西方美学家的美学思想的比较研究也不断得到开展，有些比较甚至超越了时空的限制。李衍柱先生的《世界轴心时代的诗学双峰——与亚里士多德〈诗学〉并峙的荀子〈乐论〉》(《山东师范大学学报》2006.6)将荀子的《乐论》与亚里士多德的《诗学》做了详细的比较研究。作者从两人的人论出发,以荀子的诗乐观为核心着重探讨了荀子关于诗乐何以产生、诗乐如何创作、荀子的乐本与乐象论、诗乐的审美理想和价值功能理论,充分肯定了荀子美学思想在世界美学史上的地位和作用:作者认为,集中体现荀子诗学思想的《乐论》,完全可以同亚里士多德的《诗学》并肩而立。马新锋《荀子与叔本华美学思想之比较》(《兰台世界》2007.4)以两者的"人欲"论为切入点,比较了两人的性恶论与生存意志说、礼与意志寂灭理论、乐与艺术直观理论,分析了两者对待欲望的态度及其体现在美学思想中的分歧,认为在荀子那里,美更接近于善;在叔本华那里,美更接近于纯粹的审美体验。

二、回顾与展望

改革开放三十年来,学者们对荀子美学思想的研究是依着于整个中国美学环境的变化而不断变动与发展的。在这个过程中,研究趋势是从无到有、从浅到深、从多到少不断深化的。随着研究的深入,学界对荀子的美学思想的研究逐渐得到重视,荀子美学思想在中国美学史乃至世界美学史上的地位也充分得到学者们的肯定。三十年的荀子美学思想研究,取得了可喜的成绩。然而,研究并非已臻于至善至美,其中仍有许多空白尚待填补,许多问题的研究也尚待深化和加强。这主要表现在以下几个方面:

第一,与孔孟美学研究相比,对荀子美学思想的研究无论在数量上或是在质量上都有所不及。在儒家美学思想研究上,许多学者延续了对荀子美学思想的传统的看法,认为它是对孔孟美学的重复,于儒家美学没有什么开拓与发展,因此对它的研究也得不到足够的重视。

第二,缺少荀子美学思想研究的宏大视野。首先,学者们对荀子美学的研究,多局限于其论美的基本原理与基本观点,美学与荀学的其他方面如与其哲学、逻辑学、名学、文学创作的关系则鲜有论及,即使有的学者已经注意到这一点,也不过是一带而过、罕有深究。其次,缺少比较视域下的荀子美学研究,比如荀子美学与孔孟美学、黄老美学的比较研究。荀子作为先秦诸子的集大成者,他不仅对传统儒家美学有所继承与创新,对老子、庄子等道家的美学的继承与发展也是显而易见的,学者们显然忽视了对这一领域的研究。

第三,重复性研究相对过多,具有开拓意义的论著相对匮乏。学者对荀子美学思想的研究,特别是第二、第三阶段的研究,虽然是在先前学者研究基础上的深化与拓展,但是其主要的理论观点仍以第一阶段的研究成果居多。李泽厚、敏泽、蒋孔阳等人提出的荀子美学的核心观点一直是后来学者研究的中心和重点。学者在理论继承上多,于突破、创新处则略显不足。

总之,荀子美学思想研究的三十年,是在学者们的不断探索中与追求中发展与深化的。研究虽然远未尽善尽美,但是瑕不掩瑜,我们只有充分了解和掌握前贤们研究的已有成果和存在问题,才能在以后的研究中取得更大的成绩。

参考文献:

[1] 郭沫若:《十批判书》,科学出版社 1956 年版。

[2] 谭嗣同:《仁学》,《谭嗣同全集》增订本,中华书局 1981 年版。

[3] 李泽厚、刘纲纪:《中国美学史:第 1 卷》,中国社会科学出版社 1984 年版。

[4] 郑炯坚:《荀子文学与美学》,科华图书出版公司 2001 年版。

(原载《邯郸学院学报》2009 年第 2 期)

论荀子道德修养观中的"慎独"

赵清文[*]

儒家伦理思想中,道德修养问题一直颇受重视。作为先秦儒家最重要的代表人物之一,在荀子的思想体系中,道德修养也是重要组成部分,甚至有学者认为,"荀子的道德修养论比孔孟更加完善"[1]82。荀子的道德修养观中,包含着许多有见地的因素,其中关于"慎独"的论述,对于中国传统修身思想的发展,起到了积极的推动作用。

一

在认识论上,荀子认为:"天下无二道,圣人无两心。"(《荀子·解蔽》)对事物进行判断必须要有一个正确的标准,并且要始终坚持这个标准,既不能限于一偏,也不能摇摆不定。对于这个正确的标准,荀子将其称之为"道",并且认为只有认识并且坚守"道",才能使自己在实践中坚持正道而不至于走上邪路。他说:"何谓衡? 曰:道。故心不可以不知道,心不知道,则不可道而可非道。……心知道然后可道,可道然后能守道以禁非道。"(《荀子·解蔽》)

荀子的这一认识论思想,贯彻到道德修养领域中,就是要坚持做到"诚"。"君子养心莫善于诚,致诚则无他事矣,唯仁之为守,唯义之为行。诚心守仁则形,形则神,神则能化矣;诚心行义则理,理则明,明则能变矣。变化代兴,谓之天德。"(《荀子·不苟》)汉代贾谊《新书·道术》中说:"志操精果谓之诚,反之为殆。"荀子这里所谓的"诚",正是贾谊所谓的"志操精果"之意,即心志所持有的一种专一的状态,亦即《吕氏春秋·精通》中"伯乐学相马,所见无非马者,诚乎马也"之"诚",既没有后来宋儒所理解的那样抽象玄妙,也不能直观地解释为"忠诚"或者"真诚"。在这里,荀子认为,如果想修养好内在品质,就应当使心

* 赵清文(1973—),男,山东临沂人,哲学博士,河南大学哲学与公共管理学院副教授,硕士研究生导师。

志始终专一地坚持正确的标准或准则,不要被其他因素所影响和干扰。只有这样,才能养成良好的品德操守,改变原有的恶性恶习。养成了好的操守,改变了坏的习性,就能够达到德同于天的境界了。

荀子之所以在道德修养中强调"诚",就是因为"诚"在内圣外王的修养路径上,处于基础性的位置,守"诚"是养成良好的道德意志与内心信念的必要条件。在荀子那里,道德意志和内心信念是道德境界的本质体现,是养成良好道德境界所必需的,同时也是道德修养的着力点之所在。用来表示道德意志和内心信念的范畴,在《荀子·不苟》篇中被称为"独"。荀子提出了"不诚则不独"的命题,认为始终恪守准则,心志专一,是确立顽强的道德意志、保持坚定的内心信念的必要途径。他说:"善之为道也,不诚则不独,不独则不形,不形则虽作于心、见于色、出于言,民犹若未从也,虽从必疑。"(《荀子·不苟》)正是在此意义上,荀子提出了"慎独"的概念,说:"君子至德,嘿然而喻,未施而亲,不怒而威。夫此顺命,以慎其独者也。"(《荀子·不苟》)只有以"诚"为要求,坚守住道德意志和内心信念,才能够真正达到"内圣外王"的道德境界,成为名副其实的有德君子。

二

"慎独"是先秦两汉时期在道德修养领域中提出的非常重要的范畴,不但出现在《荀子》一书中,而且在思孟学派的著作《中庸》、《大学》,以及《礼记·礼器》、《淮南子》、《文子》等文献中都曾经提到过。从东汉郑玄开始,一直到南宋朱熹,都是把"慎独"解释为慎其独居之所为,即一个人在无人监督的独处之时,也应当严格遵循道德准则行事。明代中期开始,这种解释便受到许多学者的质疑,并主张以"诚"释"慎",以"心"或"意"释"独",也就是说,"慎独"应当是一个关于道德意志和内心信念的范畴。20 世纪 70 年代马王堆汉墓帛书《五行》篇和 90 年代郭店楚简《五行》篇的重见天日,使得明清以来对"慎独"本义的传统解释的质疑被出土文献所印证。[2]50-53《荀子》中的"慎独",强调的也正是道德修养中道德意志和内心信念的方面,这一点不但如上文所分析的在《不苟》篇中有明确表述,而且从荀子的思想体系中,也可以很好地得到证明。

在道德修养问题上,荀子非常重视"心"的作用。在荀子的思想中,"心"是人最重要的器官,对其他器官起着支配和主宰的作用。"耳目鼻口形能各有接而不相能也,夫是之谓天官。心居中虚,以治五官,夫是之谓天君。"(《荀子·天论》)既然心是人的行为和思想的主宰,支配着人的其他器官的一切活动而不是被其他器官所支配,那么它自身就不受其他身体官能的左右和控制。同时,"心者,形之君也,而神明之主也,出令而无所受令。自禁也,自使也,自夺也,自取也,自行也,自止也。故口可劫而使墨云,形可劫而使诎申,心不可劫而使易意,是之则受,非之则辞。故曰:心容——其择也无禁,必自现,其物也杂博,其情之至也不贰。"(《荀子·解蔽》)心与耳目鼻口形等器官不同,它只是发出命令而不接受命令,因此由心所发出的每一个活动都是自主的而非被迫的,只要"心"坚定专一,即使面对的事物再纷纭复杂,也不会对它形成限制和干扰,能够作出正确的认识和判断。换句话说,只要使自己的行动坚定地听从心之官的命令,就能够指导人的行为按照正确的准则行事。

荀子认为,"心"指引作为主体的人按照正确的准则行事的前提条件是它自身必须坚定专一、专心致志。虽然心不会接受其他因素的强迫和命令,但如果它不坚定、不专一,就无法避免受到其他因素的干扰和惑乱,从而不能始终如一地对人的活动发出正确的指令。所以,"心"在对事物进行认识和判断时只有专一才能充分发挥其作用,否则不但认识不能够精深,不能真正把握"道",思想也会陷入迷惑不定,对行动无法发出正确的命令,从而使行为背离"道"的要求。这就是荀子所说的:"心枝则无知,倾则不精,贰则疑惑。以赞稽之,万物可兼知也。身尽其故则美。类不可两也,故知者择一而壹焉。"(《荀子·解蔽》)因此,为了充分发挥心之官的作用,就必须使"心"专注于"道",不要三心二意。否则,它就难免将人的行为引入歧途。

需要指出的是,荀子这里所说的"心",与耳目鼻口形等"五官"并非同等意义上的概念,这里所谓的"心"不是生理器官,而是人的思想、意志、信念等精神要素的结合;"心"坚定专一,实质上是意志顽强、信念坚定之意;"心"必须专注于"道",其实就是要求人在思想和行动上必须要有正确而坚定的原则和准则。那么,"心"在指导人的思想和行为时如何认识并且遵循"道"呢?对此,荀子提出了"虚壹而静"的原则。关于这一原则,他论证说:"人何以知道?曰:心。心何以知?曰:虚壹而静。心未尝不臧也,然而有所谓虚;心未尝不两也,然而有所谓壹;心未尝不动也,然而有所谓静。人生而有知,知而有志;志也者,臧也;然而有所谓虚;不以所已臧害所将受谓之虚。心生而有知,知而有异;异也者,同时兼知之;同时兼知之,两也;然而有所谓一;不以夫一害此一谓之壹。心卧则梦,偷则自行,使之则谋;故心未尝不动也;然而有所谓静;不以梦剧乱知谓之静。未得道而求道者,谓之虚壹而静。作之:则将须道者之虚则人,将事道者之壹则尽,尽将思道者静则察。知道察,知道行,体道者也。虚壹而静,谓之大清明。万物莫形而不见,莫见而不论,莫论而失位。"(《荀子·解蔽》)荀子所谓的"道",从道德修养的角度来说,就是社会的道德准则和礼义规范,人只有做到虚心、专心、静心,才能真正认识、掌握、遵循这些规范和准则,从而达到较高的道德境界。因此可见,荀子这里所说的"虚壹而静",其实就是告诫人们在道德修养中必须保持顽强的道德意志和坚定的内心信念,不要被外在的事物所干扰,不要被虚幻的假象所迷惑,使人能够始终使自己的行为符合社会要求的道德规范和准则,不动摇,不妥协,这和《不苟》篇中提出的"慎其独"的修养理念是一致的。

三

在荀子的道德修养观,"慎独"是作为一般性的原则而存在的,它体现在荀子所提出的许多具体的道德修养方法之中。

首先,慎独要求内心必须坚定,因此道德修养应当持之以恒。《荀子·劝学》篇中有一段名言:"积土成山,风雨兴焉;积水成渊,蛟龙生焉;积善成德,而神明自得,圣心备焉。故不积跬步,无以至千里;不积小流,无以成江海。骐骥一跃,不能十步;驽马十驾,功在不舍。锲而舍之,朽木不折;锲而不舍,金石可镂。蚓无爪牙之利,筋骨之强,上食埃土,下饮黄泉,用心一也。蟹八跪而二螯,非蛇蟺之穴,无可寄托者,用心躁也。是故无冥冥之志者,无昭昭之明;无惛惛之事者,无赫赫之功。"(《荀子·劝学》)荀子认为,人们的道德修养的过程其实就是一个不断积累的过程,经过锲而不舍的努力,道德境界必然能够达到质的提升。因此,他不止一次地告诫人们在道德修养中不要轻易放弃,而是应当持之以恒。只要坚持不懈,资质低下的人也能够达到高尚的境界;而如果不付出努力或者始终摇摆不定,天资再好的人也不会取得成功。"百发失一,不足谓善射;千里跬步不至,不足谓善御;伦类不通,仁义不一,不足谓善学。学也者,固学一之也。"(《荀子·劝学》)"故跬步而不休,跛鳖千里;累土而不辍,丘山崇成。厌其源,开其渎,江河可竭。一进一退,一左一右,六骥不致。彼人之才性之相县也,岂若跛鳖之与六骥足哉!然而跛鳖致之,六骥不致,是无它故焉,或为之,或不为尔!道虽迩,不行不至;事虽小,不为不成。其为人也多暇日者,其出入不远矣。"(《荀子·修身》)

其次,慎独要求内心必须专一,因此道德修养应当心无旁骛。"行衢道者不至,事两君者不容。目不能两视而明,耳不能两听而聪。螣蛇无足而飞,梧鼠五技而穷。诗曰:'尸鸠在桑,其子七兮。淑人君子,其仪一兮。其仪一兮,心如结兮。'故君子结于一也。"(《荀子·劝学》)在荀子看来,专一是获得正确的认识、达到学习的目的的根本,道德修养也是如此。他甚至认为,在道德修养中,没有比专一更好的方法了。"凡治气养心之术,莫径由礼,莫要得师,莫神一好。"(《荀子·修身》)如果真正能够做到专心致志,即使是一般人,经过不断地积累之后,也能够达到德配天地的境界,成为像尧舜一样道德高尚的人。"今使涂之人伏术为学,专心一志,思索孰察,加日县久,积善而不息,则通于神明,参于天地矣。"(《荀子·性恶》)因此,荀子在《劝学》篇中所提出的具有高尚道德和节操的"成人"的人格标准,就是通过始终如一、专心致志达到的。他说:"君子知夫不全不粹之不足以为美也,故诵数以贯之,思索以通之,为其人以处之,除其害者以持养之。使目非是无欲见也,使口非是无欲言也,使心非是无欲虑也。及至其致好之也,目好之五色,耳好之五声,口好之五味,心利之有天下。是故权利不能倾也,群众不能移也,天下不能荡也。生乎由是,死乎由是,夫是之谓德操。德操然后能定,能定然后能应。能定能应,夫是之谓成人。"(《荀子·劝学》)

另外,荀子认为"心"虽然"出令而无所受令",但它仍然具有被其他因素干扰和惑乱的可能,因此道德修养中必须慎择师友。"蓬生麻中,不扶而直;白沙在涅,与之俱黑。兰槐之根是为芷,其渐之滫,君子不近,庶人不服。其质非不美也,所渐者然也。故君子居必择乡,游必就士,所以防邪辟而近中正也。"(《荀子·劝学》)在道德修养中,荀子认为一条非常重要的途径就是选择恰当的环境和师友,这一点其实也是和他的"慎独"思想相联系的。因为只有处于良好的氛围之中,向高尚的人学习,与有德行的人交往,才更有利于坚定自己的意志和信念,不至于因被错误的东西熏染或者迷惑而心志不专、摇摆不定。他说:"夫人虽有性质美而心辩知,必将求贤师而事之,择良友而友之。得贤师而事之,则所闻者尧舜禹汤之道也;得良友而友之,则所见者忠信敬让之行也。身日进于仁义而不自知也者,靡使然也。今与不善人处,则所闻者欺诬诈伪也,所见者污漫淫邪贪利之行也,身且加于刑戮而不自知者,靡使然也。"(《荀子·性恶》)无论是道德教化还是道德修养中,都必须要重视环境的浸染、社会的影响,外在的因素对于主体的意志和信念具有重要的熏陶和感化作用,这一点在荀子的道德修养论中一直被强调,这体现了他的道德修养论不但重视主体的能动性,而且强调修养实践本身的客观性。

参考文献:

[1]　刘玉明:《荀子道德修养论》,《东岳论丛》1992 年第 1 期。

[2]　廖名春:《"慎独"本义新证》,《学术月刊》2004 年第 8 期。

（原载《邯郸学院学报》2009 年第 4 期）

荀子功利美学对构建和谐社会主义文化的意义

王　勇*

荀子的功利美学思想在相当长的时期内被人们排斥在"主流"文化之外,其实,其理论的逻辑起点和实践方法带有很强的现实性和可操作性。

一、荀子功利美学被忽视的原因

自儒学"道统"观念确立之后,儒家思想就成为中华传统文化的主流,而被称为"儒家集大成者"的荀子及其学说却长期被排除在"孔孟之道"的儒学"主流"体系之外,甚至还承受了许多有违荀子本意的曲解、误解和批评。

之所以会出现这种情况,除了历史、环境等客观因素以外,其主要原因就是荀子的人性论。而对于人性的不同理解,往往是形成各种观念、思想和理论的逻辑起点。徐复观在《中国人性论史》序中说:"人性论不仅是作为一种思想,而居于中国哲学思想史中的主干地位;并且也是中华民族精神形成的原理、动力。要通过历史文化了解中华民族之所以为中华民族,这是一个起点,也是一个终点。文化中的其他现象,尤其是宗教、文学、艺术,乃至一般礼俗、人生态度等,只有与此问题关联在一起时,才能看到比较深刻而正确的解释。"[1]2综观荀子的思想体系,"性恶论"就是其形成功利性美学思想的逻辑起点。

恰恰是荀子的这个出发点注定了其学术思想长期被人们有意或无意的搁置在了孔孟主流思想及其研究视域之外。从本体论而言,荀子的学术思想是沿着孔孟儒学的传统发展而来,属于同一个系列。但是与孟子的"性善说"不同,他认为人性就是人天然而具有的,直接表现为人的自然欲望。如"今人之性,饥而欲饱,寒而欲煖,劳而欲休,此人之情性也"[2]329。这种欲望恰恰是恶的根源,于是荀子说"今人之性,生而有好利焉,顺是,故争夺生而辞让亡焉。生而有疾恶焉,顺是,故残贼生而忠信亡焉;生而有耳目之欲,有好声色焉,顺是,故淫乱

---

*　王勇(1973—),男,河北邯郸人,邯郸学院中文系副教授。

生而礼义文理亡焉。然则从人之性,顺人之情,必出于争夺,合于犯分乱理而归于暴。"[2]327荀子的这种见解在今天看来是非常具有现实性的,比较起孟子带有理想性的"性善说"更为深刻。但是在以儒家仁学和仁义礼智信为主流价值体系的传统社会中,荀子的这种超越并未被主流文化所接受和大加宣扬。从接受论角度看,自孔子仁学开始,中华民族在接受心理上一贯是承认人的善良本质,在社会实践中常遵循惩"恶"扬"善"的心理逻辑。无论是理论上的宣扬,还是在实践中的践行,哪怕是出于某种道德需求或功利目的的利用,人们总是会摒弃人性恶而偏爱"性善说",始终将"尽善尽美"作为最高的美学追求。于是荀子这种人性观的超越,必然会导致接受者心理上的矛盾,毕竟"人性恶"是好说不好听的。于是,长期以来荀子之"性恶论"较之孟子之"性善论"较难得到广泛的社会认同。

二、荀子功利美学的逻辑起点

综观荀子的美学思想,他从"性恶论"出发荀子提出了"化性起伪"概念,这也是其功利美学思想的核心范畴。

马克思说:"……人们为之奋斗的一切,都同他们的利益有关",[3]187可见马克思在探讨人的生存本质时,充分考虑了利益对人们的影响,无疑这也是人性的表现。那么荀子是如何看待这种人的本性呢?根据性恶论基础,荀子认为"性"是与生俱来,自然形成的东西,如"目可以见,耳可以听"。[2]328-329而这些恰恰是恶的根源,就因为"目好色,耳好声,口好味,心好利,骨体肤理好愉佚,是皆生于人之情性者也"。[2]330在人性恶的基础上,美不会天然存在,那人们又如何进行审美呢?

"性恶论"是荀子功利美学思想的起点,却不是终点。在此基础上荀子提出了"性伪之分",并在分辨二者的时候对审美发生进行了解释。"性者,本始才朴也;伪者,文理隆盛也。无性则伪之无所加;无伪则性不能自美。性伪合,然后成圣人之名一,天下之功于是就也。"[2]266化性起伪一方面要以"性"为基础和对象,要"不离其朴而美之,不离其资而利之也"。[2]329另一方面,先天的"本始材朴"的"性"又必须加之以"文理隆盛"的"伪"才能化而至美,这两方面结合起来就是"性伪合"。如果只有本性之初的朴素,美是不会产生的,而脱离了本初的朴素,美也不会产生。"性"只有在后天"伪"的帮助下,即达到了"性伪合"的境界,美才会产生。

可见荀子的这种功利美学观点是带有明显的思辨色彩,他不仅从现实出发揭示了人性的缺陷,并且找到了解决问题的方式和手段。可以说,荀子对功利美学的构建一方面超越了以孟子的"性善论"为代表的先秦诸子的美学思想,同时也展现出其功利美学观的独特价值。

三、荀子功利美学的和谐内涵

荀子注重实践,"化性起伪"不仅是其功利美学的核心范畴,而且具有很强的操作性。但是这种功利美学的追求如果仅仅停留在操作的层面上,无疑是不会有太大价值的。笔者认为,在具体的功利美学思想构建中,荀子非常强调"礼法"的作用,在审美实践中以"礼法"化性,达到一种超越自然欲望和具体功利诉求的审美境界,这也正是荀子功利美学思想的价值追求。

"荀子的看法的深刻之处,在于他强调指出艺术对于人们的情感欲望有一种规范引导的作用,能够使那本来是同人们的感官欲求相联系,成为符合社会伦理道德的,即一种合乎理性的情感。"[4]309可见对审美主体而言,人性的欲望本身并不能带来真正的愉快,因为"目好色,耳好声,口好味……是皆生于人之情性者也",这只是人的自然欲望的满足,根源于"人性恶"。要想在审美实践中真正获得美感只有通过"化性起伪",才会达到审美的境界。而"化性起伪"重要的手段和途径就是援法入儒,以"礼法"为核心构建功利美学的价值体系。只有这样"人情之不免"的音乐才会在礼仪道德的规范下感动人心,不至于卑鄙、粗俗、邪、恶、下流、放荡不羁,即所谓"乐得其道"。对审美主体而言,只有依"礼法"才可"化性起伪"达到主观感受与审美对象之间的默契,欲望与礼义要求相配合,达到和谐的境界,获得美感。因此,这种审美主体自身的和谐,即自然欲望和社会规范处于和谐的状态时,人才会获取审美愉悦。简言之,就是"性伪合"美感生。

从审美客体角度看,荀子认为其本质特征就是"和"。如"乐言是其和也"[2]89,"乐之中和也"[2]8,"调和,乐也"[2]182,"中和者,听之绳也"[2]101。他还在《乐论》中明确指出"故乐者。审一以定和者也,比物以饰节者也,合奏以成文者也"[2]278"故乐者,天下之大齐也,中和之纪也",[2]279"乐也者,和之不可变者也"[2]281。可见荀子所说的"和"正是继承和发展了孔子的"乐而不伤,哀而不淫"的美学原则。除了对音乐做上述整体的概括外,荀子在《乐论》中还具体分析了各种乐器的不同性能、音色、音量,还分析歌声、舞蹈的特点,并明确指出这一切都源于一种和谐。各种伴奏乐器的声音与大自然和谐一致："鼓似天,钟似地,磬似水,竽、笙、箫、和、筦、籥似星辰日月,鞉、柷、拊、鞷、椌、楬似万物。"[2]283此外,荀子还强调了歌声、舞蹈、动作、乐器的和谐统一:"目不自见,耳不自闻也,然而治俯仰诎信进退迟速莫不廉制,尽筋骨之力以要钟鼓俯会之节而靡有悖逆者。"[2]283荀子以音乐为例说明审美客体之所以能够产生美感关键就在于一个"和"字,即和谐,也是儒家所追求的中和之美。

无论是从接受美学的角度揭示审美主体的"化性起伪",还是对审美客体"乐而不流"的分析,荀子都十分重视审美实践中的和谐问题,并且这也是其功利美学的理想境界。

四、荀子功利美学对构建和谐社会主义文化的意义

回顾历史,荀学曾一度被排斥在历史与文化的"主流"之外,荀子功利美学思想也因为将人性恶作为逻辑起点而遭人曲解、误解和批评。但随着我国经济的高速发展和大众文化时代的到来,人们的文化需求和审美需要在改革开放的时代背景下空前高涨,人们已经开始逐渐突破以往传统的藩篱,以现实的、人性的目光来面对纷繁复杂的社会风景。人们不再回避人性恶的压抑,开始更深刻地了解自己。荀子这种着眼于现实的人性论出发点已经越来越被人们所接受。

在社会主义文化建设中,审美文化一方面从属于文化这个大概念,另一方面又是整个文化建设中外延相对较大的重要组成部分。尤其是随着我国改革开放和经济建设的发展,审美大众化和日常生活审美化的时代已经到来,荀子的功利美学及其对和谐的要求,正适应了今天人们审美实践的节奏,得到了人们审美认同,更为当代构建和谐的社会主义文化提供了理论基础和实践路径。

荀子从"性恶论"出发肯定人们的审美需要,从"化性起伪"的角度用"礼法"来规范人们的审美实践,这些无疑都是经济基础在审美领域的外在表现。荀子的功利美学及其和谐性特征,恰恰适应了市场经济基础上多元复杂的意识形态的需要。可以说,荀子的功利美学既是符合人性发展要求的,也是与当今的时代环境相契合的。

荀子将功利关系引入审美实践,不仅在本体论上肯定了人性发展的的要求,而且在创造论和接受论的平台上彰显人的主体性价值。他对于审美主体和审美客体的和谐性特征的揭示,在促进新时期审美文化发展的同时对构建和谐社会主义文化大有裨益。

参考文献：

［1］　徐复观：《中国人性论史（先秦篇）》，上海三联书店 2001 年版。

［2］　梁启雄：《荀子简释》，中华书局 1983 年版。

［3］　《马克思恩格斯全集》第 1 卷，人民出版社 1995 年版。

［4］　李泽厚、刘纲纪：《中国美学史·先秦两汉编》，安徽文艺出版社 1999 年版。

（原载《邯郸学院学报》2012 年第 1 期）

荀学凸显"君子人格"的思考

——兼谈荀学和《易传》的关系

一、概述中国传统观念中的"君子"与"君子人格"

先秦时期,"君子"成为中国传统文化中最早的人格概念:嘉言懿行,这个评价应该是至高无上的了。中国传统文化是历经两千年岁月洗礼而珍存下来的人文精华和宝贵财富,其孕育的"君子人格"更是能够把中国传统的内在精神和中华民族的信仰价值以及人文关怀充分地表达出来。在中国传统文化中,人们的思维方式有着强烈的类比性特征,理想人格的导向作用尤其显著。[1]331 先秦时期,"能化善、修身、正行、积礼义、尊道德,百姓莫不贵敬,莫不亲誉"[2]185 的君子人格理念便成为中国传统的民族精神和立人立世的标准。所以,荀子所倚重的"君子人格"对个人成长和社会发展的有效规范作用是十分明显的。那么,君子到底是什么样的人?"君,群也。""或称君子者何?道德之称。君子之言,群也",君子应该是一个德行高尚的社会群体。① 中国传统文化的大环境下,"君子"逐渐成为一个非常具有文化品格和人文素养的社会精英群体,他们自身具有理性自觉的特质(强烈的民贵意识和对国家政治的迫切关心),并且充满现实主义理想情怀。所以,我们传统观念中的"君子人格"可以用这两个词来概括:忧患意识和独立节操。"人之性恶,其善者伪也。"[2]293 在荀子看来,君子与小人皆生而性恶的。而君子和小人的主要区别就在于二者后天所学所事不同,接受

---

* 侯屾(1986—),男,陕西西安人,陕西师范大学政治经济学院中国哲学专业硕士研究生。

① 这里的"群",在西方文化中应该理解为 team,而不是 group。group 泛指一群人,是从规模上来讲的;而 team 则是一组具有类同人格特征和理想信念的人的集合。"君子"作为一个特殊的社会群体,因为共同信念传统而自觉组成,其中每一位成员都是智德完备的人。

师法教化、积累理论、道德知识并且躬亲实践礼义的人，就会锻造成为君子；反之放纵贪欲、肆意胡为甚至违背礼义的人，就是小人。同时，先秦君子在现实生活中具有相当强的理性精神，他们时刻谨慎严肃地思考着如何生活以及怎样做人，做一个堂堂正正的、有道德的、有崇高思想境界并将它付诸实践的人。在那个时代，"君子"是伦理道德的主要文化载体，他们自身承载着对个体生命价值和社会合理运行的最高追求。先秦时期是中华民族君子人格养成的成熟阶段。战国末期，荀子作为先秦时期的最后一位思想大家，完成了较为彻底的收尾工作，所以荀子对君子人格的论述则是带有对先秦时期学术思想中关于君子人格养成的总结性。

二、从荀学中凸显出来的"君子人格"角度来看荀学与《易传》的关系

（一）荀学与《易传》中共同宣扬的君子人格是"处位"和"盛德"的统一体

李泽厚先生这样评价荀子的思想："荀子的理论是更为条理化，更有逻辑，更具有唯物主义精神；然而却更少有那种打动人的原始人道情感和吸引人的原始民主力量。[3]210①作为人格范畴，荀子哲学中的"君子"有两方面含义：广义上的君子，与不事修为之"小人"相对，可涵括各种成德之人而概言之。狭义上的君子，则单指修德进业过程中的一个特殊层级，介于"士"与"圣人"之间。《易传》全文则充分概括出"与天地参"的整个中华民族精神："天行健，君子以自强不息；地势坤，君子以厚德载物。"《易传》中讲"自强不息"、"厚德载物"的中国君子人格"显诸仁，藏诸用，鼓万物而不与圣人同忧，盛德大业至矣哉。富有之谓大业，日新之谓盛德。"[4]539可与荀子的"礼以定伦，德以叙位"[2]169。思想统一起来表述。简言之，中国传统君子人格的养育和塑造主要体现在两方面："处位"和"盛德"。

首先，从先秦时期君子身体力行的"处位"意识来体悟其人格魅力。孔子讲

---

① 李泽厚先生解释《论语》中"文质彬彬，然后君子"时说："质"，情感也；"文"，理性也。只有情感和理性配合得恰到好处，才能称得上君子。

"君子固穷",①虽然君子"位"穷,但其安贫乐道、达观知命的人格精神是仍然值得赞扬的。荀子讲:"君子贫穷而志广,富贵而体恭。"[2]117"君子位尊而志恭,心小而道大;所听视者近,而所闻见者远。"[2]23所以,荀子认为君子其实不"穷",起码在德行和志向上是富有和尊贵的。庶人安政,然后君子安位。传曰:"君者、舟也,庶人者、水也;水则载舟,水则覆舟。"此之谓也。[2]87从这里可以看出,荀子扬弃了对孔子以来关于"位"的认识,"位"不仅可以理解为一定的社会地位,更重要的是一种理性的生活态度。"是以位尊则必危,任重则必废,擅宠则必辱,可立而待也,……故君子时诎则诎,时伸则伸也。"[2]62君子顺势而为、游刃有余,真是"极高明而道中庸"之人。"天子也者,埶至重,形至佚,心至愈,志无所诎,形无所劳,尊无上矣",[2]305②正是因为受到荀子思想的启发和荀学后人的宣扬,《易传》中才具体且反复强调各种困苦艰险的情势局面、境况,并再三叮嘱君子应谦虚谨慎才能稳固地"处位"。"论法圣王,则知所贵矣;以义制事,则知所利矣。论知所贵,则知所养矣;事知所利,则动知所出矣。二者是非之本,得失之原也。"[2]308这便是荀子想要呈现给我们的自孔子以来的传统儒家的君子人格和精神境界。

其次,荀子善为《易》,《易传》里讲"富有之谓大业,日新之谓盛德","观乎天文,以察时变。观乎人文,以化成天下。"[4]496荀子认为至善盛德的君子人格是非常纯粹而伟大的,"君子宽而不僈,廉而不刿,辩而不争,察而不激,直立而不胜,坚彊而不暴,柔从而不流,恭敬谨慎而容。夫是之谓至文。诗曰:'温温恭人,惟德之基。'此之谓也",[2]20"君子至德,默然而喻"。[2]23荀子按照孔子开创的儒家育人思路,认为施官任用某人首先应考虑其德性和才能。所以,荀子哲学中所凸显出来的君子人格首先是德能全面发展的;"子曰:克己复礼为仁"、"周公其盛乎!",在孔子心目中,周公是当之无愧的君子,而且孔子时常缅怀、歌颂周公的盛德。由此可以看出,荀子的现实主义倾向是很明显的,他不仅继承了孔子"盛德"君子人格的理念思路,而且进一步强调其目的在于"处位"。"故明主谲德而序位,所以为不乱也。"[2]71所谓"不在其位,不谋其政",[4]19就是这

---

① 《先秦诸子百家》中易中天教授认为,此"固穷"的"穷"还有另一种说法,即"无路可走"。在古代贫与富相对,贵与贱相对,而穷与达对应。所以此句应解释为"君子本来就是无路可走的"。说的更明白就是:君子的路是不好走,但君子还要走下去的。

② 章诗同先生认为此篇是论述人君的事情,疑"君子"当为此处的"天子"。埶,同"势",今训为"位"。

个道理。综上所述,荀子讲君子"处位"(外在性的制度层面)与"盛德"(观念性的精神层面)两方面人格理念是相统一的。

"《易传》则如同荀子一样,以较清醒的态度,使天回归自然,人一面与天相区别,又相对立,同时天人又处在协调的系统中,并确立了保持系统均衡的总原则,这就把先秦以来的天道与人道,自然与人的关系探讨在深度和广度上都向前推进了一步,从而开了汉代宇宙哲学之先河。"[5]44《易传》里讲君子不但"论道经邦,燮理阴阳",而且"体仁足以长人,嘉会足以合礼,利物足以合义,贞固足以干事。"荀子讲君子"化而裁之,推而行之,举而措之天下之民"、"仰可以观象于天,俯可以取法于地"、"通神明之德,类万物之情",这就是说君子是"处上位"和"修盛德"二者的统一体。

(二)从"天下"观与"天人关系"看荀学与《易传》的关系

"君子黄中通理,正位居体。美在其中,而畅于四支,发于事业,美之至也!"[4]476君子人格"天人合一"的目标就是明乎天地人之道并以此成为化天下的圣人。《易传》里讲"天",多指外在自然,与荀子同。"道者,非天之道,非地之道,人之所以道也,君子之所道也。"[2]68荀子讲外在自然的"天"是与人无关、自身无价值和意义、与人相分的"天";《易传》则赋予外在自然的"天"以肯定性的价值,并使之类于人事,亦即是具有高尚道德甚至情感意义上的"天"。荀子沿着孔学儒家传统,本体上"非十二子",而在工夫上兼取道、墨、法等各家之言,逐步推动儒学的发展和超越,其具体方式为:常道从天地自然运用到社会制度;而《易传》则将这一外在倾向予以高度哲学化了。

那么,荀学与《易传》到底是什么关系?郭沫若先生讲,"《荀子·大略篇》与《象传下》之相类似是很明显的。《易传》显明地是把荀子的话展得更开了。《系辞传》至少其中的一部分也明明受了荀子的影响,从思想系统上可以见到它们的关系"(《青铜时代·周易之制作时代》),《易传》极可能为荀学后人所作。① 在那个时代,人们还是把《易》当作一种卜筮书来使用的;而荀子认为,真正理解《易》的人反而不会去占卜吉凶。"君子之谓吉,小人之谓凶。"[2]38"以贤易不肖,不待卜而后知吉。以治伐乱,不待战而后知克。"[2]371因此可以得出:君子处位修己常吉,以为人道也。君子通过修己(智德两方面)来懂得怎样趋吉避

---

① 笔者坚持同意郭沫若先生和李学勤教授的观点,参见郭沫若《十批判书——荀子的批判》和李学勤《周易溯源》第二章《〈易传〉的年代问题》,巴蜀书社 2006 年版。

害,以自身人格为旗帜,从而更好的推行、实现教化百姓之功。荀子与《易传》的关系问题,此前学者大家争论颇为激烈;但可以肯定的是《易传》里个别篇章可看作是战国末期的作品,①这就为荀学传人进入《易传》提供了时间上的可能。

受《论六家之要旨》的影响,司马迁在《自序》中谈其作为一个史官,目的在于:"绍明世,正《易传》,继春秋",这与"究天人之际,通古今之变"是非常切合的。《易传》里讲:"天地之大德曰生",就是把种有深厚根基的"天人合一"的传统观念和道德情感,接着从荀子概述的那种广阔的外在人类活动与自然历史进程出发,在荀子"隆礼"思想基础上构建一种具有道德品格和感情色彩的理论体系。"君子终日乾乾,夕惕若,厉无咎。"《易·乾》正是沿着这样的意义影响,身份性的君子才进一步从思想阐释和实践指导的推动下,一步步嬗变为一种道德理念性的肯定。《易传》正是要用宇宙普遍秩序(天道)与现有社会秩序(人道)的推演一致和相互肯定,包罗万象,一统事物,达"天人合一"之境。

三、探讨荀学中君子人格化的"礼"学

"礼者,法之大分,群类之纲纪也。故学至乎礼而止矣。夫是之谓道德之极。"[2]6荀子倚重和推崇的"君子人格"与其"隆礼"是为了强调外在规范的约束下的人的社会群体性,荀子是如何通过人、禽之分来强调这种人与人之间的关系呢?荀子认为,只有通过纲纪之"礼"来规范、优化这个群体社会,才能更好地巩固和维护君主等级统治秩序。"礼"的社会功能是导之向上,君子在社会中是具有重要作用的,其本身不仅是道德感召的象征,更是具有外在控制力和现实制约性的标志。换句话说,荀子哲学中的核心范畴"礼"是一种被君子人格化了的现实制度品格。"礼"不管是在巫术文化阶段,还是在祭祀文化阶段,都有一个共同的本质的东西,那就是情感上的畏惧和崇拜,以及由此引发的各种情感禁忌。这些禁忌后来演变为"礼"。[6]287②孔子之后,荀子对回归现实的"礼"的阐释是周详而细致的。荀子论"礼",实际上是力图从"礼"产生的根源上肯定盛德君子及其在政治秩序上的位置。"礼起于何也?……两者相持而长,是礼

---

① 笔者坚持同意郭沫若先生和李学勤教授的观点,参见郭沫若《十批判书——荀子的批判》和李学勤《周易溯源》第二章《〈易传〉的年代问题》,巴蜀书社2006年版。

② 朱伯崑教授甚至得出结论《象》的下限,应该在《吕氏春秋》以前;《序卦》和《杂卦》则可能出于汉人之手。

之所起也"[2]228,"礼者,谨于治生死者也。生,人之始也;死,人之终也。终始具善,人道毕也。故君子敬始而慎终。终始如一,是君子之道,礼义之文也。"[2]237"礼者,贵贱有等……德必称位,位必称禄,禄必称用,由士以上则必以礼乐节之,众庶百姓则必以法数制之。"[2]107荀子立足于社会现实,从"礼"最初"度量分界"的外在制度规范意义到君子敬始慎终之道的社会层面的论述,强调了其重视礼的秩序和化性起伪而生礼义的思想旨归,从而凸显了君子在社会上的政治地位。"礼者,人道之极也","圣人者,道之极也","礼"在荀子这里,逐渐演变成为君子人格化了的哲学范畴。

那么,君子人格化的"礼"的发展应该有一个形而下的变化发展过程,逐渐由最初的祭祀祈神仪式宗教层面下落到社会规范、仪节、秩序的现实社会政治层面,较其原义已经有了高度理智的历史性阐释和理解。在荀子看来,孔孟强调的内在仁义道德必须通过这种"德必称位"的"礼"来规范才能发挥作用。荀子所做的工作就是:把本是现实社会政治体制中的种种弊端和冲突,通过融入君子人格中而改进"礼",从而成功地转变为对意识形态中的伦常道德精神的不懈追求,并且最终落实到"君子"上面。孔孟以"仁义"释"礼",荀子则大讲君子小人之辩,以"刑政"并称"礼"、"法",这也是荀子区别于孔孟儒学的基本特色;但这仍没有偏离先秦时期的儒家轨道,荀子强调"隆礼"并把君子人格化的"礼"学思想逐渐推向现实社会秩序,是具有历史必然性的。

荀学中的核心范畴"礼"是其所反复强调的外在规范、人伦约束和等级秩序,是一种由外而内的思维进路。追溯礼的起源及其服务于人群秩序和确立君子社会地位的需要,从而认为是塑造、养育君子人格的途径为:必须努力加强学习,积极利用和支配自然,自觉地应用社会规范来约束和改造自己,从立身、行事、治国三个方面努力做一个德智兼备的"君子"。在荀子看来,"礼"已不再是僵硬规定的宗教形式,也不再是无法解释的传统神秘观念;而是作为社会等级规范和统治秩序的"制式",可以归结为人群维持生存之必需,同时也是中国古代人的价值意义所在。"人有气,有生,有知,亦且有义,故最为天下贵也"[28]95荀子"隆礼",并最终落实到现实的人、突出"君子"为社会道德的理想范式。我们从荀子那里懂得了"礼"在那个时代的伟大意义,也就获得了认识先秦时期君子人格的一条重要途径。对于中国人的精神生活和理想信念曾长期发挥社会规导功能的君子人格,正是荀子对西周以来所代表的"礼"文化进行创造性阐释的理论成果。

参考文献：

[1] 韩德民：《荀子与儒家社会理想》，齐鲁书社 2001 年版。

[2] 张觉：《荀子校注》，岳麓书社 2006 年版。

[3] 梁启超、郭沫若：《荀子二十讲》，廖名春选编，华夏出版社 2008 年版。

[4] 《易传》，《四书五经》，中华书局 2009 年版。

[5] 刘学智：《中国哲学的历程》，陕西人民出版社 1993 年版。

[6] 杨庆中：《二十世纪中国易学史》，人民出版社 2000 年版。

（原载《邯郸学院学报》2011 年第 1 期）

战国赵国军事思想与战争指挥艺术

魏建震*

　　赵国为战国时期的四战之地,频繁的战争使赵国产生了廉颇、赵奢、李牧等一批杰出的军事家。战国时期赵国著名的国王如赵武灵王、赵惠文王等,也都熟悉兵事。出自赵国的著名学者,也都根据自己的学说需要,阐发相关军事思想以证明自己的学术体系。战国时期赵国的军事思想,可谓阐发角度多样,内容丰富多彩。在事关赵国存亡的军事战争中,赵国名将们也将战争指挥艺术发挥到了最高境界。在赵国历史文化研究日益深入的今天,赵国军事思想与战争指挥艺术却还没有学者进行系统论述。笔者不揣愚陋,以期抛砖引玉。

一

　　尽管目前传世文献没有留下战国时期赵国名将们比较系统的军事理论著作,但从有关文献记载来求索,仍可看出战国军事家们当时应该是有一些著书问世的。《史记·廉颇蔺相如列传》记载,蔺相如进言赵王:"王以名使括,若胶柱而鼓瑟耳。括徒能读其父书传,不知合变也。"赵括的母亲也曾评论赵括"自少时学兵法,言兵事,以天下莫能敌,尝与其父奢言兵事,奢不能难,然不谓善。"赵奢当时著有兵书,赵括所学兵法,自然包括赵奢所著之著作。《战国策·赵策三·赵惠文王三十年》章:"相都平君田单问赵奢曰:'吾非不说将军之兵法也,所以不服者,独将军之用众。'"从田单的言辞看,赵奢当时也当有兵法著作传世,可惜《汉书·艺文志》未记载赵奢兵法,可能到东汉时期这种兵法已经失传。
　　赵奢的相关军事理论,我们可以通过《战国策·赵策三》记载赵奢与田单讨论"用众"之法见其一斑。赵奢主张作战要以充足的军力作保证,田单认为,"用众者,使民不得耕作,粮食馈赁不可给也。此坐而自破之道也……,帝王之兵,所用者不过三万,而天下服矣。今将军必负十万、二十万之众乃用之,此单之所

---

　　*　魏建震(1965—),男,河北藁城人,河北省社科院哲学所所长,研究员,历史学博士。

不服也。"赵奢根据战国形势,提出古今形势不同,"用众"作战乃是七国争雄新形势下的必然选择,以三万之众应强国之兵,必然一败涂地。古时天下分为万国,城池规模小,大不过三百丈,国家人数少,大不过三百家。因此用三万之众可以攻无不取。古代的万国如今并为七国,每国都有数十万之兵,战争旷日持久,长达数年。齐国曾用二十万之众攻楚,五年才结束战争。赵用二十万军队攻中山,五年才攻克。如今到处是千丈之城,万家之邑,用三万之众围千丈之城,连一个城墙角也围不住。野战也不够用。赵奢的论说,使田单深感折服,"喟然太息曰:'单不至也'。"

赵国的学者,对军事理论也有精到的研究。《荀子·议兵》篇记载荀况与楚将临武君在赵孝成王面前讨论兵要之事,显示了荀子深厚的军事理论素养。在这次讨论中,临武君提出兵要在于"上得天时,下得地利,观敌之变动,后之发,先之至,此用兵之要术也。"得天时地利,相敌机而动,这是战国时期非常重要的一种军事理论。而荀况从政治的高度来审视兵要,提出"凡用兵攻战之本在乎一民……,士民不亲附则汤武不能以必胜也。故善附民者,是乃善用兵者也,故兵要在乎善附民而已。"临武君认为,"兵之所贵者势利也,所行者变诈也。善用兵者,感忽悠闇,莫知其所从出。孙吴用之,无敌于天下,岂必待附民哉?"荀况认为,自己的兵要理论,属于仁人之兵,是王者用兵的志向。国君重视的是权谋势力,用兵攻夺变诈,是诸侯的用兵之法。仁人之兵不可诈。可诈者都是因怠慢所致。百将一心,三军同力。下事上,臣事君,好像子事父,弟事兄。上下之间不可用诈。仁人用十里之国,百里之国都会相应,用千里之国,天下听其号令。暴国之君,谁会相应呢?

关于王者之兵如何运用指挥,荀况认为,王者之兵在于贤王拥有绝对兵权,将帅为末事。用隆礼之法治理国家,国家强大。尚功贱节,政令不信,不爱士、不爱民,刑罚侮行,轻易用兵,国家必然微弱。齐人崇尚技击之术,无论战争胜负,得敌一首赏锱金。遭遇弱小敌军,此法可用;遭遇强大敌人,则军队离散,此谓亡国之兵,是最弱的军队;魏国的武卒,按照一定的标准选拔,入选者利其田宅,数年后入选者老弱,而优待政策无法取消,只能另选新人,国家不堪重负,这属于危国之兵;秦人生险狭之地,官府使民酷烈,用威势劫迫使民出战,隐蔽于险要之处,战胜后有赏,不胜则用军刑,天下之民若要从君主处得到好处,只有力战。这是最强盛的军队,秦国因此取得很多胜利。因此可以说,齐之技击不可以遇魏国武卒,魏国武卒不可以遇秦之锐士,秦之锐士不可以遇齐桓公、晋文公的节制,桓公文公的节制不可敌汤武的仁义。遇上之后必然惨败。因此,以诈遇诈尚有巧拙之分,以诈遇礼义教化的军队,则好像锥刀坠入泰山一般。齐之田单、楚国庄𫏋、秦国卫鞅、燕国缪蟣,都是世俗所谓善用兵的人,其实他们都属于随机决胜负的盗兵。齐桓公、晋文公、楚庄王属于和齐之兵,但也只能成就霸业而不能成王。

关于为将方面,荀况认为,智莫大于弃疑,行莫大乎无过,事莫大乎无悔。为将有六术、五权、三至、五𬙋,五术为"制号政令,欲严以威;庆赏刑罚,欲必以信;处舍收藏,欲周以固;徙举进退,欲安以重;欲疾以速;窥敌观变,欲潜以深,欲伍以参;遇敌决战,必道吾所明,无道吾所疑。"五权为"无欲将而恶废,无急胜而忘败,无威内而轻外,无见其利而不顾其害,凡虑事欲孰,而用财欲泰。"三至谓"不受命于主有三:可杀而不可使处不完,可杀而不可使击不胜,可杀而不可使欺百姓"五无𬙋为"敬谋无𬙋,敬事无𬙋,敬吏无𬙋,敬众无𬙋,敬敌无𬙋","慎行此六术、五权、三至,而处之以恭敬无𬙋,夫是之谓天下之将,则通于神明矣"。

关于王者军制,荀况认为,"将死鼓,御死辔,百吏死职,士大夫死行列,闻鼓声而进,闻金声而退,顺命为上,有功次之,令不进而进,犹令不退而退也,其罪惟均。不杀老弱,不猎禾稼,服者不禽,格者不舍,奔命者不获。"

军队战争本以争利为目的,而荀况却把战争与仁义结合起来,他认为军队的职能是禁暴除害,并非争夺。军队是为了维护正义,除去恶人。他强调了战争正义的一面,提倡仁者之兵行天下,兵不血刃,远近来服,认为这才是用兵的最高境界。秦虽有四世之胜,然为末世之兵,常恐天下一合而攻己,这绝不是仁义之兵。军队虽有坚甲利兵,不以道统之,所取得的胜利必不能持久。

赵武灵王不仅是赵国历史上一位有着丰功伟绩的杰出君王,也是一位杰出的军事家。赵武灵王的军事思想,主要有两个方面,一是在战略上进攻弱敌,以获取最大的功业。《战国策·赵策二·赵武灵王平昼闲居章》载赵武灵王曰:"敌弱者用力少而功多,可以无尽百姓之劳,而享往古之勋";二是(贤人)制兵而不制于兵。兵不当于用,任何军队都要做出改变。因赵"重兵循甲,不可以逾险"[1]673-674,赵武灵王作出了散原阳之兵以为骑邑的重大决策。赵武灵王的军事思想,是他进行军事改革的思想武器。

赵国的军事外交思想,与纵横家思想结合在一起。合纵与连横,是战国外交史上的主旋律。地处四战之地的赵国,在合纵活动中发挥着重要作用。"天下之士合纵相聚于赵"[1]202,战国时期的著名纵横家苏秦,为了实现其联众国以攻齐的目的,曾到赵国进行游说活动。活动于赵的纵横家庞煖,本身也是军事家。《汉书·艺文志》中著录有纵横家《庞煖》二篇,本注:为燕将。钱穆先生已指出,燕当为赵字之误。[2]514战国时赵国著名纵横家人物李兑,在赵惠文王二十年任主帅,联合齐、魏、燕、韩军队进攻秦国,迫使秦废弃帝号。赵国历史上显赫人物虞卿,是一位颇可注意的人物,因为《汉书·艺文志》将虞卿所著《虞氏春秋》列为儒家类,学者研究纵横家时常将其忽略,从《史记·平原君虞卿列传》"虞卿者,游说之士也"看,其实他是一位纵横家。《史记》记载秦赵长平之战,赵不胜,亡一都尉,赵王召楼昌与虞卿商议对策,虞卿坚决反对楼昌与秦媾和的主张,提出"发使出重宝以附楚魏,楚魏欲得王之重宝,必内吾使,赵使入楚魏,秦必疑天下之合纵,且必恐,如此则媾乃可为也"的合纵政策,可惜赵王没有听从他的主张。长平之战后,虞卿坚决反对赵郝等人割地予秦,主张连齐抗秦,他的策略得到赵王的同意,赵在军事外交上取得胜利。在与魏合纵问题上,虞卿说:"臣闻小国之与大国纵事也,有利则大国受其福,有败则小国受其祸……,窃以为纵便。"王曰:"善,乃合魏为纵。"虞卿不仅有着丰富的纵横理论,也有众多的合纵活动,他与楼昌、赵郝等人的争论,根本上说是合纵与连横之争。他们的争论,对赵国政局产生了重大影响。

在军事与外交上采用合纵还是连横政策,直接关系到赵国的盛衰。《战国策·赵策一》:谓赵王曰:"三晋合而秦弱,三晋离而秦强,此天下之所明也。秦之有燕而伐赵,有赵而伐燕。有梁而伐赵,有赵而伐梁;有楚而伐韩,有韩而伐楚。此天下之所明见也。然山东不能易其路,兵弱也。弱而不能相一,是何秦之知,山东之愚也。"

此外,因赵国处于四战之地,战国的军事防御思想体系比较完备。早在战国初年,赵献侯就非常注重军事防御体系的建设,他发布命令,广筑城墙,以备诸侯来犯。赵武灵王时期,为了防御北方匈奴的入侵,大规模修筑了北方长城。赵国的军事防御体系建设,在赵国的对外战争中发挥了重要作用。

在战国军事思想方面,公孙龙子的偃兵思想,可以说是继承墨子而来的一种思想。偃兵思想虽与传统所指的军事思想有很大差别,但它反映了赵国思想家对战争的思考与理解。可以作为战争思想的一种另类说法。

二

战国时期赵国名将们不仅有着深厚的军事理论素养,也有着高超的战争指挥艺术。将赵国战争指挥艺术发挥到极致的军事将领,根据现有文献记载,当属赵奢与李牧。

赵奢的成名之战为阏与之战。在阏与之战开始之前,赵奢很好地分析了秦赵两军的军事地理形势,认为阏与"道远险狭,譬之犹两鼠斗于穴中,将勇者胜"。赵国发兵后,赵奢首先使用了疑兵之计,在秦军进攻武安,武安形势危机的情况下,赵军坚壁逗留二十余日,给秦军造成赵不救武安的假象。与此同时,赵奢又使用了反间计①,利用敌人的间谍回去报告虚假情况,进一步给秦军造成错觉。然后赵军利用秦军的错觉,出其不意急行军,两日一夜在秦军之前赶到阏与,令骑兵在阏与五十里外构筑军事堡垒,占据有利地形。这样赵军便在军势上占得先机。秦军匆忙赶到,已由主军变为客军,由优势变为劣势。赵奢在下属的建议下占据了北山这一军事制高点,最终大破秦军。

在阏与之战,赵奢首先使用虚者实之,实者虚之的策略,用假象迷惑敌人,然后使用反间计,进一步迷惑敌军。然后出其不意,抢得战势先机。在战争指挥艺术史上,阏与之战可谓经典战例。

赵国名将李牧将战争指挥艺术发挥得淋漓尽致的当属破匈奴之战。李牧受赵王之命居雁门、代,防备匈奴。他根据边疆的特殊情况,根据需要设置官吏,收取市租送入幕府,作为士兵消耗的费用。他又根据匈奴军队来去迅速,不善攻坚战的特点,每日杀牛犒赏士兵,有针对性地练习骑射,谨烽火,多派间谍,并命令士兵:"匈奴即入盗,急入收保,有敢捕虏者斩。"[3]2449-2450李牧的策略,使匈奴军队认为赵军胆怯,赵国边将也认为李牧胆怯,赵王也认为李牧胆怯,李牧伪装出来的胆怯,似乎成为一种现实的真实,以至于引起赵王的恼怒,罢免了李牧的官职。这样,匈奴军队便被彻底蒙蔽了。李牧的这一策略还有另外一种功效,这就是士兵日受犒赏而无寸功以报主,皆愿一战。匈奴的屡次入侵也激起了赵国士兵对匈奴军队的仇恨,赵国士兵士气高涨,军势大振。

赵王免去李牧职务后,赵国边境屡遭挫折,迫不得已恢复李牧官职,李牧以执行原有政策为条件,这样便为其日后大破匈奴提供了良好的保证。在具体的战斗过程,李牧一方面精心挑选战车一千三百乘,骑一万三千匹,百金之士五万人,彀者十万人,做好充分战斗准备;一方面又巧妙使用了诱敌之术,他"大纵畜牧,人民遍野,匈奴小入,详北不胜,以数千人委之"。一向认为李牧胆怯的匈奴单于大上其当,率大军入侵。李牧摆出奇异兵阵,用左右两翼攻击匈奴,匈奴十

---

① 反间计最原始的含义是利用敌人的间谍达到自己的目的。后世将反间计改为利用间谍策反敌军。我们这里使用的是反间计的原始含义。

余万人被打的大败。其后十余年,匈奴不敢再近赵边,赵国边患彻底解除。

在对匈奴的战争中,李牧成功使用了疑军之计、诱军之计,能而示之不能,引诱匈奴大规模出兵,这样便有效限制了匈奴军机动灵活的战术特点,用两翼包夹战术击败敌军。在战国军队内部,李牧也用欲扬先抑的方法有效地激励起士兵的气势,在与匈奴开战之前已经获得兵势先机。对匈奴一战,充分显示了李牧高超的战争指挥艺术。

在对秦军的战争中,李牧也多次率军取得胜利,只是由于文献记载战争过程比较简略,无法进一步发掘李牧战争指挥艺术的精彩之处。

参考文献:

[1] 刘向:《战国策》,上海古籍出版社 1985 年版。

[2] 钱穆:《先秦诸子系年》,河北教育出版社 2002 年版。

[3] 司马迁:《廉颇蔺相如列传·李牧传》,载《史记》,中华书局 1982 年版。

赵国沙丘宫之变及其影响

李　琳*

沙丘,古地名,在今天河北省广宗县西北大平台。这个听起来并不起眼的地方,在历史上和许多重要人物都有渊源。相传殷纣王在此筑台,蓄养禽兽,《史记·殷本纪》载"益广沙丘苑台,多取野兽、飞鸟置其中"。沙丘见证了殷纣王贪图享受,荒忽政治,终于走向国破身亡的历史。公元前209年秦始皇巡视天下,病逝在这里,赵高、李斯密谋篡改秦始皇遗诏,赐公子扶苏、大将军蒙恬死,拥立少子胡亥继承皇位,沙丘见证了中国历史上第一位皇帝的去世,和一个王朝分崩离析的前夜。沙丘在战国时为赵国的领地,曾在此筑有离宫。公元前295年赵国的一场宫廷政变在这里发生,赵国的公子章为争夺赵国的王位而作乱,失败后被杀死,同时,赵国的主父,曾经的赵武灵王也因此事件被困死在沙丘宫中。

一、沙丘宫之变的起因和经过

赵武灵王名雍,是赵肃侯之子。他少年即位,能审时度势、不墨守成规、勇于改革,在历史上是一位有作为的国王。赵武灵王处理国事能分清利害,高瞻远瞩,但是在立储问题上却未能理智对待,掺进了过多的情感因素,最终他的两个儿子为了争夺王位,演变成一场宫廷政变。

赵武灵王曾先后立两位夫人为正室,第一位王后生了长子章,被赵武灵王立为太子。十多年后,赵武灵王又娶吴广之女为夫人,这位夫人名叫孟姚,历史上称吴娃。我国古代把年轻美丽的女子称为娃,从人们对这位夫人的称谓上就可知姿色一定非常出众,再加上赵武灵王在娶这位夫人之前,曾梦到这位夫人天命当贵,赵武灵王对其宠爱无以复加,"爱之,为不出者数岁"。[1]1804这位夫人生公子何。吴娃貌美非凡,赵武灵王又认为有天命,后来很自然地就立吴娃为

---

* 李琳(1972—),男,河北无极人,河北省博物馆馆员。

· 239 ·

王后。子以母贵,公子何也就被立为太子,原来的太子章被废为庶子。

赵武灵王二十七年,在其身体状况很好的情况下传国给太子何,就是后来的赵惠文王,其自号为主父。由于赵惠文王年纪尚幼,主父令老臣肥义为相国并兼赵惠文王的老师。赵武灵王这样安排,是因为他有一个战略构想,"主父欲令子主治国,而身胡服将士大夫西北略胡地,而欲从云中、九原直南袭秦"。[1]1812

赵武灵王的这一战略构想还没有实施,赵国内部的一场政治纷乱已经开始酝酿了。赵武灵王立公子何为太子,是因为爱母及子,可是吴娃去世后(吴娃在赵武灵王二十六年去世),赵武灵王对儿子何的爱有所减轻,对以前的太子章又多了许多怜悯。赵惠文王三年(公元前296年)主父封长子章为安阳君,同时派大臣田不礼辅助他;可是主父仍然可怜长子章作为哥哥去屈身朝拜弟弟赵惠文王,他想从赵国另外分出一个小国——代国,封公子章为代王,这样他的两个儿子都可以做国王,都不会委屈。可是这样对赵国却是有害的,国家分裂了,国力必然大降,有可能导致亡国。正当主父犹豫未决之时,赵国的内乱就起来了。长子章本来就不服立自己的弟弟为太子,现在感受到父亲在感情上又倾向于自己,更助长了他重新夺回赵王之位的野心,在大臣田不礼的辅助下,他拉拢同党,壮大自己的势力,寻机作乱,谋夺赵王之位。赵惠文王年纪尚幼,羽翼未丰,拥护赵惠文王的大臣看到了主父对两个儿子态度的变化和公子章的蠢蠢欲动,也感受到了王位不稳,开始为保护赵惠文王做着准备,赵国内部的王位之争一触即发。

赵惠文王四年(公元前295年),主父和赵惠文王在沙丘游览,公子章认为时机已到,开始作乱。他假传主父的命令召见赵惠文王,并在室内埋伏下杀手,以图在其入室后将其杀死。由于赵惠文王的老师肥义有所提防,在赵惠文王入室之前自己先进入查看虚实,公子章的图谋就暴露了,杀手们杀死入室的肥义,高信率侍卫保护赵惠文王得以脱险。拥护赵惠文王的大臣公子成和李兑率领沙丘周边的赵国军队赶来增援。公子章见谋乱失败,慌忙逃入主父居住的宫殿,主父接纳了这个作乱的儿子,公子成和李兑率军队将沙丘宫团团围住,主父也无力庇佑自己作乱的儿子,公子章及同党皆被杀死。公子成和李兑商议:我们派军队包围主父的宫殿,诛杀了作乱的公子章,现在撤兵,主父以后追究起来恐招来杀身之祸,不如现在借主父包庇乱臣之名将其除掉。于是派军队围困主父居住的宫殿,命令宫中人出来,只将主父困在宫中,又不给主父送去食物,主父无法,只得掏宫中鸟雀的幼仔为食,这样一直围困了三个月,最后主父被活活饿死。

在这场宫廷政变中,公子章及其同党都被处死了,原来拥有最高权力的主父也被困死了。赵国的一切权力都归赵惠文王一派的政治势力,赵惠文王年纪尚幼,朝政实际由公子成和李兑专权。

二、沙丘宫之变对赵国的影响

沙丘宫事件虽然消灭了作乱的公子章,除去了政治上的一个祸患,但是也付出了惨痛的代价。

沙丘宫事件令赵国损失了一位雄才大略,具有战略眼光的领袖。赵武灵王是战国时赵国最有作为的一位国王,在位时对赵国的军事做了最大一次改革——胡服骑射。这次改革充分显示了赵武灵王作为一位领袖高瞻远瞩的眼光,打破世俗的魄力和高超的理政才能。他是站在有利于赵国长远大计的高度去考虑这次改革的,而不是为了适应人们惯性的思维,照顾世俗的观点,博取表面的虚名。所以尽管改革之初遭到众人的反对,也没有动摇他改革的决心。在这次改革中,他的举措也是非常高明的。首先他下令身着胡服从赵国执政贵族开始,他自己带头身着胡服,同时命令赵国的官员一律身着胡服上朝。在遭到赵国王族宗亲一致反对后赵武灵王从威望高但顽固的王叔公子成入手,晓以大义说服其同意变法。由于有赵国最高层的带头,所以这次改革相当的顺利。赵武灵王十九年(公元前307年)开始改革,一年之后,胡服骑射在军队就推广开来并带来战斗力的提升。

胡服骑射成功之后,赵武灵王又成功地实施开疆拓土计划。赵武灵王利用中山国和齐国、燕国的矛盾孤立中山国,掐断了中山国的外援。赵武灵王从二十年(公元前306年)开始进攻中山,用了六年的时间,至赵武灵王二十六年(公元前300年)赵国吞并了中山国绝大部分领土。赵武灵王同时向西北扩张,打败少数民族林胡、楼烦,将赵国的领地向西扩展到九原(今内蒙古自治区包头市西),并建立云中郡。

实行胡服骑射,向胡地开辟疆土,赵国的势力得到空前的壮大,但赵国的四周依然是列强环视,秦、燕、齐、魏皆万乘之国,实力都不容小觑。这其中秦国更是一枝独秀,秦国自商鞅变法之后,国力日强,经过秦惠文王一系列的兼并扩张,秦国的领土大增,国力明显强于其他的山东六国。我们看看当时秦国的兼并战争和领土扩张情况,以此来对比一下当时秦赵两国的实力。

秦孝公二十二年(公元前340年)秦国以商鞅为将大败魏军,"虏魏公子印".[1]204秦惠文王七年(公元前331年),秦军在雕阴大败魏将龙贾,"八年,魏国献河西地",[1]206两年后,"魏纳上郡十五县".[1]206这样黄河以西原属魏国的土地尽归秦国,黄河天险成为秦国的屏障。秦惠文王更元后九年(公元前316年)"司马错伐蜀,灭之".[1]207"伐取义渠二十五城".[1]207秦惠文王更元后十三年(公元前312年)"庶长章击楚于丹阳,虏其将屈丐,又攻楚汉中,取地六百里,置汉中郡".[1]207秦国和赵国发生的大的战争有:赵肃侯二十二年(公元前328年)"赵疵与秦战,败,秦杀赵疵河西,取我蔺、离石".[1]1803赵武灵王九年(公元前317年)"与韩、魏共击秦,秦败我,斩首八万级".[1]1804赵国实行胡服骑射后,国力增强,但与秦国相比,还属于弱者。面对实力超群的秦国,其他诸侯国也曾联合起来攻击秦国,楚怀王十一年(公元前318年)、赵武灵王八年,"苏秦约纵山东六国共攻秦,楚怀王为纵长,至函谷关,秦出兵击六国,六国兵皆引而归".[1]1722韩襄王十四年(公元前298年)也就是赵惠文王元年,"与齐、魏王共击秦,至函谷关而军焉",[1]1876三国也无可奈何。这是因为秦国拥有黄河天险,和易守难攻的函谷关,形势有利,可以出关攻击山东六国,形势不利可以闭关自守。战争的主动权牢牢掌握在秦国手中。赵武灵王制定的西北略地,建立稳固后方,然后由北往南,利用赵国骑兵机动迅捷的优势,采用速战速退的战法牵制、削弱秦国,采用这一战略就可以避开黄河天险和函谷关,变战争的被动为主动。不失为一种大胆、有效的方法,可惜主父还没有实施这一战略,就命丧沙丘宫了。主父去世时正是年富力强,大有作为之时。如果主父不是在这次政变中丧命,由他亲自领导实施西北略地,南袭秦国的战略,那么凭借主父雄才大略,其成功的机会就会大增,赵国将继续发展壮大。

沙丘宫事件,还令赵国失去了一位辅国大臣、一位难得的国王的老师。在沙丘宫事件中,赵国的相国兼赵惠文王的老师肥义,为了保护赵惠文王的安全,亲自身临险地,命丧在公子章等人的手中。肥义的死对赵国来说,也是一件重大的损失。肥义辅佐赵国,历经肃侯、武灵王、惠文王三朝,政治经验十分丰富,对赵国忠心耿耿。赵武灵王治国理政的才能多是向肥义学习的,"及听政,先问先王贵臣肥义"。赵武灵王打算实行胡服骑射,又担心众人的反对,怕难以成功,犹豫未决之时,肥义又进言鼓励他,劝他莫要犹豫,治国理政不要墨守成规,只要对国家有利,就应该坚定改革,促成了胡服骑射的成功。

在后来公子章积极准备篡位的时候,大臣李兑劝肥义说:公子章早晚要对赵惠文王下手,你作为赵惠文王的老师,已成公子章等人的众矢之的,为了免于杀身之祸,最好称病不出,将国政传给公子成。肥义没有因为惧祸而抽身,而是坚守了自己对赵武灵王的承诺,保护了赵惠文王的安全。为了保护赵惠文王的安全,他做了周密的安排,为了防止公子章假传主父的命令召见赵惠文王,他嘱咐手下信赖的大臣高信,凡是有召见赵惠文王的命令都要告诉他,由他验明虚实,在确保真实没有危险的情况下,再让赵惠文王进去;嘱咐高信加强侍卫,保护赵惠文王的安全。正是由于肥義的舍身和周密安排才确保了赵惠文王的安全。

肥義是主父任命的辅佐赵惠文王的相国和老师,肥義是最了解主父,最能贯彻主父政策的大臣。两个人在沙丘宫事件中的先后离世,导致了主父制定的西北略地,南袭秦国的战略没有能够得到实施。

赵国的沙丘宫之变,令赵国的良好的发展势头戛然而止,赵惠文王年纪尚幼,赵国进入一个幼主主政、老臣辅政的时期。辅政的大臣公子成是赵武灵王的叔叔,年事已高,思想保守。赵武灵王制定的西北略地,南袭秦国的战略被他彻底放弃了,赵国对秦国执行的是被动的防御战略。秦国进攻赵国,今日得两城,明日得三城,赵国渐弱,秦国则渐强,公元前 260 年赵国长平之战大败之后,赵国被秦国灭亡就只是时间问题了。

参考文献:

[1] 司马迁:《史记》,中华书局 1982 年版。

(原载《邯郸学院学报》2010 年第 4 期)

先秦赵人战争观探略

柯亚莉[*]

杨宽《战国史》中说："军事学是战国时代最有发展的学问之一。"[1]235战国时代,产生了专门指挥作战的将帅和军事家,他们从事军事理论研究,著成了许多论兵法的军事学著作,这些军事著作中所体现的军事思想是我国文化史上的宝贵财富。战争观,即如何认识和对待战争,是军事思想的主要内容之一,它在战争实践的基础上产生,"处于军事哲学层面,渗透于以战争为核心的军事活动的各个方面"[2]1,值得我们去总结。

先秦赵国乃"四战之国"[3]1828。《史记》记载了赵国历次战争的概况,并详细记述了阏与之战、长平之战等重大军事战争的过程。笔者根据《史记》、《战国策》等现存史料进行初步统计,自赵襄子建国至赵国灭亡,二百二十余年间,赵国发动和参与的大小战争共约一百次。平均每两三年便爆发一次战争,战事如此频繁,以至"其民习兵"。到战国中后期,赵国还先后涌现出了廉颇、赵奢、李牧、庞煖等优秀的军事将领。因此探讨先秦赵国人的战争观是个很有意义的课题。其时赵国应该还有若干军事学著作流传。《汉书·艺文志》"纵横家"著录《庞煖》二篇,"兵权谋家"又著录《庞煖》三篇。《战国策·赵策三》载齐人田单问赵奢曰:"吾非不说将军之兵法也,所以不服者,独将军之用众。"[4]212《史记·廉颇蔺相如列传》亦载:"(赵)括徒能读其父书传,不知合变也。"又云:"赵括自少时学兵法,言兵事,以天下莫能当。"[3]2447可见,当时赵国人如庞煖、赵奢等已经著成了一些军事著作,并形成了较系统的军事思想。可惜这些军事著作并未流传于后世,因此,我们要结合相关史料,从战争实例中提炼先秦赵国人的战争观。

一、功利战争观

所谓功利战争观,是指战争的目的在于追求一定的政治利益或经济利益,

---

* 柯亚莉(1981—),女,湖北大冶人,燕山大学马克思主义学院讲师,文学博士。

若无"利"可图,战争也就毫无必要。以"功利"为原则来处理外交关系,决定战争与否,是先秦赵国人在对待战争问题上的基本态度。

公元前306年,赵武灵王不顾朝臣反对,大胆地推行胡服骑射的军事改革。第二年,武灵王攻破原阳,将其作为训练骑射之场所。大臣牛赞进谏道:"利不百者不变俗,功不什者不易器。今王破卒散兵,以奉骑射,臣恐其攻获之利,不如所失之费也。"[4]210 以"功"和"利"来衡量军事战争和军事改革的意义和价值,这是赵国上下普遍存在的心理。实际上,赵武灵王深谋远虑:"今骑射之服,近可以备上党之形,远可以报中山之怨。"[4]206武灵王推行这场军事改革的目的正在于凭借着胡服骑射带来的初步成效,并利用当时秦、齐二强对峙无暇北顾之时机,一步步实行其攻灭中山的计划。《史记·赵世家》记载赵国自赵武灵王二十一年(前305年)起至赵惠文王三年(前296年),先后五次攻伐中山,终于使北地归附,代道大通。从此赵国疆域得到很大扩展,赵国国力大为增强,成为东方六国中最强大的国家。在攻灭中山的过程中,赵武灵王的骑兵发挥了至关重要的作用,赵国的军事改革实现了最大的政治利益。

正因为"功利"是衡量军事战争价值的重要标尺,所以在战争中有功之人往往被赐封赏。燕人乐乘被俘后,在赵国多有战功,被封为武襄君;许历因阏与之战中向赵奢请谏"先据北山上者胜"的计策而升为国尉;李牧却秦军于肥下,被封为武安君。而在战争过程中无功绩之人经常遭到责罚。李牧守边,避战自保,赵王责让李牧,使他人代将;廉颇守长平,固壁不出,赵王以赵括代之。这种功利战争观反映在个人身上就是典型的建功立业、记功取利的思想。廉颇为赵国名将,曾屡建战功。赵惠文王二十年(前279年)赵、秦渑池之会,蔺相如功不可没,拜为上卿,廉颇不服:"我为赵将,有攻城野战之大功,而蔺相如徒以口舌为劳,而位居我上,且相如素贱人,吾羞,不忍为之下。"[3]2443《史记·廉颇蔺相如列传》记载,以"攻城野战"为己任的廉颇先后屡次率兵击破敌军,建下了赫赫战功:赵惠文王十六年(前283年),伐齐,取阳晋;十九年(前280年),又攻齐;二十三年(前276年),攻魏,取几;二十四年(前275年),攻魏之防陵、安阳,拔之;孝成王十五年(公元前251年),大破燕军,虏杀燕将栗腹、卿秦,燕割五城请和;二十一年(前245年),伐魏之繁阳,拔之。如此辉煌的战绩令廉颇自视甚高。因此,当公元前245年,赵悼襄王使武襄君乐乘代廉颇时,廉颇怒攻乐乘,奔走魏国,最后感叹一声"我思用赵人",郁郁而死。廉颇认为只有在作为赵国将帅指挥军队攻城夺地,建功立业时,才能最大限度地实现自己的人生价值。

既然战争的目的在于获取功利,那么基于利害关系考虑,对待战争必须持谨慎态度。赵人认识到这一点,多主张"慎战"。赵奢对其子赵括将兵颇为不满,原因就在于:"兵,死地也,而括易言之。使赵不将括即已,若必将之,破赵军者必括也。"[3]2447 战争关系重大,若不慎重分析,必将损兵折将,无功失利。赵孝成王四年(前262年),韩将上党之地予秦,而上党之民皆愿为赵,不愿为秦,秦、赵战争一触即发。赵豹分析认为"秦以牛田,水通粮,其死士皆列之于上地,令严政行,不可与战",赵王大怒:"夫用百万之众,攻战逾年历岁,未见一城也。今不用兵而得城七十,何故不为?"赵胜、赵禹二人亦认为:"用兵逾年,未见一城,今坐而得城,此大利也。"[4]193 乃使赵胜往受地。此贪"利"之举成为长平之战爆发的直接原因。邯郸保卫战胜利后,平原君赵胜又想趁机出兵攻燕,冯忌以为不可:"今七败之祸未复,而欲以罢赵攻强燕,是使弱赵为强秦之所以攻,而使强燕为弱赵之所以守。而强秦以休兵承赵之敝,此乃强吴之所以亡,而弱越之所以霸。故臣未见燕之可攻也。"[4]216 攻燕无"利"可图,由此作罢。故赵人的"慎战"思想表现在,战前对交战双方的情势做认真分析比较,做好充分准备。

总之,赵人以"功利"为价值取向,来衡量战争的必要性,来实行军事赏罚,以至赵人有浓厚的记功取利的思想,主张"慎战",这便是赵人的功利战争观。

二、民本战争观

"民本"意即以民为本。《战国策·齐策四》载赵威后对齐国使者曰:"苟无岁,何以有民? 苟无民,何以有君? 故有问舍本而问末者耶?"[4]127 民为本,君为末,这是典型的民本思想。先秦赵人军事思想中的民本战争观一方面体现在对待民众上,即"抚民",争取民心;另一方面体现在对待士卒上,即体恤士卒,激发其报效之心,因为民众和士卒是军队建设的根本,是治军的基石。

赵氏早在为晋卿时就非常注意"抚民"。银雀山汉简《孙子·吴问》篇述及当时晋国六卿之亩制及税制,范氏、中行氏以一百六十步为畛,智氏以一百八十步为畛,韩氏、魏氏以二百步为畛,赵氏以二百四十步为畛,同时赵氏"公无税焉",即不按亩征税,其余五卿皆"伍税之",即实行五分抽一之税制。孙子认为赵之亩制最大,又不抽税,可以"富民",由此断言范氏、中行氏将先亡,其次智氏,其次韩、魏,惟赵氏得以成功而"晋国归焉"[5]30-31 后来,果不其然,赵襄子十八年(前458年),赵、韩、魏与智伯共伐范、中行氏,分其地以为邑。赵襄子二十三年(前453年),智伯围赵于晋阳,襄子利用简子之臣尹铎在晋阳"损其户数"[6]490 打下的基业,联合魏、韩大败智伯,并三分其地,"于是赵北有代,南并知氏,强于韩、魏"[3]1795。良好的民众基础是赵氏得以强大的根本原因。

赵奢在兵法上曾提出"用众"的思想,即"必负十万、二十万之众乃用之",如果"以三万之众而应强国之兵,是薄柱击石之类也",所以"赵以二十万攻中山,五年乃归"[4]212。战国时代,随着战争规模的扩大,"用众"成为必然趋势,而"用众"的关键在于"民本",这是战争取胜的决定性因素之一。《史记》记载赵奢与士卒的感情很深。其妻尝云:"时(赵奢)为将,身所奉饭饮而进食者以十数,所友者以百数,大王及宗室所赏赐者尽以予军吏士大夫,受命之日,不问家事",而其子赵括则"一旦为将,东向而朝,军吏无敢仰视者,王所赐金帛,归藏于家,而日视便利田宅可买者买之"[3]2447。赵奢为将,厚待士卒,与军吏同甘共苦;而赵括为将,贪财好利,居高临下,目空一切。两种截然不同的建军思想与治军路线导致胜负两种不同的战争结果:赵奢率领军队在阏与之战中化劣势为优势,出奇制胜;赵括指挥长平之战,一败涂地。东汉末年曹操曾说:"昔赵奢、窦婴之为将也,受赐千金,一朝散之,故能济成大功,永世流声。吾读其文,未尝不慕其为人也。"[7]960只有体恤士卒,才能获得士卒的拥护和信任,这是战争获胜的保障之一。

先秦儒家的代表人物赵人荀子有云:"凡用兵攻战之本在乎壹民。……故善附民者,是乃善用兵者也。故兵要在乎附民而已。"[8]216战争中,将帅是指挥者,军民是操兵挥戈者,二者必须相互配合,才有可能胜利,赵人的这种民本战争观是一种典型的儒家思想。

三、以权谋胜敌的思想

《汉书·艺文志》把兵家分为兵权谋、兵形势、兵阴阳和兵技巧四家,将《庞煖》三篇和《吴孙子兵法》、《齐孙子》、《吴起》等一起归入"兵权谋"家,"权谋者,以正守国,以奇用兵,先计而后战,兼形势,包阴阳,用技巧者也"[9]1785,兵权谋家是讲求计谋又能兼采各家长处的军事家,赵国军事家大多是这样的"兵权谋"家。事实上,在复杂多变的军事战争中,赵人能够灵活运用"反间"计、"示形"计、占据有利地形"固壁"坚守等各种战略战术,以权谋胜敌。

赵奢曾用"间"术战胜强秦。赵惠文王三十年(前269年),秦攻赵阏与,赵将廉颇和乐乘都反对,以为"道远险狭,难救",赵奢则认为"其道远险狭,譬之犹两鼠斗于穴中,将勇者胜"[3]2445。于是赵王任命赵奢为将,以解阏与之围。当时秦军驻扎在武安西,赵奢在距邯郸三十里处安营扎寨,命令将士加固营垒,修了很多屏障,做出不敢前进的态势。二十八天过去了,赵军再次加固营垒。秦派间谍来赵营侦察敌情。赵奢不但没有戳穿他的身份,反而佯装不知,盛情款待了秦的间谍。间谍回到秦军,把赵军的情况告诉秦将胡伤,胡伤放松了警惕。赵奢立刻集合部队,向西急行,仅用了两天一夜便到达了距阏与五十里的地方。在这次战役中,赵奢成功上演了一场"反间计",造成一种"阏与非赵地也"的假象,扰乱了秦军的作战计划,为解救阏与准备了条件。赵奢曾自言:"奢尝抵罪居燕,燕以奢为上谷守,燕之通谷要塞,奢习知之。百日之内,天下之兵未聚,奢已举燕矣。"[4]234可见,赵奢之所以能成功运用计谋攻破敌军,关键在于勘测敌情和地形,"习知"敌军要害。

李牧曾用"示形"计巧胜匈奴。李牧守边时,每天训练士兵,以加强军队的战斗力,同时"以便宜置吏,市租皆输入莫府,为士卒费"。匈奴多次入侵,他都命令赵军:"匈奴即入盗,急入收保,有敢捕虏者斩。"匈奴都以为李牧怯战,连赵卒也这样认为。赵孝成王知晓后,撤掉李牧。而新上任的将领数次与匈奴交战,伤亡惨重,赵王不得不起用李牧。李牧复位后,依旧执行原来的策略。将士们每日受到犒赏而不被任用,纷纷请愿要与匈奴决战。李牧抓住这一时机,组建了一支精锐部队。他让军民漫山遍野放牧,引诱匈奴。匈奴派小队兵马入侵,交战后,李牧又佯装失败,丢下人畜给匈奴。于是匈奴大举入侵,李牧则出其不意,两翼包抄,大破匈奴。接着"灭襜褴,破东胡,降林胡,单于奔走。其后十馀岁匈奴不敢近赵边城。"[3]2450李牧面对强大的匈奴,毫不畏惧,而是故意示弱、迷惑之、分散之,最后集中兵力,将之一举击败,战胜了强敌。

利用有利地形条件,调动敌军兵力,牢牢掌握战争主动权,坚壁清野,因地制胜,也是战争获胜不可缺少的因素之一。赵孝成王七年(前259年),"秦与赵兵相距长平。时赵奢已死,而蔺相如病笃,赵使廉颇将攻秦,秦数败赵军,赵军固壁不战。秦数挑战,廉颇不肯。"[3]2446秦、赵两军在长平对峙达三年之久。在这场战役中,廉颇牢牢守住长平这个战略要地,采取了坚壁清野之策。所谓坚壁清野,即占据战略要点,坚固壁垒,清除郊野,这是对付强敌入侵的一种办法,即使敌人攻不下据点,也抢不到物资,可谓"守其所不攻也"[10]87。军事学上称这种营垒为"筑垒阵地",其特点是利用地形障碍,使敌人根本无法或难以接近。廉颇采取了这样的方法,避免与秦军进行正面的军事斗争,避开敌人的强硬之处,坚壁清野,固守战略要地不出,不论秦军如何挑衅,均不予理睬。实际上是在利用地形、时间消耗敌人的力量,逐渐瓦解秦军意志,最终实现"不战而屈人之兵"。可惜这样的指导思想不被取而代之的赵括所认可,以致赵军惨败。

总之，战国时代，作战方式已发生重大改变，指挥作战必须讲究战略战术，正如《荀子·议兵》篇所云："上得天时，下得地利，观敌之变动，后之发，先之至，此用兵之要术也。"[8]216赵人精通兵法而有作战经验，能根据不同的敌情和地形，采取不同的战法，善用各种权谋，达到以寡击众，以弱胜强的目的。

四、军权与将权相对分离的原则

军权是指军队所有权或者说军事力量的控制权，包括"军队的建设、管理、调配、使用以及将帅的任免等权力"；将权是指军事指挥权，是"两军对阵时运用各种手段调动指挥所属部队防守或进攻的权力"[2]218。先秦时期，军权与将权经历了从合一到逐渐分离的过程。而在赵国，其治军原则基本上是军权与将权相对分离，即国君一般牢牢掌握着军队的所有权，临时作战由率兵打仗的军事将领全权负责军事指挥，但国君对军队绝对的控制权在关键时刻起着决定性作用。

李牧守边，时当赵孝成王在位，《战国策·赵策三》称："为孝成王从事于外者，无自疑于中者。"[4]227故李牧得"以便宜置吏"。孝成王曾一度罢免李牧，后又强起使其将兵，这时李牧提出条件："王必用臣，臣如前，乃敢奉令。"[3]2450李牧认为只有将帅亲自掌握军事指挥权，国君不得过多干涉，才能保证战争取得胜利。所以《史记·张释之冯唐列传》有云："李牧为赵将居边，军市之租皆自用飨士，赏赐决于外，不从中扰也。委任而责成功，故李牧乃得尽其智能。"[3]2758但事实上，赵王对掌握军权的大臣并不是百分百放心的，"君命有所不受"的原则并未得到贯彻。赵国国君自襄子起就有率军亲征的传统。赵武灵王多次亲临代、中山之地。武灵王二十一年，攻中山，赵袑为右军，许钧为左军，公子章为中军。三军之将由武灵王调配任免，三军之权则由武灵王亲自统率。王军取得鄗、石邑、封龙、东垣后，中山献四邑请和，武灵王许之，方才罢兵。可见这时军权和将权还牢牢掌控在国君手中。廉颇曾担任大将军主管全国军事，但长平之战中，赵惠文王听信秦国间谍之言后，马上使赵括代廉颇为将。廉颇后加授"假相国"一职，意在使其权威更加增重，更顺利地实施军队指挥权，而"假"字有代理、兼摄、临时之义，这又鲜明地体现了"赵国国君对手握军权而位高权重的大臣的疑惧心理"[11]299。

综上所述，从史料记载的战争实践来看，先秦赵国人的战争观大致可以归纳为四点：功利战争观、民本战争观、以权谋胜敌的思想、军权与将权相对分离的原则。其中民本战争观是典型的儒家军事思想,这是从长远着眼的战略思想,而功利战争观、以权谋胜敌的思想和军权与将权分离的原则又具有鲜明的兵家军事思想的特色,体现和发展了兵家思想,这是在实际作战过程中形成的战术问题。总而言之,先秦赵人的战争观以兵家思想为主。

参考文献:

[1] 杨宽:《战国史》,上海人民出版社 1956 年版。

[2] 程远:《先秦战争观研究》,陕西人民出版社 2006 年版。

[3] 司马迁:《史记》,中华书局 1959 年版。

[4] 刘向:《战国策》,齐鲁书社 2005 年版。

[5] 银雀山汉墓竹简整理小组:《银雀山汉墓竹简(壹)》,文物出版社 1985 年版。

[6] 《国语》,上海古籍出版社 1978 年版。

[7] 李昉:《太平御览》,河北教育出版社 1994 年版。

[8] 杨朝明:《荀子》,河南大学出版社 2008 年版。

[9] 班固:《汉书》,中华书局 1962 年版。

[10] 吴九龙:《孙子校释》,军事科学出版社 1990 年版。

[11] 沈长云:《赵国史稿》,中华书局 2000 年版。

(原载《邯郸学院学报》2012 年第 1 期)

略论战国时期赵国对代地之经营

雷鹄宇 *

战国时期赵国疆域非常辽阔,极盛时期版图跨越了河北、山西、陕西、内蒙四个省区以及河南、山东两省的部分地区。如此广袤的地域内不同地区的文化差异当然也是很大的,李学勤先生给东周列国作文化分区时就将整个赵国分属于两个文化区——中原文化圈与北方文化圈。[1]10 属于中原文化圈的南部赵国地区主要为故晋卿赵氏领地及后来兼并中原诸侯国之地,属于北方文化圈的赵国地区又可按渊源细分为三个板块——中山地、代地以及胡地。其中代地大致相当于今山西、河北北部的桑干河流域地区,其得名是因为春秋战国时期当地活动着一些被称为"代"的人群,而这些人群中的一支建立过一个名为"代"的小国。由于代地原是戎狄活动区域,其社会经济及文化习俗与南部赵国有相当大的差异。时人也往往将代地与胡、貉等北方地区归为一类,甚至将代与赵视为两个对等的地理单元。如《战国策》中策士们在赵国兼并代地很长时间后依然将燕、代、胡、貉并举或赵、代并举。但与同样文化独特的中山地和胡地相比,这片独特的区域很早就被纳入赵国版图,且整个战国时期都处于赵国的治下。赵氏立国之初,赵襄子甫一即位便实施北进战略,并逐渐将大部分代戎之地兼并,开始了对该地区的经营。直至秦统一六国的前一年,即公元前 222 年代王嘉被秦将王贲所破,该地区作为赵国最后的残余势力才被秦兼并。那么赵国在如此长的时间内是如何对其经营的,这片地区在赵国历史上的地位及所起作用如何,都是很有意思且很值得探讨的问题。

由于外部环境的变化与国内政策的调整,赵国在不同时期对代地的统治方式差异很大,赵国治代按时间先后分别采取过以下方式——设立封君、设置郡县、归边将统领以及最后流亡成立的代王国。以下分别予以论述。

赵国最初统治代地的方式是在当地册封一位地位很高的封君。赵襄子初平代地后,就封其兄伯鲁之子赵周为代成君。虽然当时赵氏可能已经形成实质

---

* 雷鹄宇(1984—),男,山西朔州人,天津师范大学历史文化学院博士研究生。

性的国,可襄子自己名义上的身份还是晋卿,却在自己领地之内另立一"君"。文献所载的代地封君还有赵武灵王时所封的代安阳君公子赵章。赵武灵王亦一度想从赵国中分出一个代国,立赵章为代王。可见这两位代地封君在赵国的身份并不同于一般的臣子,至少在名义上地位是仅次于国君的。这两位封君均为赵室近支宗亲,赵襄了曾有意传位给代成君赵周,后来赵周之子赵浣果然即位为赵国国君,而赵章也曾参与了夺取君位的政变而未遂,这更说明代地封君地位的显赫。

这不能不让我们联想到春秋时类似的情形:晋国国内地位仅次于国君文侯的曲沃桓叔、郑国国内仅次于国君庄公的共叔段。赵国采取这种封君治代的统治方式,与前文所列的晋、郑二国同出一辙。之所以出现这种情形,除了因为代地地理位置重要却人群成分复杂,需要一位身居高位者坐镇外,还与赵国政治残留较多宗法色彩有关。赵氏本是晋卿,《左传》桓公二年与襄公十四年都说宗法制中有所谓"卿置侧室,大夫有贰宗"的制度,春秋时期在晋阳的赵氏大宗也曾以邯郸赵氏为侧室。代地在赵人心目中或许就有某种"侧室"或"小宗"的意味。但战国时期宗法制已基本瓦解,便如赵国也只残留有少许孑遗,这表现出最显著的特点是代地封君事实上已很难世袭。从文献中所见的几位代地封君来看,其得封主要是由于与时君时王关系较近,地位虽高却是来自赵国时君或时王的赐予,这与春秋时期成为一个长期维持这种地位的世袭家族的情形截然不同。

终战国之世代地也没有出现曲沃桓叔、共叔段之类的危险人物,赵章虽然谋夺王位,但也只是宫廷政变,与曲沃与翼、叔段与庄公几乎是二国相争的情形不可同日而语。这主要是由于有制度上的保证。代地封君虽然名义上是当地地位最高之人,负实际管理之责的却是代相一职。见于文献的几位代地封君均未被直接称作代君(《汉书·古今人表》有"代君章"显系后人之辞),而在代后另加一词,如"成"或"安阳","安阳"乃代地之一邑,详见下文,"成"也当类似。从称号看出所谓代成君或代安阳君皆谓其虽名为代地最高统治者,但实际封邑却只有成或安阳一小片区域,这也就解决了封君尾大不掉的危险。而其辅佐代相没有封邑,反而负有全代管理之责。故而赵武灵王时,迎秦国公子稷(按:即后来的秦昭王)于燕并送回秦国、胡服骑射后招致骑兵的皆为代相赵固,有相也当有君,而彼时之代地封君于史无闻。从这一点推测可能还有许多不见于文献的代地封君,或者是否可以说代郡设立前一直有封君的存在?

赵武灵王之时,赵国开始发动了第二轮向北的扩张,代地地位较之前更为重要。赵王为加强对代地的统治,于其地置代郡。此后可能在代地仍然有封君和代相,但地位均大不如前。如《史记·张释之冯唐列传》谓冯唐之父为"代相",从提供的信息看其地位并不很高。从此代地进入郡县时代,其最高长官遂转变为郡守,郡守依然享有很大的自主权。《战国策·赵三》载赵孝成王以李伯为代郡守,专断军政,而赵王亦用人不疑,不加干预。其事虽未必可信,但从中所见代郡郡守之专擅当属实情。

代郡之下亦设有诸县,综合文献、古文字与考古遗迹的调查可证者有:

(1)代县。《水经注·漯水》曰:"祁夷水又东北流,迳代城西。"祁夷水即今壶流河。考古调查表明代县故城即是今蔚县废代王城,位于蔚县县城东北约二十里处的壶流河南岸,周长约八千余米,夯筑,城北暴露大量战国、汉代陶器残片,是至今发现张家口地区规模最大也是唯一的椭圆形城址。[2]22另有战国时期面文为"邔"赵国方足小布,学者考证币文读作"代"。[3]160-165一般而言三晋方足小布之文均为县邑之名,故而此布当为代县所铸。从代县城址的规模推测其当为代郡治所。

(2)平邑。《史记·赵世家》称赵献侯十三年之时即已城"平邑",《汉书·地理志下》中平邑属代郡。战国赵方足布中亦有"平邑"布,[4]474当为平邑县所铸。故址在今山西阳高县西南。

(3)东安阳。即赵武灵王之子代安阳君公子章的封地。赵国有二安阳,西安阳在今内蒙古包头西,《水经注·漯水》谓:"《地理风俗记》曰:五原有西安阳,故此加东也。"20世纪90年代内蒙古凉城地区发现了"安阳"、"邔"同范的铁范。学者研究,将"邔"释读为"代","邔"布与"安阳"同范,也可以看出代县与东安阳地理相近,[5]199这进一步证明东安阳属代地。据考古调查在今阳原县揣骨疃乡村北约100米发现战国时城址,仅残存北城墙长200米,残高0.5米,夯筑,[2]22-23当即为赵国东安阳故城。

(4)乐徐。《史记·赵世家》载赵幽缪王五年"代地大动,自乐徐以西,北至平阴,台屋墙垣太半坏,地坼东西百三十步"。《史记正义》以为乐徐在晋州,平阴在汾州。胡三省注《资治通鉴》卷第六时曰:"余谓上书代地震,则乐徐、平阴皆代地也,乌得在晋、汾二州界!"胡三省之说为是。其地当在徐水附近。

(5)平阴。据《史记·赵世家》可知平阴在代地,详见上文。另有战国时赵方足"平阴"布,[4]472当为平阴县邑所铸。在今山西阳高县东南。

(6)浊鹿。《水经注·灅水》谓:"《竹书纪年》曰:燕人伐赵,围浊鹿,赵武灵王及代人救浊鹿,败燕师于勺梁。"既言救浊鹿,浊鹿也当属代,只因在赵、燕边界上,疆场之事,一彼一此,时而属赵,时而属燕而已。在今河北涞源北。

代郡之县数当远不止于此,由于史料短缺,不能悉数备列。《战国策·秦一》谓"代三十六县",而《韩非子·初见秦》则曰"代四十六县",其中歧异或是文献传抄过程中造成的,但代县数量之多是无疑的。《汉书·地理志下》载代郡有18县,可能其中有不少本是赵国代郡所设,秦承赵、汉承秦而来的。如延陵在《地理志下》属代郡,得名当与赵人延陵氏有关,但先秦文献未见其作地名用。此外战国时疆域变更频繁,秦汉时代郡相邻郡国下的一些县邑也可能曾属代地。但若要进一步研究,只能期待更多的新材料来解决了。

到了战国后期,北方游牧人群中的一些部族伺机侵扰赵国北疆,汉代文献称之为匈奴。赵国为此一度派李牧驻守于赵国北地。《史记·廉颇蔺相如列传》曰:"李牧者,赵之北边良将也。常居代雁门,备匈奴。"《史记·张释之冯唐列传》曰"李牧为赵将居边"。而在这段时期整个赵国北地相当于一个大军区,李牧以"将"的身份为最高军政长官,代郡只相当于大军区的支郡,郡守也只是李牧的属员。李牧在代地是权力更大。《廉颇蔺相如列传》中谓李牧在代、雁门地时"以便宜置吏,市租皆输入莫府",《冯唐列传》亦称:"李牧为赵将居边,军市之租皆自用飨士,赏赐决于外,不从中扰也。"所谓"便宜置吏"指李牧独立的用人权,这里的"吏"除了军队下属外,也当有一些包括代地在内的地方官吏。而"市租皆输入莫府"、"不从中扰也",指李牧不仅财政来源独立,而财政支出完全自主。这种情形比后世军阀有过之而无不及,不知后来李牧被害是否与此有关。当然,这种军政财独揽的情形是用于非常时期的,李牧击退胡人后便被调往其他地区,代地又回归到郡守治代的阶段。

战国末邯郸被秦军攻破后赵公子嘉流亡至代地自称代王。《史记·秦本纪》曰:"赵公子嘉率其宗数百人之代,自立为代王,东与燕合兵,军上谷。"直至代地也被秦军攻破,代王嘉被掳,前后共六年,即所谓的代王国时期。这一阶段时间既短又是苟延残喘,可论者不多。但从中也可说明这一方面之前赵国在代地统治是相当稳固的,另一方面也可说明代地对中央政府的依赖性是比较低的,即便是赵国本部失陷后,一位流亡的公子带数百人就可以在此立国称王。

从以上可知,赵国对代地统治的最大的特点是给予代地相当大的自主权。在封君时期自不必论,代地封君的地位仅次于赵国君王。在郡县时期代郡郡守或边将的自主权也是极大的,甚至已经到了专擅的地步。但赵国这种独特甚至有些放纵的统治方式,并没有让代地在战国这二百多年来出现任何离心现象,反而使其为赵国能够争雄于列国发挥了极大的作用。赵国能拥有强大的军事

实力代地尤其功不可没,这主要表现在以下几个方面:

首先,代地为赵国提供了大量兵员,增强了赵国军事实力。在军事上,代地军队的编制似乎自成体系。前引赵国伐燕救浊鹿之文特别强调赵武灵王"及代人",文言中"及"一般表示并列关系,这就暗示在这场战争中代地地方军队不在赵王直属军队之内。如果这项记载比较模糊,那么《赵世家》中的一条材料则更能说明问题。这条材料记载赵武灵王二十年攻中山时,武灵王自己将左中右三军外,"牛翦将车骑,赵希并将胡、代",从中可以看出代地军队虽受赵王统一指挥,但其编制却是独立于赵国"三军"之外的。另《古玺汇编》0096号著录一枚"代强弩后将"玺,当为代地地方军所设的"强弩后将"所持有,该将可能是统领弩兵的将官,从中亦可见代地兵种之一斑。

其次,代地是赵国主要的战马来源地之一。《吕氏春秋·长攻》谓赵襄子兼并代地前就"马郡宜马"。战国时期代马几乎成为优质战马的代名词,战国策士甚至将代马、胡狗与昆山之玉并称赵王的三宝。代地产良马这一观念在汉代犹存。《盐铁论·非鞅》云"马效千里,不必胡代",而《论衡·案书篇》云"马效千里,不必骥騄",可见胡、代之马与"骥騄"是等同的。赵国军事实力之强当与代地可以提供充足的优质战马资源密不可分。

再次,是代地对赵国的战略意义。从地理形势上看代地东临燕国,西北两面均为被称作"胡貉"的北方部族,南边即是中山国,因此其对赵国战略地位之重要不言自明。一来其地东可挟制燕国,这也是终战国之世赵强燕弱的原因之一。二来其地南临中山,赵国灭中山国时代地军队也发挥了重要作用。但代地对赵国最重要的意义还在于其对西北方向所谓"胡貉"各族的战略作用上。当赵国对诸胡诸貉处于战略防守的阶段时,固守代地可以抵御北方部族的侵扰,《史记·匈奴列传》谓赵襄子兼并代地之后就"临胡貉",李牧守代、雁门时,也是为了防备所谓匈奴的侵扰;当赵国处于北进扩张的阶段时,代地则为经略胡地的前沿;而当部分胡地已经被并入赵国版图时,代地又有监视胡地的作用。赵武灵王招致胡兵就是由代相主持,赵武灵王出兵中山时,胡兵与代兵统一指挥,这也有以代监视胡的意思。此外赵国可能组织过代地人群往胡地移民。文献并记载赵国往胡地移民的史料极少,《水经注·河水》引《竹书纪年》曰:"魏襄王十七年,邯郸命吏大夫奴迁于九原。"并没有明确记载所谓"吏大夫奴"来自何处。而从地名上看胡地有与代地地名相同者,九原有西安阳,代地有东安阳,这可能是将代地之民移往胡地后,人们依然沿袭旧名造成的。因而笔者推测,赵国往胡地移民,代地为一个很重要的来源。

　　总而言之,由于代地人群无论在族源还是文化上与南部赵国地区都很不相同,赵国对其统治方式也颇为独特,有一定程度"特区"的意味,而且随着时代的不同统治方式也不断调整。历史证明,赵国在代地的这二百多年经营是成功的,因此我们也不能不肯定赵国统治核心的政治智慧。

参考文献:

[1]　李学勤:《东周与秦代文明》,上海人民出版社 2007 年版。

[2]　刘建华:《张家口地区战国时期古城址调查发现与研究》,《文物春秋》1993 年第 4 期。

[3]　李家浩:《战国邨布考》,《古文字研究·第 3 辑》,中华书局 1980 年版。

[4]　马飞海:《中国历代货币大系·第一卷(先秦货币)》,上海人民出版社 1988 年版。

[5]　黄锡全:《先秦货币中的地名》,《九州·第 3 辑》,商务印书馆 2003 年版。

(原载《邯郸学院学报》2010 年第 4 期)

先秦时期赵国农业发展政策与魏国、秦国之比较

刘书增　吕庙军*

一个国家的地理环境和自然环境条件如何,不仅影响着该国的农业发展的水平和方式,也影响着国家经济发展政策的制定内容。越是历史遥远的古代,就越是受到以上因素的影响。因此,在比较先秦时期赵、魏、秦三国农业政策之前,首先考察这三个国家各自的地理环境和自然环境的特点就非常必要。

一、发展农业经济的地理和自然环境之比较

在赵、魏、秦这三个国家当中,先秦时期的赵国发展农业的条件相对比较优越。土地作为农业生产的基础,赵国有丰富的土地资源:河套平原、华北平原、大同平原、太原盆地比较适宜农业生产,尤其是由黄河冲积而成的华北平原,地势平坦,沃野千里,水源丰富,是发展农业生产的好地方。适合农业生产的土地资源,是赵国农业发展的基础。赵国具有良好的自然环境条件:高原、平原、高山、盆地等多种地形齐全,复杂多样。可见赵国的土地资源的丰富多样性有利于赵国多种经营方式的存在。另外,赵国领土南北跨度较大,气温差比较明显,适合多种农作物生长。受复杂多样的土地资源和气候条件的共同影响,因而赵国经济发展呈现多样化的特征,农业、畜牧业、手工业、商业都得到了不同程度的发展,在整个社会经济生活中都占据有重要地位。

作为三家分晋之一的魏国,和赵国一样脱胎于晋国的母胎。两国具有许多相似之处。魏国的地理和自然环境条件显然不如赵国优越。然而,三家分晋时魏国分取了今山西西南部的河东地区,这里原是晋国的基本领域,生产较为发达,且具有较好的农业发展基础。魏国的国土分成以安邑为中心的山西西南部和以大梁为中心的河南东部两部分,其主要领土在今山西西南部河东和今河南

---

* 刘书增(1970—),男,山东冠县人,邯郸学院历史系副教授,博士;吕庙军(1969—),男,河北永年人,邯郸学院历史系讲师,博士。

北部、中部的河内和大梁一代。魏国的地形主要为平原和山地,山地较多,宜耕地少,交通不便,从而农业的发展受到一定的局限。这一点与赵国略微不同,但魏国所处的地形多为中原农耕区。这不像赵国处于北方畜牧与中南部农业交织的地带,经济发展方式多样化的特点明显。

与赵、魏两国地薄人众明显不同,秦国则是地广人稀,自然地理环境较为特殊。秦国地处边陲,偏隅西部地带。春秋时期属于落后的边缘地带,一直不为他国重视。商鞅变法后,秦国疆域既包括原来肥沃的关中平原地带,也拥有富饶的巴蜀地区。这些地区在历史上都具有"天府"之称。秦国所据的关中土地,大部分均为秦国肥沃的良田,土壤土质均属于上等。司马迁曾言这里的土地:"关中汧、雍以东至河、华,膏壤沃野千里。"[1]3261 而且秦国所处的地理位置历来是兵家必争之地,具有重要的军事战略地位。

通过以上赵、魏、秦三国的自然地理环境条件的对比分析可以看出,他们都具有发展农业的条件,只是优越性大小程度不同而已。赵、魏两国基本上处于中原时代,这里大致较多地保留了中国传统农业发展的特点。赵国当时属于典型的"四战之地"。秦国则地处西部边陲,但这里原是周人居住和农耕之地,具有周人"务本业"、"好稼穑"的社会风尚。从一定意义上来说,秦国发展农业具有较厚重的历史基础。而且由于地形的险峻,兵事不多,反而更有利于农业的稳定发展。这一点明显与赵、魏等国的地理位置处在大国包围之中,战事频繁给农业的发展带来外部的不利条件不同。

二、统治者经济制度和农业政策之比较

土地制度是诸国农业政策中重要内容和表现。土地政策的内容直接影响着当时劳动者的积极性和劳动生产率的高低。西周时期,统治者实行分封制。周天子拥有全国土地所有权并且将土地及劳动者分封给诸侯,诸侯再将其赏赐给下一级的卿大夫等贵族,而由奴隶耕种。但是,诸侯和卿大夫对土地仅有使用权而无占有权,也不能买卖。春秋时期,随着周室君权式微,而诸侯力量逐渐强大。从而,周天子的土地最高所有权日益丧失,诸侯最终控制了土地所有权。战国时期,新兴的封建土地所有制开始确立。

农业是古代社会中具有决定性作用的生产部门,因此赵国、魏国、秦国等统治者都比较重视农业生产。赵国历代统治者均比较重视农业的发展,也进行了一些富有意义的鼓励农业发展的改革措施。春秋战国之际,赵国的土地制度同

样发生了深刻的变革。这主要表现在赵氏与其他卿大夫之间争夺土地的斗争更加激烈。公元前514年,晋国六卿瓜分祁氏、杨氏的封邑;公元前491年发生邯郸之战,赵简子占有邯郸、柏人两地,土地的扩大使简子"名晋卿,实专晋权,奉邑侔于诸侯"。[1]1792当时,一部分土地由国家直接经营;另一部分通过国家授田和军功赐田等方式由私人占有和经营使用。文献明载赵氏在田制方面所作的改革顺应民心,得到了广泛拥护。《孙子兵法·吴问》称:赵氏制田,"以百廿步为畹,以二百四十步为亩"[2]30,亩制最大,故而孙武预言:"赵毋失其故法,晋国归焉。"[2]94赵氏在春秋时期即开始实行军功授田制。公元前493年8月,赵简子在迎战范氏及齐兵于戚,军前誓师就宣布"克敌者,上大夫受县,下大夫受郡,士田十万",[3]1614表明赵氏已开始军功授田。早在赵简子时期,为了使赵氏在六卿的斗争中立于不败之地,赵简子便进行了扩大亩制、减轻赋税以刺激农业生产的改革。1972年4月,在山东省临沂银雀山西汉墓出土的大批竹简中有《吴问》残简9枚,记载了吴王阖庐与孙武的一段对话,孙武将赵鞅的亩制政策与其他五卿的亩制进行了对比,孙子说:"范、中行氏制田,以八十步为畹,以百六十步为畛,而伍税之。其口田陕,置士多;伍税之,公家富,置士多,主骄臣奢,冀功数战,口曰先口……公家富,置士多,主骄臣奢。冀功数战,故为范、中行氏次。韩、魏制田,以百步为畹,以二百步为畛,而伍税口。其制田陕,而置士多;伍税之,公家富。公家富,置士多,主骄臣奢,冀功数战,故为智是次。赵氏制田,以百二十步为畹,以二百四十步为畛,公无税焉;公家贫,其置士少,主金臣口,以御富民,故曰口国,晋国归焉。"[2]30赵简子制定的扩大亩制减轻赋税的政策,有利于农业的发展,为三家分晋、赵氏建国奠定了基础。赵肃侯十六年(公元前334年),肃侯游大陵,大戊午以"耕事方急,一日不作,百日不食"为由进谏,肃侯因而取消了游猎计划。赵国统治集团重视农业发展的政策,为农业发展提供了较好的社会环境。

战国末年魏文侯任用李悝在魏国也进行了变法改革。这场变法改革与赵国相比而言无论在改革的深度上还是在改革目的明确性上都较为彻底。李悝根据"食有劳而禄有功"的原则,即以功劳和能力选拔官吏,这就废除了奴隶主官爵世袭制。为了解决魏国地少人多不利的国家形势,推行"尽地力之教"。充分挖掘土地潜力,提高农业产量,增加封建政权的田租收入。魏国要求农民"治田勤谨",努力耕作。勤于除草等具体措施规定,既便于改革内容的实际落实和操作,也立足于本国的农业生产发展的实际,因此能取得较好的改革效果。除此之外,魏国还通过有效的经济政策和法律规定来有效保护农民的利益,最大限度地保护农业的生产，以维护封建制度。实行"平籴法"以"取有余以补不足"的办法平衡粮价，稳定小农经济，巩固封建的经济基础。李悝创作《法经》六篇客观上有助于封建秩序的稳定，为农业发展提供安定的社会环境。因而，李悝被视作战国时代法家的始祖是当之无愧的。在对魏国经济改革的同时，魏文侯还任用吴起进行军事制度的改革，即实行"武卒制"。不仅通过对士兵的严格挑选、训练和考核，而且根据士兵的不同特点对军队采取新的编制，极大地提高了军队的战斗力。总之，魏国的这些改革主要针对农业和军事等富国强兵的改革举措，使得魏国国力逐渐富强起来，成为战国初年的头号强国。

与魏国的改革相似的是秦国的商鞅变法，它是整个战国时代最为彻底的一次变革运动。早在商鞅变法之前，秦国的社会经济发展较为缓慢，因此先有公元前385年秦献公的改革，后有公元前361年的秦孝公改革。前者的改革废止了奴隶主杀人殉葬的制度，制定了户籍制度并且开始设县，壮大了地主阶级的力量，为后者的商鞅变法奠定了基础。商鞅原在魏国，曾为魏相公叔痤的家臣。"商鞅从魏入秦，就是带着《法经》去的。"[4]170商鞅的变法思想无疑受到了李悝变法的影响。故魏、秦两国的变法内容具有很大的相似性。如：商鞅首先废除奴隶制的井田制，从法律上维护封建土地所有制，这是有利于地主经济的发展的。其次，奖励军功，建立军功爵制。人的政治地位要由有无军功来决定。这就沉重地打击了旧贵族，鼓励了当时新兴的地主阶级和下级士兵。再次，商鞅实行重农抑商政策。这个政策既保证了秦国的财源和兵源，又风化了民众务农为本的社会习尚，促进了封建性的小农经济的发展。从以上可以看出，商鞅所采取的一系列改革措施都是出于"以农为本"以农促战的"耕战"的思想，以使秦国尽快实现富国强兵的目标。这可以说是商鞅"强国之术"的核心内容。通过农业的最大限度发展，来为国家的军事战斗提供充分的财源和兵力，是魏秦两国进行改革、制定经济政策的重要指导思想核心。然而，赵国历史上也不乏改革举措，如赵烈侯的改革，任用公仲连为相国，倡导仁义，践行王道；用人"选练举贤，任官使能"；财政上"节财俭用，察度功德"。但以上措施均属于政治方面的教化人民的儒家理论。赵国统治者既没有对农业发展的具体规定，也未给予农业在富国强兵中的基础地位足够的重视。赵简子的扩大田制、减负政策在赵国历史上人所公知，但那也属于枝节末梢的临时措施，并没有触动到"农战"改革的关键问题。赵国历史上最有名的改革事件当属赵武灵王的改革。赵武灵王的改革虽然可以说是受到战国诸国变法图强的影响下而推行的以胡服骑射为中心的变革。但这场变革有别于上述诸国的改革，时间也较晚，其改革的主要性质是属于军事目的的改革。赵国统治者并没有意识到农业发展才是国家强大的经济基础,军事的单纯强盛只能持续于一时。一旦农业供养机体出现问题,军事上的表面强大优势也将化为浮云,而经不起长久的物质和人力的消耗。长平之战失败的一个重要原因就是明证。结合赵国的改革历史可以看出,历代君主进行的改革都是广泛性的,或是侧重于政治制度领域的改革,或是着重于军事方面的改革,或仅是对经济方面的部分调整,但很少看到赵国为政者像魏秦等国将农业的"本业"地位拔到如此的高度。这也许是赵国长期以来实行"农商并重"政策的结果。但是,这种政策长期的实行对农业的全面深入发展起着严重腐蚀的作用,同时也对赵国的民俗和社会风尚产生了一定的消极影响。反过来,这种"仰机利而食"的民风民俗也对赵国农业的发展是一种阻碍。

不可否认,赵、魏、秦诸国均普遍重视农业的发展。各国统治者都对农业的发展采取一些优惠政策和措施。就农业生产的命脉水利建设来说,赵国为了农业生产引水溉田的需要,修建智伯渠,成为赵国早期著名的水利工程。在赵国疆域范围内,还有最著名的水利设施西门豹兴修的引漳灌渠。魏国也比较重视水利的建设,继西门豹之后,魏襄王时,史起为邺令,修建引漳河水利工程,既减少了漳水泛滥的祸害,又把盐碱地改造成为良田。邺县后来并入赵国版图,引漳水利工程仍然在发挥作用。魏、赵两国修筑堤防对防止水害,保护农业生产起到了积极的作用。魏国还开凿大沟运河,为本国灌溉农业提供便利条件。秦国则有蜀守李冰修建的都江堰,是战国最著名的水利工程。因而成都平原成为旱涝保收的"天府之国"。关中的郑国渠也是秦国一个规模宏大的灌溉工程。它使关中地区成为千里沃野。通过赵魏秦等国对水利工程的修建可以看出统治者对农业的发展都比较重视。

韩非子曾对赵国有以下评论:"赵氏,中央之国也,杂民所居也,其民轻而难用也,号令不治,赏罚不信,地形不便,下不能尽其民力。彼固亡国之形也。"[5]16而对秦国的评论则是:"秦之号令赏罚,地形利害,天下莫若也。"[5]3荀子对秦国的看法是:"其固塞险,形势便,山林川谷美,天材之利多,是形胜也。入境,观其风俗,其百姓朴,其声乐不流污,其服不挑,甚畏有司而顺,古之民也。及都邑官府,其百吏肃然,莫不恭俭、敦敬、忠信而不楛,古之吏也。入其国,观其士大夫,出于其门,入于公门,出于公门,归于其家,无有私事也;不比周,不朋党,偶然莫不明通而公也,古之上大夫也。观其朝廷,其朝间,听决百事不留,恬然如无治者,古之朝也。故四世有胜,非幸也,数也。是所见也。"[6]437荀子、韩非对秦赵两国的地理环境和人文环境的评论是非常中的和深刻的。赵国由于处于"中央之国",人民百姓成分复杂,轻佻难以治用,不服从法律,赵国统治者不能充分利用人民的力量,因而韩非不客气地说赵国的地形和民俗是亡国之兆。固然,秦、赵都有各自发展的有利和不利条件,但是赵国农商并重的经济政策使得商业发展的繁荣刺激了更多的人投入到这一领域中,相对农业的发展来说是一种负面的影响。更多的人看到从事商业有利可图和致富较快,导致了从事农业人力的减少以及对农业发展的轻视。加上赵统治者发展农业措施不力,赵国百姓形成轻视农业之风。文献载曰:"赵、中山带大河,纂四通神衢,当天下之蹊。商贾错于路,诸侯交于道;然民淫好末,侈靡而不务本。田畴不修,男女矜饰,家无斗筲,鸣琴在室。是以楚、赵之民均贫而寡富。"[7]42《盐铁论》的记载与韩非的见解是相符合的。司马迁也说赵地民俗仰机利而食,代北之民不事农商。[1]3263仰机利而食风气的形成,对赵国农业发展极为不利。至于对秦国的看法,荀子、韩非均给出了高度的评价,认为秦国地形、政风、民俗俱佳。"天下莫若"四字可谓秦国最后能够统一六国的最好注脚。

三、农业发展水平及结果之比较

赵、魏、秦三国的经济制度和农业政策的实施对本国农业的发展水平具有较大的影响。一个国家农业政策的推行不能不影响到这个国家的农业生产方式。它的长期的贯彻实行,必然会对农业的发展水平产生不同程度的作用。

从赵、魏、秦三国农业的生产方式可以看出各国农业发展的实际水平。赵国的农业采用精耕细作的耕作方式进行生产,重视深耕、中锄、积肥、施肥等技术。赵国统治者已经采用一年两熟制。一年中秋收后种冬小麦,夏收后种秋庄稼,充分使用了土地肥力。这些农业先进方式的实行有助于赵国提高农业产量,成为农业发展水平高的重要因素。由于统治者的重视和耕作技术的提高,到战国中期,赵国已成为重要的农业地区。文献记载,赵国"地方两千余里,带甲数十万,车千乘,骑万匹,粟支数年"[1]2247。这在某种意义上反映了赵国农业生产的进步和国家的富庶,也是赵国在山东诸国中能与秦相抗衡的强国,"山东之建国莫强于赵"。然而赵国的农业生产并不在经济生活中占据绝对主导地位,尤其到了战国后期,商业的过度繁荣掩盖、削弱了农业的发展。魏国在战国时代七大强国中,起初最强。魏国地跨《禹贡》的冀州和豫州,土地属于中中和中上等,主要占有河东、河内、河南的一部。司马迁把河东、河内、河南称为"三河",认为"三河在天下之中","土地小狭,民人众","故其纤俭习事"[1]3263,这是农业生产发达、人口众多的富庶地区。战国中期以后,以秦、齐两国最强,秦国地处《禹贡》的雍州,土地属上上等,主要占有渭河中下游,这里沃野千里。赵国地处《禹贡》的冀州,农业生产不如秦、齐、魏等国。造成这种局面的原因主要是,秦、魏等国对农业发展的重视程度和改革力度都远远大于赵国的缘故。另外,赵国的长期贯彻农商并重的政策,没有对商业进行适当的限制政策,从而使赵国商业的发展逐渐对农业的发展形成了冲击作用,也在一定程度上削弱了人民的务农为本的观念,社会上出现了许多急功近利的改从事商业的投机者。这些严峻的社会现实给赵国晚期与他国的争霸战争带来了不利的形势。赵国统治者自始至终没有制定一个长期的以农促战的军事计划,因而完全处于消极被动的军事地位。最后赵国为秦国击败既是历史的必然,也是人力物力不济的结果。

战国晚期,秦国成为农业生产最为发达的国家,由于国内劳动效率的提高,农业产量也迅速提高,因此粮食积贮丰富,以致秦国境内有“粟如丘山”,“秦富天下十倍”之美誉。关中地区成为秦国主要的粮食生产地域而有天府的美称。文献记载秦国“田肥美,民殷富,战车万乘,奋击百万,沃野千里,蓄积饶多,地势形便,此所谓天府,天下之凶国也”[8]74。对于秦国国家富强和农业发展的原因,主要有以下几个原因造成的:首先是秦国生产工具的革新和进步;其次是集约化生产技术的采用;再次是秦国生产关系的变革。这些因素归结为一点主要是因为秦国长期以来贯彻了正确的农战政策在国家中的核心地位,最后奏效的政策终于使秦国走上统一六国的道路,完成历史的使命。秦国采用的重农抑商的政策经过历史和实践的证明无疑都是正确的选择。战国时期各国似乎都看到了其重要性,而抑商的政策并不是秦国杜绝商业的发展,而是将商业的发展控制在一定的限度。这种政策的执行对秦国农业的重点发展的作用是非常巨大的。商业不仅不会对农业发展形成削弱作用,而且还会在秦国树立朴素的民风、踏实务农的风尚。表面上看来,赵国和秦国都有重农的政策,但最后两者的命运却是截然不同,恐怕这是一个关键的因素。

四、结语

在发生激烈社会变革的战国时期,魏、赵、秦等国先后成为初、中、晚期的强盛国家。魏国的李悝变法以“尽地力之教”作为重视农业发展方针,并且持续推行而一跃为战国初年的头号强国;秦国任用商鞅实行以“耕战”为主要目的的国家发展战略,并采用了重农抑商的政策,对秦国国家实力的增强起了关键的作用;赵国历代君主对政治、军事方面的主要改革奠定了赵国在战国中期的军事强国地位。大体来说,魏、秦两国的农业政策基本上是重农抑商的模式,二者具有较大的相似性;而赵国的改革委实不少,但对涉及农业方面的具体方针和政策缺少明确的认识和应有的重视力度,其改革的内容多是关涉到其政治和军事方方面面,这是与赵国自身特殊的地理位置和疆域的特点分不开的。基于此,赵国采用了农商并重的经济政策,这虽然对赵国经济发展方式多元化创造了条件,但在某种程度上削弱了赵国的农业发展基础地位,以致后来被齐、秦等诸侯国迎头赶上。

参考文献:

[1] 司马迁:《史记》,中华书局 1959 年版。

[2] 银雀山汉墓竹简整理小组:《银雀山汉墓竹简》,文物出版社 1985 年版。

[3] 杨伯峻:《春秋左传注》,中华书局 1981 年版。

[4] 张岂之:《中国历史·先秦卷》,高等教育出版社 2001 年版。

[5] 陈奇猷:《韩非子新校注》,上海古籍出版社 2000 年版。

[6] 杨柳桥:《荀子诂译》,齐鲁书社 1985 年版。

[7] 王利器:《盐铁论校注》,中华书局 1992 年版。

[8] 何建章:《战国策注释》,中华书局 1990 年版。

(原载《邯郸学院学报》2012 年第 1 期)

战国邯郸"地薄人众"国情与农商并重政策之关系探析

程动田[*]

战国时期的邯郸,不仅作为赵国的都城,成为各国政治家博弈的主要舞台,而且作为一个商贾云集的经济大都会,名扬于天下。经济都会源于商业的繁荣,商业繁荣则有赖于重商政策的保证。目前学界在赵国对商业政策方面的看法虽有分歧,但并不大[1]15,[2]273,而对于确定赵国等国重商政策背后的原因之相关研究却比较薄弱。已有的研究多是从交通、民众风俗和富商大贾阶层影响等方面考察其对重商政策形成的影响。[2]246,[1]27,[3]109,[4]48,[5]70而从地理环境等国情方面考察研究列国重商政策形成背景的只有很少数的一些人和文章涉及到,[5]69,[6]129本文拟以《史记》及《汉书》中记载的赵地"地薄人众"为切入点,以其他相关文献资料为旁证,对赵国邯郸的相关国情以及其对赵重商(或农商并重)政策形成产生的影响予以深入探究,以就教于诸位方家。

这里"战国邯郸"是指赵国迁都邯郸前后至秦破邯灭赵之际的,以赵都邯郸为中心的今河北省南部地区。也即是指赵与中山对称中的赵地。[7]1566,[1]15

一、"地薄人众"史料及相关考证

历史文献中较早提到赵国地土地人口国情的是司马迁,他在《史记》卷129《货殖列传》中说:

> (赵)中山地薄人众,犹有沙丘纣淫地馀民,民俗慓急,仰机利而食。丈夫相聚游戏,悲歌慷慨,起则相随椎剽,休则掘冢作巧奸冶,多美物,为倡优。女子则鼓鸣瑟,跕屣,游媚贵富,入後宫,遍诸侯。

这是司马迁概括战国至汉武帝时期赵及中山地区土地国情及其对民俗的影响。到了东汉的班固,在《汉书》卷28下《地理志》中,又对汉武帝以后至西汉

* 程动田(1966—),男,河北邯郸人,邯郸学院历史系副教授。

末期的赵地的土地国情及其对风俗的影响作了近似一致的概括：

> 赵、中山地薄人众，犹有沙丘纣淫乱余民。丈夫相聚游戏，悲歌慷慨，起则椎。剽掘冢，作奸巧，多弄物，为倡优。女子弹弦跕躧，游眉富贵，遍诸侯之后宫。

这里有一个小问题需要说明，那就是司马迁在《史记》中只提到了"中山地薄人众"，其中并无"赵"字出现。关于这一点，孙继民先生在《战国秦汉时期赵俗例证》[1]15等多篇文中认为，《汉书·地理志》的文字系承袭《史记·货殖列传》而来，鉴于班固严谨的治史作风，因此推测《史记·货殖列传》中亦应有"赵"字在"中山"之前，我很同意此说。另外还有一点可证明，那就是《史记·货殖列传》中，"中山地薄人众"之后还有一句，"犹有沙丘纣淫地馀民"，而"沙丘"一地是指今河北邢台广宗西北大平台，[8]128也有说是邢州（即邢台）平乡东北二十里。[9]51不管是殷纣于此筑台，还是赵武灵王饿死之沙丘宫，抑或是公元前210年秦始皇巡视途中病死之地的沙丘台，均在赵国所辖的疆域之内，从不是也不可能是中山国的辖地，因此可知司马迁在此处原文中应该有"赵"字，"地薄人众"当是指赵及中山地区的土地国情，只不过是被后人传抄错罢了。

司马迁及班固的概括中，至少包括两层含义：其一，从先秦至汉代（至少是到班固生活的公元22年—92年），赵地土地国情的确是"地薄人众"的。其二，"地薄人众"的土地国情状况对赵国当地重商政策及经济结构的形成，还有当地的风土人情是有着直接而明显的影响的。

实际上关于赵地"地薄"即土地贫瘠的记载，也存在于大约成书战国时期的《尚书·禹贡》篇中，其中提到包括赵地在内的冀州情况为："冀州，厥土惟白壤，厥赋惟上上错，厥田惟中中。"[10]265意思是这里的土是白壤，赋税定位一等，也杂有二等。这里的田是五等。

那么比冀州田土等级更差的是哪些地区呢？是扬州的九等，荆州的八等及梁州的七等，分别位于长江的下游，中游和上游地区，当时在中国长江流域因多湿地而普遍比黄河流域开发要晚，[11]822同样是作为黄河流域且土质较差的只有位于今山东半岛的青州地区。后来是齐国的封地，田土等级为六级。而恰恰是在此田土等级差（即贫瘠）的齐国，也是以工商业繁荣著称于世。因此，在早期发展较早的黄河流域来讲，冀州也即包含赵地在内地区的五等田，的确是可以称之为贫瘠的"薄地"了。

如前所述，赵地的"地薄"为五等，赋税却要按一等（间有二等）征收。农业不发达，却还要征收高额的赋税，原因在哪里呢？一种可能是人多之故，因为上古时期将人口视为财富的主要形式。征税、授田大多以人口数量为计,人头税的征收到清代的"摊丁入亩"方告结束;另一种可能就是当地农业之外的手工业及商业发达的缘故,不然是无以解释且也无以解决问题的。

从地理环境来看,邯郸城近郊地区或称邯郸地域的范围,即沁河流域(位于邯郸西部),沁河自牛叫河以上的上游地区,所处地貌属丘陵地带;牛叫河至涧沟为中游地区,地貌上属丘陵向平原过渡地带,只有涧沟以下的下游地区,属山前平原地区。[9]41另外,邯郸城的南、东、北三面,按现在来看,地貌当属肥沃的华北大平原地区,实际上当时土壤土地状况远不像现在这样好。先秦时期,邯郸以东以南以北地区虽属太行山东麓山前平原,但是基本上又处于滏阳河、漳河乃至黄河河道经常泛滥的地区,农业生产缺乏正常保障,漳滏二河在当时暖湿气候条件下决溢频繁,而黄河虽算是北流期间,但在战国以前基本属漫流状态,没有固定的河床。直到战国时期,下游各国出于安定民生、国力竞争的需要,才开始了对黄河河患的治理,大量地修筑堤防。据《汉书·沟洫志》载:"盖堤防之作,近起战国,雍防百川,各以为利:齐与赵魏以河为竟,赵魏濒山,齐地卑下,作堤去河二十五里。河水东抵齐堤,则西泛赵魏;赵魏亦为堤,去河二十五里。"[12]1692自此之后才开始相对束缚住了奔腾泛滥的黄河下游河道。以后河道经历代变迁,才形成今天的黄河下游平原地区。尽管如此,像鸡泽、宁晋、衡水等地区,到了近代仍属盐泽之地,土地贫瘠状况相当明显。

另据考古勘察发现,邯郸大北城内地势西高东低,城址西北部一带,耕土层下一般为红硬土、白硬土或砾石层,此与王城区西城、东城西部地区的地层情况相似。[9]110而城内东部地区低至5—9米,甚至多达11米以下才有战汉文化层,而城外东部很远地方则是地势更低洼之处,显然也不太适合农耕。由此,其"地薄"也可见一斑了。

有人可能以"邯郸之仓库实"之语来否定邯郸地薄的结论,而实际上"仓库实"的原因,其中"库实"说明当地包含冶铁铸铜业在内的手工业发达,而"仓实"则是因为搜刮民脂民膏故也,而这又反证了当地"地薄"的现状。而这一点正是赵襄子担心的"没民之膏泽以实之,又因而杀之,其谁与我?"[13]504由强行搜刮而至民心不稳造成的不可依凭的风险所在,赵襄子正是以此作为否定邯郸而选择晋阳作为都城的重要根据。而在诸多生产要素中,虽然生产力是主要因素,因此铁器推广应用是战国农业发展繁荣的重要前提和条件,但它并不是唯一要素,生产要素中土地因素的作用也极为重要。在一定的或同样的生产力条件下,作为劳动对象的土地的丰瘠状况,便成了农业能否发达的决定性要素。

再说"人众"的问题,在生产力水平相对低下的先秦时期,人口的众寡有时是决定一个地区生产发展繁荣与否甚至是财富多少的直接体现。由于文献所限,战国时期没有系统的人口统计资料,只有后人推测的战国时期各诸侯国合计人口约有 2000 万以上的说法。[14]298 但学界基本公认为,春秋至战国阶段,由于铁器的普及,极大地提高了生产力,同时也促进了人口的快速增长。因此才会从春秋时期的"城虽大,无过三百丈者;人虽众,无过三千家者"[15]678 的地广人稀,发展到战国时期的"千丈之城,万家之邑相望"[15]678、"鸡鸣狗吠之声相闻,而达乎四境"[16]57 的"人众"及不能为"薄地"所容纳的人多地少了。而作为三晋之地的赵魏韩则尤其突出。据段宏振根据考古发现进行的现场统计表明,邯郸沁河流域战国以前(包括战国时期)聚落遗址仰韶文化时期聚落遗址为 4 处,龙山时期为 6 处,先商时期为 9 处,商代时期为 18 处,西周时期为 5 处,春秋时期为 7 处,战国时期为 17 处(见表 1)。[9]42-43

表 1　战国以前邯郸沁河流域聚落遗址数量单位(处)

聚落遗址	仰韶时期	龙山时期	先商时期	商代时期	西周时期	春秋时期	战国时期
数量	4	6	9	18	5	7	17

如果从遗址数量上来看,商代是沁河流域聚落群的鼎盛期,有 18 处之多,这当然与商朝王畿地区有关。西周时期聚落遗址少恐也与商周王朝更迭,作为王畿地区受冲击最烈有关,关键是进入东周时期以后,自春秋时期的 7 处,发展到了战国时期的 17 处,可说是突飞猛进式的增长。

关于战国时期邯郸城及邯郸当地的具体人口数,许多学者往往根据同时期与邯郸城布局结构及面积规模相当的临淄城的户数、人口数来推测。也有的根据中国有史以来的第一次人口统计数字,即西汉末年(公元 2 年),作为封国之一的赵国所辖四县(邯郸、易阳、柏人、襄国)[7]1631 总人口近 35 万的数字来推测从而得出结论认为,战国邯郸城人口起码在 30 万上下,[2]269 也有说在 25 万—30 万,[9]219 而西汉繁荣时期的邯郸县人口应在 30 万—40 万之间。[1]37 再综合《史记·白起王翦列传》提及的,长平之战时赵国投入兵力 40 多万,失败后被白起秦军坑杀的赵卒就达 45 万之多的情况。笔者认为,战国邯郸城人口应在 30 万之上。

战国时期邯郸当地人口是如此之多,以至于连一向主张人口众多并通过各种措施增加人口的商鞅也不得不承认,战国时期的韩赵魏三国是人口太多了,多到人满为患的地步。"彼土狭而民众,其宅参居而并处,其寡萌贾息民。民上无通名,下无田宅,而恃奸务末作以处。人之复阴阳泽水者过半。此其土之不足以生其民也,似有过秦民之不足以实其土也。"[17]87可见,属于三晋之一的赵国(主要是指河北中南部,邯郸附近)地少人多,土地不足以养活人民,给统治者造成了严重问题,而且"在商鞅看来,这些问题比秦国人少地多,地力未尽的问题更严重"。[6]129

当然,从传统专制统治者的重要和利益来说,总希望人口增长。这是为了扩充其统治力量,增加其役使对象。"民多则田垦而税增,役众而兵强。田垦、税增、役众、兵强,则所为而必众,所欲而必遂。"[6]130但什么事情都要讲究度,不及不可,而过犹不及。尤其是人口的增长必须以适量的土地为前提。所以即使商鞅也不主张盲目地增加人口,而是认为在人口与土地之间要保持一个恰当的平衡。"民过地,则国功寡而兵力少;地过民,则山泽财物不为用。"[17]42-43由此看来,赵国后期在抗秦过程中的失败。"民过地,则国功寡而兵力少"也应算是一项重要原因了。

至于造成(赵)邯郸附近"人众"的原因,主要有三个方面:其一是当地历史发展悠久,经年聚集人口所致,从早期的磁山文化到沁河流域一系列的商周聚落遗址等考古发现可以为证[9]43。其二是当地的人口密度大。据葛剑雄根据《汉书·地理志》记载编绘的"西汉元始二年人口密度图"[14]297显示,(赵)邯郸所在地区人口密度一部分为80—100人/平方公里,一部分为110—150人/平方公里,虽不属于最高的150人以上/平方公里的人口高密度范围区,但至少亦是属于第二及第三等级密度区域。考虑到战国邯郸与西汉时期邯郸经济规模和影响在当时的全国范围内所占地位相差无几,因此可以说这样的人口密度在全国来讲都是相当高的,至少相比于(赵)邯郸附近的"地薄"状况来讲更是如此。其三如果说当地人口密度并不大或一般大,那"人众"就意味着它所涵盖的地域范围大。简而言之邯郸辐射影响所波及的地域大,凸显其经济中心的地位,表现为总人口中流动的外来人口比重大的特点,而这一点正是作为经济都会的重要标志。

二、"地薄人众"国情与农商并重政策之关系

简单来说,赵国实行农商并重的既定政策与赵地(即邯郸附近)"地薄人

众"的土地人口状况关系极大,甚至某种程度上讲,是赵地(即邯郸附近)"地薄人众"的最大国情决定了赵国的农商并重政策。从一定意义上讲,"地薄是天然的,也是客观的";"人众"则是后天发展的结果,是相对的。而实际上,"地薄人众"不仅是一个客观的现实问题,更是一个相对的概念。二者是互为相对而言的,即至少是相对于快速壮大的"人众"来讲,"地"的确显得"薄"了些。而相对于田土贫瘠的"薄地"来讲,也的确显得"人众"了些。正是这两项因素结合在一起,才造就了邯郸当地"地薄人众"的特殊国情环境,并由此制约并决定了它只能采取重商政策(或曰农商并重政策),来发展农业之外的其他产业经济,弥补农地不足不丰之缺陷,以最终实现其政治愿望。这就是历史地理学所强调的,影响赵国邯郸采行重商政策的环境起始因素作用。

当然,单纯基于"地薄人众"的国情这一个条件,并不会必然导致某一诸侯国采取农商并重的商业对策。也就是说,它还需要一定的外部条件来促成其转变或确立农商并重的政策。这必不可少的外部条件是什么呢,就是从春秋进入战国之际飞速变化的时代环境。

春秋战国之际,随铁农具广泛使用等因素变化,生产力发展水平有了明显提高,进而带来了以井田制逐渐瓦解、私田制日益普遍、新的社会阶层正在形成为主要标志的生产关系的巨大变革。随着时代而来的经济变化,引起社会的动荡,使旧的统治秩序陷于混乱。在所谓"周室衰,礼法退"的情况下,"工商食官"制度被破坏,统治者放松了对工商业的约束力量,从而使手工及商业有了相当长时间的自由发展。正是在这种社会背景下,(赵)邯郸原本在"地薄人众"环境中艰难挣扎的所谓"多余"的民众,找到了力量释放的孔道,也有了较充分的活动舞台。换句话讲,是相对焕发出活力后的手工业及商业,吸纳了邯郸这块相对贫瘠的"薄地"所不能容纳的"多余"之"人众"。于是乎便出现了社会各阶层兼业从商或专业从商的人流。不管是农民(家庭中的"余夫")还是城市平民,不管是逃亡的奴隶(或庶人)还是从农村流入城市的流民,[18]46甚或至于列国中有士大夫和读书人不断加入这一行列(如采用"计然"之策经营商业的原越国大夫范蠡、孔子名弟子之一的子贡等。)当"天下熙熙,皆为利来;天下壤壤,皆为利往。夫千乘之王,万家之侯,百室之君,尚犹患贫"[11]821而去经商逐利之时,统治者为国家计,为诸侯个人利益计,而促成鼓励商业,或任凭商业自由发展而不稍加抑制的重商政策也便出炉成型了。

当然,在赵国邯郸对于商业发展的政策到底是体现为"重商"还是"农商并重"这个问题上,学界还是有一定分歧的。如孙继民先生以《史记·货殖列传》

所谓赵地"仰机利而食"、"齐、赵设智巧,仰机利",《盐铁论·通有》所谓"赵、中山带大河,纂四通神衢,当天下之蹊,商贾错于路,诸侯交于道,然民淫好末,侈靡而不务本。"等为据,认为它明确无误地显示了赵地舍本逐末,重商轻农的政策倾向,并由此导致了该地区商业畸形发展和从事商业投机的普遍性。[1]27沈长云先生则认为,赵国农业不如其他国家发达,赵国经济生产并非单一农业模式,赵国采取的是农商并重的多种经济形式复合发展的一种模式,商业在社会经济中所占比重较大。[2]226-227

关于"重商"与"农商并重"的问题,笔者认为这实际上是对一种情况的两种表述,某种程度上讲农商并重的说法更合乎实情。首先,至少自商周以来,尤其是商人重商之风天下闻名(邯郸亦以地近重商的商朝王畿地区而深受影响),但重商并不妨碍重农。因为中国早期的黄河文明主要表现为农业文明,从新石器时代就开始以农耕经济为主,商业则是在第二次社会大分工之后才正式形成为产业的。重商也不至于否定作为社会发展初期社会经济基础的农业,没有一定的农业发展及一定数量剩余农产品的存在,商业便没有存在之必要了。更何况早在晋国六卿时期的赵氏就曾以实行大亩制(即100方步为一亩改为160或240方步为一亩)的田制改革来促成农业发展,壮大自己的势力。因此"重商"之说不妥,农商并重方为适当;再者,重与轻是相对的,只提重商则意味着轻农的存在,实际上轻农是不存在的,至少作为官方政策而言是行不通的,如果一定要说重商的话,那只能说是相对于之后的以及同期其他诸侯国的重农抑商、重本轻末即轻商而言的。或者说重商是指在农商并重范围内的重商。

那么,赵国邯郸的重商(或曰农商并重,以下意思相同)政策体现在何处呢?有学者认为,先秦诸侯国重商表现一般有三:有常年固定商业活动场所并设有专门机构有效管理;政策上的货币地租;撤关卡,薄市税。段宏振根据考古发现,认为邯郸整个大北城之北部大概属于宫殿、官署及贵族居住区,而南半部为包括商业区在内的居民区和手工业作坊区。[9]127而作为市场管理机构的沿袭,西汉初期可能是邯郸亭,陶文"邯亭"(发掘于新世纪商城所在东庄村)可以为证。而王莽之前,邯郸的市设有市长主管,后市长又改五均司市师。下设交易丞五人,钱府丞一人。[1]42再有,据《史记·张释之冯唐列传》载:"李牧为赵将居边,军市之租皆自用飨士",征收军事之商税用于将士。[11]647由此推知,尽管名称不同,但战国时期已有常年固定的商业活动场所及专业的市场管理机构;至于货币地租的出现,应是在封建社会末期,商品经济高度发展与繁荣期才会出现由实物地租向货币地租的转变,这一点至少无文献可证,实际也不可能步入该阶段;关于撤关卡,薄市税,以鼓励商业发展,目前由于文献所限,缺乏这方面的直接证据,但我们从种种方面可以推知,赵邯郸沿用而没有改变之前的宽商,不抑商的政策,任其发展。如西周的法令中有关于"易关市,来商旅"的专门记载[19]36,晋文公在即位之初就下令"清关易道","以厚民性",[20]112张弘认为,在战国以前的史籍中,就不曾发现有过轻商思想的痕迹[4]47,更重要的在于,春秋战国之际,诸国政治经济改革,纷纷采取重农抑商政策(如秦国之商鞅变法、魏国之李悝改革),甚至连一向重视商业发展的齐国也在强调重视农业发展,一定程度上限制、规整商业发展之时,仍不见赵国有任何这方面的政策出台。即使在赵国的前后两次改革(前有公仲连改革,后有赵武灵王改革),尤其是赵武灵王的胡服骑射,涉及社会生活的许多方面,可为相对彻底了,然改革内容中仍不见重农抑商政策出台。某种程度上,这是对商业发展现状的默认及肯定。有时候,不作为即是最好的作为,此时的赵国便是如此。这当然是因为地薄人众制约了其政策制定。

另外,邯郸当地民风"奢靡而不务本;田畴不修","富在术数,不在劳神;利在势居,不在力耕也"[21]41。此民风之形成应与政府或官方政策背景有直接关系。正如同邯郸民风中男子"休则掘冢作巧奸冶"(孙继民解读为晚上从事盗墓及奸邪之事)[1]17所反映的"诸侯好利而大夫鄙,大夫鄙则士贪,士贪则庶人盗"[21]4之赵国统治者逐利而重商一样,影响到赵国的农商并重政策。更何况成功于邯郸商界并深受邯郸影响的吕不韦,在秦国柄政以后也多次采取措施便利商业发展,提高商人地位(如乌氏倮和寡妇清)。试图改变过去商鞅变法以来一直实行的"抑商"政策,谋求放松限制,使商人得以自由发展。这一点在《吕氏春秋》一书中也多有体现。[22]56-57所有这些,也从多个侧面反映或反证了赵国邯郸所实行的农商并重政策。

相比之下,齐国地理环境"东负海而北漳河,地狭田少,而民多智巧"[5]69,而且"地泻卤,人民寡"[11]821针对不利农业发展之地理环境,"太公至国,惰政,因其俗,简其礼,通商工之业,便渔盐之利,人民多归齐,齐为大国"[11]217。齐国因地设利,发展工商,与各国争商,遂使齐国强盛,临淄成了天下有名的经济都会之一,之后的管子仍以重视发展工商而见称于诸侯国,并由此成就了桓公的霸业。[5]69显然,邯郸因"地薄人众"转而重点发展农业之外的工商业而一举成就天下都会,称雄于诸侯,绝非孤例。同样是国家政策制定受到地理环境制约而只得因地制宜的成功案例。

三、结语

总之,是"地薄人众"的国情决定了赵国邯郸必须通过发展农业之外的工商业来缓解人口相对过剩的压力,这是其实行农商并重政策的内在原因。而时逢春秋战国之际,生产力和生产关系大发展、大变革,"礼崩乐坏",旧秩序日渐瓦解,各种新生事物甚至异端思维大行其道的社会环境,则是其政策形成的外部环境。这是赵国邯郸农商并重政策出台并得以实施的最重要原因。历史实践证明,农商并重政策往往是诸侯国商品经济繁荣的首要和必要的政治保障。再加上邯郸地处沁河冲积地与太行山东麓南北大道交叉口上,东西依托魏赵齐等国间的"午道"[20]115及通过滏口径与韩秦等国的交通往来,具有极为便利的交通优势,同时具有地近商王畿地区及商业文化氛围浓厚的郑、卫之地的先天优势和早期发展,又赶上了战国之际城市大拓展的良好时机,从而造就了邯郸"漳河之间一都会"[11]822、黄河北部最大商业活动中心城市的地位。

参考文献:

[1]　孙继民、郝良真:《先秦两汉赵文化研究》,方志出版社 2003 年版。

[2]　沈长云:《赵国史稿》,中华书局 2000 年版。

[3]　张弘:《战国秦汉时期商人及商业资本与城市经济的关系》,《理论学刊》2001 年第 1 期。

[4]　张弘:《战国秦汉时期重商与轻商观念的嬗变》,《山东大学学报(哲社版)》2002 年第 4 期。

[5]　王凤林:《简论春秋战国时代商品经济的繁荣》,《河南教育学院学报(哲社版)》1995 年第 3 期。

[6]　严火其:《战国人多地少论》,《江海学刊》1999 年第 1 期。

[7]　班固:《汉书·卷二八下·地理志》,中华书局 1962 年版。

[8]　复旦大学历史地理研究所:《辞海·地理分册·历史地理》,上海辞书出版社 1982 年版。

[9]　段宏振:《赵都邯郸城研究》,文物出版社 2009 年版。

[10]　钱伯城:《白话十三经》(上册),国际文化出版公司 1996 年版。

[11]　司马迁:《史记》,李史峰译,上海辞书出版社 2006 年版。

[12]　班固:《汉书·沟洫志·卷二十九》,中华书局 1962 年版。

[13]　左丘明:《国语·下·晋语九》,上海古籍出版社 1978 年版。

［14］ 蓝勇:《中国历史地理学》,高等教育出版社 2002 年版。

［15］ 刘向:《战国策·赵策三》,上海古籍出版社 1998 年版。

［16］ 杨伯峻:《孟子译注》,中华书局 1988 年版。

［17］ 蒋礼鸿:《商君书锥指》,中华书局 1986 年版。

［18］ 黄启标:《论春秋战国的商业对中国古代城市发展的影响》,《广西广播电视大学学报》1999 年第 4 期。

［19］ 白兴华:《论中国先秦时期的重商政策》,《淮北煤师院学报(社科版)》1996 年第 1 期。

［20］ 吴继轩:《春秋战国时期商品经济发达原因探析》,《山东师大学报(人文社科版)》2007 年第 2 期。

［21］ 王利器:《盐铁论校注》,中华书局 1992 年版。

［22］ 王双:《不抑富商大贾 力主自由放任——"吕氏春秋"的商业观》,《北京商学院学报》1998 年第 1 期。

入后宫"赵女"的婚姻价值取向探析

赵艳玲*

先秦两汉赵女入后宫者颇多,如秦始皇之母赵姬、赵悼襄王之后、汉江都王刘建之妃邯郸梁蚡女、南越王赵婴齐之后邯郸樛氏女、汉文帝皇后窦猗房、宠妃慎夫人和尹姬、汉武帝宠妃王夫人和李夫人以及钩弋夫人等,这进一步印证了史料所载的赵女"入后宫,遍诸侯"的确切性。这种现象体现了入后宫赵女怎样的婚姻价值取向? 本文以"入后宫赵女"为研究对象,从婚姻价值观的角度管窥当时赵国女性文化心理。

一、入后宫赵女的婚姻价值取向

婚姻价值观是人们对婚姻、家庭的看法和态度,是各种人际关系以及社会文化心理和礼俗的反映。先秦两汉时期,入后宫"赵女"的婚姻价值取向,因受当地民风民俗、所处环境的影响,不局限于"夫为妻纲"的传统观念的束缚,体现出务实性和功利性、政治性、开放进取性等特征。

(一)务实性和功利性

入后宫"赵女"的婚姻价值取向具有明显的务实性和功利性。沈长云教授曾言:"赵地少温柔敦厚之长者而多慷慨悲歌之士,人民少揖让而多功利。"[1]4在赵国,鼓吹"温柔敦厚"的纯粹儒学理论下的女性婚姻似乎很难找到,更多的是务实性和功利性的婚姻现象,追求富贵是赵女婚姻的重要取向。

如同赵风俗之"仰机利而食",赵国女子在择偶时,唯富贵是图,《史记》载:"赵女、郑姬,设形容,揳鸣琴,揄长袂,蹑利屣,目挑心招,出不远千里,不择老少者,奔富厚也。"[2]3271赵地男女老少皆趋向富厚,故赵地女子在择偶时多选择权贵之家,这使赵女婚姻带有浓厚的功利性色彩。在赵国,为了家族富贵和发达,

---

* 赵艳玲(1969—),女,河北尧阳人,衡水学院法政学院副教授,历史学博士。

丈夫送妻子、父兄送女儿入后宫的行为司空见惯,如吴娃怀嬴(又叫孟姚,赵武灵王王后)被父亲送入宫中;"妙丽善舞"的李夫人被哥哥李延年进献给汉武帝;赵姬被丈夫吕不韦送给了能够使自己在政治上得利的秦国王子子楚,《史记·吕不韦列传》载:子楚被邯郸的歌舞美女赵姬所倾倒,向吕不韦请求把赵姬给他,吕不韦考虑到子楚有利于自己政治利益,"乃遂献其姬"。[2]2506 赵女入宫得宠后的目的是使家族受到恩惠,据《汉书·外戚传》记载:窦氏得宠后,"乃封广国为章武侯。长君先死,封其子彭祖为南皮侯。……窦氏侯者凡三人。"[3]3941 可见这些女性通过婚姻给自己家族带来的利益,委实可以用飞黄腾达来形容。

有的赵女对自己被送入宫中处于默许接受的态度。据《汉书·外戚传》记载:"翁须曰:'母置之,何家不可以居?自言无益也。'"[3]3961-3963 这表明王翁须对自己命运的认同和接受。据《史记·赵世家》记载,"吴广闻之,因夫人而内其女娃嬴",[2]1805 说明吴娃怀嬴对父亲将自己送入宫中也处于一种默认的态度。有的赵女积极参与了入后宫的策划工作,如《史记·吕不韦列传》载:"吕不韦取邯郸诸姬好善舞者与居,知有身","乃献其姬"于子楚(秦国质子,后为秦庄襄王),"姬自匿其身,至大期时,生子政,子楚遂立姬为夫人",这位赵姬成为秦国始皇帝嬴政之母。《史记·春申君列传》载,赵人李园将其妹(倡优)送于春申君,春申君"知有身矣",则送与楚王,"遂生子男,立为太子,以李园女弟为王后。"这位李园之妹成为楚考烈王后。献身的背后是无奈,还是主动,抑或是兼而有之?从她们追求富贵、勃勃向上的精神风貌来看,不排除她们乐意为之的因素。

这里不难看出:送者与被送者有着共同的婚姻思想和取向,就是功利性和现实性。借婚姻的台阶去实现政治利益也好,飞黄腾达也好,总之,婚姻掺入很多功利性因素。一旦家族有女人被选入后宫,"一人得道,鸡犬升天",她的家族就会受到很多的恩惠,因而得以富贵荣耀。这促使赵国很多女子去想尽办法讨好或者献媚于皇族贵族,想尽办法嫁入皇室。这种思想造就了当时入后宫"赵女"功利性很强的婚姻观以及独特的婚姻现象——"游媚富贵,入后宫,遍诸侯"。入后宫"赵女"的婚姻观打上了深深的务实性、功利性烙印。

(二)政治性

在历史上,入后宫的赵女中没有谁可以完全超然于政治之外,只不过有主动弄权与被动卷入政治漩涡之分。她们对于政治不同程度的参与,使得赵国女性婚姻与政治有或多或少的关联。

后宫赵女中,有的是以联姻为手段,成为政治外交的工具。据《史记·赵世家》记载:赵简子将其女嫁给代君。代国遂对赵国百般信赖,失去警戒,赵国"遂兴兵平代地"。[2]1822赵简子的女儿就做了赵国消灭代国的工具。窦太后的婚姻成为吕太后安邦定国的一个筹码,"窦姬以良家子入宫侍太后……至代,代王独幸窦姬,生女嫖,后生两男。而代王王后生四男。……而窦姬男最长,立为太子。"[3]3961-3963吕太后以"家人子"的形式将各个宫人送进其他诸侯国,想以婚姻的形式来消弭宗室诸侯对吕太后防范的隔阂心理,争取并巩固吕氏家族在中央的王权。馆陶公主为了让女儿成为一国之母,也为了报复栗姬与王娡王夫人两个人定下了女儿和刘彻的婚事,这桩婚事带有很重的政治色彩。可见,"入后宫赵女"的婚姻很多是政治天平上的一个砝码,被打上了深深的政治烙印。在民族或家族利益面前,这些入后宫赵女能够忍辱负重,慷慨悲歌,体现出赵女敢作敢为的精神风貌。

有一些赵女是被动卷入政治漩涡的,赵姬就是其中一例。赵姬被吕不韦以礼物的形式赠给了子楚,便被动的置身于政治环境中。"始皇九年,有告嫪毐实非宦者,常与太后私乱,生子二人,皆匿之。与太后谋曰:'王即薨,以子为后。'"[2]2507赵姬与嫪毐私通产子后,被野心很大的嫪毐卷进了夺取王位的政治旋涡之中。汉武帝的钩弋夫人也是被动卷入政治的一个典型例子。据《史记·外戚世家》记载:"上居甘泉宫,召画工图画周公负成王也。于是左右群臣知武帝意欲立少子也。后数日,帝遣责钩弋夫人。夫人脱簪珥叩头。帝曰:'引持去,送掖庭狱!'夫人还顾,帝曰:'趣行,女不得活!'"[2]3957武帝担心自己死后将再次形成"母壮子幼"、继承人刘弗陵将被其母控制(武帝长期被其祖母及母亲掣肘)的局面,于是,死前将钩弋夫人处死。

还有些入后宫"赵女",以各种方式主动争宠甚至干预朝政,以达到个人富贵或家族飞黄腾达,尤其是来自下层社会的"邯郸倡"之列的女子。如,赵飞燕受汉元帝宠幸并成为皇后,甚至推立汉哀帝,在皇位继承上兴风作浪。赵悼襄王之后也是一位弄权的邯郸倡。《史记·赵世家》说:"太史公曰:吾闻冯王孙曰:'赵王迁,其母倡也,嬖于悼襄王。悼襄王废适子嘉而立迁。'迁素无行,信谗,故诛其良将李牧,用郭开。岂不谬哉!"这位悼襄后对于赵国灭亡所起的作用,也许不亚于李牧之死。

入后宫"赵女"参与政治,有的还在历史上留下了浓墨重彩的一笔,历经三代皇帝的窦太后就是典型的例子之一。据《汉书·外戚传》记载:窦太后信奉黄老之学,极力推尊其学说,"景帝及诸窦不得不读《老子》尊其术"。故她在世时

"诸博士具官待问,未有进者"。[3]3945在她的影响下,西汉政权能继续刘邦时期定下的"以民生息"、"无为而治"精神,把汉王朝推上了强盛的高峰。

总之,后宫中赵国女子干涉政治的很多,不管出于什么样的目的,都将入后宫"赵女"的婚姻涂上了重重的政治色彩。

(三)开放进取精神

赵女们的择偶观已深深打上了商业社会的印记。如同赵风俗中"仰机利而食",赵国女子唯富贵是图,其中为倡优者,尤其有这样的特征。她们一旦认准目标,就会义无反顾、奋不顾身地奔向理想。这正是赵国倡优扬名天下、享誉六国的关键所在:她们不因循守旧,敢于追求,富于心机。

入后宫的善歌舞的邯郸倡之列的女子大都是以主动的态度去争取在后宫的地位。据《汉书·外戚传》记载:赵飞燕为使肤色白皙娇嫩,把一种秘方配置叫作息肌丸的药丸塞入肚脐。这种药丸确实功效显著,用后肤如凝脂,肌香甜蜜,青春不老。撩人的香气更令汉成帝不能自持,"召入宫,大幸。"[3]3988为紧紧抓住成帝的心,她又把容貌更胜她一筹的妹妹赵合德,推荐给成帝。两个人在后宫陪在皇上左右,被宠幸时间很久。汉元帝的皇后王政君入宫近两年,一直默默无闻,也凭借自己的才智在一个偶然的机会一夜而怀孕生子,成为皇后,实现了自己的婚姻理想。《汉书·外戚传》记载:太子刘奭因司马良娣之死悲痛过度而精神颓靡。皇后煞费苦心为他挑选的五位佳人(王政君为其一),"是时政君坐近太子,又独衣绛缘诸于",因而"得御幸,有身",[4]2953生子刘骜,后被立为皇太子。"母以子贵",由此,王政君成了掌握实权的皇太后、太皇太后。这些史料都说明了当时赵国有部分女子对这样的婚姻处于一种主动接受或积极争取的态度。

赵国女子婚姻观富于开放进取精神,是因为在当时视戎狄为野蛮民族而文化落后于中原华夏族的背景下,赵女子如果没有超人的智慧和勇气,不能顶着巨大的压力、排除一切干扰,是难以通过婚姻实现"一人得道,鸡犬升天"的目的。这与赵人善于变通进取的性格一脉相连。对此,沈长云先生也曾说:"任何推动社会向前进步的社会改革,都会遇到保守势力的激烈反对。赵武灵王胡服骑射改革,同样也受到崇尚中原礼义文化、蔑视周边少数民族文化的赵国贵族们的激烈反对。"[5]164赵国文化中,变革精神便是其明显的特色之一。因而可以说,开放进取精神自然也成为作为赵文化之一的赵国女子婚姻价值观的特色所在。

二、入后宫赵女婚姻价值观产生的基础

（一）赵地民俗

民俗作为社会文化的组成部分，对女性的婚姻观必然会产生重要的影响，它是婚姻观产生和存在的沃土。当时赵国"民俗懁急，仰机利而食"、"游媚富贵，入后宫，遍诸侯"的风俗，根深蒂固的影响着赵国的男男女女们。

据《史记》记载："中山地薄人众，犹有沙丘纣淫地余民。民俗懁急，仰机利而食。丈夫相聚游戏，悲歌忼慨，起则相随椎剽，休则掘冢作巧奸冶，多美物，为倡优。女子则鼓鸣瑟，跕屣，游媚富贵，入后宫，遍诸侯。"[2]3263《汉书·地理志》也有记载："赵中山地薄人众，……女子弹弦跕躧，游媚富贵，遍诸侯之后宫。"[3]961战国秦汉时期，赵地百姓性情急躁，仰仗投机取巧度日谋生；赵俗男子的特点是喜好聚会娱乐，具有从事歌舞艺人的职业习尚和不循法度，轻于作奸犯科；赵俗女子的特点是擅长弹奏琴瑟，善踏脚尖舞步，游媚富贵，大量涌入后宫。

可见，赵国男女有一个共性，即功利性强，善于钻营。赵国女子"游媚富贵"的婚姻观也是在此基础上发展起来的。

（二）赵地女性乐舞的普及及高超的舞技

那女子又是通过什么途径进入皇室贵族之列，来实现她们所追求的婚姻呢？这与赵国当时乐舞之技的独特和高超有关。

赵国女性婚姻与乐舞之间有着很紧密的联系。赵国历史上凭借歌舞技艺得到宠幸，实现自己婚姻理想的女性颇多，例如：赵简子的夫人女娟机智善辩、歌声动听，被简子"纳为夫人"。赵武灵王王后孟姚（吴娃怀嬴）的歌声、美貌使赵武灵王对她一见倾心，魂牵梦绕，"王梦见处女鼓琴而歌诗曰：'美人荧荧兮，颜若苕之荣。命乎命乎，曾无我嬴！'"最后把她"纳为妃子"。[2]1804还有汉成帝刘骜的第二任皇后赵飞燕，舞技绝妙，"上见飞燕而说之，召入宫，大幸"。[2]3988受汉成帝专宠近十年，贵倾后宫。

赵国统治者提倡并喜好乐舞，《汉书》记载：汉文帝为安慰思乡心切的慎夫人，曾"使慎夫人鼓瑟，上自倚瑟而歌"。[3]3961-3963与之相应的便是赵地乐舞的普及，在赵地，无论男女，都能歌善舞，喜好音乐。据《盐铁论·通有》记载："赵、中

山带大河，……然民淫好末，侈靡而不务本，田畴不修，男女矜饰，家无斗筲，鸣琴在室。"[6]42说明当时民间和社会底层，为了谋生或"奔富厚"而以歌舞技艺为生者颇多。很穷困的人家也有鸣琴之器。说明，赵地从社会上层到平民百姓皆好乐善舞。

赵地不仅乐舞普及，而且女子的舞技非常高超。《汉书·地理志》记载："赵中山地薄人众……女子弹弦跕躧。"[3]963孙继民先生考证"跕躧"即"邯郸步"，是一种类似现代芭蕾的舞步。据《史记·货殖列传》记载："赵女、郑姬，设形容，揳鸣琴，揄长袂，蹑利屣"，[2]3271赵女擅长的是一种长袖舞，在先秦两汉时期颇为流行。赵飞燕"属阳阿主家，学歌舞"，[3]3988是在贵族家庭——阳阿主家接受了歌舞训练。世传赵飞燕擅长"禹步"，走起来"若人执花枝，颤颤然"，舞蹈技艺极高。邯郸女子善于歌舞之技颇负盛名，故以"邯郸倡"代称擅长歌舞并以歌舞之技为生的人。这些女子已经能以此作为谋生技能，足以说明赵女舞姿袅娜，舞技高超。

《盐铁论·通有》称邯郸等名都"宅近市者家富，富在术数，不在劳身，利在势居，不在力耕"，[6]43这和"赵地"男女争做倡优，"用贫求富，农不如工，工不如商，刺绣文不如倚市门"的选择相得益彰，足以说明"赵地"歌舞倡伎之业的兴盛。这就使赵国女子比其他国家的女子具有了优越之处，即除了靓丽容颜之外又善于歌舞之技。

这些史料充分的印证了一个问题：赵女高超的乐舞技艺、艳丽的容颜成了她们吸引皇室贵族的招牌和资本。赵国的女子在当时"游媚富贵，入后宫"婚姻观驱使下，在轻佻、婀娜的邯郸步、长袖舞、禹步的武装下，进入皇室贵族之列。

(三) 与赵国变革进取的性格特征一脉相连

入后宫"赵女"不拘泥于传统、富于进取精神的婚姻观与赵人的变革图强的性格特征一脉相连。

赵源于晋，而晋国正是古代豪杰侠士的发源地，加之赵国地域辽阔，形成了与内地的人民不同的性格因素——变革进取精神。赵武灵王胡服骑射便是这种变革精神的集中体现。赵都邯郸作为当时南北交通的枢纽，是当时著名的商业大都会。在赵国发达的商品经济的影响下，赵人性格也沾染上商业都市的气息："不事农桑"、"仰机利而食"。《盐铁论·通有》称"赵、中山带大河，纂四通神衢，当天下之蹊，商贾错于路，诸侯交于道；然民淫好末，奢靡而不务本，田畴不修，家无斗筲，鸣琴在室"。[6]11特别是在战国后期，赵人更是"设智巧，仰机利",更加重视商业投机,甚至形成了"农不如工,工不如商"的思想。而赵人喜爱歌舞,女子遍诸侯都是商品经济影响所致。赵地女子受多元文化的影响,思想开放,能做出许多深明大义的事情。如《列女传》中就记载了许多赵地女杰,如赵简子夫人毅然承担父亲的罪责,这是赵人变革进取精神的集中体现。

总之,赵地复杂的自然地理环境,多民族、多文化孕育了赵人的悲歌慷慨、任侠为奸、变革进取等性格特征。而入后宫"赵女"开放进取、不墨守成规的婚姻观与赵人的变革进取、奋发图强的性格特征一脉相连。

(四)邯郸倡的养成与输送链条的形成,促成了赵地女子实现其婚姻目标,也进一步加固了赵地女子原有的婚姻价值观

容颜靓丽、善于歌舞的赵国女子,之所以能够顺利的"遍后宫",还因为当时的赵国已经形成了一条邯郸倡的养成、输送的完整链条。

据《汉书·外戚传》记载:王翁须八九岁时曾经寄养在广望节侯子刘仲卿家里,"仲卿教翁须歌舞";"居四五岁,翁须来言:"邯郸贾长儿求歌舞者,仲卿欲以我与之。"后来王翁须等五人被刘仲卿骗卖。王翁须到邯郸若干年后,太子舍人侯明又自长安至邯郸求歌舞者,"请翁须等五人。长儿使遂送至长安,皆入太子家。"[3]3961-3963 从王翁须离开家乡,直到最后进入汉武帝太子之家的经历说明,在赵国、中山国故地与京城长安之间存在着一条掠卖、输送歌舞艺人的渠道,这条渠道的前端是善产歌舞佳丽的赵国、中山故地,末端是需求不竭的京城皇室贵族,而在其中负责网罗、培训歌舞艺人的则是类似邯郸贾长儿等专门经营贩卖歌舞艺人的乐家,他们在这条贩卖、输送歌舞艺人的渠道中实际上发挥着中转作用。李傲雪也认为,"广望、卢奴等'赵、中山'故地是邯郸倡的产地,长安等贵族聚居之地是邯郸倡的销售地,邯郸则成为邯郸倡的集散地"。[7]34 王翁须由家乡经邯郸被贩入京城,这是邯郸倡养成、输送的一个渠道。这样,像王翁须这样的歌舞艺人有了这样的输送渠道,通过婚姻的大门成就了赵国女子"游媚富贵,入后宫,遍诸侯"的婚姻追求与理想,婚姻理想的实现反过来又促进和强化了原有的婚姻价值观。

综上所述,先秦两汉时期入后宫"赵女"的婚姻取向具有务实性和功利性、政治性、开放进取性等特征。这种婚姻价值观既深深根植于赵国善歌善舞、"游媚富贵,入后宫"、"仰机利而食"的功利性追求的民俗土壤中,又与赵国人变革进取精神一脉相连。

参考文献：

［1］　沈长云：《关于赵国史研究的几个问题》,《邯郸师专学报》1999 年第 2 期。

［2］　司马迁：《史记》,中华书局 1959 年版。

［3］　班固：《汉书》,中华书局 1962 年版。

［4］　班固：《汉书》,中华书局 1999 年版。

［5］　沈长云：《赵国史稿》,中华书局 2000 年版。

［6］　王利器：《盐铁论校注》,中华书局 1992 年版。

［7］　李傲雪：《"邯郸倡"再研究》,《河北大学学报》2010 年第 5 期。

关于赵飞燕"踽步"的几个问题

刘广瑞*

在北宋传奇文创作中,出现了两位善于撷取历史题材的作家。一位是前期的乐史,作有《绿珠传》等;一位是中后期的秦醇,作有《赵飞燕别传》、《骊山记》、《温泉记》。传奇文虽是由撷取历史题材而创作,但正如陈寅恪先生在《〈桃花源记〉旁证》一文中所述那样:

> 陶渊明桃花源记寓意之文,亦纪实之文也。其为寓意之文,则古今所共知,不待详论。其为纪实之文也,则昔贤及近人虽颇有论者,而所言多误,故别拟新解,以成此篇。止就纪买立说,凡关于寓意者,概不涉及,以明界限……

> 要在分别寓意与纪实二者,使之不相混淆,然后钩索旧籍,取当日时事及年月地理之记载,逐一证实之。穿凿附会之讥固知难免,然于考史论文之业不无一助,或较古今论辩此记之诸家专向桃源地志中讨生活者聊胜一筹乎?[1]168、177-178

可以做到以诗证史、诗史互证。《赵飞燕别传》中有"赵后腰骨纤细,善踽步行,若人手持荏枝,颤颤然,他人莫可学也"[2]74叙述。这条记载虽过于简单,但给我们提供了很多史学研究新线索。本文拟以《别传》记载的"踽步"为基础,一是探究"踽步"与"禹步"的关系;二是分析一下赵飞燕是从哪里学的踽步;三是作为邯郸人的赵飞燕与道教、西南少数民族之关系;四是探讨一下踽步、禹步与邯郸学步的关系。下分述之,不当之处,望知者指正。

一、踽步和禹步

"踽",《说文》第二篇下曰"疏行貌。从足,禹声。《诗》曰:'独行踽踽'。区主切。"[3]46"踽"为"从足,禹声"。也就是说,"踽"和"禹"在古代是同音通假

---

* 刘广瑞(1982—),男,河北沙河人,邯郸学院科研处讲师。

字,"踽步"即"禹步",关于这一点,前人已有所提及和论述,故不再赘述之①。现在我们着重探讨一下"禹步"的有关问题。

现存所知最早记录"禹步"的是成书于战国的《尸子》和秦墓出土的简牍。《尸子》云:

> 古者,龙门未辟,吕梁未凿。禹于是疏河决江,十年不窥其家,生偏枯之病,步不相过,人曰禹步。[4]382

睡虎地秦简《日书》甲种"盗者"篇曰:

> 行到邦门困(阃),禹步三,勉壹步,谭(呼):"皋,敢告曰:某行毋(无)咎,先为禹除道。[5]223

另外,在周家台 30 号秦墓发掘出土的一批简牍医方中,有一条是治"马心"疾的巫方。原文曰:

> 马心:禹步三,乡(向)马祝曰:"高山高郭,某马心天,某为我已之,并□侍之。[6]132

《尸子》和秦简记载告诉我们,"禹步"起源于两种说法:一是"禹步"起源于大禹治水;二是"禹步"起源于一种巫术或法术。关于"禹步"这两种起源说,学术界已有所关注,并且取得了成果。② 纵观学术界研究成果,可知禹步是战国巫师创造的一种整齐有序、规范严谨的巫术步法。道教形成后,"禹步"被纳入道教方术体系。经过道士的总结和整理,"禹步"步法愈趋规范。现存最早的对"禹步"步法作明确描述的资料是葛洪《抱朴子·内篇》里《仙药》和《登涉》两

----

① 郭成智:《墨子鲁阳人考论》,黄山书社 1999 年版,第 206—207 页;金秋:《中国传统文化与舞蹈》,中国社会科学出版社 2006 年版,第 121 页;彭松:《中国舞蹈史(秦汉魏晋南北朝部分)》,文化艺术出版社 1984 年版,第 60 页;向开明:《太极文化与东亚舞蹈文化》,民族出版社 2006 年版,第 106 页;杨匡民、李幼平:《荆楚歌乐舞》,湖北教育出版社 1997 年版,第 234 页;周耘:《道乐渊源探析》,《黄钟》2005 年第 4 期。

② 陈梦家:《商代的神话与武术》,《燕京学报》1936 年第 20 期;刘师培:《刘申叔遗书》,江苏古籍出版社 1997 年版;胡新生:《禹步探源》,《文史哲》1996 年第 1 期;刘宗迪:《禹步·商羊舞·焚巫尪——兼论大禹治水神话的文化原形》,《民族艺术》1997 年第 4 期;晁天义:《禹步巫术与禹的神化》,《陕西师范大学继续教育学报》,2000 年第 3 期;余健:《卍及禹步考》,《东南大学学报(哲学社会科学版)》2002 年第 1 期;李零:《禹步探原——从"大禹治水"想起的》,《书城》2005 年第 3 期;李剑国、张玉莲:《"禹步"考论》,《求是学刊》2006 年第 5 期;王进:《中国西南少数民族法师禹步的道教意涵》,《康定民族师范高等专科学校学报》2008 年第 4 期;熊永翔、王进、谭超:《道教禹步论》,《湖北社会科学》2010 年第 4 期。

篇。《仙药》篇云：

　　禹步法：前举左，右过左，左就右。次举右，左过右，右就左。次举右，右过左，左就右。如此三步，当满二丈一尺，后有九迹。[7]209

《登涉》篇云：

　　禹步法，正立，右足在前，左足在后，次复前右足，以左足从右足并，是一步也。次复前右足，次前左足，以右足从左足并，是二步也。次复前右足，以左足从右足并，是三步也。如此，禹步之道毕矣。[7]302-303

　　随着"禹步"道教神秘化，禹步法趋于复杂，并被不断赋予各种道教意义。最初《抱朴子》"禹步"法应当说比较简单，没有太多的讲究，后演变出步罡踏斗、十二迹禹步法、三五迹禹步法、十五迹禹步法、天地交泰禹步法、五行相生相克罡禹步法、九州罡禹步法、二十八宿罡禹步法等等，多达几十种。总的看来，"禹步"步法呈现出规范化和复杂化的倾向，宗教含义也呈多样化，与"禹步"的原始意义也就相去愈远。关于"禹步"的功能，李剑国、张玉莲两位在《"禹步"考论》[8]一文中认为"禹步"的功能其实体现在整个武术和法术的操作程序之中，它并不具备单独发挥的效力。禹步分明成为道教法术系统的核心和灵魂，能驱邪镇鬼、治病救人，所向无敌，有求必应，具有万能的作用。其文还具体分析了禹步的功能：一是消灾祛病、驱除鬼魅；二是禁御毒蛇猛兽；三是致雨。

二、赵飞燕"踽步"

　　据《汉书》记载"孝成赵皇后，本长安宫人。初生时，父母不举，三日不死，乃收养之。及壮，属阳阿主家，学歌舞，号曰飞燕。"[9]3988赵飞燕长大后"属阳阿主家"。"阳阿"，据《汉书·地理志》记载，"阳阿"属上党郡。而师古在上述所注中云："阳阿，平原之县也。"[9]3988查《汉书·地理志》"平原郡"可知，有一"阿阳县"隶属于平原郡。① 据《中国古今地名大辞典》："平原县，古平原邑。齐西境地，属赵。赵惠文王封弟胜为平原君。汉置县。并立平原郡于此。"[10]212也就是说关于"阳阿"一地名有两种说法，一是属于上党郡；一是属于平原郡。但是不

---

　　① 显然"阳阿"和"阿阳"是两个不同的地名。而《中国古今地名大辞典》记载："阿阳县，亦曰阳阿。汉置县。后汉省。故城在今山东禹城县东。"这里所说的阳阿也叫阿阳，是一个地名，是错误的。臧励龢等：《中国古今地名大辞典》，香港商务印书馆1931年版，第565页。

论属于上党郡还是属于平原郡,皆属于赵地。① 赵飞燕在曾属"赵地"的阳阿主家接受了系统的歌舞训练,其舞风舞韵必然受到故赵地社会环境民风民俗的影响。而她的人生经历也正好印证了司马迁和班固对赵地民俗精辟概括的准确性。司马迁在《史记》卷一二九《货殖列传》中说道:

> (赵)、中山地薄人众,犹有沙丘纣淫地余民。民俗懁急,仰机利而食。丈夫相聚游戏,悲歌慷慨,起则相随椎剽,休则掘冢作巧奸冶,多美物,为倡优。女子则鼓鸣瑟,跕屣,游媚贵富,入后宫,遍诸侯。[11]3263

班固《汉书》卷二八下《地理志》称:

> 赵、中山地薄人众,犹有沙丘纣淫乱余民。丈夫相聚游戏,悲歌慷慨,起则椎剽掘冢,作奸巧,多弄物,为倡优。女子弹弦跕蹦,游眉富贵,遍诸侯之后宫。[9]1655

从以上文献记载,我们可以看出赵俗女子的特点则是"鼓鸣瑟,跕屣,游媚富贵,入后宫,遍诸侯"。其中的"跕蹦"应是以足尖着地为特征而类似现代芭蕾的舞步[12]18。赵飞燕本来是"长安宫人",据《汉书》师古注:"本宫人以赐阳阿主家也。宫人者,省中侍使官婢,名曰宫人,非天子掖庭中也。事见《汉书议》。言长安者,以别甘泉等诸宫省也。"[9]3988说明赵飞燕出身于官奴婢,后来又被赏赐给阳阿主家,成了阳阿主家的歌舞奴婢,后通过特殊的"禹步"舞,而进入后宫,最终成为皇后的。从这一点说,赵飞燕是一位"邯郸倡"[13]。那么她的"禹步"舞,必然受到当时赵地文化中心邯郸的影响。禹步舞很有可能就是由邯郸传到上党郡或者平原郡的,或者说赵飞燕受邯郸舞启发而创作的。

战国时期,邯郸成为赵国都城,《史记·货殖列传》所称"邯郸亦漳、河之间一都会也",[11]3264即指战国至西汉武帝初期而言。汉武帝后期和汉昭帝初期,邯郸的经济地位已超过战国时期,被当时人称为"天下名都"。《盐铁论·通有》称:

> 燕之涿、蓟,赵之邯郸,魏之温轵,韩之荥阳,齐之临淄,楚之宛、陈,郑之阳翟,三川之二周,富冠海内,皆为天下名都。[14]41

西汉后期至新莽年间,邯郸又进而跻身除京师长安之外的全国五大都市之列。《汉书·食货志》称王莽时:

---

① 赵地,参见《战国秦汉时期赵俗例证》赵地便是赵国盛时疆域的东南部地区,即包括故中山国之地在内的今河北省的中部、南部地区。孙继民:《战国秦汉时期赵俗例证》,孙继民、郝良真等著:《先秦两汉赵文化研究》,方志出版社2003年版,第18页。

遂于长安及五都立五均官,更名长安东西市令及洛阳、邯郸、临淄、宛、成都市长皆为五均司市师。东市称京,西市称畿,洛阳称中,余四都各用东西南北为称。[9]1180

邯郸在"五都"中仅次于洛阳,占第二位,再加上京城长安,则邯郸位居第三。于此可见邯郸在全国经济中的重要地位。经济上的发达必然带来了艺术上的繁荣。战国邯郸属于"天下善为音"[15]1180,是当时的音乐之都;有古诗曰"燕赵多佳人,美者颜如玉。被服罗裳衣,当户理清曲"。[16]411 就是对赵地歌舞女子的准确描写。西汉一代的音乐人才多出于赵地,汉武帝设立乐府采集赵、代、秦、楚之音,并任用赵人李延年担首任都尉。在西汉,选妃的在西汉,选妃的主要条件不仅在"色",更看重"艺"。这让艺术之乡——赵地占了上风。赵地女子"挟鸣琴,揄长袂,蹑利屣",以及"弹弦跕屣"爱好舞蹈,努力成享誉天下的"邯郸之倡",这是赵地民间乐舞向专业化发展的标志。她们既有出自陋巷的贫家女,也有来自富户的娇女。她们以乐舞之技来托付终身,一旦入宫或被宠幸,便可富贵加身。在这里不仅寻常人家延聘歌舞师教习歌舞和礼仪,社会上也设有专门的艺术培训机构,到各地收买美女,待艺成之后,就卖于官府,或径直贡献给朝廷。赵飞燕,起初本为长安宫人,后来被赐给阳阿公主充作歌舞姬时才严格进行歌舞训练。她最擅长的一种著名的"禹步"舞,就是在赵地学习的,汉成帝微行至此而发现。因此,赵女能晋身为西汉后宫宠幸与她们在艺术上的修养是分不开的。赵飞燕歌舞技艺的获得也应为乐师传习。

在盛行歌舞宴乐的贵族之家,活跃着乐师的身影,乐师往往由技艺娴熟的倡优担任。据《汉书》:

> 崇每候禹,常责师宜置酒设乐与弟子相娱。禹将崇入后堂饮食,妇女相对,优人筦弦铿锵极乐,昏夜乃罢。[9]3349

这位叫宜的乐师显然负责乐舞宴会和教授"弟子"歌舞。仍据《汉书》:

> 后去(指广川王刘去)数置酒,令倡俳裸戏坐中以为乐。相疆劾系倡,阑入殿门,奏状。事下考案,倡辞,本为王教脩靡夫人望卿弟都歌舞。[9]2431

广川王刘去非常喜好倡优,宫内有很多倡优。据这些倡优自己的说辞,他们还担负教授"脩靡夫人望卿"的妹妹"都"歌舞的任务。他们既以歌舞娱人,又承担了乐师的角色。上述分析说明:贵族之家蓄养并雇用乐师传习歌舞,而且是从儿时即开始传习,是培养"邯郸倡"的主要方式。这是和贵族之家盛行歌舞的活动相适应的。赵飞燕所学或者所创造的禹步舞,应该由邯郸乐师传到上党郡或者平原郡的。

三、邯郸"踶步"与道教、西南少数民族

李学勤先生在《东周与秦代文明》一书中,曾将东周时代列国划分为七个文化圈,其中中原文化圈:"以周为中心,北到晋国南部,南到郑国、卫国,也就是战国时期周和三晋(不包括赵国北部)一带。"北方文化圈:"包括赵国北部、中山国、燕国以及更北的方国部族。"[17]11根据这样的划分,赵国的南部和北部分别属于中原和北方两个文化圈。李先生的划分实际上已经包含了赵文化二重构成这一命题的基本内涵。第一,赵文化是平原文化与高原文化、内地文化和边地文化的二重构成。第二,赵文化是农耕文化与畜牧文化的二重构成。第三,赵文化是华夏文化与胡族文化的二重构成。[18]文化多元,思想必然开放,宗教意识形态活跃。"早在先秦时期,文献所载赵氏神话传说所反映的赵氏日常生活中的宗教崇拜,主要有图腾崇拜、高山崇拜与祖先崇拜。"[19]527而这些宗教崇拜正是后来道教产生的信仰根源。

赵人还好占卜,在赵人的日常生活中,经常通过占卜来解释日食一类的奇异自然现象,或通过占卜来解梦,以预测未来之事。如《左传·哀公十七年》:"夏六月,赵鞅围卫。齐国观、陈瓘救卫,得晋人之致师者。子玉使服而见之,曰:'国子使执其柄,而命瓘曰:'无辟晋师'。岂敢废命?子又何辱?'简子曰:'我卜伐卫,未卜与齐战。乃还。"[20]1696占卜,成为赵人军事决策必不可少的手段。由于占卜活动在赵国生活中占有重要地位,赵国设有专门主管占卜事宜的太卜和史。据《战国策》记载:

> 赵取周之祭地,周君患之,告于郑朝。郑朝曰:"君勿患也,臣请以三十金复取之。"周君予之,郑朝献之赵太卜,因告以祭地事。及王病,使卜之。太卜谴之曰:"周之祭地为祟。"赵乃还之。[15]32

太卜借助占卜王病谴责赵王,正是太卜通过占卜以参政的实证。赵国的史,就是《周礼·春官》所记载的占之史,由他具体负责占卜事宜,《周礼·春官》记载,"凡卜筮。君占体。大夫占色。史占墨。"[21]649史占墨,占墨也就是占看灼龟骨所显的裂痕的大枝,以此解释占卜的结果。见于文献记载的赵氏史官,有史赵、史墨、史龟、史援、筮史敢等。赵氏最高统治集团的占卜活动,分卜和占两步进行,卜者一般为赵氏之主,而占者则多由史官进行。赵盾梦叔带持要而哭时,赵盾卜,兆绝而后好,史援占梦,对梦进行了解释。哀公九年宋伐郑,赵盾卜问是否救郑,然后请史赵、史墨、史龟三位史官同时进行占释。赵氏同时

有三位史官占释,应该就是从商朝开始延续下来的三占从二之法。[19]534

除占卜外,筮法在赵人中也比较流行,战国时期的赵国还存在有筮史之官,以掌管筮占。据《史记·赵世家》记载,赵孝成王四年,"王梦衣偏裻之衣,乘飞龙上天,不至而坠,见金玉之积如山。明日,王召筮史敢占之。"[11]1824

占卜与筮法并用的现象,从商朝以来已经出现,赵人占卜与筮法并用,应当就是古代卜筮并用之法的延续。这是道教产生的法术根源。

春秋时期的邯郸是学术中心,涌现出多位著名的思想家,是因为这里聚集了一大批士人学者。聚集在邯郸的学者或著书立说,或辨彰学术,或从政为官,使邯郸一时呈现出学术思想活跃、学术活动频繁的局面。有荀子、公孙龙、慎到等,这些人的思想是道教产生的思想渊源。

邯郸在春秋战国时期具备了拥有了道教产生的信仰根源、法术渊源、思想渊源,为道教的产生奠定了坚实的基础。特别是占卜、巫术之法的活跃,促进了道教"禹步"的产生。赵飞燕禹步之舞根源于赵地邯郸道教的渊源。

"禹步"之法,在我国西南少数民族祭祀仪式中运用十分常见。在西南少数民族地区宗教的禹步,俗称为踩九州、踩八卦、走罡。贵州德江县傩坛罡步据说有 72 种,常用的有推磨罡、八字罡、跪拜罡、绕堂罡、北斗七星罡、天门步坛罡、踩九州、十字罡、丁字罡、五步拜鬼罡等[22]。这种禹步,与道教的禹步确有深厚的渊源关系,也是历史上道教影响西南少数民族的结果,体现了道教诸宗师致力于"道化四夷",其弘扬大道济世度人的道家思想。

赵国卓氏迁至四川临邛靠铁山鼓铸而重新发迹,就是在这样的历史背景下发生的。《史记》卷 129《货值列传》称:

> 蜀卓氏之先,赵人也,用铁冶富。秦破赵,迁卓氏。卓氏见虏略,独夫妻推辇,行诣迁处。诸迁虏少有余财,争与吏,求近处,处葭萌。唯卓氏曰:"此地狭薄,吾闻汶山之下,沃野,下有蹲鸱,至死不饥。民工于市,易贾。"乃求远迁。致之临邛,大喜,即铁山鼓铸,运筹策,倾滇蜀之民,富至僮千人。田池射猎之乐,拟于人君。[11]3277

汉代的蜀赵两地文化交流,从考古出土的铜器中,也可以得到进一步的印证。1970 年至 1972 年,在邯郸南部张庄桥 1 号、2 号汉墓的考古中,出土了刻铭为"建武廿三年蜀郡西工造乘舆大爵酒樽"。[23]东汉时期的赵国,虽然已失去战国西汉时期在全国经济中所占的重要地位,但它的经济、文化在中原地区仍然是较为发达的,手工业和商业也较为兴旺,同全国各地的经济交流十分频繁。该墓所出的"蜀西工"造酒樽,很有可能就是通过京都运来或相互赠与之器。

蜀、赵两地的交流,不仅仅限于经济技术方面,在文化艺术方面同样可以找到它们的踪迹。巴渝舞在殷商时期就在巴蜀地区盛行,而且通过战争已传到殷商中心地区。在汉代便在中原地区流传。《晋书》卷22《乐志》曾记:

> 汉高祖自蜀汉将定三秦,阆中范因率賨人以从帝,为前锋,乃定秦中,封因为阆中侯,复賨人七姓。其俗喜舞,高祖乐其猛锐,数观其舞,后使乐人习之。……黄初三年,又改巴渝舞曰昭武舞。……及晋又改昭武舞曰宣武舞。[24]693-694

这时的巴渝舞已同起初的军事舞蹈有着很大的区别,同时也说明巴渝舞也已融合于中原文化之中。赵地在战国秦汉时期,也曾以善音乐舞蹈而著称,汉代音乐家李奇就是赵人。赵邯郸鼓,曾是皇宫十二鼓之一。汉高祖提倡乐人习巴渝舞,必然对中原地区的音乐舞蹈艺术产生影响。[25]52

由此赵地传统音乐舞蹈艺术在发展中必然会吸收巴渝舞的因素。赵飞燕禹步舞必然吸收了蜀地舞蹈的精髓。

四、踽步与邯郸学步

"邯郸学步"大家皆知,语出《庄子·秋水》:

> 子独不闻夫寿陵余子学行于邯郸欤? 未得国能,又失其故行矣,直匍匐而归耳。[26]147

"邯郸学步"是则寓言,作者意在比喻模仿别人不成,反而失去自己固有的技能。它虽然带有极度夸张和渲染的色彩,却并非完全凭空虚构,它在相当程度上反映了历史真实。虽然古今学者对寓言故事的地名、人物身份的解释不尽相同①,但其中地名——寿陵、邯郸和人物身份——余子的真实性不容置疑。由

---

① 唐成玄英疏称:"寿陵,燕之邑。邯郸,赵之都。弱龄未仕,谓之余子。其俗能行,故燕国少年远来学步。"认为寿陵是燕国地名,余子指弱龄未仕的少年。今人曹础基《庄子浅注》认为:"寿陵,成玄英说是燕邑,司马注只说是邑名。疑是赵邑,因为邯郸是赵国国都,而下句说'未得国能'国能指国都人的本领。寿陵余子是赵人才可以以称邯郸为国。如果是燕邑人,就不宜称为国能了。余子,少年。"缩印本《辞海》认为余子有四种:第一,古指嫡长子以外的儿子;第二,官名;第三,周代兵役制度规定每户以一人为正卒,余者为羡卒,即余子;第四,指其余的人。《辞源》只举三种含义,无官名一说。杨伯峻氏《春秋左传辞典》认为余子有三解:一指狭义之余子,"嫡子之母弟",即嫡长子同母弟;二指广义之余子,除嫡长子同母弟外,还包括"妾之子"(这同《辞海》第一种含义相同);三指官名。

此推断,除去这个寓言的夸饰成分,寿陵余子学习模仿的对象——邯郸步也确有其事。孙继民认为这位寿陵余子为之倾倒的"邯郸步"应即赵女的"跕躧"、"蹑利屣"的舞步,至少可以说与"跕躧"、"蹑利屣"多少有所联系。总之,赵俗女子确有一种与众不同的习惯性舞步。[12]15-28

正是"因为与众不同、技艺高超,才会有人来学习"。[27,28]这种与众不同的舞步很有可能就是赵飞燕的"踽步"舞。

综上可知,"踽步"即"禹步"。赵飞燕"踽步"舞,受到当时赵地文化中心邯郸的影响;踽舞很有可能就是由邯郸传到上党郡或者平原郡的,或者说赵飞燕受邯郸舞启发而创作的;其禹步之舞根源于赵地邯郸道教的渊源,并且很有吸收了巴渝舞蹈精髓。可以说,先秦两汉时期,赵地中心邯郸不仅是经济中心城市,而且是文化艺术中心城市,吸引了各地人才来此学习交流,传播文化。

参考文献:

［1］ 陈寅恪:《金明馆丛稿初编》,上海古籍出版社 1980 年版。

［2］ 刘斧:《青琐高议》,上海古籍出版社 1983 年版。

［3］ 许慎:《说文解字》,中华书局 1963 年版。

［4］ 李昉等:《太平御览》,中华书局 1960 年版。

［5］ 睡虎地秦墓竹简整理小组:《睡虎地秦墓竹简》,文物出版社 1990 年版。

［6］ 湖北省荆州市周梁玉桥遗址博物馆:《关沮秦汉墓简牍》,中华书局 2001 年版。

［7］ 王明:《抱朴子内篇校释》,中华书局 1985 年版。

［8］ 李剑国、张玉莲:《"禹步"考论》,《求是学刊》2006 年第 5 期。

［9］ 班固:《汉书》,中华书局 1962 年版。

［10］ 臧励龢:《中国古今地名大辞典》,商务印书馆 1931 年版。

［11］ 司马迁:《史记》,中华书局 1959 年版。

［12］ 孙继民:《战国秦汉时期赵俗例证》,孙继民、郝良真:《先秦两汉赵文化研究》,方志出版社 2003 年版。

［13］ 李傲雪:《邯郸倡再研究——以"汉宣帝外祖母王媪等证词"为例》,《河北大学学报(哲学社会科学版)》2010 年第 4 期。

［14］ 王利器:《盐铁论校注(定本)》,中华书局 1992 年版。

［15］ 刘向:《战国策集录》,上海古籍出版社 1985 年版。

［16］ 萧统:《文选》,李善注,中华书局 1977 年版。

［17］ 李学勤:《东周与秦代文明》,上海人民出版社 2007 年版。

［18］ 孙继民、郝良真:《论战国赵文化构成的二重性》,《河北学刊》1988 年第 2 期。

［19］ 沈长云:《赵国史稿》,中华书局 2000 年版。

［20］ 《十三经注疏》整理委员会:《春秋左传正义》,北京大学出版社 1999 年版。

［21］ 《十三经注疏》整理委员会:《周礼注疏》,北京大学出版社 1999 年版。

［22］ 王进:《中国西南少数民族法师禹步的道教意涵》,《康定民族师范高等专科学校学报》2008 年第 4 期。

［23］ 于豪亮:《四川涪陵的秦始皇二十六年铜戈》,《考古》1976 年第 1 期。

［24］ 房玄龄:《晋书》,中华书局 1974 年版。

［25］ 郝良真:《从邯郸所出铜器看蜀赵两地的文化交流》,孙继民、郝良真:《先秦两汉赵文化研究》,方志出版社 2003 年版。

［26］ 王先谦:《庄子集解》,沈啸寰点校,中华书局 2006 年版。

［27］ 梁宇:《历史与空间:简述燕、赵地域文化中的舞蹈》,《文汇报》2010 年 4 月 10 日。

［28］ 王兴:《古赵乐舞初探》,《邯郸师专学报》1999 年第 1 期。

历代诗词中的"赵女"形象解读

杨　洁*

一、"赵女"文学原型之诞生

赵国为战国七雄之一,国都邯郸"富冠海内",文化繁荣。先秦以来,赵地为"天下善为音,佳丽人之所出"[1]1725,"赵女"这一美艳而善晓音律的女性群体便诞生于此域。后世文人骚客对这一女性群体青睐有加,历经笔墨渲染,"赵女"形象日益生动,成为历代诗词创作中独具特色的艺术原型之一。

有学者曾将"赵女"的历史含义归纳为:(1)美貌;(2)精通音律;(3)作风开放。[2]17笔者认为,文学中的"赵女"含义应较史学宽泛,广义上既包括那些逶迤于上层社会的赵地女性,如"邯郸倡"、"邯郸才人"、"铜雀伎"①等,也涉及那些徜徉于乡里穷闾之间的平民女子,如"沽酒邯郸女"、"织纴丛台女"、"劳作赵妇"等。而赵女中的佼佼者,如赵飞燕、慎夫人、秦罗敷等,更成为历代诗词中或毁或誉之焦点。据不完全统计,自先秦至明清,涉及"赵女"的诗词作品近四百余首,在体裁上包括五古、七律等,在内容上或抒情,或叙事,包含闺怨诗、宫体诗、浮艳诗、怀古诗、边塞诗等多种类型。其中,仅描写赵飞燕的作品就达百余首之多。本文拟选其中一些作品,对历代诗词中塑造的"赵女"形象作一探讨,求教于方家。

---

*　杨洁(1981—),女,河北邯郸人,邯郸学院历史系讲师,历史学硕士。

①　或称铜雀妓,曹操在邺城修建铜雀台,台上备有专供侍宴观赏的乐舞伎,《魏志》记载"曹公临死,谓婕好妓人曰:'汝等时时登铜爵臺,望吾西陵墓田。'"曹死后,伎人们遵遗命,被幽锁于台上,定期向曹操之西陵呈歌献舞。后"铜雀妓"成为乐府平调曲名,又名"铜雀臺",诗人何逊、朱放、王勃、宋之问、陆游、张宪、汪广洋、陈束、徐渭等都曾以"铜雀妓(伎)"或"铜雀台"为题创作,多为怀古咏史之作。

二、"赵女"文学形象之类型

历代文人多从赵女的绝世容貌、美妙歌舞和多舛命运着手,通过诗歌的艺术加工,将"赵女"这一历史原型塑造成各类栩栩如生的文学形象。

(一)"艳彩敌芙蓉"的美女形象

"赵女"首先以美艳著称。通观历代诗词,"吴娃"、"楚姝"等地域女性群体已成为南方美女之代名词,而"燕赵佳人"更成为北方佳丽的代表。古诗云:"燕赵多佳人,美者颜如玉。"(《东城高且长》)[3]25可见,赵女之美誉遍传天下。

诗人对"赵女"容貌之美的描写十分细致。首先,塑造她们不施粉黛的天生丽质。据载,"起明光宫,发燕赵美女二千人充之,率取十五以上,二十以下,凡诸宫美人,可有七八十,与上同辇者十六人,员数恒使满,皆自然美丽,不使粉白黛黑。"[4]325有诗印证该典故,"建章西宫焕若神,燕赵美女二千人。君王厌德不忘新,况群艳冶纷来陈。"(吴少微《怨歌行》)[5]619指出赵女因美丽而成为充盈后宫之首选。李白亦在《赠清漳明府侄聿》诗中提到"赵女不冶容,提笼昼成群",[6]1737描摹了一群装扮清雅的"赵女"出游之景。更有诗人从面色、眉眼等细节描摹,如明代诗人盛时泰的《拟古诗七十首》中写到"侍女出邯郸,年齿二八余,桃李为面颜"[7]丁集第7,沈约在《登高望春诗》中提及"赵女杨翠翰"[8]182,将赵女眉毛形容为翠鸟的羽毛。诗人用"桃李"面颜、"翠翰"蛾眉点出赵女楚楚动人之处。

此外,诗人还惊艳于那些因歌舞表演需要而浓施粉黛的"赵女"之姿。据载,赵地"女子盛饰冶容,习丝竹,长袖,倾绝诸侯"[9]358。南朝诗人曾勾勒"挟瑟夜经过"的赵女容貌,"纤腰曳广袖,半额画长蛾"(吴均《与柳恽相赠答六首》)[8]231,诗中赵女装扮突显出魏晋时期的着装特色。宋代吕胜己的《虞美人》中也提及"奏罢宫中乐"的邯郸倡,"粉面云鬟参杂、汉宫妆"。可见,赵女在妆容上颇为讲究。历代诗人对冶容赵女的描写主要体现在"妖"、"艳"、"丽"三字上。顾野王的《艳歌行》中描写到:"齐倡赵女尽妖妍,珠帘玉砌并神仙……妖姿巧笑能倾城,那思他人不憎妒。"[5]581萧子显的《美女篇》中云:"佳人淇洧上,艳赵复倾燕。繁秾既为李,照水亦成莲。"[5]913施荣泰的《杂诗》中更有赵女"修丽姿"的诗句,"妆成桃毁红,黛起草惭色。罗裙数十重,犹轻一蝉翼……折柳贻目成,采蒲赠心识。来时娇未尽,还去媚何极",[8]168从姿色服饰到表情动作无不细致刻画。三首诗词异曲同工,将赵女之艳丽生动再现。

历代诗词对赵女美貌的描写多为满足男性文化消费心理,或满足男性文人狎弄心理的需求,或满足他们彰显不羁个性的需要,或将赵女美貌批判为红颜祸水,表明诗人高尚的爱国情操。一面批判赵女"一顾倾城国,千金不足多"(张华《轻薄篇》)[10]359,一面呼吁"我愿燕赵姝,化为嫫母姿。一笑不值钱,自然家国肥。"(于濆《苦辛吟》)[6]6926可见,在封建男权社会,赵女同其他美丽女性一样背负着"祸国殃民"之骂名。

(二)"秀慧解歌舞"的倡女形象

赵女以精通音律闻名。据载,秦始皇统曾在后宫组成一支庞大女乐队伍,"妇女倡优,数巨万人",其中"佳冶窈窕赵女"[11]517便是重要成员。历代诗人不吝笔墨赞叹赵女之能歌善舞。"中山孺子倚新妆,赵女燕姬总擅场"[12]卷1,李梦阳在《汴中元宵绝句》中的描写说明她们在明代上层社会的声色场所中始终位居首席。可见,赵地倡女的艳名传世久远。

诗人首先肯定了赵女在乐器方面的造诣。诗词记载,赵女管乐、弦乐皆能精通,所用乐器种类繁多,见表1。

表1　历代诗词中"赵女"使用乐器

诗词	体裁	朝代	作者	诗词内容	乐器说明
捣素赋	赋	汉	班婕好	燕姜含兰而未吐,赵女抽簧而绝声。	簧,笙中之簧片,此处指一种借薄片发声之乐器。
杂句从军行一首	乐府	梁	简文帝	小妇赵人能鼓瑟,侍婢初笄解郑声。	瑟,弦乐器,似琴,平放演奏。
四望楼	五古	唐	曹邺	无限燕赵女,吹笙上金梯。	笙,吹奏管乐器名,用长短不同的竹管制成。
杂歌谣辞·邯郸郭公辞	乐府	唐	温庭筠	金笳悲故曲,玉座积深尘。言是邯郸伎,不易邺城人。	金笳,古代北方民族常用的一种管乐器,类似笛子。
闻邻家理筝	七律	唐	徐安贞	忽闻画阁秦筝逸,知是邻家赵女弹。	秦筝,古秦地的一种弦乐器,似瑟。

续表

诗词	体裁	朝代	作者	诗词内容	乐器说明
七月二日戏为纨扇新体	五古	宋	舒岳祥	十五邯郸女,玉指弄丝桐。	丝桐,指琴。古人削桐为琴,练丝为弦,故称。
题花门将军游宴图	七律	明	宋濂	赵女如花二八强,皮帽新裁系锦氅,低抱琵琶弹《凤凰》。	琵琶,汉末魏初名"枇杷",四弦乐器。
咏怀六首	五古	明	梁有誉	秦女善鸣筝,赵女亦吹竽。	竽,古代吹奏乐器,像笙。

赵女在乐曲演奏上还不断创新。以宋代诗作为例,曹勋在其《行路难》中便感叹"秦姬赵女变新声,入金石兮裂丝竹",孔欣在其《置酒高堂上》中也提及"邯郸有名倡,承间奏新声",[5]461 演奏"新声"既表现出赵女才艺之不凡,也揭示出其盛名不衰的原因之一。

赵女还以歌喉妙绝后世。"倡"古同"唱",因此赵女中的"邯郸倡"指的即为邯郸歌女。李白在七古《幽歌行上新平长史兄粲》中描写"赵女长歌入彩云"[6]1716,将赵女嗓音之嘹亮刻画至极。在诗人眼中,赵女歌声成为搭配良曲佳舞之必需,"幸及良辰耀春华,齐倡献舞赵女歌"(张华《白纻舞歌诗》)[5]798,便是以赵女清唱来伴舞。元代词人许有壬在《南乡子》中描写:"更着赵娘歌宛转,相联,消得诗人笔似椽。"赵女歌喉更成为激发文人创作灵感之良剂。还有诗人在"大地凛凛忧干戈"之时,高呼"侑以吴松长丝之玉鲙,送以邯郸皓齿之清歌"(《行牌头奴寨之间皆建炎末避贼所经也》)[13]290,使赵女歌声具备了乱世之中抚慰心灵的功效。

"赵女弹箜篌,复能邯郸舞"(王维《偶然作六首》),[6]1253赵女还因善舞享誉天下。魏文帝在《大墙上蒿行》云:"奏桓瑟,舞赵倡,女娥长歌,声协宫商。"[5]569表明了赵女的舞女身份。而赵女舞姿之妙主要体现在轻盈上,如李弥逊《次韵陆虞仲学士涂中咏雪二首》中的"唱绝郢人夸洁白,舞低赵女斩轻纤",纪晓岚《河北马戏》中的"桃花马上舞惊鸾,赵女身轻万目看"。更有诗人感慨"燕赵女如玉,轻盈掌上身"(汪广洋《拟铜雀伎》)[7]甲集第11,将赵飞燕"掌上舞"这一绝技推及所有赵女。

诗词对赵地倡女妙舞清歌的描摹多为表象,其深层往往蕴涵着创作者丰富的内心情感。李白在他的《邯郸南亭观妓》一诗中欣赏赵女歌舞,发出"我辈不作乐,但为后代悲"[6]1825之感慨。宋代诗人孔欣更是在赵女表演结束后感悟到"当年贵得意,何能竞虚名".[5]461创作者将及时行乐的旷达心态同赵女的灵音妙舞相联系,反映出中国古代密切的文妓关系。遗憾的是,历代诗人多关注赵地倡女的娱乐功能,使其成为专供男权统治者声色犬马和炫耀身份的商品。正如李白《寒女吟》中所言,"一拜五官郎,便索邯郸女。"[14]387更如王稚登的《碧云寺月出赠朱十六短歌》中所称,"平原侠士能斗鸡,邯郸才人堪换马。"[7]丁集第8赵女无限风光背后可谓重重危机。

(三)"泪眼看花机"的怨妇形象

赵女中有人"一曲称君心,恩荣连九族"(白居易《续古诗十首》)[6]4672,更有人晚景凄凉,愤懑余生,"末路多若斯,纷纷贵成贱"(高启《邯郸才人嫁为厮养卒妇》)[7]甲集第4,诗人对此类赵女的命运深表同情。

不少诗人以"邯郸才人嫁为厮养卒妇"①为题,对"朝荣瑶圃中,暮落穷辙里"(曹勋《邯郸才人嫁为厮养卒妇》)的赵女一生唏嘘不已。以乐府诗作为例:

"邯郸有才人,艳色如朝霞。嫁作厮养妇,云鬟埋泥沙。忆昔赵王全盛日,夜夜绮筵张宝瑟。中山美酒盈羽觞,一笑黄金满千镒。繁华过眼如转蓬,故宫禾黍秋芃芃。明珠白璧走函谷,坠簪遗珥空悲风。人生最苦是衰老,白首无归向谁道。荜门夜永月光寒,卧听骃驽龁枯草。"[7]甲集前编第1

诗人咏史怀古,道出沦为仆役之妇的赵女对往昔生活的留恋,以及荣华易逝的闺怨之情,并将自身的人生感悟融入诗中,感慨"人生最苦是衰老"。只可惜诗人们对此类悲剧往往悲愤有余而反抗无力,只能感慨"自怨恩命薄,不恨红颜贱"(徐祯卿《拟谢朓邯郸才人嫁为厮卒妇》)[7]丙集第9,可见其认识上的历史局限性。

如若说"邯郸才人嫁厮养,犹胜闭置闲宫殿"(袁宏道《客有赠余宫烛者即席同刘元定方子公丘长孺陶孝若赋》)[7]丁集第12,那么,较"邯郸才人"更为悲惨的便是"遥望西陵松"的"铜雀伎"。对于这群困守高台陪伴亡灵虚度一生的妙龄赵女,后世诗人对她们生不如死的命运无不抚膺惋叹。白居易在《和〈思归

---

① 诗人谢朓、李白、曹勋、赵文、高启、徐祯卿等都曾以"邯郸才人嫁为厮养卒妇"为题创作。

乐〉》中所写的"魏武铜雀妓,日与欢乐并。一旦西陵望,欲歌先涕零"[6]4681,是对她们悲惨一生的真实写照。历代更有以之为题咏史怀古之作,如"日暮铜雀迥,秋深玉座清。萧森松柏望,委郁绮罗情。君恩不再得,妾舞为谁轻。"(高适《铜雀妓》)[6]1015"疑陵那可望,催泪复催妍。飞花销脸靥,拜月笑眉钿。衔令死犹爱,缄情生自怜。无因凭李少,为幻入君前。"(陈束《铜雀妓二首》)[7]丁集第1

诗中除对枭雄化土之感怀,亦有对伎人断肠之怜悯,高台森森,悲风习习,舞袖沉沉的铜雀伎形象被描写地丝丝入扣。

除上述两类怨女形象之外,一些诗人还描写了一些民间弃妇的形象。如乔知之的《弃妾篇》中写到"妾本丛台右,君在雁门隈……容谢君应去,情移会有离。还君结缕带,归妾织成诗。此物虽轻贱,不用使人嗤。"[6]873这里诗人男作女声,将被弃赵女内心的孤愤娓娓道来,甚至还反映出赵女维护自尊的要求。还有诗人代赵女言"智者君抛我,愚者我抛君。非愚亦非智,从此断相闻"(寒山《诗三百三首》)[6]9066,塑造出一位颇为洒脱独立的女性形象。

赵女的怨妇形象展现出她们丰富的内心世界,较其美女和倡女形象更为鲜活。而诗人更是借赵女闺怨来抒发自身的落寞与哀愁。诗人崔颢通过邯郸宫人一生起伏的命运,怅叹道:"念此翻覆复何道,百年盛衰谁能保?忆昨尚如春日花,悲今已作秋时草。少年去去莫停鞭,人生万事由上天。非我今日独如此,古今歇薄皆共然。"(崔颢《邯郸宫人怨》)[6]1326

历代诗人对"赵女"之观照,多为创作者自我情绪和个人价值观之体现,"赵女"成为封建文人墨客抒发自我情绪之工具。同时,作为封建父权、夫权秩序下发出之声韵,诗人笔下的赵女形象一方面符合了男权社会中"以弱为美"的审美观,一方面又未脱离"三从四德"的价值观。总之,历经数千年的文学创作,"赵女"形象所蕴涵的文化深意,需待更多学者们的进一步挖掘。

参考文献:

[1] 诸祖耿:《阴姬与江姬争为后·战国策集注会考》,江苏古籍出版社1985年版。

[2] 欧阳傲雪:《春秋战国时期"赵女"文化形成之原因探析》,《沧桑》2009年第2期。

[3] 曹旭:《古诗十九首与乐府诗选评》,上海古籍出版社2002年版。

[4] 欧阳询:《艺文类聚》,上海古籍出版社1965年版。

[5] 郭茂倩:《乐府诗集》,中华书局1979年版。

[6] 《全唐诗》,中华书局1960年版。

[7] 钱谦益:《列朝诗集》,中华书局2007年版。

[8] 徐陵:《玉台新咏笺注》,中华书局1985年版。

[9]　李昉:《太平御览》第 2 册,河北教育出版社 1994 年版。

[10]　吴小如:《汉魏六朝诗鉴赏辞典》,上海辞书出版社 1992 年版。

[11]　向宗鲁:《说苑校证》,中华书局 1987 年版。

[12]　王昶:《明词综》,清刻本。

[13]　陆游:《陆游集》,中华书局 1976 年版。

[14]　王重民:《全唐诗外编》,中华书局 1982 年版。

（原载《邯郸学院学报》2011 年第 4 期）

关于赵文化研究的思考

——读《赵文化与华夏文明》有感

赵国华*

20 世纪 80 年代以来,伴随中国文化研究的不断推进,地域文化作为一个热门话题,受到学术界的广泛关注。与秦、楚、齐文化研究相比较,赵文化研究虽然起步稍晚,但经过近期的发掘和探讨,也取得了不少学术成果。摆在我面前的《赵文化与华夏文明》①,作为《邯郸学院学报》"赵文化研究"专栏的论文选编,就是一部不可多得的学术著作。这部著作既有宏观的文化解析,也有微观的历史考证,还有学术研究的综述,更有相关会议的纪要,包含着大量研究成果和学术信息。结合赵文化研究的最新进展,笔者仔细读过这部著作,觉得其中不少论述深刻而精辟,由此生发一些粗浅的想法。

一

赵文化是什么? 作为赵文化研究的基础,需要一个明确的解答。倘若每位学者都是根据个人的理解,来进行赵文化研究,就会失去必要的学术规定性,也就根本无法讨论问题。所以,对于赵文化的基本内涵,须有一个清晰的认识。

有一种说法,认为赵文化是一个亘古贯今的文化概念,是现在河北南部和河南北部地区广大人民群众在三千年来的共同生活中形成的政治、经济、文艺、科技、民俗等风貌的总和。这种说法有一定的道理,但就时间观念而言未免太笼统。因为任何一种地域文化,总是与某一时段相联系。反观其他地域文化的研究范围,大都是以先秦为基本时段,齐文化、楚文化研究是从西周初期到战国

---

* 赵国华(1963—),男,河南镇平人,华中师范大学历史文化学院教授。

① 《赵文化与华夏文明》,杨金廷、康香阁主编,人民出版社 2009 年 6 月出版。这部著作收录论文 43 篇,分为"综合研究"、"荀子研究"、"公孙龙研究"、"赵国都城研究"等 7 个栏目,约有 44 万字。

末期,秦文化研究则延续到秦朝。赵文化的源头,可以上溯到远古时代;赵文化的末流,可以下延至两汉时期。但必须强调的是,赵文化的形成或成熟,则与赵国历史相始终。从赵襄子立国到代王嘉迁亡国,前后经历了 231 年,就是赵文化的基本时段。

再有一种说法,认为赵文化是从晋文化分离出来的一种地域文化,所涉及的地域即赵国的疆域。这种说法也有一定的道理,但就空间范围来看未免太宽泛。赵国最强盛时期的疆域,包括今河北中部和南部、河南北部、山西中部和北部、内蒙南部、陕西北部及宁夏一部分。这一疆域存在的时间有限,又有着不同的人文环境,因而不能视为赵文化的空间范围。实际上,如同秦文化的核心区域在关中地区,齐文化的核心区域在海岱地区,楚文化的核心区域在江汉地区,赵文化的核心区域就在邯郸地区。邯郸作为赵国都城,是赵国的政治、经济和文化中心,堪称赵文化的核心区域。

还有一种说法,认为相对于燕赵文化而言,赵文化应该属于二级文化区,原生形态下的赵文化是指先秦两汉时代赵国强盛时期的疆域内存在的地域文化。这种说法虽有一定的道理,但与前两种说法相似,既没有指明赵文化的基本时段,也没有指明赵文化的核心区域。何况赵文化不等同于赵国文化,赵国之前处于萌芽和发育状态,赵国之后逐渐融入秦汉文化。秦汉时期是中华文化的定型时段,赵文化与其他地域文化一样,在逐渐融入秦汉文化之后,就失去了相对独立的历史地位。

赵文化作为一种地域文化,从物质文化、制度文化到精神文化,或者从政治、经济、文艺、科技到民俗,构成一个有机统一的体系。石永士认为它包括五种要素:在认知体系方面,体现着赵氏统治集团对当时社会动向的感知和深刻的思维过程;在制度体系方面,体现在旧的制度被不断打破,新的制度不断建立和完善;在组织体系方面,表现在赵国国君之下设有一整套的官僚机构;在物质体系方面,涵盖赵国所创造的一切器物及利用和改造自然形成的人工环境;在传媒体系方面,所有文字材料都是赵文化研究的基本资料。[1]115 这种表述虽然不尽完备,但可说是一种整体性构思。

总起来说,赵文化是以战国时代的赵国为基础形成的一种文化体系。[1]31 战国时代是它的基本时段,赵国邯郸是它的核心区域。赵文化的发展历程分为三个时段:战国时代赵国建立之前是前奏时段,赵国从建立到灭亡是基本时段,赵国灭亡后至两汉时期是余绪时段。赵文化研究的重心在于它的基本时段,而对其他两个时段也必须给予深入探讨,以便弄清赵文化的来龙去脉。

二

　　诚如不少学者所论,赵文化是一种与同时代其他地域文化有所不同的文化体系,那它有什么文化特点呢? 在这部论文选编中,有数位学者就此作出深入的论述,都提出了明确的看法。

　　从赵文化的形成来看,赵文化呈现出二元特质,即中原文化与边地文化并存,农耕文化与游牧文化耦合。李学勤先生站在欧亚学的角度,观望赵文化的兴起及其特点,认为赵文化是华夏文化与戎狄文化相结合的产物,体现出开放、进取、包容的文化精神[1]4。董林亭、张润泽教授认为,赵文化的内部结构表现为中原农耕文化与草原游牧文化的二元耦合,既具有中原农耕文化的重教化、主伦理、尚世俗的丰厚底蕴,凝重而浑厚,严谨且务实,又带有北方游牧文化的重自然、尚人为等粗犷豪放、雄劲健朗的壮美特色。[1]141这种二元特质的文化解析,已经成为广大学者的共识。

　　透视赵国历史上的重大事件,宣兆琦教授指出变革、法治、侠义是赵文化的基本精神。王永祥先生把赵文化与燕文化合在一起,认为燕赵文化的特质即所谓燕赵风骨,包含"天人合一"的宇宙观、人"最为天下贵"的人本精神、"铁肩担道义"的重道义精神、"刚健有为"的自强不息精神、有容乃大的"贵和尚中"精神和注重实用的"经世致用"精神[1]19。刘宏勋教授从赵国的历史经验中寻觅,认为赵文化的特点包括尚贤纳谏的"人和"风范、开放争雄的方略、法德合治的国策、任侠重义的美德。这种历史经验的综合归纳,对于揭示赵文化的特点来说,也是一种有效的途径。

　　赵文化之所以兼具华夏文化、戎狄文化的二元特质,一方面有社会经济方面的原因,如商品经济的发展拉紧了中原地区和草原地区之间的文化纽带;另一方面有军事改革方面的原因,如赵武灵王胡服骑射促进了中原地区和草原地区之间的文化融合。但必须指出的是,在赵文化的二元组合中,华夏文化总是主流,戎狄文化则是支流,对赵文化的发展起着不同的作用。

三

　　在赵文化发展史上,涌现出一大批学术人物,像慎到、荀况、公孙龙等人,作为战国时代法家、儒家、名家的杰出代表,为先秦思想文化作出过突出的贡献,成为赵文化研究的重要课题。在本论文选编中,专门设置"荀子研究"、"公孙龙研究"两个栏目,汇集了一批学者的研究成果。

荀子是赵都邯郸人,自幼感受赵文化的氛围,后对赵文化作出重大贡献,再后移居齐都临淄,又对齐文化产生重大影响。然而长期以来,荀学研究比较重视荀子的思想,很少注意荀子及其思想与赵文化的关系。荀子什么时候"游学于齐"?作为荀学研究的一个疑案,历来存在两种说法:一是《史记·孟荀列传》记述的"年五十"说,一是《风俗通义·穷通》记述的"年十五"说。董林亭、张润泽教授通过仔细的考察,在前一种说法的基础上,强调荀子受赵文化的养育和熏陶,是赵文化陶冶和铸就他的文化性格,赋予他融摄百家异说的博大胸襟,使他担负起整合先秦思想文化的历史使命。[1]139荀子的文化性格有两个显著特点:一是稳健、内向、务实、严谨的"君子"型性格,二是激进、豪放、热烈、外向的"斗士"型性格。这种双重组合的文化性格,正是赵文化的本质与特征的典型体现。[1]142赵文化中"尚法"、"重法"的文化传统,是荀子援法入儒、引法入礼的文化潜因。所以,与其把荀子与荀学称为"齐学"的代表,毋宁将之称为"赵学"的代表,更符合战国时代与赵文化的历史实际。[1]144这一观点鲜明的学术论断,对齐文化研究者来说,应该是一个严厉的质询。

从近期学术发展来看,荀学研究不只是研究荀子,总是以荀子为认识对象,与诸子学说进行比较研究。高海波博士借助语用学原则,分析荀子与孟子"人性"的概念,认为孟子对"人性"的理解,是一种本质主义的思路,近乎"本质先于存在",即人要成其为人,必须具备人的本质,然后才可以被称为"人";荀子对"人性"的理解,是一种现象主义的思路,近乎"存在先于本质",即人的先天存在并不是人的本质,只是后天活动的一种基质,"人之所以为人"是一个向未来开放的系统。正是这种对"人性"定义的分歧,才导致"性善"与"性恶"的争论。[1]188姬海涛博士从认识论的角度,分析荀子与庄子的天人观,虽然他们主张天人相分的目的是为了达到天人合一的理想境界,但荀子更多强调的是天合于人,庄子更多强调的是人合于天。这两种思想都有其合理性,也都有其不合理的地方。前者在弘扬人的主体性,发挥人的主观能动性方面具有积极的意义,却极易导致人类中心主义的产生,最终危及人类的生存;后者否定人介入自然的正当性,不考虑人改造自然的合理性,显然有一定的片面性,但对人与自然关系的阐述和对人的异化状态的追问,隐藏着深邃的生态理念和生存智慧。[1]194这些基于比较研究的论述,加深了我们对荀学的认识。

特别需要指出,庞朴先生是一位公孙龙研究专家,曾经出版过《公孙龙评传》、《公孙龙子研究》、《公孙龙子全译》等论著,现在反思自己的学术经历,为过去对公孙龙的评价需要更正,因为简单地把公孙龙归结为诡辩派,把诡辩派说成是一种反唯物论、反辩证法的思想,其实是对这个问题还没有理解。像"鸡三足"之说不是知识而是智慧,能把一般知识转化为智慧,说明公孙龙的思想了不起,需要重新作出评价。[1]208针对这一学术反思,方尔加教授给予高度重视,认为庞朴先生重新评价公孙龙是从生活实际出发,把生活实际作为与公孙龙对话的基础,设身处地地体会极端性命题,用现代市场经济的语言解读"鸡三足",从而获得较深刻的认识,使他的公孙龙研究再次走在学术界的前列。

依此说开去,赵文化研究不是一种自我封闭的状态,而是一项不断拓展的工程;不是一种一蹴而就的结果,而是一个不断创新的过程。基于文化解析的无限性,我们面对赵文化的一些重大问题,都可能透过不同的视角,求得一种新的理解和解释。

四

赵文化虽然不等同于赵国文化,但它的成熟有赖于赵国的强盛,仅就一种文化的生存状态来说,赵文化研究离不开赵国史研究。实际上,每一位学者从事赵文化研究,都会自觉地关注相关的历史背景,并就其中的问题展开积极的探索。

在赵国历史上,赵武灵王的改革活动是赵国强盛的关键因素,备受广大学者的关注。孙开泰先生等从历史文化的角度透视这场改革活动,认为赵武灵王的改革思想来源于晋国新田文化,继承着新田文化的法治传统。胡服骑射的历史意义,在于开始使用大规模、正规化的骑兵,改变了传统的战争方式;正确地处理华夏文化与戎狄文化的关系,开创了汉民族学习少数民族优秀文化的先例。[1]45宣兆琦教授透过赵文化的变革精神,认为赵武灵王胡服骑射的普遍意义,主要体现在其深刻的变革思想,体现在"利其民而厚其国"的政治目的,体现在赵武灵王超人的智慧和勇气。[1]11这种考察历史的政治视角,有助于深化对赵国史的认识。

赵文化是赵人的思想基础,影响着赵人的精神风貌。把赵人作为一个社会群体,孙瑛教授通过细致的考察,说明赵人的天命鬼神观念在不同的阶级、阶层有着不同的表现:下层民众因为掌握的知识有限,加上统治阶级长期以来出于"神道设教"的需要而对传统鬼神观念的倡导,较普遍地相信鬼神的存在,敬神祭祖等活动是他们日常生活的重要内容;上层统治者对天命鬼神既信又疑,一方面旧的思想观念在他们内心深处有着深刻的烙印,一方面出于维护统治秩序的需要,使他们不能轻易地否定鬼神的存在,因而表现出讲鬼神但更重视人事的特征;至于荀子等少数知识精英,因为掌握先进的文化知识,频繁地进行各种文化交流活动,加上相对超脱的社会地位,从而形成早期的无神论思想。[1]78这就从天命鬼神观念的角度,打开了一扇认识赵人的窗口。

与其他地域文化相比较,赵文化具有鲜明的开放性,这是什么原因造成的呢? 刘宏勋教授从多方面考察,指出其中的主要原因:一是赵氏宗族善于广泛流动交往,接触适应过多种文化形态,并无种族歧视的劣根性,惯于和戎狄族人通婚;二是邯郸作为一个大都会,引得各地商贾云集,带动整个城市生活的繁荣,而使赵地风俗剧变、人情杂合;三是先秦许多学者来邯郸活动,邯郸作为中原地区的学术中心,展现出学术争鸣的人文情境。这里注意到赵氏宗族、商业活动和学术交往对赵文化的直接作用,确实有其独到之处。

赵文化研究的深入发掘,还有赖于相关的考古工作。这在赵都邯郸故城考古发现与探索中得到证明。申有顺先生以邯郸故城遗址为切入点,说明赵文化对中国古代城市发展的贡献和影响,主要表现在四个方面:在城市建设理念上代表了一种时代的情感,在城市选址上遵循了传统都城的定制,在城市环境上实现了"天人合一"的理念,在城市布局上突出了中轴对称的格局。[1]118这是把赵文化研究与考古资料相结合,论证中国古代城市建设问题的重要尝试。

五

在中国当代社会背景下,广大学者注重地域文化研究,有一个共同的学术目的,即试图从历史宝藏中挖掘文化资源,为本地区经济社会发展服务。从现实社会的需要来看,赵文化的兴衰能有什么启示呢? 一些学者通过深刻的阐释,提出了一系列独到的见解。

赵文化的历史实践,从赵国上层统治阶级来看,呈现出法德合治的治国方略。刘宏勋教授分析这一治国方略,认为它印证着一种历史哲理:法治是一种强制性的政治实践规范形式,而德治是一种非强制性的人文教化实践形式,法治与德治具有互动互助互补的作用,但绝不能在实际表现形式上互相借用和替代,混淆两者的表现形式和作用秩序,既会削弱法治的权威,又会降低德治的信誉。[1]67这给我们实行新型的法德合治方略,提供了一条重要的历史经验。

赵国历史上的改革活动，从赵烈侯任官使能到赵武灵王胡服骑射，都推动着赵国走向强盛。其中，无论是改革的原因和措施，还是改革的成功和局限，都会给后人带来启示。董海林研究员论述赵国的兴亡，从中找出三条治国经验：一是改革则兴，守旧则亡；二是人才兴邦，庸才误国；三是团结兴旺，分裂必败。其中选人、用人问题，既是事业成败的关键，更是国家兴盛的保证。在改革开放、人才竞争时代，从包括赵文化在内的文化宝藏中，我们可以汲取丰富的营养。

在赵国历史上，出现过一大批政治人物，像肥义、蔺相如、赵胜等人，都对赵国的强盛有过突出的贡献，成为后人关注的对象。张建华编审等通过具体考察，认为蔺相如的为政事迹植根于他的为人品格，主要表现在五个方面：一是为人低调，为政严谨；二是为人恭让，为政简约；三是为人精细，为政稳健；四是为人厚道，为政宽宏；五是为人忠义，为政坦荡。这里把为人与为政相结合，来阐发蔺相如的人格魅力，对我们有着很大的启发。

六

应当指出的是，从赵文化研究现状来看，赵文化体系中的许多问题，因为资料的局限或理解的差异，至今未能达成共识，只有通过进一步地探讨，才能得出较可靠的结论。

作为赵文化的核心区域，邯郸有其自身的文化体系，甚至可以与赵文化媲美。赵文化与邯郸文化的关系，究竟是赵文化为邯郸文化的一个支脉，还是邯郸文化为赵文化的一个支脉？好像并没有说清楚。赵文化虽然最能代表邯郸文化，但把赵文化列为邯郸十大地方脉系之一，与女娲文化、建安文化、梦文化、成语典故文化、太极文化等相提并论，会不会小觑赵文化呢？何况邯郸是赵文化的核心区域。

赵文化研究的深入开展，还需要把它与其他地域文化，尤其是作为近邻的燕文化、秦文化和齐文化，进行全方位的比较研究。有些学者利用这一视角，已经论及秦赵文化同源、燕赵文化同质等问题，得出较为中肯的结论。但就总的情况而言，赵文化的比较研究仍有较大的学术空间，如赵文化、秦文化在不同的发展阶段，都有功利务实的文化特点，但其表现形式又有很大差异；赵文化、齐文化在不同的发展阶段，都有重法尚武的文化特点，但其最终成果也有很大差异。这只有通过进一步探讨，才能作出合理的解释。

战国时期,赵国作为一个"四达之国",一方面处于农耕民族与游牧民族的交汇线上,与白狄、林胡、楼烦、匈奴等少数部族时有矛盾和冲突;另一方面与秦、齐、燕、魏等大国为邻,形成四面受敌的战略格局。伴随连绵不绝的战争场面,赵国涌现出廉颇、赵奢、庞煖、李牧等一批名将,还有燕将乐毅、齐将田单曾在赵国活动,给赵文化增添许多军事色彩。这一特殊的文化色彩,其实是赵文化的一个亮点,理应受到特别的关注。

迄今为止,荀学研究已经取得不少成绩,但在一些学者的眼里仍有许多拓展的余地,甚至需要重注《荀子》。廖名春教授就认为深入开展荀学研究,迫切需要一部全面超越王先谦的《荀子》新注。[1]137这部新注需要选好底本,无论是选《古逸丛书》本还是南宋浙北刻本,都比所谓"不主一本,择善而从"要好;需要广泛搜集前贤今人的考释成果,尽可能做到竭泽而渔;需要在广集各家之说的基础上,考据与义理相结合,得出最后的考释意见。这种独具慧眼的学术见识,实际上为重注《荀子》指出了一条基本路径。

这一系列问题的研究,既要突破本位主义的局限,又要摆脱功利主义的束缚,更要依据基本的历史实际,作出全面系统的文化解析。我相信靠着大家的不懈努力,通过整体建构和深入发掘,使赵文化研究不断地向广度和深度迈进,以期产生一部赵文化通论著作。

参考文献:

[1]　杨金廷、康香阁:《赵文化与华夏文明》,人民出版社 2009 年版。

（原载《邯郸学院学报》2009 年第 4 期）

赵文化研究的新篇章

赵国华*

在中国地域文化系列中,赵文化是一枝艳丽的奇葩。从赵襄子立国、赵武灵王胡服骑射到廉颇、蔺相如"将相和",从慎子说法、荀子论礼到公孙龙辩名,这一幕幕精彩的历史片段,总能激起人们的关注和思考。杨金廷、康香阁主编的《赵文化与华夏文明》(人民出版社),作为《邯郸学院学报》"赵文化研究"专栏的论文选编,对赵文化进行了深入的发掘和探讨。

赵文化是以战国时代的赵国为基础形成的一种文化体系,与其他地域文化相比较具有鲜明的文化特性。李学勤先生站在欧亚学的角度观望赵文化的兴起,认为赵文化是华夏文化与戎狄文化相结合的产物,体现出开放、进取、包容的文化精神。宣兆琦教授透视赵国历史上的一些重大事件,指出变革、法治、侠义是赵文化的基本精神。刘宏勋教授从赵国的历史经验中寻觅,认为赵文化的特点包括尚贤纳谏的"人和"风范、开放争雄的方略、法德合治的国策、任侠重义的美德。这些对赵文化的特性解析,已经成为广大学者的共识。

荀子、公孙龙作为战国时代儒家、名家的代表人物,为赵文化作出过突出的贡献,成为众人瞩目的研究课题。董林亭、张润泽教授从考察荀子"游学于齐"入手,说明荀子的文化性格有两个特点:一是稳健、内向、务实、严谨的"君子"型性格,二是激进、豪放、热烈、外向的"斗士"型性格。这种双重组合的文化性格,体现着赵文化的本质和特性。所以,与其把荀子与荀学称为"齐学"的代表,毋宁将之称为"赵学"的代表。高海波博士借助语用学原则,分析荀子、孟子"人性"的概念,认为荀子对"人性"的理解是一种现象主义的思路,近乎"存在先于本质";孟子对"人性"的理解是一种本质主义的思路,近乎"本质先于存在"。

---

* 这是作者为杨金廷、康香阁主编的《赵文化与华夏文明》(人民出版社 2009 年版)撰写的书评,发表于《光明日报》2010 年 2 月 20 日第 6 版。该书收录了《邯郸学院学报》2005 年至 2008 年期间发表的赵文化研究文章 43 篇。这次出版的《多视角的赵文化研究》从时间顺序和前者相连接。

正是对"人性"定义的分歧,才导致"性善"与"性恶"的争议。这种基于比较研究的论述,加深了对荀子思想的理解。

庞朴先生作为公孙龙研究的专家,回顾自己的学术经历,认为过去对公孙龙的评价需要更正,因为简单地把公孙龙归结为诡辩派,认为诡辩派是一种反唯物论、反辩证法的思想,其实对问题还没有理解。像"鸡三足"之说不是知识而是智慧,能把一般知识转化为智慧,说明公孙龙的思想了不起,需要重新作出评价。对此,方尔加教授高度重视,认为庞朴先生重新评价公孙龙是从生活实际出发,把生活实际作为与公孙龙对话的基础,设身处地地体会极端性命题,用现代照市场经济的语言解读"鸡三足",从而获得较深刻的认识,使他的公孙龙研究再次走在学术界的前列。

赵文化虽然不等同于赵国文化,但它的成熟有赖于赵国的强盛,仅就一种文化的生存状态来说,赵文化研究离不开赵国史研究。孙开泰先生等从历史文化的角度透视赵武灵王的改革活动,认为赵武灵王的改革思想来源于晋国新田文化,继承着新田文化的法治传统,胡服骑射的历史意义在于开始使用大规模、正规化的骑兵,改变了传统的战争方式,同时正确处理华夏文化与戎狄文化的关系,开创了汉民族学习少数民族优秀文化的先例。宣兆琦教授透过赵文化的变革精神,认为赵武灵王胡服骑射的普遍意义,主要体现在其深刻的变革思想,体现在"利其民而厚其国"的政治目的,体现在赵武灵王超人的智慧和勇气。这种考察历史的政治视角,有助于拓展对赵文化的认识。

在中国当代社会背景下,地域文化研究的一个主要目的,是从历史宝藏中挖掘文化资源,为本地区经济社会发展服务。董海林研究员论述赵国的兴亡,从中找出三条治国经验:改革则兴,守旧则亡;人才兴邦,庸才误国;团结兴旺,分裂必败。其中选人、用人问题,既是事业成败的关键,更是国家兴盛的保证。张建华编审等考察蔺相如的为政事迹,主要植根于他的为人品格,具体表现在五个方面:为人低调,为政严谨;为人恭让,为政简约;为人精细,为政稳健;为人厚道,为政宽宏;为人忠义,为政坦荡。这里把为人与为政相结合,来阐发蔺相如的人格魅力,给我们带来了很大的启发。

总而言之,《赵文化与华夏文明》既有宏观的文化解析,也有微观的历史考证,还有学术研究的综述,更有相关会议的纪要,蕴含着大量的学术观点和信息。

(原载《光明日报》2010 年 2 月 20 日第 06 版)

钩玄索隐　觅源固本

——《赵文化与华夏文明》探赜

贾永生①

《赵文化与华夏文明》一书可以说填补了历史空白,为赵文化研究及历史文化研究起了承上启下、薪火相传的作用。当代史学大家李学勤教授欣然为此书题词:"果可以利其国不一其用,果可以便其事不同其礼。"

承继先人,超越前人

赵文化是华夏文明的支柱文化之一。若要厘清《赵文化与华夏文明》一书的根脉,须从《邯郸学院学报》开办的特色研究专栏"赵文化研究"说起。作为全国优秀社科学报、河北省优秀报刊——《邯郸学院学报》开办"赵文化研究"已 10 载有余,这一精心打造的特色栏目已刊发赵文化研究的学术专论 100 余篇,字数逾 70 万言,内容涉及历史、哲学、文学、政治、军事、经济、地理、文化、语言、艺术、体育、宗教、都城等十多个领域,作者有学术名家、资深教授,也有燕赵学人、学苑新秀。杨金廷、康香阁两位主编从近年刊发在《邯郸学院学报》上的百余篇赵文化研究论文中遴选出 43 篇,汇编成《赵文化与华夏文明》一书,主要分为综合研究、荀子研究、公孙龙研究、赵国都城研究、邺城文化研究、磁州窑研究、相关专题研究七个部分。

余担任《邯郸学院学报》评刊工作有年,格外关注"赵文化研究"这一栏目,每文必读,精研细磨,正如余在刊物上公开发表的评论《学理彰显,内涵深厚,特色独标——略论的办刊特质》一文中写道:"《邯郸学院学报》的'赵文化研究'

---

①　这是作者为杨金廷、康香阁主编的《赵文化与华夏文明》(人民出版社 2009 年版)撰写的书评,发表于《科学日报》2009 年 10 月 29 日读书周刊。该书收录了《邯郸学院学报》2005 年至 2008 年期间发表的赵文化研究文章 43 篇。这次出版的《多视角的赵文化研究》从时间顺序和前者相连接。

我更为欣赏。其中对荀子的研究,对赵武灵王的研究,对蔺相如的研究,对赵王城遗址的研究,对公孙龙的研究,对赵盾的研究,对先秦赵人的研究皆有独特之处,自成一家之言,有的可说是独步云下。"

需要特别指出的是此书学问做得十分扎实,相当了得。其钩玄索隐的功夫很到家,对赵文化的十大脉系:女娲文化、磁山文化、赵文化、建安文化、北齐文化、磁州窑文化、梦文化、成语典故文化、太极文化、晋冀鲁豫边区文化皆作了深入研析,着力阐释了赵文化的个性与华夏文化的共性之间的内在联系。

既是赵文化,也是华夏文明

收入本书的学术专论均是大题目做细文章。李学勤先生的《赵文化的兴起及其历史意义》,宣兆琦先生的《论赵文化的精神》,王永祥先生的《燕赵精神的特质与特色内涵初探》,董海林先生的《古赵兴衰及其启示》,刘宏勋先生的《赵文化的历史哲理意蕴阐释》,孙玉静女士的《十五年来赵国历史文化研究综述》,白国红先生的《赵国故地纵论赵文化》,皆既有准确的宏观把握,又有独到的透辟说理,既有充分的事实依据,又有新颖的史学发现。

这里,以论证荀子与赵文化关系的学术论文为例,多篇专论从不同角度解读了一个共同的论题:荀子是我国先秦时期诸子思想的集大成者,是赵文化直接孕育出的巨星级的思想大师,荀学对后世发展至关重要。书中对荀子的名学思想,"圣人制礼"学说,"游学于齐"考证,荀子与庄子"天人相分"思想的异同,荀卿名考,荀学与儒学的内在联系等各个细部皆有专文专题来深入论析,有理有据,有板有眼,有着令人折服的学术创见。

书中对赵王城遗址、邯郸故地的详尽考察,对赵国南北长城的追本溯源,对古丛台的科学觅踪,对邺城文化与建安文化的古今比较,对公孙龙与荀子名学思想的求同存异,对磁州窑与"清末新政"的辩证思考,对赵女现象成因的多元考量,对李白邯郸诗歌的独到发现,均是标新立异之论,道他人所未言,将赵文化研究推向新阶段。

赵文化系华夏文明的核心圈,赵文化的上下贯通、镜古鉴今之巨大功用将愈加彰显。简而言之,《赵文化与华夏文明》一书为系统深刻研究中华大一统文化提供了一个重要的突破口与引爆点,也为正确地进行学术研究提供了可资参考的范例。

既是民族的，也是世界的

《赵文化与华夏文明》一书，以饱经三千余载风雨沧桑的邯郸古城为基点，深挖历史文化积淀，追溯出赵文化是华夏农耕文化与戎狄游牧文化相结合的产物与结晶，富有开放、进取、包容、融合的特质，从而更好地探寻出华夏文明之源。

《赵文化与华夏文明》一书力倡改革开放，拼搏进取，涵纳包容，对接融合。譬如，赵武灵王的改革思想先声夺人，享誉九州。他的宽猛相济，他的因事制俗，他的事半功倍，他的胡服骑射，他的以夷制夷，在当年，在今日，均有着超凡的政治头脑与战略眼光，发人深省。

又如有迹可循的 1584 条赵国成语典故，更是博大精深的中外文化瑰宝。再如，在世界上名气颇响的磁州窑与尊称为瓷中珍宝的青瓷、白瓷，其价值日益攀升。

应当说，本书在有些识见上、论证上是独标逸韵，独步天下的。在此我要特别提出须学习国学大师庞朴先生在公孙龙研究上的拨乱反正，独辟蹊径，庞先生从生活实际出发，从历史事实出发，从严密考证出发，大胆为公孙龙辩诬，巧于转识成智，超言取意，还公孙龙一个公道，还历史一个公道，这是令人万分钦敬的学术良知与道德勇气。为学术正了本，为理论溯了源，对今人颇多启迪。这样的例证还有一些，不在此逐一列举。

（原载《科学时报》2009 年 10 月 29 日读书周刊）

责任编辑:马长虹
封面设计:周方亚

图书在版编目(CIP)数据

多视角的赵文化研究/杨金廷,康香阁 主编. -北京:人民出版社,2013.8
ISBN 978-7-01-011960-1

Ⅰ.①多…　Ⅱ.①杨…②康…　Ⅲ.①文化史-研究-中国-赵国(?~前
222)　Ⅳ.①K292.23②K231.03

中国版本图书馆 CIP 数据核字(2013)第 072656 号

多视角的赵文化研究
DUOSHIJIAO DE ZHAOWENHUA YANJIU

杨金廷　康香阁　主编

人民出版社 出版发行
(100706　北京市东城区隆福寺街 99 号)

北京市文林印务有限公司　新华书店经销

2013 年 8 月第 1 版　2013 年 8 月北京第 1 次印刷
开本:710 毫米×1000 毫米 1/16　印张:20
字数:360 千字　印数:0,001-3,000 册

ISBN 978-7-01-011960-1　定价:56.00 元

邮购地址 100706　北京市东城区隆福寺街 99 号
人民东方图书销售中心　电话 (010)65250042　65289539